Freistellungszeiten bei flexibler Teilzeitarbeit

# Europäische Hochschulschriften

Publications Universitaires Européennes
European University Studies

**Reihe II**
**Rechtswissenschaft**

Série II Series II
Droit
Law

**Bd./Vol. 3999**

PETER LANG
Frankfurt am Main · Berlin · Bern · Bruxelles · New York · Oxford · Wien

Ilonka Mehl

# Freistellungszeiten bei flexibler Teilzeitarbeit

PETER LANG
Europäischer Verlag der Wissenschaften

**Bibliografische Information Der Deutschen Bibliothek**
Die Deutsche Bibliothek verzeichnet diese Publikation in der Deutschen Nationalbibliografie; detaillierte bibliografische Daten sind im Internet über <http://dnb.ddb.de> abrufbar.

Zugl.: Würzburg, Univ., Diss., 2004

D 20
ISSN 0531-7312
ISBN 3-631-52763-2



www.peterlang.de

**Meinen Eltern**

# Vorwort

Diese Arbeit wurde im Sommersemester 2003 an der Universität Würzburg als Dissertation angenommen. Rechtsprechung und Literatur sowie die Gesetzesentwicklung fanden bis Mai 2003 Berücksichtigung.

Die Idee zu dieser Arbeit entstand im Rahmen der Wahlpflichtstation des Referendariats in einem großen deutschen Unternehmen, in dem sich aufgrund sehr ungleichmäßiger Arbeitszeiten bei Teilzeitarbeitnehmern die Frage der Urlaubsberechnung stellte. Die Arbeit beschäftigt sich über dieses Problem hinausgehend mit sämtlichen Freistellungszeiten bei Teilzeitarbeitsverhältnissen, deren Einordnung und Bewertung.

An dieser Stelle möchte ich all denen Dank sagen, die zum Gelingen der Arbeit beigetragen haben.
Dank schulde ich zuallererst meinem Doktorvater Herrn Prof. Dr. Curt Wolfgang Hergenröder, der mich seit der Ersten Juristischen Staatsprüfung immer wieder in vielfacher Hinsicht gefördert hat. So durfte ich an seinem Lehrstuhl an der Universität Würzburg zunächst als wissenschaftliche Mitarbeiterin und später als wissenschaftliche Assistentin tätig werden. Er überließ mir nicht nur die Auswahl des Themas, sondern auch die bei der Erstellung der Arbeit erforderliche wissenschaftliche Freiheit, wobei er jedoch immer mit Rat und Diskussionsansätzen zur Verfügung stand. In ganz besonderem Maße konnte die Arbeit während meiner Assistentenzeit in Würzburg gedeihen, wozu nicht zuletzt das außerordentlich angenehme Arbeitsklima am Lehrstuhl beigetragen hat. Auch als ich später bereits als Staatsanwältin tätig war, hatte Herr Prof. Dr. Hergenröder stets ein offenes Ohr für Belange der Dissertation.

Bedanken möchte ich mich auch bei Herrn Prof. Dr. Christoph Weber für die rasche Erstellung des Zweitgutachtens.

Markus danke ich für die zahlreichen Gespräche und Ratschläge zur Dissertation sowie für seine fortwährenden motivierenden Worte.

Meinen Eltern, die – jeder auf seine Weise – die lange Ausbildung gefördert und so erst die Möglichkeit zur Promotion geschaffen haben, danke ich ganz besonders. Ihre geduldige Rücksichtnahme auf Belange des Studiums und der Promotion weiß und wusste ich jederzeit sehr zu schätzen. Ihnen möchte ich meinen allerherzlichsten Dank aussprechen und ihnen in diesem Sinne diese Arbeit widmen.

Nürnberg, im März 2004 — Ilonka Mehl

# Inhaltsverzeichnis


Abkürzungsverzeichnis 21

§ 1 Einführung 27

**Teil I: Erscheinungsformen der Teilzeitarbeit und Problemlösung** 29

§ 2 Grundlagen 29

I. Begriff der flexiblen Teilzeitarbeit 29

II. Veränderung der Arbeitszeitsysteme im der Praxis 31

III. Grundmuster der Modelle der flexiblen Teilzeitarbeit 34

IV. Die einzelnen Teilzeitarbeitsmodelle 35

1. Schichtarbeit 35

2. Kapazitätsorientierte variable Arbeitszeit (KAPOVAZ) 36

a. Grundlagen 36

b. Abgrenzung der KAPOVAZ 41

3. Job- Sharing 44

4. Gleitende Arbeitszeit 48

5. Flexibilisierung der Lebensarbeitszeit 50

6. Amorphe Arbeitszeit 51

a. Grundlagen der amorphen Arbeitszeit 51

b. Sonderfall: Sabbatical 53

c. Reaktivierung des Arbeitsverhältnisses 54

V. Entgeltzahlung 55

VI. Vor- und Nachteile der flexiblen Teilzeitarbeitsmodelle 57

VII. Zusammenfassung 63

§ 3 Arbeitnehmereigenschaft 65

I. Allgemeine Definition 65

II. Die einzelnen Teilzeitarbeitsmodelle 68

III. Zusammenfassung 70

§ 4 Direktiven bei der Problemlösung im Bereich der flexiblen Teilzeitarbeit 71

I. Europäisches Recht 71

1. Art. 141 EGV 71

2. Richtlinien 72

II. Grundrechtsnormen 72

1. Mittelbare Drittwirkung der Grundrechte 72

2. Art. 2 Abs. 1 GG 73

a. Schutzbereich des Art. 2 Abs. 1 GG 73

b. Vereinbarkeit von flexiblen Arbeitszeitregelungen mit Art. 2 Abs. 1 GG 75

3. Art. 3 GG 76

a. Art. 3 Abs. 1 GG 76

b. Art. 3 Abs. 2 GG 77

c. Art. 3 Abs. 3 GG 81

4. Art. 6 GG 81

5. Art. 12 GG 82

III. § 4 Abs. 1 TzBfG 84

IV. Der allgemeine arbeitsrechtliche Gleichbehandlungsgrundsatz 89

V. Zusammenfassung 91

**Teil II: Freistellungszeiten im aktiven Arbeitsverhältnis 93**

§ 5 Flexible Teilzeitarbeit und Arbeitszeitgesetz 93

I. Regelungsinhalt des ArbZG und daraus resultierende Folgen für Teilzeitarbeitsverhältnisse 93

II. Zusammenfassung 96

§ 6 Urlaub 97

I. Anspruch auf Urlaub bei flexibler Teilzeitarbeit 97

1. Gesetzlicher Mindesturlaub nach dem BurlG 97

2. Über den gesetzlichen Mindesturlaub hinausgehender Urlaub 101

3. Urlaubsgewährung 103

4. Übertragung des Urlaubs in das nächste Kalenderjahr 104

5. Wartezeit des § 4 Abs. 1 BurlG 107

6. Urlaubsdauerberechnung 108

a. Problemdarstellung 108

b. Einzelne Fallkonstellationen 109

aa. Erbringung der Arbeitsleistung an jedem Arbeitstag 109

bb. Gleich bleibende Anzahl der wöchentlichen Arbeitstage mit jeweils identischer Tagesarbeitsstundenzahl 110

cc. Unterschiedliche Anzahl der wöchentlichen Arbeitstage bei jeweils identischer Arbeitsstundenzahl pro Tag 113

dd. Unterschiedliche Stundenzahl an den einzelnen Arbeitstagen 114

aaa. Lösungsvorschläge, welche die Arbeitsstundenzahl berücksichtigen wollen 115

bbb. Lösungsvorschläge, welche die Arbeitsstundenzahl nicht berücksichtigen wollen 121

7. Urlaubsdauerberechnung bei einem Wechsel von Vollzeittätigkeit in Teilzeittätigkeit und umgekehrt 123

II. Urlaubsentgeltberechnung 124

1. Wesen des Urlaubsentgelts 124

2. Berechnung des Urlaubsentgeltes 126

3. Besonderheiten bei Teilzeitarbeitsverhältnissen 128

4. Lösungsvorschläge 130

a. Direkte Anwendung der gesetzlichen Regelungen 130

b. Modifikation des § 11 Abs. 1 S. 1 BUrlG 131

c. Analoge Anwendung des § 11 Abs. 1 S. 3 BUrlG 131

d. Erweiterung des Berechnungszeitraums 132

e. Eigene Auffassung 133

5. Urlaubsentgeltberechnung bei einem Wechsel von Vollzeit zu Teilzeit und umgekehrt 134

III. Urlaubsgeld 135

IV. Zusammenfassung 137

1. Urlaubsanspruch 137

2. Urlaubsentgelt 140

3. Urlaubsgeld 141

§ 7 Arbeitsunfähigkeit 142

I. Entgeltfortzahlung im Krankheitsfall bei Teilzeitarbeit 142

II. Rechtsnatur und Voraussetzungen der Entgeltfortzahlung im Krankheitsfall unter besonderer Berücksichtigung der flexiblen Teilzeitarbeit 143

III. Anzeige- und Nachweispflichten gemäß § 5 EFZG 148

1. Anzeigepflicht 148

2. Nachweispflicht 149

IV. Berechnung des fortzuzahlenden Entgelts 151

1. Feste Arbeitszeiten und festes Entgelt 151

2. Flexible Teilzeitarbeit 151

a. Problemstellung 151

b. Unproblematische Fälle 153

c. Problematische Fälle 154

aa. Anwendung der allgemeinen Beweislastregeln 154

bb. Modifikation der Beweislast 155

cc. Vergleich mit anderen Arbeitnehmern 156

dd. Pauschalabgeltung 156

ee. Berücksichtigung der Vergangenheit 156

ff. Schätzung 157

gg. Durchschnittsprinzip 158

3. Besonderheiten bei den verschiedenen Teilzeitarbeitsmodellen 159

a. Besonderheiten beim Job- Sharing 159

b. Besonderheiten bei Jahresarbeitszeitverträgen und Blockarbeitszeiten 160

c. Besonderheiten bei der Gleitzeit 161

d. Besonderheiten im Freischichtenmodell 162

e. Besonderheiten bei der KAPOVAZ 165

V. Dauer der Entgeltfortzahlung im Krankheitsfall 166

VI. Rechtsmissbrauch 168

VII. Abdingbarkeit 169

VIII. Zusammenfassung 170

§ 8 Feiertage 173

I. Entgeltzahlung an Feiertagen und Teilzeitarbeit 173

II. Höhe des Entgeltfortzahlungsanspruchs an Feiertagen 174

III. Erfordernis des monokausalen Zusammenhangs 174

1. Grundsatz 174

2. Beweislast 175

3. Unproblematische Fälle 176

4. Problematische Fälle 176

a. Anwendung der allgemeinen Beweislastregeln 176

b. Pauschalabgeltung 177

c. Vermutungswirkung der Vergangenheit 178

d. Stundenmäßige Berechnung 179

e. Schätzung/ Referenzprinzip 180

f. Durchschnittsberechnung 180

IV. Besonderheiten bei den einzelnen Teilzeitarbeitsmodellen 181

V. § 2 Abs. 3 EFZG („Bummelparagraph") 183

VI. Zusammenfassung 183

§ 9 § 615 BGB 185

I. Eingeschränkter Anwendungsbereich des § 615 BGB bei flexibler Teilzeitarbeit 185

II. Besondere Situationen des Annahmeverzugs bei flexibler Teilzeitarbeit 186

1. Unvollständige Inanspruchnahme des Arbeitsdeputats 186

2. § 12 Abs. 2 TzBfG 187

3. § 12 Abs. 1 S. 4 TzBfG 188

4. Unwirksamer Abruf 189

5. Unwirksame Kündigung 190

6. Unterbleiben eines Arbeitsabrufs trotz Arbeitskräftebedarf 191

III. Betriebs- und Wirtschaftsrisiko 191

IV. Zusammenfassung 192

§ 10 § 616 BGB 193

I. Voraussetzungen des § 616 BGB 193

II. § 616 BGB bei flexibler Teilzeitarbeit 194

III. Vermeidungsmöglichkeit des § 616 BGB bei flexibler Teilzeitarbeit 195

IV. Abdingbarkeit des § 616 BGB 197

V. Zusammenfassung 198

§ 11 Besondere Arten der Freistellung 199

I. Brauchtumstage 199

II. Stillzeiten 200

**Teil III: Besonderheiten des Rechtsverhältnisses während der Freistellungszeiten** 201

§ 12 Rechtliche Qualifikation der Freistellungszeit 201

I. Diskontinuierliche Bezahlung 201

II. Kontinuierliche Bezahlung 202

III. Zusammenfassung 203

§ 13 Leistungen des Arbeitgebers in der Freistellungsphase 204

I. Problemstellung 204

II. Leistungszweck 204

III. Ausgestaltung des Leistungszwecks 205

IV. Rückzahlungsklauseln 207

V. Einzelne Leistungen des Arbeitgebers 208

VI. Zusammenfassung 210

§ 14 Auswirkungen von Freistellungsphasen für Leistungen nach dem MuSchG und dem BErzGG 211

I. Leistungen nach dem MuSchG 211

II. Leistungen nach dem BErzGG 213

III. Zusammenfassung 215

§ 15 Kündigungsschutz 216

I. Anwendbarkeit des KSchG 216

II. Kündigungsgründe 219

1. Personenbedingte Kündigung 219

2. Verhaltensbedingte Kündigung 220

3. Betriebsbedingte Kündigung 222

a. Betriebsbedingte Kündigungsgründe 222

b. Sozialauswahl 224

c. Vorrang der Änderungskündigung 227

III. Kündigungsschutzvorschriften außerhalb des KSchG 228

IV. Außerordentliche Kündigung nach § 626 BGB 229

V. Kündigungsfristen und Unkündbarkeitsvereinbarungen 230

VI. Zusammenfassung 231

§ 16 Nebentätigkeitsgenehmigung 232

§ 17 Betriebsübergang 233

§ 18 Betriebsverfassungsrecht 234

I. Anwendbarkeit des BetrVG 234

1. Gleichbehandlung von Vollzeit- und Teilzeitarbeitnehmern 234

2. Arbeitnehmereigenschaft 236

3. Betriebszugehörigkeit 237

II. Aktives Wahlrecht 238

III. Passives Wahlrecht 241

IV. Ausübung des Betriebsratsamts 244

1. Gleichstellung der teilzeitbeschäftigten Betriebsratsmitglieder 244

2. Fortbestehen des Betriebsratsamts während der Freistellungsphase 244

3. § 37 Abs. 2 BetrVG 245

4. § 37 Abs. 3 BetrVG 246

5. Schulungs- und Bildungsveranstaltungen 248

V. Betriebsversammlungen 249

VI. Betriebsvereinbarungen 252

VII. Zusammenfassung 252

§ 19 Tarifvertragsrecht 255

§ 20 Unternehmensmitbestimmung 256

**Teil IV: Ergebnisse und Ausblick** 257

§ 21 Zusammenfassung 257

I. Zusammenfassung der wichtigsten Ergebnisse 257

II. Resümee 260

Literaturverzeichnis 263

**Abkürzungsverzeichnis**

| | |
|---|---|
| a. A. | anderer Ansicht |
| a.a.O. | am angegebenen Ort |
| Abs. | Absatz |
| a. F. | alte Fassung |
| AiB | Arbeitsrecht im Betrieb |
| AK- GG | Alternativ- Kommentar zum Grundgesetz für die Bundesrepublik Deutschland |
| Anm. | Anmerkung |
| AP | Arbeitsrechtliche Praxis, Nachschlagewerk des Bundesarbeitsgerichts |
| APS | Großkommentar zum Kündigungsrecht |
| AR- Blattei SD | Arbeitsrecht- Blattei, Systematische Darstellungen |
| ArbG | Arbeitsgericht |
| ArbPlSchG | Gesetz über den Schutz des Arbeitsplatzes bei Einberufung zum Wehrdienst |
| ArbZG | Arbeitszeitgesetz |
| Art. | Artikel |
| AuA | Arbeit und Arbeitsrecht |
| AuB | Arbeit und Beruf |
| AuR | Arbeit und Recht |
| BAG | Bundesarbeitsgericht |
| BAGE | Entscheidungen des Bundesarbeitsgerichts |

| | |
|---|---|
| BB | Der Betriebsberater |
| Beil. | Beilage |
| Berliner Kommentar | Berliner Kommentar zum Grundgesetz |
| BErzGG | Gesetz zum Erziehungsgeld und zur Elternzeit |
| BeschFG | Gesetz über arbeitsrechtliche Vorschriften zur Beschäftigungsförderung |
| BetrVG | Betriebsverfassungsgesetz |
| BGB | Bürgerliches Gesetzbuch |
| BGHZ | Entscheidungen des Bundesgerichtshofs in Zivilsachen |
| BlStSozArbR | Blätter für Steuerrecht, Sozialversicherung und Arbeitsrecht |
| BPersVG | Bundespersonalvertretungsgesetz |
| BSG | Bundessozialgericht |
| BSGE | Entscheidungen des Bundessozialgerichts |
| Bsp. | Beispiel |
| BUrlG | Mindesturlaubsgesetz für Arbeitnehmer |
| BVerfGE | Entscheidungen des Bundesverfassungsgerichts |
| Bzw. | beziehungsweise |
| DB | Der Betrieb |
| Ders. | derselbe |
| Dies. | dieselbe/dieselben |
| Diss. | Dissertation |
| DVBl | Deutsches Verwaltungsblatt |
| EFZG | Gesetz über die Zahlung des Arbeitsentgelts an Feiertagen |

| | |
|---|---|
| | und im Krankheitsfall |
| EG | Europäische Gemeinschaft |
| Einl. | Einleitung |
| ErfK | Erfurter Kommentar zum Arbeitsrecht |
| EuGH | Gerichtshof der Europäischen Gemeinschaften |
| EuGHE | Entscheidungen des Gerichtshofs der Europäischen Gemeinschaften |
| EGV | Vertrag zur Gründung der Europäischen Gemeinschaft |
| EuZW | Europäische Zeitschrift für Wirtschaftsrecht |
| Evtl. | eventuell |
| EWiR | Entscheidungen zum Wirtschaftsrecht |
| EzA | Entscheidungssammlung zum Arbeitsrecht |
| f | folgende |
| ff | fortfolgende |
| FS | Festschrift |
| Gem. | gemäß |
| GG | Grundgesetz für die Bundesrepublik Deutschland |
| GK- BetrVG | Gemeinschaftskommentar zum Betriebsverfassungsgesetz |
| GK- BUrlG | Gemeinschaftskommentar zum Bundesurlaubsgesetz |
| GK- TzA | Gemeinschaftskommentar zum Teilzeitarbeitsrecht |
| HaKo | Kündigungsschutzgesetz, Handkommentar |
| HGB | Handelsgesetzbuch |
| HK- KSchG | Heidelberger Kommentar zum Kündigungsschutzgesetz |

| | |
|---|---|
| h. M. | herrschende Meinung |
| i. d. R. | in der Regel |
| i. S. d. | im Sinne des |
| i. V. m. | in Verbindung mit |
| JArbSchG | Gesetz zum Schutze der arbeitenden Jugend |
| JuS | Juristische Schulung |
| KAPOVAZ | Kapazitätsorientierte variable Arbeitszeit |
| Kasseler Handbuch | Kasseler Handbuch zum Arbeitsrecht |
| KR | Gemeinschaftskommentar zum Kündigungsschutzgesetz und zu sonstigen kündigungsrechtlichen Vorschriften |
| KSchG | Kündigungsschutzgesetz |
| Krit. | kritisch |
| LAG | Landesarbeitsgericht |
| LAGE | Entscheidungen der Landesarbeitsgerichte |
| LohnFG | Gesetz über die Fortzahlung des Arbeitsentgelts im Krankheitsfall |
| m. | mit |
| M. E. | meines Erachtens |
| MitbestG | Gesetz über die Mitbestimmung der Arbeitnehmer |
| MünchHdb ArbR | Münchener Handbuch zum Arbeitsrecht |
| MüKo | Münchener Kommentar zum Bürgerlichen Gesetzbuch |
| MuSchG | Gesetz zum Schutze der erwerbstätigen Mutter |
| m. w. N. | mit weiteren Nachweisen |
| NA | Neues Arbeitsrecht |

| | |
|---|---|
| NJW | Neue Juristische Wochenschrift |
| NZA | Neue Zeitschrift für Arbeitsrecht |
| PersF | Personalführung |
| RdA | Recht der Arbeit |
| RGRK | Das Bürgerliche Gesetzbuch mit besonderer Berücksichtigungder Rechtsprechung des Reichsgerichts und des Bundesgerichtshofes |
| Rn. | Randnummer |
| RVO | Reichsversicherungsordnung |
| S. | Seite/Satz |
| SAE | Sammlung arbeitsrechtlicher Entscheidungen |
| SGB III | Sozialgesetzbuch, Drittes Buch, Arbeitsförderung |
| SGB IV | Sozialgesetzbuch, Viertes Buch, Gemeinsame Vorschriften für die Sozialversicherung |
| SGB V | Sozialgesetzbuch, Fünftes Buch, Gesetzliche Krankenversicherung |
| SGB VI | Sozialgesetzbuch, Sechstes Buch, Gesetzliche Rentenversicherung |
| SGB VII | Sozialgesetzbuch, Siebtes Buch, Gesetzliche Unfallversicherung |
| SGB IX | Sozialgesetzbuch, Neuntes Buch, Rehabilitation undTeilhabe behinderter Menschen |
| SGB XI | Sozialgesetzbuch, Elftes Buch, Soziale Pflegeversicherung |
| Sog. | so genannt |
| SozR | Sozialrecht |
| SprAuG | Gesetz über Sprecherausschüsse der leitenden Angestellten |

| | |
|---|---|
| s. u. | siehe unten |
| TK- BetrVG | Taschenkommentar zum Betriebsverfassungsgesetz |
| TVG | Tarifvertragsgesetz |
| TZA | TZA, Das Recht der Teilzeitarbeit, Kommentar für die Praxis |
| TzBfG | Gesetz über Teilzeitarbeit und befristete Arbeitsverträge |
| Vgl. | vergleiche |
| Vorb. | Vorbemerkung |
| Vorbem. | Vorbemerkung |
| WahlO | Erste Verordnung zur Durchführung des Betriebsverfassungsgesetzes |
| z. B. | zum Beispiel |
| ZfA | Zeitschrift für Arbeitsrecht |
| ZIP | Zeitschrift für Wirtschaftsrecht |
| ZPO | Zivilprozessordnung |
| Zust. | zustimmend |

# § 1 Einführung

Das Arbeitsrecht unterliegt einem ständigen Wandel, der auf private, gesellschaftliche sowie betriebliche Erfordernisse und Gegebenheiten zurückzuführen ist. Korrespondierend hierzu entstehen neue Gesetzeswerke, werden Gesetze erweitert sowie fortgeführt und es entwickelt sich eine den neuen Verhältnissen angepasste Rechtsprechung. Nachdem im Bereich der Teilzeitarbeit lange Zeit nur die klassische Halbtagsarbeit zu finden und eine andere Gestaltung des Teilzeitverhältnisses nicht denkbar war, werden seit einigen Jahren die unterschiedlichsten Formen von Teilzeitarbeit praktiziert. Man erkannte, dass sich betriebliche und private Problemsituationen nicht mehr mit starren Arbeitszeitregelungen, sondern unter dem Einfluss von Flexibilität deutlich leichter lösen ließen. Diese Entwicklung hat ihre Grundlage in der Veränderung der Gesellschaft und ihrer Bedürfnisse. So nahm die Berufstätigkeit von Frauen mehr und mehr zu, bis sie heute zur Selbstverständlichkeit geworden ist. Gleichzeitig wird der Freizeit ein erhöhter Wert beigemessen, der sich in den hohen Umsatzzahlen der Freizeitbranche widerspiegelt. Service und ständige Verfügbarkeit sind für den Kunden entscheidende Kriterien bezüglich der Auswahl ihres Vertragspartners geworden. Gerade Anbieter im Dienstleistungsbereich haben zunehmend erkannt, dass sie dem Konkurrenzdruck nur bei einer umfassenden Betreuung der Kunden standhalten können. Da dies jedoch nicht mit den herkömmlichen Arbeitszeitformen möglich ist, entwickelten sich die unterschiedlichsten Arten flexibler Arbeitszeit. Aufgrund des Wunsches von Arbeitnehmern nach mehr Freizeit, aber auch aufgrund des gesunkenen Bedürfnisses des Arbeitgebers, seinen Arbeitnehmer in vollem Umfang einzusetzen, wurden diese flexiblen Arbeitszeitverhältnisses mehr und mehr zu Teilzeitverhältnissen. Eine gesetzliche Regelung fehlte jedoch lange Zeit. Abhilfe schuf das Beschäftigungsförderungsgesetz (BeschFG) aus dem Jahr 1985, das vom Teilzeit- und Befristungsgesetz (TzBfG) zum 01.01.2001 abgelöst wurde. Wichtige Grundlagen für KAPOVAZ- und Jobsharing-Arbeitsverhältnisse wurden geregelt, während eine Vielzahl von Problembereichen weiterhin offen gelassen wurde. Das umfassende Verbot der Diskriminierung wegen der Teilzeitarbeit stellt das Kernstück des ehemaligen BeschFG und des nunmehrigen TzBfG dar. Eingefügt wurde mit § 8 TzBfG inzwischen sogar – wenn auch heftig kritisiert – ein Anspruch auf Reduzierung der Arbeitszeit in einem bestehenden Arbeitsverhältnis.

Einzelprobleme, wie sie in einem Arbeitsverhältnis tagtäglich vorkommen, blieben dennoch größtenteils völlig ungeregelt. Schon das aktive Arbeitsverhältnis wirft einige Besonderheiten auf. Dieser Mangel an Regelungen wird in der Praxis durch die schlichte und einvernehmliche Durchführung des Arbeitsverhältnisses häufig überspielt. Weit problematischer stellen sich die Zeiten dar, in denen der Arbeitnehmer nicht arbeitet. Die Frage, wie lange ein Freistellungsanspruch andauert und welche Ansprüche und Pflichten die Arbeitsvertragsparteien während diesen haben, ist in den meisten Fällen nicht geregelt. Wie sich das Arbeitsverhältnis gestalten soll, wenn eine längere vereinbarte Freistellungszeit besteht, ist ohnehin nicht normiert. Es stellen sich somit bei der flexiblen Teilzeitarbeit gerade für die Zeiten, in denen nicht gearbeitet wird, besondere Probleme, die mit dieser Arbeit gelöst werden sollen. Eine Lösung sämtlicher in der Praxis auftauchender Probleme wird in diesem Rahmen jedoch nicht möglich sein. Insbesondere können bei auch nur geringfügig anders gestalteten Arbeitsverhältnissen als hier geschildert neue Probleme auftauchen bzw. es können die hier vorgeschlagenen Lösungswege nicht in vollem Umfang übernommen werden. In dieser Arbeit werden jedoch grundsätzliche Überlegungen angestellt, die auf ihre Grundstrukturen zurückgeführt werden, sodass eine Orientierung daran denkbar erscheint. Ziel dieser Arbeit ist es, die Freistellungszeiten bei flexibler Teilzeitarbeit transparenter zu machen und dem praktischen Rechtsanwender eine Hilfestellung an die Hand zu geben.

Zu diesem Zweck werden in § 2 des ersten Teils zunächst die Begriffe der Teilzeitarbeit und der Flexibilität geklärt. Im Anschluss daran werden rechtstatsächliche Gegebenheiten erörtert, während im Weiteren die einzelnen Modelle der flexiblen Teilzeitarbeit untersucht werden. Es folgen Ausführungen zu den verschiedenen Möglichkeiten der Entgeltzahlung sowie zu Vor- und Nachteilen der flexiblen Teilzeitarbeitsmodelle. In § 3 wird die Arbeitnehmereigenschaft eines in einem flexiblen Teilzeitarbeitsmodell Beschäftigten untersucht. Es folgen in § 4 allgemeine Überlegungen zu Rechtsinstituten und Rechtsnormen, die Einfluss auf die Problemlösung der Einzelfragen haben werden. Zu diesen Einzelfragen wird im zweiten Teil der Arbeit gesondert Stellung genommen werden. Dabei wird auf die Problematik im Zusammenhang mit dem Arbeitszeitgesetz (§ 5), urlaubsrechtlichen Vorschriften (§ 6), Arbeitsunfähigkeit (§ 7), Feiertagen (§ 8), § 615 BGB (§ 9), § 616 BGB (§ 10) sowie besonderen Freistellungsnormen (§ 11) eingegangen. Im dritten Teil der Arbeit wird die Freistellungszeit als solche mit ihren besonderen Problemen näher beleuchtet. Dazu wird die rechtliche Qualifikation der Freistellungszeit geprüft (§ 12), bevor der Anspruch des Arbeitnehmers auf einzelne Leistungen des Arbeitgebers in der Freistellungszeit geklärt werden soll (§ 13). Anschließend werden die Auswirkungen auf Leistungen nach dem MuSchG und dem BErzGG erörtert (§ 14). In § 15 wird ausführlich auf den Kündigungsschutz während der Freistellungsphase eingegangen, wobei Ausführungen zu den einzelnen Kündigungsgründen gemacht werden. Schließlich folgen Stellungnahmen zu den Problemkreisen der Nebentätigkeit (§ 16), des Betriebsübergangs (§ 17), des Betriebsverfassungsrechts (§ 18), des Tarifvertragsrechts (§ 19) und des Unternehmensmitbestimmungsrechts (§ 20). Im vierten und letzten Teil der Arbeit wird ein Überblick über die Erkenntnisse gegeben und ein Resümee aus diesen Ergebnissen gezogen.

Teil I: Erscheinungsformen der Teilzeitarbeit und Problemlösung

## § 2 Grundlagen

### I. Begriff der flexiblen Teilzeitarbeit

In der arbeitsrechtlichen Praxis lassen sich die Begriffe Teilzeitarbeit und Flexibilisierung der Arbeitszeiten kaum mehr trennen. Sie stellen häufig eine sich ergänzende Einheit dar, durch die gleichermaßen individuellen wie betrieblichen Belangen Rechnung getragen werden kann[1]. Teilzeitarbeit kann ihrer Natur nach sogar als die Grundform eines flexiblen Arbeitszeitmodells bezeichnet werden[2].

Teilzeitarbeit bedeutet nach der Legaldefinition des § 2 Abs. 1 TzBfG, dass die regelmäßige Wochenarbeitszeit[3] eines Arbeitnehmers dauerhaft[4] kürzer ist als diejenige eines vergleichbaren vollzeitbeschäftigten[5] Arbeitnehmers. Es handelt sich also um eine freiwillige Arbeitszeitverkürzung ohne Lohnausgleich[6]. Teilweise wird zur Vermeidung eines diskriminierenden Eindrucks vorgeschlagen, von „Wahlarbeitszeit" oder von einem „vereinbarten Arbeitsvolumen" zu sprechen[7]. Es wird des Weiteren gefordert, die Unterscheidung zwischen Teilzeit- und Vollzeitarbeit aufzugeben bzw. die Vollzeitarbeit allenfalls als Rechengröße beizubehalten[8]. Da es sich jedoch bei den genannten Vorschlägen letztlich nur um sprachliche Umschreibungen handelt, die in rechtlicher Hinsicht nichts ändern, wird im Folgenden wegen der allgemeinen Gebräuchlichkeit weiterhin von „Teilzeitarbeit" gesprochen.
Von einem „Normalbild der Teilzeitbeschäftigung" kann angesichts der vielfältigen Gestaltungen in der Praxis nicht gesprochen werden[9]. Es sind die unterschiedlichsten

---

[1] *Babl* S. 21, 34.
[2] *Klein* S. 79.
[3] Unter Arbeit im hier gemeinten Sinne wird die Tätigkeit verstanden, die auf die Erzielung von Einkommen gerichtet ist; Arbeitszeit ist daher die Zeit, die für abhängige Erwerbsarbeit aufgewendet wird, unabhängig davon, ob der Arbeitnehmer tatsächlich arbeitet oder nicht, vgl. *Babl* S. 24 ff.
[4] Insoweit ist die Abgrenzung zur Kurzarbeit vorzunehmen, die lediglich einen interimistischen Charakter aufweist, vgl. *Frölich* S. 25; GK- TzA/*Lipke* § 2 BeschFG Rn. 19; *Mente* S. 72; AR- Blattei SD/*Mosler* 1560 Rn. 9; AR- Blattei/*Seiter* Teilzeitarbeit A II 2 a.
[5] Unter Vollzeitarbeit versteht man die betriebsübliche bzw. allgemeine bzw. branchenübliche Arbeitszeit, vgl. die Nachweise bei *Babl* S. 36; *Babl* selbst, S. 37 vermengt hingegen die Länge der Arbeitszeit mit einer möglichen Flexibilisierung, indem sie darauf abstellt, dass Beginn und Ende der täglichen Arbeitszeit bei der Vollzeitarbeit festgeschrieben sein müssten.
Auch AR- Blattei/*Seiter* Teilzeitarbeit A II 1 stellt darauf ab, dass die Arbeitszeit eines Teilzeitbeschäftigten unter der betriebsüblichen Arbeitszeit liegt.
[6] *Bertelsmann/Rust* RdA 1985, 146; *Letsch/Göckler* AuB 1998, 321, 322; GK- TzA/*Lipke* Einl. Rn. 1; zu den verschiedenen Definitionen der Teilzeitarbeit vgl. *Klein* S. 81 ff.
[7] *Buse/Hempel* in Gutmann S. 247, 253; *Hentsch* in Gutmann S. 237, 245.
[8] *Buse/Hempel* in Gutmann S. 247, 255.
[9] *Babl* S. 40.

Varianten denkbar. So kann die Arbeitszeit gleichmäßig oder ungleichmäßig, regelmäßig oder unregelmäßig verkürzt sein[10]. Teilzeitarbeit liegt auch dann vor, wenn sich längere Phasen der Vollzeitarbeit mit solchen völliger Freistellung abwechseln[11]. Denn es wäre lebensfremd, die einzelnen Arbeits- und Freizeitperioden isoliert zu betrachten und nicht im Hinblick auf das Arbeitsverhältnis im ganzen[12]. Auf die Lage der Arbeitszeit kommt es also nicht an, damit man von Teilzeitarbeit sprechen kann[13]. Bei unregelmäßiger Arbeitszeit ist für die Frage, ob Teilzeitarbeit vorliegt, entscheidend, wie hoch die Arbeitszeit pro Woche im Jahresdurchschnitt ist. Das gleiche gilt, wenn ein anderer Bezugszeitraum als eine Woche gewählt ist, § 2 Abs. 1 S. 2 TzBfG[14]. Je länger die Zeiten der Arbeit und der Freizeit andauern, um so größer muss auch der Vergleichszeitraum gezogen werden[15].

Nicht nur die Teilzeitarbeit nimmt mehr und mehr zu, sondern auch gleichzeitig die Flexibilisierung der Arbeitszeit[16]. Darüber, was unter Flexibilisierung zu verstehen ist, herrscht keine Einigkeit. Ausgehend vom Wortsinn, der etwa Biegsamkeit, Geschmeidigkeit oder Veränderlichkeit bedeutet[17], bestehen verschiedene Vorstellungen über den Begriff der flexiblen Arbeitszeit. Teilweise wird unter Flexibilisierung schon jede Abweichung vom Normalarbeitsverhältnis, das durch regelmäßige Vollzeitarbeit, mit nach Lage und Dauer festen Arbeitszeiten gekennzeichnet ist, verstanden[18]. Von einem flexiblen System kann man des Weiteren sprechen, wenn keine schematisch gleichen bzw. starren Arbeitszeiten vorhanden, wenn also Lage, Dauer und Verteilung der Arbeitszeit beweglich sind. Wiederum anders kann man ein flexibles Arbeitszeitmodell als einen dauerhaften Zustand der ständigen Veränderbarkeit beschreiben. Die Arbeitszeit muss sich fortwährend wandelnden Bedingungen hinsichtlich Lage und/oder Dauer der Arbeitszeit anpassen lassen[19]. Noch weitergehend wird für den Begriff der Flexibilität gefordert, dass eine kurzfristige Anpassung von Lage und Dauer der Arbeitszeit an betriebliche Bedürfnisse möglich ist[20]. Schließlich wird unter flexibler Ar-

---

[10] GK- TzA/*Lipke* Einl. Rn. 1.

[11] *Danne* S. 22; GK- TzA/*Danne* § 5 BeschFG Rn. 52.

[12] *Danne* S. 22.

[13] GK- TzA/*Lipke* § 2 BeschFG Rn. 12.

[14] GK- TzA/*Lipke* § 2 BeschFG Rn. 7; AR- Blattei SD/*Mosler* 1560 Rn. 5.

[15] *Danne* S. 22.

[16] *Bauer/Groß/Schilling* in Gutmann S. 91, 93; *Natzel* NZA 1998, 1262; *Rolfs* RdA 2001, 129, 130; *Feucht*, in Hromadka, Arbeitszeitrecht im Umbruch, S. 78 und *Meyer* S. 35 wollen auch die Mehrarbeit als eine Form flexibler Arbeitszeit erfassen und halten sie im Hinblick auf einen Fachkräftemangel für erforderlich.

[17] *Babl* S. 31.

[18] *Bauer/Groß/Schilling* in Gutmann S. 91, 93; *Eberwein* in Gutmann S. 333, 335; *Frölich* S. 1; *Meyer* S. 29; so wohl auch *Danne* S. 3, der eine sog. „Arbeitszeit á la carte", bei der die Arbeitszeiten von denen eines Normalarbeitsverhältnisses abweichen, als flexibel bezeichnet; die Bezeichnung als atypisches Arbeitsverhältnis für flexible Arbeitszeitformen lehnt *Then* in Gutmann S. 73, 82 entschieden ab.

[19] *Babl* S. 31; *Heinze* NZA 1997, 681; bei einer Flexibilität lediglich hinsichtlich der Dauer oder der Lage der Arbeitszeit sprechen *Bauer/Groß/Schilling* in Gutmann S. 91, 93 von einem traditionellen flexiblen System. Bei einer Flexibilität hinsichtlich beider Komponenten soll ein „neues, mehrdimensionales" System vorliegen.

[20] *Hoff* in Gutmann S. 317, 319.

beitszeit eine solche verstanden, die ständig, einseitig und formlos geändert werden kann[21].

Unabhängig davon, wie man den Begriff der Flexibilität definieren will, ist der Grad der Flexibilität bei den in der Praxis auftretenden Arbeitszeitsystemen unterschiedlich[22]. So ist bei der einfachen Gleitzeit und bei den Freischichtmodellen lediglich die Lage, bei einem gleitenden Übergang in den Ruhestand die Dauer und bei der qualifizierten Gleitzeit, beim Jobsharing, KAPOVAZ und bei der amorphen Arbeitszeit sowohl Lage als auch Dauer der Arbeitszeit flexibel[23]. Je nach Arbeitszeitmodell kann der einzelne Arbeitnehmer unter Wahrung seiner Arbeitszeitsouveränität zu den gewöhnlichen Arbeitszeiten flexibel eingesetzt werden, während ein flexibler Einsatz unter Steigerung der Produktionssouveränität des Arbeitgebers durch Ausdehnung der Betriebsnutzungszeiten, erreicht werden kann[24]. Die Arbeitszeit kann auf verschiedene Zeiträume ungleichmäßig verteilt werden, sodass nicht an allen Tagen der Woche bzw. nicht jeweils im selben Umfang gearbeitet wird. Auf diese Weise können sich beim Vergleich verschiedener Wochen unterschiedliche Arbeitszeitvolumen ergeben und einzelne Wochen oder Monate sogar völlig arbeitsfrei sein[25].

## II. Veränderung der Arbeitszeitsysteme in der Praxis

In der Vergangenheit war die Dauer der wöchentlichen Arbeitszeit in der Regel für sämtliche Arbeitnehmer eines Betriebs gleich und auch die tägliche Arbeitszeit war gleichmäßig verteilt. Die Arbeitnehmer begannen und beendeten ihre tägliche Arbeit gemeinsam, sodass die individuelle Arbeitszeit und Betriebszeit übereinstimmten[26]. Dies ist nunmehr zunehmend nicht mehr der Fall, da insoweit eine Entkopplung stattfindet[27]. In der Regel ist die Betriebszeit länger als die individuelle Arbeitszeit[28]. Starre Arbeitszeitmodelle verschwinden im Rahmen des rechtlich Möglichen[29] immer mehr[30]. Es findet ein „Abschied vom Normalarbeitstag" bzw. vom „Normalarbeitsverhältnis", so noch nicht erfolgt, statt[31].

---

[21] *Linnenkohl* BB 1985, 1920, 1921; **dagegen aber:** *Babl* S. 33.

[22] *Babl* S. 31.

[23] *Heinze* NZA 1997, 681.

[24] *Mente* S. 5, 18.

[25] *Bengelsdorf* DB 1988, 1161.

[26] *Siebel* BB 1987, 2222; teilweise wird vertreten, dass das Vorliegen von unterschiedlichen individuellen Wochenarbeitszeiten gegen den betriebsverfassungsrechtlichen Gleichheitssatz bzw. gegen den Gleichbehandlungsgrundsatz verstoßen würde, vgl. *Richardi* NZA 1984, 387, 389; *v. Hoyningen- Huene* NZA 1985, 9, 11.

[27] *Frölich* S. 2; *Hentsch* in Gutmann S. 237, 244; *Müller* in Gutmann S. 259, 264; *Reichold* NZA 1998, 393, 394; *Wolf* in Gutmann S. 137, 139.

[28] *Adamski* S. 52; *Schüren*, Gitter- Festschrift S. 901; *Then* in Gutmann S. 73, 85.

[29] Einschränkungen ergeben sich im Bereich des Jugendarbeitsschutzrechts und des Mutterschutzrechts, vgl. §§ 4, 8, 14 ff JArbSchG, §§ 3 ff MuSchG.

[30] *Schüren*, Gitter- Festschrift S. 901; *Zachert* AuR 1988, 129, 132; es zeigt sich, dass die häufig praktizierte Halbtagstätigkeit keine Form flexibler Arbeitszeit ist, denn sie ist lediglich in ihrem Umfang

Mit der Einführung des BeschFG im Jahr 1985 konnte eine Steigerung der flexiblen Teilzeitarbeit beobachtet werden. Dieser Prozess soll durch das nunmehr gültige TzBfG, das europarechtliche Vorgaben verwirklichen soll, fortgesetzt werden[32]. Eine weitere Ursache der Zunahme von Teilzeittätigkeiten mag darin zu sehen sein, dass durch eine Steigerung des Einkommensniveaus, insbesondere in sog. Doppelverdienerhaushalten, eine Reduzierung der Arbeitszeit möglich wurde. Zudem hat der Stellenwert der Freizeit an Bedeutung gewonnen[33].
Der Anteil der Teilzeitkräfte liegt in Deutschland mit ca. 20 % im Vergleich zu anderen, europäischen Staaten im Durchschnittsbereich[34], wobei ein relativ hoher Anteil an flexiblen Arbeitsverhältnissen besteht[35]. Gerade im Bereich der Dienstleistungen, des Handels und im öffentlichen Dienst ist die Teilzeitarbeit weit verbreitet[36]. Ca. 90 % aller Teilzeitarbeitsplätze sind jedoch mit einer Frau besetzt[37]. Diesen Teilzeitarbeitnehmerinnen wird es aufgrund der Teilzeitarbeit häufig erst ermöglicht, trotz Familie und längerer Berufsunterbrechung wieder ins Berufsleben einzusteigen. Andererseits verstärkt dies das weibliche Rollenmuster in der Gesellschaft, indem man einer Frau eine Berufstätigkeit nur dann zubilligt, wenn sie mit der Familiensituation vereinbar ist[38]. Aufgrund dieses Rollenmusters wird in Teilzeitarbeit beschäftigten Frauen durch Haushalt und Kindererziehung eine gesteigerte Leistung abverlangt[39].

---

reduziert, im Übrigen aber nicht flexibel ausgestaltet, sondern vielmehr ebenso starr wie die überkommenen Vollzeittätigkeiten, vgl. *Babl* S. 41.

[31] *Bergmann* AuA 1996, 1, 2; *Reichold* NZA 1998, 393; *Zachert* AuR 1988. 129, 132; Pressemitteilung des Statistischen Bundesamtes vom 22.05.2002, http://www.destatis.de/presse/deutsch/pm2002/p1730031.htn; unter einem „Normalarbeitsverhältnis" wird ein Vollzeitarbeitsverhältnis verstanden, das eine ganz bestimmte Dauer hat, also eine ganz bestimmte Wochenarbeitszeit, vgl. Kempen/Zachert/*Zachert* TVG § 1 Rn. 183; zu den verschiedenen Verständnismöglichkeiten hinsichtlich eines „Normalarbeitsverhältnisses" vgl. *Klein* S. 31 ff; zur geschichtlichen Entwicklung: *Schudlich* S. 69 ff.

[32] *Rolfs* RdA 2001, 129, 130; *Viethen* NZA 2001, Sonderbeilage, S. 3.

[33] *Afheldt* in Gutmann S. 19, 27.

[34] *Hromadka* NJW 2001, 400, 405; *Lindena*, Die Bank 1995, 324; GK- TzA/*Lipke* Einl. Rn. 12; AR-Blattei SD/*Mosler* 1560 Rn. 16; *Viethen* NZA 2001, Sonderbeilage, S. 3; Pressemitteilung des Statistischen Bundesamtes vom 25.10.2002, http://www.destatis.de/presse/deutsch/pm2002/p3770031.htn: 21%; Teilzeitquote in den Niederlanden: 39,4 %, in Großbritannien: 24,8 %, in Schweden: 23,8 %, in Dänemark: 20,8 %.

[35] *Fels/Heinze/Pfarr/Streeck* S. 4.

[36] *Afheldt* in Gutmann S. 19, 27; GK- TzA/*Lipke* Einl. Rn. 30; *Lipke* AuR 1991, 76; Kempen/Zachert/*Zachert* TVG § 1 Rn. 191; zu weiteren Verbreitungsformen GK- TzA/*Lipke* Einl. Rn. 31.

[37] *Bäcker/Stolz-Willig* S. 27; *Bauer/Groß/Schilling* in Gutmann S. 91, 95; *Letsch/Göckler* AuB 1998, 321, 322; GK- TzA/*Lipke* Einl. Rn. 22; *Lipke* AuR 1991, 76; *Viethen* NZA 2001, Sonderbeilage, S. 3; *Zachert* AuR 1988, 129, 134; Pressemitteilung des Statistischen Bundesamtes vom 25.10.2002, http://www.destatis.de/presse/deutsch/pm2002/p3770031.htn: 87 %.

[38] GK- TzA/*Lipke* Einl. Rn. 25, 47; *Meyer* S. 47; AR- Blattei SD/*Mosler* 1560 Rn. 19; **a. A.:** *Welsch* in Gutmann S. 37, 52.

[39] AR- Blattei SD/*Mosler* 1560 Rn. 19; zur Rollenverteilung innerhalb des Haushalts vgl. *Bauer/Groß/Schilling* in Gutmann S. 91, 104 ff.

Teilzeitarbeitnehmer verfügen im Durchschnitt nur über eine geringe berufliche Qualifikation[40]. Obwohl gerade Hochschulabsolventen den Wunsch nach kürzeren Arbeitszeiten äußern, werden qualifizierte Teilzeitarbeitsplätze nur in geringem Maße zur Verfügung gestellt[41]. Für höher qualifizierte Tätigkeiten sind in den meisten Fällen schon keine Laufbahnpläne bei Teilzeitarbeit vorgesehen, sodass ein beruflicher Aufstieg praktisch ausgeschlossen ist[42]. Führungsaufgaben und Verantwortung sind zudem nur schwer teilbar, weil wichtige Informationen verloren gehen können[43]. Ob dieses Problem durch entsprechende Notizen oder Kommunikation zwischen den Führungskräften vollständig beseitigt werden kann, ist meines Erachtens sehr fraglich[44]. Insbesondere steht aber bei einer Führungstätigkeit nicht die Arbeitszeit, sondern die Aufgabe selbst im Mittelpunkt[45], sodass jedenfalls ein Stellvertretungssystem aufgebaut werden muss, um immer einen Verantwortlichen verfügungsbereit zu haben[46]. Um die Qualifikation von Teilzeitkräften zu steigern, will § 10 TzBfG nunmehr die Aus- und Weiterbildung von Teilzeitbeschäftigten fördern und verstärken[47].
Seitens der Arbeitnehmer ist die Bereitschaft, von einem sicheren Vollzeitarbeitsplatz auf einen Teilzeitarbeitsplatz zu wechseln, nur relativ gering und vom jeweiligen Anspruch an Beruf und Karriere abhängig[48]. Arbeitnehmer, die mehr Wert auf Freizeit legen oder solche, die sich außerhalb ihres Arbeitsplatzes engagieren, zeigen eine größere Bereitschaft, einen Teilzeitarbeitsplatz anzunehmen, als Arbeitnehmer, die an ihrer beruflichen Karriere interessiert sind[49]. So gelten überlange Arbeitszeiten nahezu als Statussymbol. Nicht bedacht wird dabei aber häufig, dass diese Zeiten das Resultat von fehlerhafter Zeiteinteilung oder Überforderung sein können[50]. Viele Arbeitnehmer äußern aus Angst vor dem Vorwurf des mangelnden Engagements nicht den Wunsch nach Teilzeitarbeit[51]. Diese Gesichtspunkte eines sozialen und beruflichen Abstiegs, sowie der notwendigen Folge von Einkommenseinbußen, auch in ihren Auswirkungen auf die spätere Altersrente, hindert viele Arbeitnehmer eine Teilzeittätigkeit anzunehmen[52]. Gerade diese negative Einstellung gegenüber der Teilzeitarbeit soll das in § 8

[40] *Frölich* S. 60; *Lipke* AuR 1991, 76; GK- TzA/*Lipke* Einl. Rn. 26; *Meyer* S. 45; die meisten Teilzeitbeschäftigten sind im Bereich Raumpflege, Verkäufer/-in und Bürofachkraft zu finden, vgl. Kempen/Zachert/*Zachert* TVG § 1 Rn. 191.
[41] *Bäcker/Stolz-Willig* S. 28; *Bauer/Groß/Schilling* in Gutmann S. 91, 95; Kempen/Zachert/*Zachert* TVG § 1 Rn. 191; *Arbeit teilen*, Soziale Sicherheit 1995, 14; dies wird von *Fröhlich* in Gutmann S. 199, 206 für die Siemens AG bestritten.
[42] *Förderreuther* PersF 1997, 42, 43; GK- TzA/*Lipke* Einl. Rn. 34; *Meyer* S. 45.
[43] **A. A.:** *Förderreuther* PersF 1997, 42, 43 f.
[44] So aber *Babl* S. 59.
[45] *Hentsch* in Gutmann S. 237, 243.
[46] *Then* in Gutmann S. 73, 84.
[47] *Rolfs* RdA 2001, 129, 142; *Viethen*, NZA 2001, Sonderbeilage, S. 3, 7 f
[48] Nach *Viethen* NZA 2001, Sonderbeilage, S. 3 sollen 38 % der Vollzeitbeschäftigten in Deutschland bereit sein, unter Inkaufnahme von Einkommenseinbußen auf einen Teilzeitarbeitsplatz zu wechseln. Inwieweit eine derartige Bereitschaft aber tatsächlich ernst gemeint ist, erscheint meines Erachtens, gerade im Hinblick auf die finanzielle Situation, sehr fraglich.
[49] *Letsch/Göckler* AuB 1998, 321.
[50] *Förderreuther* PersF 1997, 42, 43.
[51] *Bäcker/Stolz-Willig* S. 28; *Förderreuther* PersF 1997, 42, 43.
[52] *Arbeit teilen*, Soziale Sicherheit 1995, 14.

TzBfG verankerte Recht auf Teilzeitarbeit beseitigen und Arbeitnehmer ermutigen, bislang verborgene Wünsche nach Teilzeitarbeit zu realisieren[53]. Um dem Arbeitnehmer eine Rückkehr in die Vollzeitarbeit zu verschaffen wurde in § 9 TzBfG eine bevorzugte Berücksichtigung des Teilzeitarbeitnehmers geregelt. § 6 TzBfG stellt nunmehr eindeutig klar, dass auch Teilzeitarbeit in leitenden Positionen förderungswürdig ist. Darüber hinaus betont § 5 TzBfG – wegen § 612 a BGB deklaratorisch[54] – noch einmal, dass keine Benachteiligung erfolgen darf, wenn der Arbeitnehmer Rechte nach dem TzBfG wahrgenommen hat.

### III. Grundmuster der Modelle der flexiblen Teilzeitarbeit

Die Grundmuster der flexiblen Teilzeitarbeit entsprechen grundsätzlich denen der Vollzeitarbeit. Allerdings wird durch den Einsatz eines flexiblen Teilzeitarbeitsmodells der Faktor der Flexibilität und somit der Vorteil der Teilzeitarbeit noch um ein Weiteres gesteigert[55].

Wenn man die verschiedenen Formen der Teilzeitarbeit betrachtet, lassen sich einzelne Grundmodelle herausfiltern. So finden sich starre Arbeitszeitsysteme, bei denen die chronometrische Größe, also die Rahmenwerte der Arbeitszeit, insbesondere die Dauer der Arbeit, als auch die chronologische Größe, also die Lage der Arbeitszeit feststehen und nicht, jedenfalls nicht ohne Änderungskündigung, veränderbar sind[56]. Hierzu sind die typische Halbtagsarbeit sowie die Blockteilzeit, bei der sich die Arbeit auf einige Tage pro Woche oder Monat beschränkt, zu rechnen[57]. Auf der anderen Seite existieren flexible Arbeitszeitsysteme, bei denen die Lage und/oder die Dauer der Arbeit durch den Arbeitgeber, den Arbeitnehmer oder durch beide, wenn auch innerhalb eines bestimmten Rahmens, veränderbar sind[58]. Hierzu müssen insbesondere KAPOVAZ und Jahresarbeitszeitverträge gezählt werden[59]. Eine Zwischenform stellen die sog. beschränkt flexiblen Modelle dar, bei denen nach Ausübung der Veränderungsmöglichkeit keine flexible Abänderung mehr erfolgen kann. Dies ist beispielsweise bei der Schichtarbeit nach Festlegung des Schichtplanes der Fall[60]. Schließlich gibt es sog. selbstbestimmte Arbeitszeitsysteme, bei denen der Arbeitnehmer[61] nicht mehr an eine

---

[53] *Rolfs* RdA 2001, 129, 130; *Viethen* NZA 2001, Sonderbeilage, S. 3.

[54] *Rolfs* RdA 2001, 129, 131; *Viethen*, NZA 2001, Sonderbeilage, S. 3, 8.

[55] *Fels/Heinze/Pfarr/Streeck* S. 10; *Heinze* NZA 1997, 681, 687.

[56] *Danne* S. 3; *Letsch/Göckler* AuB 1998, 321, 322; *Lindena*, Die Bank 1995, 324, 325; Kittner/Zwanziger/*Mayer* § 140 Rn. 7.

[57] AR- Blattei/*Mosler* 1560 Rn. 14.

[58] *Eberwein* in Gutmann S. 333, 335; *Letsch/Göckler* AuB 1998, 321, 322; *Lindena*, Die Bank 1995, 324, 325; Kittner/Zwanziger/*Mayer* § 140 Rn. 7; im Fall der einseitigen Veränderbarkeit der Arbeitszeit muss sich die Bestimmung im Rahmen des § 315 BGB halten, vgl. *Babl* S. 106.

[59] AR- Blattei SD/*Mosler* 1560 Rn. 15.

[60] *Heinze* NZA 1997, 681, 682.

[61] Inwieweit hierbei allerdings noch von einem „Arbeitnehmer" im herkömmlichen Sinn gesprochen werden kann, ist mehr als fraglich; so auch *Letsch/Göckler* AuB 1998, 321, 324.

bestimmte Arbeitszeit gebunden ist, sondern bei denen es letztlich nur auf das Arbeitsergebnis ankommt[62].
Eine andere Unterteilung ist möglich, wenn man darauf abstellt, welche Partei des Arbeitsvertrages über die Arbeitszeit zu bestimmen hat[63]. Das ist bei der Abrufarbeit der Arbeitgeber, bei Jahresarbeitszeitverträgen sind es beide Parteien[64]. Bei Gleitzeit, Jobsharing bzw. Schichtplänen, bei denen der Arbeitnehmer entscheidet, wie viele Schichten er übernehmen will und bei Vereinbarungen, aufgrund derer der Arbeitnehmer ein bestimmtes Ergebnis schuldet, ist es der Arbeitnehmer[65].
Wieder eine andere Unterteilung kann man vornehmen, wenn man darauf abstellt, wie mit dem Arbeitszeitsystem auf betriebliche Bedürfnisse reagiert werden soll. Man kann insoweit zwischen präventiver und reaktiver Anpassung unterscheiden. Von einem präventiven Modell spricht man dann, wenn eine bestimmte Verteilung der Arbeitszeit von Anfang an festgelegt ist, ohne einen speziellen Arbeitsanfall zu berücksichtigen (Bsp.: Jahresarbeitszeitverträge). Von einem reaktiven Modell spricht man dagegen, wenn die Arbeitszeit und deren Verteilung sich nach dem jeweiligen betrieblichen Bedarf richtet, der unter Umständen nicht vorhersehbar ist (Bsp.: KAPOVAZ)[66].

## IV. Die einzelnen Teilzeitarbeitsmodelle

### 1. Schichtarbeit

Bei der Schichtarbeit wird die Arbeitszeit im Betrieb in mehrere zeitliche Abschnitte aufgeteilt[67]. Dabei wird die Gesamtarbeitsaufgabe von mehreren Arbeitnehmern bzw. Arbeitnehmergruppen nach einem bestimmten zeitlichen System und einem feststehenden Plan erbracht[68]. Die klassische Form der Schichtarbeit, bei welcher der Arbeitnehmer einer bestimmten Schicht zugeteilt wird, ist nur ein beschränkt flexibles Arbeitszeitsystem. Denn ist die Lage der Arbeitszeit eines Arbeitnehmers einmal festgelegt, so ist, jedenfalls bis zum nächsten Bestimmungszeitpunkt, die Arbeitszeit starr[69]. Lage und Umfang der Arbeitsverpflichtung sind nicht abänderbar. Allenfalls die Lage kann – je nach Schichtmodell - zeitlich versetzt sein[70].
Zunehmend werden bei der Schichtarbeit Schichten mehrfach besetzt, Teilzeitschichten eingerichtet und somit die individuellen Arbeitszeiten von den betrieblichen Ar-

---

[62] *Letsch/Göckler* AuB 1998, 321, 322.
[63] *Gast*, Wiese- Festschrift S. 121, 127; *Schüren*, Gitter- Festschrift S. 901, 902.
[64] Dies dürfte die ideale Festlegung des Arbeitseinsatzes sein, vgl. *Gast*, Wiese- Festschrift S. 121, 128.
[65] *Gast*, Wiese- Festschrift S. 121, 127; *Schüren*, Gitter- Festschrift S. 901, 902.
[66] *Babl* S. 35.
[67] *Letsch/Göckler* AuB 1998, 321, 322.
[68] *Mente* S. 91; Kempen/Zachert/*Zachert* TVG § 1 Rn. 144.
[69] *Babl* S. 51; *Letsch/Göckler* AuB 1998, 321, 322.
[70] *Mente* S. 91.

beitszeiten abgekoppelt. Auf diese Weise können Dauer und Lage der Arbeits- wie der Freizeitperioden variiert werden. In der Praxis kommen in diesem Zusammenhang Zweischicht-, Dreischicht- und sog. rollierende Systeme vor[71].
Denkbar ist des Weiteren die Betriebszeit in Arbeitsmodule, also in Untereinheiten aufzuteilen, sodass die Arbeitnehmer ihre Arbeitszeit nach einem Baukastensystem individuell zusammenstellen können. Der auf diese Weise entstehende Schichtrhythmus stellt für den Arbeitnehmer eine flexiblere Alternative zur üblichen Schichtarbeit dar[72].
Bei den hochflexiblen Schichtarbeitsmodellen, auch als Zeitfenstermodelle bezeichnet, kann der Arbeitgeber die Lage und die Dauer der Arbeitszeit beeinflussen und so dem Arbeitsanfall anpassen. Der Arbeitnehmer hat dabei in der Regel ein Jahresarbeitszeitkonto, auf dem das Guthaben oder die Belastung an Arbeitsstunden vermerkt wird[73].
In den sog. Freischichtmodellen wird ein Freizeitausgleich gewährt, wenn der Arbeitnehmer Mehrarbeit geleistet hat, also über die normale betriebliche Arbeitszeit hinausgehend gearbeitet hat[74]. Dieses Modell wird vor allem dann eingesetzt, wenn tarifvertraglich eine Arbeitszeitverkürzung vereinbart wird, die Umsetzung aber in der Weise erfolgt, dass es bei der ursprünglichen Wochenarbeitszeit und Betriebsnutzungszeit verbleibt, dem Arbeitnehmer für diese Mehrarbeit aber ein Freizeitausgleich gewährt wird. Der Name des Freischichtmodells kommt von einem bestimmten Schichtrhythmus, in dem der Freizeitausgleich nach einem rollierenden System erfolgt, also jeden x. Tag[75].

### 2. Kapazitätsorientierte variable Arbeitszeit (KAPOVAZ)

#### a. Grundlagen

Bei der kapazitätsorientierten variablen Arbeitszeit (KAPOVAZ)[76] hat der Arbeitgeber grundsätzlich ein Bestimmungsrecht hinsichtlich Umfang und Zeitpunkt der einzelnen Arbeitsleistungen des Arbeitnehmers[77]. Wegen der Regelung des § 12 TzBfG, der die

---

[71] *Schleef* NZA 1985, Beil. 3, S. 22, 26; Kempen/Zachert/*Zachert* TVG, § 1 Rn. 145.
[72] *Babl* S. 51; *Schleef* NZA 1985, Beil. 3, S. 22, 26.
[73] *Letsch/Göckler* AuB 1998, 321, 323.
[74] *Letsch/Göckler* AuB 1998, 321, 322; *Babl* S. 45 versteht unter Mehrarbeit hingegen die Arbeitszeit, die über die gesetzlich zulässige Arbeitszeit hinausgeht.
[75] Kittner/Zwanziger/*Schoof* § 38 Rn. 111; *Siebel* BB 1987, 2222, 2226.
[76] Dieses Arbeitszeitmodell stammt aus den USA, vgl. *Frölich* S. 3; *Pulte* S. 2.
[77] *Klevemann* AuR 1987, 292, 293; *Feucht*, in Hromadka, Arbeitszeitrecht im Umbruch, S. 76 bezeichnet diese Arbeitszeitform als „abweichende Arbeitszeit“ („AAZ“); *Babl* S. 42 weist zutreffend darauf hin, dass sich der Abruf der Arbeit gerade nicht nach der Kapazität richtet, sondern vielmehr nach dem Arbeitsanfall; teilweise wird statt von KAPOVAZ von BAVAZ (= bedarfsabhängige variable Arbeitszeit) gesprochen, vgl. *v. Hoyningen- Huene* NJW 1985, 1801, 1804; AR- Blattei-SD/*Mosler* 1560 Rn. 301; in diesem Sinne wohl auch *Schleef* NZA 1985, Beil. 3, 22, 26; man findet auch die Bezeichnung Bedarfs- Arbeitsvertrag; zu den verschiedenen Bezeichnungen und zur Kritik am Begriff der KAPOVAZ vgl. *Frölich* S. 7 ff. Statt eindeutiger KAPOVAZ- Regelungen kommen in der Praxis auch häufig Regelungen in den Arbeitsverträgen vor, die es dem Arbeitgeber erlauben, die

Rechtmäßigkeitsvoraussetzungen der Arbeit auf Abruf regelt[78] und ein Verbotsgesetz i. S. d. § 134 BGB darstellt[79], steht die vom Arbeitnehmer zu leistende Arbeitsmenge, also die Arbeitsstundenanzahl bezogen auf einen bestimmten Zeitabschnitt aufgrund vertraglicher Festlegung von vornherein fest[80]. Erforderlich ist also die Vereinbarung eines bestimmten Arbeitsdeputats[81] mit einer bestimmten Stundenzahl[82]. Damit sind auch sog. Bandbreitenregelungen unzulässig, da das Arbeitsverhältnis in kündigungsrechtlicher Hinsicht in seinem Bestand geschützt ist[83]. Denn § 12 TzBfG stellt keine

---

Arbeitszeit bei Bedarf zu ändern, vgl. TZA/*Buschmann* § 12 TzBfG Rn. 10; Weiterhin gibt es in der Praxis auch Regelungen, die eine von Fall zu Fall gebotene Veränderung von Dauer und Lage der Arbeitszeit von einer vertraglichen Absprache zwischen Arbeitgeber und Arbeitnehmer abhängig machen. Zu beachten ist, dass es für die Frage, ob ein KAPOVAZ- Vertrag vorliegt, nicht auf die Bezeichnung im Vertrag ankommt, sondern auf die tatsächliche Handhabung, vgl. TZA/*Buschmann* § 12 TzBfG Rn. 13.

[78] Zu der Streitfrage, ob § 12 TzBfG abschließend ist oder ob noch weitere Rechtmäßigkeitsgesichtspunkte für die KAPOVAZ erforderlich sind, wie z. B. ein (sachlicher) Grund (so *Klevemann* AiB 1986, 103, 110 f; *ders.* AuR 1987, 292, 299) oder ob von der KAPOVAZ erst als ultima- ratio Gebrauch gemacht werden darf, vgl *Frölich* S. 70 ff; *Meyer* S. 70 f, die zu Recht in der Regelung des § 12 TzBfG den gesetzgeberischen Willen sehen, dass außer den dort genannten Beschränkungen keine weiteren vorhanden sein sollen.

[79] *Babl* S. 103.

[80] Zwar ist KAPOVAZ eine typische Erscheinungsform der Teilzeitarbeit, sie ist aber ebenso bei Vollzeitarbeit denkbar. Ein Vollzeit- KAPOVAZ- Arbeitnehmer ist ebenso schutzbedürftig wie sein Teilzeitkollege, sodass auch auf diesen die Vorschrift des § 12 TzBfG anzuwenden ist, vgl. TZA/*Buschmann* § 12 TzBfG Rn. 28. Es kann allerdings nur eine analoge Anwendung des § 12 TzBfG in Betracht kommen, da diese Norm im Abschnitt über die Teilzeitarbeit zu finden ist (grammatikalisches und systematisches Argument) und auch die historische Auslegung ergibt, dass der Gesetzgeber eine Regelung für die Teilzeitarbeit treffen wollte, vgl. *Frölich* S. 17; *Hanau* RdA 1987, 25, 28; *Löwisch* BB 1985, 1200, 1204; **a. A.:** *Meyer* S. 67, der für eine unmittelbare Anwendung des § 12 TzBfG eintritt. **Wieder anders:** *Hanau* RdA 1985, 25, 28, der die Ansicht vertritt, dass § 12 TzBfG nur auf Teilzeit- und nicht auf Vollzeitarbeitnehmer Anwendung findet, obwohl diese ein entsprechenden Schutzbedürfnis hätten; **ähnlich:** GK- TzA/*Mikosch* § 4 BeschFG Rn. 17, der sowohl eine unmittelbare, als auch eine analoge Anwendung des § 12 TzBfG bei Vollzeitbeschäftigten ablehnt, der aber § 12 TzBfG als Auslegungshilfe zurate ziehen will.

[81] Ist eine derartige Bestimmung nicht gegeben, dann kommt die Fiktion des § 12 Abs. 1 S. 3 TzBfG zum Tragen. Zu beachten ist allerdings, dass diese, wenn sich aufgrund Auslegung ein anderer Parteiwille ergibt, nicht eingreift, vgl. *Frölich* S. 99; GK- TzA/*Mikosch* § 4 BeschFG Rn. 48; *Rudolf* NZA 2002, 1012, 1013. Dies wird offensichtlich von *Mente* S. 171 übersehen. Der Vorrang des Parteiwillens gilt unabhängig davon, ob er auf mehr oder weniger als 10 Stunden pro Woche abzielt, vgl. *Babl* S. 42; *Frölich* S. 100 f; *Malzahn* AuR 1985, 386 ff; AR- Blattei/*Mosler* 1560 Rn. 307. Nach anderer Ansicht soll aufgrund des Sanktionscharakters des § 12 Abs. 1 S. 3 TzBfG die Fiktion von 10 Arbeitsstunden pro Woche auch dann eingreifen, wenn sich eine niedrigere vereinbarte Stundenzahl nach dem Parteiwillen ergibt, vgl. *Däubler* Rn. 1963; *Düttmann/Hinrichs/Kehrmann/Oberhofer* AiB 1985, 67, 71; *Klevemann* AiB 1986, 103, 109; *ders.* AiB 1987, 204, 208.

[82] Nach anderer Ansicht soll für den Begriff der KAPOVAZ prägend sein, dass sowohl Lage als auch Dauer der Arbeitszeit unbestimmt sind, vgl. *Bertelsmann/Rust* RdA 1985, 146. Denn für die Begriffsbestimmung komme es nicht darauf an, ob eine bestimmte Gestaltung rechtlich zulässig sei, vgl. *Frölich* S. 10; *Gola* BlStSozArbR 1985, 257, 259; GK-TzA/*Mikosch* § 4 BeschFG Rn. 6 ff.

[83] *Klevemann* AiB 1986, 103, 109.

Nach Kempen/Zachert/*Zachert* TVG § 1 Rn. 196 soll auch eine sog. Bandbreitenregelung ausreichen, also die Festlegung einer Bandbreite von monatlich zu erbringenden Arbeitsstunden (z. B. 20 bis 50 Stunden/Monat); **a. A.:** *Frölich* S. 68; *Meyer* S. 74; AR- Blattei- SD/*Mosler* 1560 Rn. 308, da ein Ver-

Spezialvorschrift zu den Regelungen des KSchG dar, sondern wird seinerseits durch das KSchG begrenzt[84]. Der KAPOVAZ- Arbeitnehmer ist zudem ebenso wie ein anderer Arbeitnehmer schutzwürdig in seinem Vertrauen auf eine kalkulierbare Freizeit. Es müssen bestimmte Bezugsräume (Woche[85], Monat[86], Jahr[87]) vereinbart werden, innerhalb deren der Arbeitnehmer seine Arbeitsleistung zu erbringen hat[88]. Zwar wird im Hinblick auf den Wortlaut des § 12 Abs. 1 S. 2 TzBfG vertreten, dass nach der neuen Regelung Monats- oder Jahresarbeitszeitkonten nicht mehr zulässig seien[89]. In der Zusammenschau mit § 2 Abs. 1 S. 2 TzBfG zeigt sich jedoch, dass bei fehlender ausdrücklicher Vereinbarung i. S. d. § 12 TzBfG die sich im Jahresdurchschnitt ergebende Durchschnittsarbeitszeit maßgeblich ist und somit auch Jahres- oder Monatsarbeitszeitkonten zulässig sind[90]. Ein Guthaben oder eine negative Position hinsichtlich der vom Arbeitnehmer geleisteten oder zu leistenden Arbeitsstunden kann nicht, auch nicht aufgrund einer vertraglichen Vereinbarung, in den nächsten Bemessungszeitraum übertragen werden. Denn die Norm des § 12 Abs. 1 TzBfG fordert eine genaue Festlegung sowohl des Bemessungszeitraums als auch des Arbeitsdeputats[91]. Eine derartige Vereinbarung wäre gem. § 12 Abs. 1 S. 2 TzBfG, § 134 BGB nichtig[92]. Zulässig ist es

---

stoß gegen die „Bestimmtheit" der Arbeitszeit i. S. d. § 12 Abs. 1 TzBfG vorliege. Nach *Frölich* S. 95; *Kliemt* NZA 2001, 63, 70; *Rudolf* NZA 2002, 1012, 1013 soll aber die Festlegung einer bestimmten Arbeitsstundenzahl in Verbindung mit einer durchschnittlichen Wochenstundenzahl, die ein Minimum und ein Maximum aufweisen kann, zulässig sein. Denn vom Bestimmtheitsgebot nicht betroffen sei das Problem, ob Schwankungen in der Arbeitszeit zulässig sind. TZA/*Buschmann* § 12 TzBfG Rn. 62 weist darauf hin, dass sich aus dem Erfordernis der Festlegung einer konkreten Arbeitsstundenzahl für einen bestimmten Zeitraum das Verbot einer Überstundenverpflichtung ergebe, denn ansonsten wäre nicht nur die Lage, sondern auch die Dauer der Arbeitszeit flexibilisiert. Dies verstoße aber gegen die eindeutige Regelung in § 12 Abs. 1 TzBfG; so auch *Schüren* NZA 1996, 1306, 1307. Nach *Babl* S. 134 soll demgegenüber eine individuelle Vereinbarung Vorrang haben, aufgrund deren eine Überstundenvereinbarung geschlossen wird; eine solche individuelle Vereinbarung wäre auch im Voraus bei KAPOVAZ als generelle Regelung möglich. Im Hinblick auf Überstunden von Teilzeitbeschäftigten besteht für den Betriebsrat ein Mitbestimmungsrecht nach § 87 Abs. 1 Nr. 2 BetrVG. Dieses Mitbestimmungsrecht erlangt dann besondere Bedeutung, wenn die Arbeitszeitdauer eines Teilzeitbeschäftigten so niedrig bemessen ist, dass ständig Mehrarbeit vom Arbeitnehmer geleistet werden muss, vgl. TZA/*Buschmann* § 12 TzBfG Rn. 85.

[84] TZA/*Buschmann* § 12 TzBfG Rn. 44; daher ist die Regelung des § 12 Abs. 1 S. 2 TzBfG eigentlich nicht erforderlich, da sich das Erfordernis einer bestimmten Arbeitszeit schon aus den zwingenden Kündigungsschutzvorschriften ergibt, vgl. *Frölich* S. 215.

[85] *Buschmann/Ulber*, Flexibilisierung C III 4.1.S. 168; *Fitting/Kaiser/Heither/Engels* § 5 BetrVG Rn. 47; Mager/Winterfeld/Göbel/Seelmann/*Göbel* Rn. 283; *Plander* AuR 1985, 282; für den Wochenbezug spricht, dass in den meisten Tarifverträgen die Arbeitszeitdauer im Hinblick auf eine Arbeitswoche definiert wird. Auch § 12 Abs. 1 TzBfG geht von der Arbeitseinheit „eine Woche" aus, vgl. TZA/*Buschmann* § 12 TzBfG Rn. 66.

[86] *Däubler* Rn. 1965; Mager/Winterfeld/Göbel/Seelmann/*Göbel* Rn. 283; *Klevemann* AuR 1987, 292, 295 f; GK- TzA/*Mikosch* § 4 BeschFG Rn. 49 ff; *Stevens- Bartol* AiB 1985, 122, 123.

[87] Für die Zulässigkeit der Festlegung eines jährlichen Arbeitsdeputats: Mager/Winterfeld/Göbel/Seelmann/*Göbel* Rn. 283; *Lorenz* NZA 1985, 473 f; *Malzahn* AuR 1985, 386 f.

[88] *Letsch/Göckler* AuB 1998, 321, 323.

[89] *Däubler* ZIP 2001, 217, 222.

[90] *Busch* NZA 2001, 593, 594; *Hanau* NZA 2001, 1168, 1175.

[91] *Frölich* S. 75; *Heinze* NZA 1997, 681, 686.

[92] *Frölich* S. 75.

aber, eine Übertragungsmöglichkeit und einen bestimmten Übertragungszeitraum zu regeln, der in Wahrheit einen verlängerten Bezugszeitraum darstellt[93]. Dem Bestimmtheitsgebot ist damit genügt[94]. Es darf aber durch die Addition des Ausgleichszeitraums nicht die höchstzulässige Dauer eines Bezugszeitraums, die allgemein mit einem Jahr angesetzt wird, überschritten werden[95].
Mit der Zunahme des Bemessungszeitraums und damit einhergehend der Verfügungsfreiheit des Arbeitgebers über den Arbeitnehmer wird die Planungsfreiheit des Arbeitnehmers über seine Freizeit und über eine weitere Berufstätigkeit geringer[96]. Denn die Lage und die Dauer des einzelnen Arbeitseinsatzes werden vom Arbeitgeber im Rahmen des § 12 TzBfG einseitig festgesetzt[97], also entsprechend des Umfangs der vereinbarten Rahmenarbeitsbedingungen. Der Arbeitgeber kann die Arbeitsleistung des Arbeitnehmers somit dann in Anspruch nehmen, wenn er sie benötigt[98]. Daraus ergibt sich, dass der KAPOVAZ- Arbeitnehmer hinsichtlich der Lage der Arbeitszeit in gesteigertem Maße als bei einem herkömmlichen Teilzeitarbeitsverhältnis der Weisung des Arbeitgebers unterworfen ist[99]. Es müssen jedoch die Voraussetzungen des § 12 TzBfG eingehalten werden. § 12 TzBfG stellt eine gesetzliche Konkretisierung des Begriffs des „billigen Ermessens" i. S. d. § 315 BGB, auf dem grundsätzlich das Weisungsrecht des Arbeitgebers beruht, dar[100]. Soweit § 12 TzBfG aber abdingbar ist, kann wieder auf § 315 BGB zurückgegriffen werden[101]. Hinsichtlich der Bestimmung des billigen Ermessens ist eine Abwägung der beiderseitigen Interessen vorzunehmen, wobei insbesondere zu berücksichtigen ist, dass sich der Arbeitnehmer mit einem KAPOVAZ- Arbeitsverhältnis einverstanden erklärt hat, dessen Wesen in der Bestimmung der Lage der Arbeitszeit durch den Arbeitgeber liegt[102]. Die Wirksamkeit des

---

[93] *Frölich* S. 75; *Hanau* RdA 1987, 25, 28; GK- TzA/*Mikosch* § 4 BeschFG Rn. 53 will die Übertragungsmöglichkeit aber auf den Zeitraum eines Monats beschränken. Darüber hinausgehende Ausgleichszeiträume würden die Bestimmtheit hinsichtlich der Arbeitszeit aufweichen. Letztlich würde dadurch der Bezugszeitraum verlängert.
[94] *Frölich* S. 75.
[95] *Frölich* S. 96.
[96] *Frölich* S. 63; *Gast*, Wiese- Festschrift S. 121, 129.
[97] *Danne* DB 1990, 1965, 1968; nach der Rechtsprechung des BAG schließt die Vorschrift des § 12 TzBfG nicht das Mitbestimmungsrecht des Betriebsrats nach § 87 Abs. 1 Nr. 2 BetrVG aus. Denn das TzBfG würde nur die individualrechtliche Seite betreffen. Betriebsverfassungsrechtliche Fragen würden durch das TzBfG überhaupt nicht berührt; kritisch hierzu: *Sowka/Köster* S. 86; streitig ist auch, ob der Betriebsrat ein Mitbestimmungsrecht nur bei einer Rahmenregelung hat oder ob dieses bei jedem einzelnen Arbeitseinsatz besteht, vgl. *Frölich* S. 208 ff; *Sowka/Köster* S. 86, die ein Mitbestimmungsrecht im Einzelfall ablehnen.
[98] *Arndt* NZA 1989, Beil. 3, S. 8, 12.
[99] *Meyer* S. 34.
[100] *BAGE* 47, 314, 321; TZA/*Buschmann* § 12 TzBfG Rn. 42; in diesem Sinne wohl auch *Frölich* S. 7; nach a. A. muss der Abruf billigem Ermessen i. S. d. § 315 Abs. 1 BGB entsprechen, vgl. *Mente* S. 77; *Meyer* S. 108.
[101] TZA/*Buschmann* § 12 TzBfG Rn. 42; so kann der Arbeitnehmer auf die Einhaltung der Ankündigungsfrist des § 12 Abs. 2 TzBfG verzichten, vgl. *Buschmann*, Hanau- Festschrift S. 197, 199; Nach anderer Ansicht stellt § 12 TzBfG eine abschließende Konkretisierung des § 315 BGB *im Rahmen seines Anwendungsbereichs* dar, vgl. GK-TzA/*Mikosch* § 4 BeschFG Rn. 82.
[102] GK- TzA/*Mikosch* § 4 BeschFG Rn. 83.

Abrufs hängt nicht davon ab, ob tatsächlich ein erhöhter Arbeitsbedarf vorliegt[103]. Hält der Arbeitgeber die Frist des § 12 Abs. 2 TzBfG nicht ein[104], so steht dem Arbeitnehmer ein Leistungsverweigerungsrecht zu[105]. Er kann jedoch aufgrund der Vertragsfreiheit nachträglich[106] auf die Einhaltung der Frist verzichten[107] und hat einen Anspruch auf Zahlung des Entgelts sowie auf Anrechnung der geleisteten Arbeit auf das Arbeitsdeputat[108].

Streitig ist, welche Rechtsnatur der Abruf durch den Arbeitgeber hat[109]. Nach einer Ansicht handelt es sich um eine geschäftsähnliche Handlung, auf die die Vorschriften über die Willenserklärung größtenteils analog anwendbar sind[110]. Denn durch die Mitteilung der Lage der Arbeitszeit trete die Verpflichtung zur Arbeitsleistung ein, ohne dass der Wille des Erklärenden darauf gerichtet sein müsse[111]. Nach anderer Ansicht stellt der Abruf eine einseitige, empfangsbedürftige Willenserklärung dar[112]. Denn in dem Abruf werde ein bestimmter Wille geäußert, der die entsprechenden Rechtsfolgen auslöse[113], nämlich die Arbeitspflicht für den Arbeitnehmer[114]. Somit würden für den Abruf durch den Arbeitgeber die allgemeinen Regeln über Willenserklärungen direkt gelten[115].
Streitig ist, ob der erfolgte Abruf einseitig durch den Arbeitgeber wieder geändert werden kann. Dies wird teilweise für zulässig erachtet, da die spätere der früheren Festlegung vorgehe. Eine derartige Abänderung soll nur dann gem. § 242 BGB nicht mehr möglich sein, wenn auf Seiten des Arbeitnehmers schutzwürdiges Vertrauen entstanden ist[116]. Gegen diese Ansicht spricht jedoch, dass ein einseitiges Leistungsbestimmungsrecht grundsätzlich unwiderruflich ist, da es rechtsgestaltende Wirkung ent-

---

[103] *Frölich* S. 115; GK- TzA/*Mikosch* § 4 BeschFG Rn. 30.
[104] Zur Berechnung der Frist vgl. GK- TzA/*Mikosch* § 4 BeschFG Rn. 74 ff.
[105] Kittner/Zwanziger/*Mayer* § 140 Rn. 74; *Ring* § 12 Rn. 9.
[106] Ein vorher vereinbarter Verzicht würde gegen § 12 Abs. 2 TzBfG i. V. m. § 134 BGB verstoßen und wäre unwirksam, vgl. GK- TzA/*Mikosch* § 4 BeschFG Rn. 73.
[107] *Frölich* S. 114; GK- TzA/*Mikosch* § 4 BeschFG Rn. 73; *Ring* § 12 Rn. 9.
[108] GK- TzA/*Mikosch* § 4 BeschFG Rn. 89; *Ring* § 12 Rn. 9.
[109] Ein anderes Problem ist es, ob das Arbeitsdeputat des Arbeitnehmers dann als erfüllt gilt, wenn er von seinem Arbeitgeber unter Verstoß gegen die Ankündigungsfrist des § 12 Abs. 2 TzBfG abgerufen wird und der Arbeitnehmer von seinem Leistungsverweigerungsrecht Gebrauch macht. Nach *Klevemann* DB 1987, 2096, 2102 soll das Arbeitskontingent in dem Umfang des Abrufs verbraucht sein. Anderer Ansicht ist aber die ganz herrschende Meinung, die dafür plädiert, dass der Arbeitnehmer zur Nacharbeit der verweigerten Arbeitszeit verpflichtet ist, vgl. *Meyer* S. 102; GK- TzA/*Mikosch* § 4 BeschFG Rn. 89.
[110] GK- TzA/*Mikosch* § 4 BeschFG Rn. 65.
[111] GK- TzA/*Mikosch* § 4 BeschFG Rn. 65.
[112] *Frölich* S. 109; *Meyer* S. 97; NA/*Frey* B Rn. 133; *Hanau* RdA 1987, 25, 28; *Klevemann* DB 1987, 2096, 2100.
[113] *Meyer* S. 97.
[114] *Frölich* S. 110; *Meyer* S. 97.
[115] *Frölich* S. 110 f; *Meyer* S. 97; in diesem Zusammenhang wird teilweise vertreten, dass bei urlaubsbedingter Abwesenheit des Arbeitnehmers auf dessen Kenntnis vom Abruf bzw. auf dessen Rückkehr abzustellen sei, da der Arbeitgeber vom Urlaub des Arbeitnehmers weiß, so *Frölich* S. 112; a. A.: *Meyer* S. 98.
[116] GK- TzA/*Mikosch* § 4 BeschFG Rn. 67.

faltet[117]. Dem Arbeitnehmer bleibt es unbenommen, eine Abänderung des Arbeitsabrufs zu akzeptieren und entsprechend den geänderten Vorstellungen des Arbeitgebers zu arbeiten[118].

In arbeitsschutzrechtlicher oder tarifrechtlicher Hinsicht werden die Zeiten, in denen sich der Arbeitnehmer zur Verfügung halten muss, nicht berücksichtigt[119]. Es erfolgt auch keine Vergütung[120].

Untergliedern lässt sich die KAPOVAZ in die Abrufarbeit, die man mit gewissen „Stand- by- Modellen" oder „Just- in- time- Modellen" vergleichen kann, in die Saisonarbeit in Betrieben des Saisongewerbes sowie in die Kampagnearbeit[121]. KAPOVAZ wird weniger in den typischen Bereichen der industriellen Produktion eingesetzt, ist dagegen aber weit verbreitet im Bereich des Handels und der Dienstleistungen[122]. Dies resultiert insbesondere aus der inzwischen verfügbaren Technik, die es möglich macht, die Umsatz- und Kundenfrequenz genau zu erfassen. Im Hinblick auf diese Ergebnisse kann der Einsatz der Arbeitnehmer angepasst werden[123].

b. Abgrenzung der KAPOVAZ

Von den Formen der KAPOVAZ strengriff der „Partner- Teilzeitarbeit" bereitschaft, der Bereitschaftsdienst und die Rufbereitschaft. Diese Begriffe sind gesetzlich nicht definiert, werden aber von einigen Normen vorausgesetzt, vgl. §§ 5 Abs. 3, 7 Abs. 1 Nr. 1a, 7 Abs. 1 Nr. 4a, 7 Abs. 2 Nr. 1 ArbZG. Zur Abgrenzung ist nicht die vertragliche Bezeichnung heranzuziehen, sondern die tatsächlichen Umstände, da ansonsten die Vorschriften über die KAPOVAZ leicht umgangen werden könnten[124].
Von *Arbeitsbereitschaft* (Bsp.: Verkäufer wartet auf Kundschaft[125]) spricht man, wenn sich der Arbeitnehmer an seinem Arbeitsplatz oder an sonst einer vom Arbeitgeber bestimmten Stelle, ohne die eigentliche Arbeit zu leisten, zur Verfügung halten muss[126]. Es handelt sich also um „Zeiten wacher Achtsamkeit im Zustande der Entspannung“[127]. Man könnte die Arbeitsbereitschaft auch als die übliche Arbeitsleistung, die lediglich eine verringerte Intensität aufweist, bezeichnen[128]. Die Zeiten der Arbeitsbe-

[117] *BAGE* 35, 141, 148; TZA/*Buschmann* § 12 TzBfG Rn. 57; *Frölich* S. 116, 151; *Hanau* RdA 1987, 25, 29; Palandt/*Heinrichs* § 315 Rn. 11; *Klevemann* DB 1987, 2096, 2100, 2102; *Meyer* S. 97.
[118] *Meyer* S. 98.
[119] *Buschmann*, Hanau- Festschrift S. 197, 199.
[120] *Frölich* S. 3, 59; vgl. hierzu *Meyer* S. 80 f und GK- TzA/*Mikosch* § 4 BeschFG Rn. 95, die sich gegen eine sog. Abrufzulage aussprechen; a. A.: *Frölich* S. 145 ff.
[121] *Letsch/Göckler* AuB 1998, 321, 323; *Mente* S. 193.
[122] TZA/*Buschmann* § 12 TzBfG Rn. 6.
[123] TZA/*Buschmann* § 12 TzBfG Rn. 5.
[124] *Frölich* S. 30.
[125] Beispiel nach *Frölich* S. 26.
[126] Kempen/Zachert/*Zachert* § 1 TVG Rn. 224.
[127] GK- TzA/*Mikosch* § 4 BeschFG Rn. 40.
[128] *Frölich* S. 26; GK- TzA/*Mikosch* § 4 BeschFG Rn. 40.

reitschaft sind zu den tatsächlichen Arbeitszeiten zu rechnen[129]. Dies ergibt sich auch aus einem Vergleich mit § 7 Abs. 1 Nr. 1a ArbZG. Der Arbeitnehmer hat also für die Arbeitsbereitschaft einen Anspruch auf Zahlung seines gewöhnlichen Arbeitsentgelts, es sei denn, der einschlägige Tarifvertrag würde etwas anderes, beispielsweise eine Pauschalabgeltung, regeln[130]. Bei der KAPOVAZ handelt es sich nicht um eine Form der Arbeitsbereitschaft, denn nach den üblichen KAPOVAZ- Vereinbarungen muss sich der Arbeitnehmer nicht an seinem Arbeitsplatz oder an einem sonstigen vom Arbeitgeber bestimmten Platz aufhalten[131].

*Rufbereitschaft* liegt vor, wenn der Arbeitnehmer sich außerhalb seiner regelmäßigen Arbeitszeit an einem Ort aufhält, den er dem Arbeitgeber bekannt geben muss, um auf Abruf seine Arbeit, die sich unvorhergesehen ergeben kann, aufzunehmen[132]. Bei der KAPOVAZ muss sich der Arbeitnehmer weder an einem bestimmten Ort aufhalten noch muss er seine Arbeit nach dem Abruf alsbald aufnehmen. Vielmehr steht ihm die Dispositionsfrist des § 12 Abs. 2 TzBfG zur Verfügung[133]. Zwar wird in der Praxis häufig ein Verzicht der Arbeitsvertragsparteien auf die Einhaltung der Frist des § 12 Abs. 2 TzBfG vorgenommen[134]. Rufbereitschaft und KAPOVAZ müssen jedoch nach ihrem Sinn und Zweck unterschieden werden. Während sich die Heranziehung des Arbeitnehmers bei der Rufbereitschaft als einen Ausnahmefall in einer Stör- oder Notsituation darstellt, ist diejenige im Rahmen der KAPOVAZ der Regelfall. Denn dieses Arbeitszeitmodell wird ja gerade verwandt, um bestimmte Schwankungen im Arbeitsanfall auszugleichen[135]. Bei der Rufbereitschaft handelt es sich nicht um Arbeitszeit im arbeitszeitrechtlichen Sinne[136]. Streitig ist daher, ob die Rufbereitschaft vergütet werden muss[137]. In der Praxis erfolgt in der Regel eine Bezahlung mit einer niedrigeren Pauschale[138].

Beim *Bereitschaftsdienst* handelt es sich um eine andere als die geschuldete Leistung des Arbeitnehmers[139]. Denn der Arbeitnehmer muss sich, in oder außerhalb des Betriebs, an einer vom Arbeitgeber bestimmten Stelle aufhalten, um, soweit nötig, seine Arbeit außerhalb der regelmäßigen Arbeitszeit, in vollem Umfang aufnehmen zu können[140]. Nach einer Meinung wird der Bereitschaftsdienst nur dann als Arbeitszeit betrachtet, wenn der Arbeitnehmer tatsächlich in Anspruch genommen wird. Ansonsten liegt nach dieser Ansicht Ruhezeit vor. Gegen diese Auffassung spricht jedoch, dass der Arbeitnehmer gerade nicht über seine Zeit frei verfügen kann und sich auf seine

---

[129] *Buschmann*, Hanau- Festschrift S. 197, 207; *Frölich* S. 26.
[130] *Buschmann*, Hanau- Festschrift S. 197, 207; *Frölich* S. 26; GK- TzA/*Mikosch* § 4 BeschFG Rn. 40; *Zmarzlik/Anzinger* § 2 Rn. 20.
[131] *Frölich* S. 28.
[132] *Meyer* S. 36; GK- TzA/*Mikosch* § 4 BeschFG Rn. 41; Kempen/Zachert/*Zachert* § 1 TVG Rn. 224.
[133] *Arndt* NZA 1989, Beil. 3, S. 8, 12; *Frölich* S. 29; *Meyer* S. 113.
[134] *Buschmann*, Hanau- Festschrift S. 197, 199; *Gast*, Wiese- Festschrift S. 121, 129.
[135] *Frölich* S. 30; GK- TzA/*Mikosch* § 4 BeschFG Rn. 41.
[136] *Frölich* S. 27.
[137] Vgl. *Löwisch* BB 1985, 1200, 1204, der sich für eine Vergütung ausspricht.
[138] *Frölich* S. 27.
[139] GK- TzA/*Mikosch* § 4 BeschFG Rn. 40; Kempen/Zachert/*Zachert* § 1 TVG Rn. 223.
[140] *Buschmann*, Hanau- Festschrift S. 197, 207; *Frölich* S. 26; *Meyer* S. 36; GK- TzA/*Mikosch* § 4 BeschFG Rn. 40; *Zmarzlik/Anzinger* § 2 Rn. 16.

individuelle Weise erholen kann[141]. Resultat der erstgenannten Meinung wäre, dass der Arbeitnehmer nach einer längeren Bereitschaftsphase verpflichtet wäre, seine übliche Arbeitsleistung zu erbringen, was eine arbeitszeitrechtlich übermäßige Beanspruchung des Arbeitnehmers darstellen würde[142]. Häufig ist eine arbeitsvertragliche oder kollektivrechtliche Vergütung vorgesehen, die auch in Form einer Pauschalabgeltung gestaltet sein kann[143]. Bei der KAPOVAZ handelt es sich nicht um einen Bereitschaftsdienst. Denn der Arbeitnehmer ist nicht verpflichtet, sich an einer vom Arbeitgeber bestimmten Stelle aufzuhalten[144]. Außerdem stellt die zu erbringende Arbeitsleistung die regelmäßige und keine besondere Arbeit dar. Rufbereitschaft und Bereitschaftsdienst dienen im Übrigen nicht dazu, die Arbeitszeit an betriebliche Bedürfnisse anzupassen. Nimmt der Arbeitgeber den Arbeitnehmer zu diesem Zweck in Anspruch, so handelt es sich unabhängig von der Bezeichnung um KAPOVAZ[145].

Man kann bei der KAPOVAZ auch nicht von einem *Aushilfsarbeitsverhältnis* oder von einem Bedarfsabruf sprechen. Diese sind dadurch gekennzeichnet, dass sie lediglich auf die Dauer der Bewältigung eines bestimmten Arbeitsbedarfs abgeschlossen werden. Sie bestehen nicht wie KAPOVAZ- Arbeitsverhältnisse weiterhin fort, sodass der Aushilfsarbeitnehmer auch nicht verpflichtet ist, dem Arbeitgeber weiterhin zur Verfügung zu stehen. Rechtstechnisch kann dies durch eine Befristung oder eine vertragliche Verkürzung der Kündigungsfrist nach § 622 Abs. 5 S. 1 Nr. 1 BGB erreicht werden. Auch aus dem Zweck des Arbeitsverhältnisses kann sich dessen Beendigung ergeben, § 620 Abs. 2 BGB[146]. In der Praxis wird sich in vielen Fällen ein solches Aushilfs- oder Abrufarbeitsverhältnis für den Arbeitgeber als günstiger erweisen als die KAPOVAZ. Denn aufgrund des § 12 Abs. 2 TzBfG muss der Arbeitgeber den Abruf des Arbeitnehmers vier Tage im Voraus ankündigen. Dies wird ihm aber häufig gar nicht möglich sein. Zu beachten ist allerdings, dass bei einem wiederholten Bedarfsabruf eine Umgehung des § 12 TzBfG oder der Kündigungsschutzvorschriften vorliegen könnte[147].

Bei KAPOVAZ handelt es sich auch nicht um ein sog. *Leistungslohn- oder Prämiensystem*, bei dem zum Grundlohn Prämien gezahlt werden, die sich nach dem Umsatz richten. Die Arbeitnehmer werden dabei veranlasst, nicht zu arbeiten, wenn sie nur geringe Prämien erhalten[148]; sie entscheiden selbst darüber, ob und wann sie arbeiten wollen, auch wenn dies naturgemäß wegen der hohen Prämien in den Zeiten hohen Arbeitsanfalls sein wird. Bei der KAPOVAZ entscheidet demgegenüber der Arbeitge-

---

[141] *EuGH* RdA 2001, 339 ff; *Buschmann*, Hanau- Festschrift, S. 197, 208; vgl. auch *Hergenröder* RdA 2001, 346, 349.

[142] *Buschmann*, Hanau- Festschrift, S. 197, 208.

[143] *Frölich* S. 27; GK- TzA/*Mikosch* § 4 BeschFG Rn. 40.

[144] *Frölich* S. 28.

[145] *Meyer* S. 36, 67; TZA/*Buschmann* § 12 TzBfG Rn. 15 will gerade auch solche Verträge unter den Begriff der KAPOVAZ fassen, die die Arbeitsstundenzahl zunächst bewusst niedrig ansetzen, um einen Mehrbedarf dann durch Mehrarbeit ausgleichen zu können.

[146] *Babl* S. 43; GK- TzA/*Danne* § 5 BeschFG Rn. 55, 58; *Frölich* S. 8; *Mente* S. 172; *Meyer* S. 34 f, 68, GK- TzA/*Mikosch* § 4 BeschFG Rn. 38; *Wlotzke* NZA 1984, 217, 219.

[147] *Frölich* S. 37.

[148] *Meyer* S. 38.

ber über den Arbeitseinsatz[149]. Ob für das Prämienlohnsystem einige Vorschriften über die KAPOVAZ anzuwenden sind, kann in diesem Zusammenhang offen bleiben[150].

### 3. Jobsharing

Beim Jobsharing[151] vereinbart nach der Legaldefinition des § 13 Abs. 1 TzBfG der Arbeitgeber mit zwei oder mehr Arbeitnehmern, dass diese sich die Arbeitszeit an einem Arbeitsplatz teilen[152]. Es muss sich dabei nicht um einen Vollzeitarbeitsplatz handeln; auch ein Teilzeitarbeitsplatz oder mehrere Vollzeitarbeitsplätze können geteilt werden[153]. Dabei können sich auch mehr als zwei Arbeitnehmer einen Arbeitsplatz teilen[154]. Entscheidend ist lediglich, dass die Anzahl der Arbeitnehmer die Anzahl der zu besetzenden Arbeitsplätze übersteigt[155]. Bei der Teilung eines Büro- oder Produktionsarbeitsplatzes wird auch von „Desksharing" gesprochen[156]. Eine typische Form des Jobsharing existiert nicht[157].
Die Arbeitnehmer müssen den Arbeitsplatz beim *Jobsharing im engeren Sinne* nach einem von vornherein festgelegten Arbeitszeitplan alternierend besetzen und die Gesamtarbeitsleistung erbringen[158]. Es handelt sich also lediglich um eine Arbeitsplatzteilung nach zeitlichen Kriterien[159]. Die Arbeitsstundenzahl ist für den einzelnen Arbeitnehmer vertraglich für einen bestimmten Zeitraum festgelegt[160]. Es kann somit nur die Lage, nicht aber der Umfang der zu leistenden Arbeitszeitanteile durch die Jobsharer festgelegt werden[161]. Die Arbeitnehmer bestimmen selbst, wann welcher Arbeitnehmer seine Arbeitsleistung erbringt und wann sich welcher Arbeitnehmer in der

---

149 *Frölich* S. 33.
150 *Meyer* S. 38.
151 Der Begriff des Jobsharings ist aus den USA übernommen worden, vgl. *Danne* S. 13; *Letsch/Göckler* AuB 1998, 321, 323; es wird auch der Begriff der „Partner- Teilzeitarbeit" verwendet, vgl. *Mente* S. 75; zur Frage, ob tariflich das Jobsharing untersagt werden darf, vgl. GK- TzA/*Danne* § 5 BeschFG Rn. 168 ff.
152 GK- TzA/*Lipke* Einl. Rn. 7; kritisiert wird an dieser Begrifflichkeit, dass der Jobsharer keine Teilleistung im Rechtssinne, sondern vielmehr die von ihm geschuldete und mit dem Arbeitgeber vereinbarte Arbeitsleistung in vollem Umfang erbringt, vgl. TZA/*Buschmann* § 13 TzBfG Rn. 22; GK-TzA/*Danne* § 5 BeschFG Rn. 16.
153 *Danne* S. 13; AR- Blattei- SD/*Mosler* 1560 Rn. 330.
154 *Danne* S. 13.
155 *Danne* S. 13.
156 *Letsch/Göckler* AuB 1998, 321, 323.
157 TZA/*Buschmann* § 13 TzBfG Rn. 2; *Danne* S. 11.
158 *Danne* S. 12; *Danne* DB 1990, 1965, 1969; GK-TzA/*Danne* § 5 BeschFG Rn. 87; *Letsch/Göckler* AuB 1998, 321, 323.
159 AR- Blattei- SD/*Mosler* 1560 Rn. 332.
160 *Danne* S. 42; *Danne* DB 1990, 1965, 1969; GK- TzA/*Danne* § 5 BeschFG Rn. 87; *Danne* S. 23 weist zutreffend darauf hin, dass beim Jobsharing nicht unbedingt für alle beteiligten Arbeitnehmer ein Teilzeitarbeitsverhältnis vorliegen muss, sondern, dass – insbesondere wenn mehr als ein Arbeitsplatz geteilt wird – ein Arbeitnehmer durchaus eine Vollzeittätigkeit verrichten kann.
161 *Danne* S. 19, 42; GK- TzA/*Danne* § 5 BeschFG Rn. 87.

Freizeitphase befindet[162]. Die Arbeitszeitplanung ist also eine eigenverantwortliche Regelungsaufgabe der Arbeitnehmer[163] und schafft so in gewissem Maße ein Stück Zeitsouveränität und Flexibilität[164]. Möglich ist somit im Rahmen einer Vereinbarung zwischen den Jobsharern, dass jeder für einen gewissen Zeitraum in vollem Umfang arbeitet und in einem anderen Zeitraum völlig von der Arbeit freigestellt ist[165]. Die Jobsharer unterliegen insoweit einem Einigungszwang. Der Einigungszwang besteht allerdings nicht gegenüber dem anderen Arbeitnehmer, sondern gegenüber dem Arbeitgeber, denn nur mit diesem befindet sich der Arbeitnehmer in einer vertraglichen Beziehung[166]. Die Jobsharer wollen in der Regel keine rechtliche Beziehung untereinander begründen[167]. Bei der Verpflichtung des Jobsharers, an der Aufstellung des Arbeitszeitplans teilzunehmen handelt es sich um eine unselbstständige, nicht einklagbare Nebenpflicht aus dem Arbeitsverhältnis. Damit entstehen keine Schadensersatzansprüche des Arbeitgebers, wenn der Jobsharer dieser Verpflichtung nicht nachkommt[168]. Wird jedoch von den Jobsharern keine Einigung hinsichtlich des Arbeitszeitplans erzielt, so steht dem Arbeitgeber die Entscheidung darüber nach billigem Ermessen gem. § 315 BGB zu[169] bzw. es gilt der ursprüngliche Plan fort[170]. Dies bedeutet naturgemäß, dass die Flexibilität dieses Arbeitszeitsystems ihre Bedeutung verliert[171]. Kann ein Jobsharer für längere Zeit seine Arbeitsleistung nicht erbringen, so ist zunächst eine einverständliche Regelung der Arbeitszeit zwischen Jobsharer und Arbeitgeber herbeizuführen. Ist dies nicht möglich, so steht dem Arbeitgeber ein einseitiges Bestimmungsrecht nach § 315 BGB zu[172]. Den Jobsharern kann auch die Pflicht auferlegt werden, dem Arbeitgeber den Arbeitszeitplan vor dem zeitlichen Beginn des Plans zukommen zu lassen[173]. Aufgrund dessen kann der Arbeitgeber schon von vornherein ersehen, zu welchen Zeiten welcher Arbeitnehmer tätig werden wird[174]. Wann dieser Arbeitszeitplan beim Arbeitgeber abgegeben werden muss, wie dieser gestaltet sein muss und wie lange die Planperiode ist, ist Sache des Arbeitsvertrages[175]. Welchen Wechselrhythmus die Arbeitnehmer wählen, bleibt ihnen überlassen. So können sie beispielsweise halb täglich, täglich, nach einem bestimmten Mehrtagesrhythmus, wöchentlich, monatlich oder vierteljährlich einen Wechsel vornehmen[176]. Es kann also eine Flexibilisierung in chronometrischer, als auch in chronologischer Hinsicht erfol-

---

[162] *Danne* S. 19; GK- TzA/*Danne* § 5 BeschFG Rn. 15; *Letsch/Göckler* AuB 1998, 321, 323; zum insoweit fehlenden Mitbestimmungsrecht des Betriebsrats vgl. GK- TzA/*Danne* § 5 BeschFG Rn. 158.
[163] *Heinze* NZA 1997, 681, 686; *Mente* S. 76; *Reichold* NZA 1998, 393, 396; *Reichold*, Wiese- Festschrift S. 407, 416.
[164] *Mente* S. 76; AR- Blattei- SD/*Mosler* 1560 Rn. 331.
[165] *Danne* S. 43.
[166] TZA/*Buschmann* § 13 TzBfG Rn. 25.
[167] *Danne* S. 55.
[168] *Danne* S. 70; GK- TzA/*Danne* § 5 BeschFG Rn. 97.
[169] *Danne* S. 32, 70; GK- TzA/*Danne* § 5 BeschFG Rn. 66, 83, 97; *Goos* S. 56.
[170] *Danne* S. 70; GK- TzA/*Danne* § 5 BeschFG Rn. 97.
[171] *Danne* S. 50.
[172] *Danne* S. 70.
[173] *Danne* S. 70; GK- TzA/*Danne* § 5 BeschFG Rn. 38.
[174] GK- TzA/*Danne* § 5 BeschFG Rn. 87.
[175] *Danne* S. 70; GK- TzA/*Danne* § 5 BeschFG Rn. 97.
[176] *Danne* S. 43; GK- TzA/*Danne* § 5 BeschFG Rn. 6.

gen[177]. In den Fällen, in denen die Arbeitnehmer sich in sehr langen Abschnitten abwechseln, also beispielsweise monats- oder jahresweise[178], empfiehlt es sich, trotz der diskontinuierlichen Beschäftigung, eine kontinuierliche Bezahlung zu vereinbaren, um den Arbeitnehmer finanziell abzusichern[179].
Trotz des Bezugs der Arbeitsverhältnisse aufeinander ist jedes selbstständig und nicht von dem anderen in seinem Bestand abhängig[180]. Es besteht kein rechtliches Dreiecksverhältnis, sodass auch nicht der eine Jobsharer gegen den anderen Jobsharer einen Anspruch auf Ableistung dessen individueller Arbeitszeit hat[181]. Es handelt sich bei der Verpflichtung des einzelnen Jobsharers nicht um eine Teilleistung. Eine solche läge dann vor, wenn mehrere Schuldner dieselbe, einheitliche, teilbare Schuld zu erfüllen hätten. Der einzelne Jobsharer hat aber nicht einen Teil der gesamten, mit allen Jobsharern vereinbarten Arbeitszeit zu erfüllen[182]. Die Jobsharer sind insbesondere keine Gesamtschuldner i. S. d. § 421 BGB, sodass der Arbeitgeber auch nicht von einem einzigen Arbeitnehmer die gesamte Arbeit fordern kann[183]. Es liegt auch keine gemeinschaftliche Schuld der Jobsharer in dem Sinne vor, dass die Schuld nur durch alle Schuldner zusammen, nicht aber – aus rechtlichen oder tatsächlichen Gründen - durch jeden Einzelnen allein erbracht werden kann. Denn es wird gerade keine unteilbare Leistung geschuldet, sondern das Jobsharing beruht auf der Annahme der Teilbarkeit der Arbeit eines Arbeitsplatzes. Zwischen den Jobsharern besteht überhaupt keine rechtliche Beziehung, sondern lediglich eine tatsächliche Gemeinschaft[184]. Dem Arbeitgeber steht eine Kumulation von Schuldnern gegenüber, die sich in jeweils voneinander unabhängigen Schuldverhältnissen befinden[185].
Beim *Jobpairing* haben sich die Arbeitnehmer vor dem einheitlichen Vertragsschluss mit dem Arbeitgeber zu einer sog. Eigengruppe zusammengeschlossen, die im Zweifel eine Gesellschaft bürgerlichen Rechts (GbR) i. S. d. § 705 BGB darstellt[186]. Es können aber auch andere Rechtsformen, so beispielsweise die Form einer juristischen Person gewählt werden. Insoweit ist die Vereinbarung zwischen den Jobpairern maßgeblich[187]. Die Arbeitnehmer verpflichten sich dabei als Team, die Arbeit auf einem unteilbaren Arbeitsplatz *gemeinsam* zu erfüllen, sich gegenseitig zu informieren, wesentliche Entscheidungen gemeinsam zu treffen und notwendige Abstimmungen vorzunehmen[188]. Für die Erledigung der Arbeitsaufgabe wird also gemeinsam Verantwor-

---

[177] *Danne* S. 3; GK- TzA/*Danne* § 5 BeschFG Rn. 37.
[178] *Danne* S. 43; *Mente* S. 77.
[179] *Schüren*, Gitter- Festschrift S. 901, 907; zum Sozialversicherungsrecht vgl. MünchHdb ArbR/*Schüren* § 162 Rn. 173.
[180] TZA/*Buschmann* § 13 TzBfG Rn. 17; *Reichold*, Wiese- Festschrift S. 407, 416; *Ring* § 13 Rn. 3.
[181] *Danne* S. 55; TZA/*Buschmann* § 13 TzBfG Rn. 17.
[182] *Danne* S. 70; GK- TzA/*Danne* § 5 BeschFG Rn. 99; *Ring* § 13 Rn. 3.
[183] *Danne* S. 70; GK- TzA/*Danne* § 5 BeschFG Rn. 100; AR- Blattei- SD/*Mosler* 1560 Rn. 338; *Ring* § 13 Rn. 3.
[184] AR- Blattei- SD/*Mosler* 1560 Rn. 337.
[185] MüKo/*Bydlinski* vor § 420 Rn. 2; *Danne* S. 71; GK- TzA/*Danne* § 5 BeschFG Rn. 102.
[186] *Danne* S. 123; nach TZA/*Buschmann* § 13 TzBfG Rn. 13 ist Jobpairing gerade nicht mit einer Eigengruppe gleichzusetzen. Denn eine Gesamtschuld sei in aller Regel nicht beabsichtigt. *Danne* S. 118 betrachtet das Jobpairing als eine Variante, nicht jedoch als eine Unterform des Jobsharing.
[187] *Danne* S. 123; GK- TzA/*Danne* § 5 BeschFG Rn. 151.
[188] *Danne* S. 13, 119; GK- TzA/*Danne* § 5 BeschFG Rn. 21, 151; *Letsch/Göckler* AuB 1998, 321, 323.

tung übernommen[189]. Organisatorisch muss sich das Verhältnis für den Arbeitgeber so darstellen, als stünde ihm lediglich ein Arbeitnehmer gegenüber[190]. In diesem – seltenen – Fall liegt ein Gesamtschuldverhältnis vor[191]. Es kann von beiden Vertragsparteien nur eine einheitliche Kündigung erfolgen, wenn nicht, jedenfalls auch, zwischen dem Arbeitgeber und den Einzelpersonen Rechtsbeziehungen bestehen und wenn der Wille der Vertragspartner an der Geschlossenheit der Gruppe und an dem Bestehen der konkreten Zusammensetzung deutlich zutage getreten ist[192]. Anderenfalls sind auch Einzelkündigungen möglich[193]. Die Arbeitszeitplanung erfolgt nicht in Einzelvereinbarungen mit dem Arbeitgeber, sondern es erfolgen Absprachen innerhalb der Gruppe, die den Arbeitgeber als solche nicht betreffen[194]. Die Jobpairer teilen den Arbeitsplatz also in zeitlicher und funktioneller Hinsicht eigenverantwortlich auf[195]. Es ist jedoch zwingende Voraussetzung, dass unter den Gruppenmitgliedern als auch zwischen diesen in ihrer Gesamtheit und dem Arbeitgeber eine besondere Rechtsbeziehung besteht[196]. § 13 TzBfG ist auf solche Vertragsgestaltungen nicht anzuwenden[197], es sei denn, dass neben der Eigengruppe auch die Gruppenmitglieder oder nur diese in einer vertraglichen Beziehung mit dem Arbeitgeber stehen[198].
Das Gegenstück zum Jobpairing ist das *Jobsplitting*, bei dem zwei voneinander unabhängige Teilzeitarbeitsplätze bestehen[199]. Die Arbeitsverhältnisse sind nicht aufeinander bezogen. Diejenigen Arbeiten, die in den jeweiligen Zeitabschnitt fallen, werden selbstständig und ohne Bezug auf das andere Arbeitsverhältnis erledigt[200]. Die Arbeitnehmer können demgemäß auch nicht über die Lage und Dauer ihrer Arbeitszeit frei disponieren[201]. Es besteht keine arbeitszeitrechtliche Selbstbestimmung[202]. Beim Jobsplitting gisht es also um die klassischen Teilzeitarbeitsverhältnisse[203].
Beim *Split- Level- Sharing* wird die Arbeit eines Arbeitsplatzes nach funktionalen Kriterien, also nach dem Inhalt der Arbeit, aufgeteilt[204]. Diese Form des Jobsharings bietet sich für solche Arbeitsplätze an, die ein unterschiedliches fachliches Qualifikationsniveau erfordern[205]. Möglich ist hierbei eine unterschiedliche Bezahlung der Ar-

[189] *Danne* S. 13; Mager/Winterfeld/Göbel/Seelmann/*Göbel* Rn. 303.
[190] *Danne* S. 124.
[191] AR- Blattei- SD/*Mosler* 1560 Rn. 339, der jedoch von einem Gruppenarbeitsverhältnis spricht.
[192] *Danne* S. 125 f; *Reichold* NZA 1998, 393, 397.
[193] *Danne* S. 126.
[194] *Reichold*, Wiese- Festschrift S. 407, 417.
[195] GK- TzA/*Danne* § 5 BeschFG Rn. 151.
[196] *Danne* S. 28.
[197] GK- TzA/*Danne* § 5 BeschFG Rn. 151.
[198] *Danne* S. 40; *Heinze* NZA 1997, 681, 686.
[199] *Danne* S. 13; GK- TzA/*Danne* § 5 BeschFG Rn. 152; *Letsch/Göckler* AuB 1998, 321, 324; *Danne* S. 188 hält das Jobsplitting nicht für einen Unterbegriff des Jobsharing, sondern lediglich für eineVariante.
[200] *Danne* S. 13; Mager/Winterfeld/Göbel/Seelmann/*Göbel* Rn. 304.
[201] TZA/*Buschmann* § 13 TzBfG Rn. 11; *Danne* S. 13; GK- TzA/*Danne* § 5 BeschFG Rn. 152.
[202] *Danne* S. 13, 128; GK- TzA/*Danne* § 5 BeschFG Rn. 18.
[203] *Danne* S. 128; GK- TzA/*Danne* § 5 BeschFG Rn. 152.
[204] TZA/*Buschmann* § 13 TzBfG Rn. 15; *Danne* S. 13; GK- TzA/*Danne* § 5 BeschFG Rn. 20; *Letsch/Göckler* AuB 1998, 321, 324.
[205] *Letsch/Göckler* AuB 1998, 321, 324.

beitnehmer, die sich den Arbeitsplatz teilen[206]. Übernimmt ein Arbeitnehmer die Aufgabe des anderen Arbeitnehmers für längere Zeit, besteht unter Umständen ein Anspruch auf Höhergruppierung oder auf eine bestimmte Zulage[207]. Häufig wird diese Form der Arbeitsplatzteilung auch nach Art des Jobsplitting durchgeführt, also letztlich völlig unabhängig voneinander[208]. Von Seiten des Arbeitnehmers muss in besonderem Maße auf die Belange des Arbeitsplatzes Rücksicht genommen werden. Denn gerade in dieser Konstellation kann ein bestimmtes Teammitglied zu einer bestimmten Zeit dringend benötigt werden[209].
Nicht zu den hier interessierenden Formen des Jobsharings gehört das sog. *Worksharing*. Beim Worksharing teilt der Arbeitgeber ein bestimmtes Arbeitsvolumen unter mehreren Arbeitnehmern auf[210], ohne dass der einzelne Arbeitnehmer Einfluss auf diese Festlegung nehmen könnte. Es handelt sich also nicht um ein flexibles Arbeitszeitsystem[211].

Die praktische Bedeutung des Jobsharings ist bislang noch gering[212]. Sie erhöht sich etwas, wenn man die Fälle des „faktischen" Jobsharings einbeziehen will, also die Situationen, in denen Teilzeitarbeitnehmer die Lücke schließen, die ein anderer Arbeitnehmer durch dessen vorhersehbare oder nicht vorhersehbare Fehlzeiten, verursacht. Die geringe praktische Bedeutung des Jobsharings dürfte unter anderem daran liegen, dass die Vertretungsregelung, wie sie in § 13 Abs. 1 TzBfG vorgesehen ist, für einen Arbeitgeber kaum handhabbar sein wird. Denn der Arbeitgeber ist letztlich gezwungen, Ersatzkräfte bereitzuhalten. Das ist bei der gleitenden Arbeitszeit mit Gruppenabsprache und bei der Eigengruppe, bei der die Gruppenmitglieder nicht in einer vertraglichen Beziehung zum Arbeitgeber stehen, nicht erforderlich. Daher wird in der Praxis eher die Gleitzeitarbeit mit Gruppenabsprache statt des Jobsharings eingesetzt[213].

### 4. Gleitende Arbeitszeit

Die gleitende Arbeitszeit wird in zwei Untergruppen aufgeteilt. Bei der *„einfachen gleitenden Arbeitszeit"* kann der Arbeitnehmer den Beginn und damit auch das Ende seiner Arbeitszeit innerhalb eines bestimmten Rahmens (sog. Gleitspanne) selbst festlegen[214]. Einen Einfluss auf die Dauer der Arbeitszeit hat er aber nicht[215]. Das ist bei

---

[206] *Letsch/Göckler* AuB 1998, 321, 324.
[207] TZA/*Buschmann* § 13 TzBfG Rn. 15.
[208] *Letsch/Göckler* AuB 1998, 321, 324.
[209] *Schüren*, Gitter- Festschrift S. 901, 907.
[210] *Babl* S. 45; *Danne* S. 13; GK- TzA/*Danne* § 5 BeschFG Rn. 17.
[211] *Babl* S. 45.
[212] TZA/*Buschmann* § 13 TzBfG Rn. 3; GK- TzA/*Danne* § 5 BeschFG Rn. 7; *Lipke* AuR 1991, 76; AR- Blattei- SD/*Mosler* 1560 Rn. 334.
[213] *Heinze* NZA 1997, 681, 686.
[214] *Danne* S. 34; *Danne* DB 1990, 1965, 1969; GK- TzA/*Danne* § 5 BeschFG Rn. 47; *Frölich* S. 31; *Holland* S. 11.

der *„gleitenden Arbeitszeit mit Zeitausgleich"*, auch als *qualifizierte Gleitzeit* bezeichnet, anders, bei der der Arbeitnehmer die Möglichkeit hat, übertragbare Zeitguthaben zu bilden. Der Arbeitnehmer hat nicht nur die Möglichkeit, die Lage der täglichen Arbeitszeit festzulegen, sondern auch die Dauer der Arbeitszeit an den einzelnen Arbeitstagen, soweit er sich im Rahmen des ArbZG hält[216]. In einem solchen Fall hat der Arbeitnehmer letztlich nur ein durchschnittliches Arbeitsvolumen innerhalb eines bestimmten Zeitraums zu erfüllen; er hat nicht mehr eine bestimmte und starre Arbeitszeit abzuleisten[217]. Es gibt dann nur noch eine rechnerische Sollarbeitszeit pro Ta f[218]. Der Arbeitnehmer hat eine ständige Veränderungsoption über Lage und Dauer der täglichen Arbeitszeit[219].
In der Regel bestehen Vereinbarungen für den Fall, dass ein Ausgleich innerhalb eines bestimmten Rahmens nicht mehr möglich sein sollte. So finden sich Regelungen, nach denen ein nicht mehr ausgleichsfähiges Arbeitszeitguthaben verfällt bzw. nach denen zuwenig geleistete Arbeitsstunden auf den Urlaub angerechnet werden bzw. ein Abzug vom Gehalt erfolgt[220].
Meist existieren bei beiden Formen der gleitenden Arbeitszeit sog. Kernzeiten, während deren sich der Arbeitnehmer an seinem Arbeitsplatz aufhalten muss[221]. Insoweit ist die Arbeitszeit starr und nicht disponibel[222]. Sinn der Kernzeiten ist es, die innerbetriebliche Kommunikation zu gewährleisten und den Kunden einen sicheren Ansprechpartner zu geben[223]. Der Arbeitgeber kann den Arbeitnehmer nicht mehr außerhalb der Kernzeiten zur Arbeitsleistung anweisen, denn die Arbeitspflicht des Arbeitnehmers ist für diese Zeit aufgehoben. Für eine Rückgängigmachung ist ein actus contrarius bzw. eine Vertragsänderung erforderlich, wenn nicht schon in der ursprünglichen Vereinbarung ein Vorbehalt der Änderung der Arbeitsverpflichtung aufgenommen wurde[224]. Es besteht kein Raum mehr für ein Weisungsrecht des Arbeitgebers nach § 315 Abs. 1 BGB[225]. Existieren keine Kernzeiten, so ist der Arbeitnehmer lediglich verpflichtet, seine durchschnittliche Arbeitszeit pro Planperiode einzuhalten. In diesem Fall werden aber aus betrieblichen Gründen Absprachen zwischen den Arbeitnehmern des Betriebs bzw. der Abteilung immer wichtiger, bei denen der Vorgesetzte unter Umständen steuernd eingreifen muss[226]. Diese Form der Arbeitszeitgestaltung findet sich eher selten, da die Befürchtung besteht, dass die Unternehmen funktionsuntüchtig werden könnten.

---

[215] *Letsch/Göckler* AuB 1998, 321, 323.
[216] *Danne* S. 34; *Reichold* NZA 1998, 393, 395; *Reichold*, Wiese- Festschrift S. 407, 415; Kittner/Zwanziger/*Schoof* § 38 Rn. 82.
[217] *Holland* S. 11; *Reichold*, Wiese- Festschrift S. 407, 415.
[218] *Frölich* S. 31.
[219] *Mente* S. 96.
[220] *Mente* S. 97.
[221] *Letsch/Göckler* AuB 1998, 321, 323.
[222] *Frölich* S. 32.
[223] *Heinze* NZA 1997, 681, 687; *Letsch/Göckler* AuB 1998, 321, 323.
[224] *Reichold*, Wiese- Festschrift S. 407, 421.
[225] *Reichold*, Wiese- Festschrift S. 407, 421; *Schüren* AuR 1996, 381, 382.
[226] *Reichold* NZA 1998, 393, 396; *Reichold*, Wiese- Festschrift S. 407, 415.

Ein Sonderfall der gleitenden Arbeitszeit ist das sog. Cafeteria- System, bei dem Arbeitszeitguthaben nicht nur durch Zeiten geringerer Arbeit oder durch Sabbaticals[227] ausgeglichen werden können, sondern auch durch sonstige wirtschaftliche Vorteile, wie beispielsweise einen Firmenwagen[228]. Bei den typischen und in der Praxis häufigen Gleitzeitmodellen wird es sich aber in der Regel um sog. kurzfristige Zeitkonten handeln, die einen Ausgleich der geleisteten Überstunden in Freizeit (sog. transitorische Überstunden) oder durch Bezahlung (sog. definitive Überstunden) vorsehen[229]. Von einer sog. „informellen KAPOVAZ" wird gesprochen, wenn sich die Arbeitnehmer veranlasst sehen, die Arbeitszeit an den Arbeitgeberinteressen auszurichten[230].

5. Flexibilisierung der Lebensarbeitszeit

Bei der Flexibilisierung der Lebensarbeitszeit soll für den Arbeitnehmer der Übergang von der Erwerbstätigkeit in den Ruhestand erleichtert werden[231]. Es soll ein Ruhestand schon vor Erreichen der gesetzlichen Altersgrenze und unabhängig vom Altersteilzeitgesetz möglich sein[232].
Bei den Modellen der Lebensarbeitszeitflexibilisierung ist der Eintritt des Ruhestandes nicht an ein bestimmtes Lebensalter gekoppelt, sondern es ist der Entscheidung des Arbeitnehmers überlassen, ab wann er sich – ganz oder teilweise - aus dem Erwerbsleben zurückziehen will. Der Arbeitnehmer kann von der Vollzeitarbeit in die Teilzeitarbeit und von der Teilzeitarbeit in den vollständigen Ruhestand gleiten[233]. Häufig sind bestimmte Altersgrenzen vereinbart, ab deren Erreichen der Arbeitnehmer autonom entscheiden kann, ob er innerhalb eines zeitlichen Rahmens den gleitenden Übergang in den Ruhestand wählen will[234]. Das Vollzeitarbeitsverhältnis wird also aufgrund einer Vereinbarung zwischen Arbeitgeber und Arbeitnehmer in ein (flexibles) Teilzeitarbeitsverhältnis umgewandelt[235]. Der Unterschied zur sonstigen Teilzeitarbeit besteht darin, dass nicht der Umfang der regelmäßig zu leistenden Arbeitszeit verkürzt wird, sondern, dass der Zeitraum reduziert wird, innerhalb dessen die Anzahl der zu leistenden Arbeitsstunden erbracht wird[236].
Weniger interessant für den Arbeitnehmer ist die Form, bei der er Einkommenseinbußen erleidet. Dies wirkt sich nämlich, ebenso wie das vorzeitige Ausscheiden aus dem Erwerbsleben, also vor Eintritt des gesetzlichen Rentenalters, auf die Höhe der später

227 Vgl. dazu § 2 IV 6b.
228 *Mente* S. 69; Kempen/Zachert/*Zachert* TVG § 1 Rn. 152; vgl. zur Anwendbarkeit des § 12 TzBfG TZA/*Buschmann* § 12 TzBfG Rn. 19.
229 *Fels/Heinze/Pfarr/Streeck* S. 5.
230 *Mente* S. 68.
231 *Heinze* NZA 1997, 681, 688.
232 *Mente* S. 121.
233 *Letsch/Göckler* AuB 1998, 321, 323; GK- TzA/*Lipke* Einl. Rn. 14.
234 *Heinze* NZA 1997, 681, 688.
235 GK- TzA/*Lipke* Einl. Rn. 14.
236 *Mente* S. 121.

zu beziehenden Altersrente aus[237]. Wesentlich interessanter sind für den Arbeitnehmer allerdings die Formen der flexiblen Lebensarbeitszeit, bei denen er keine finanziellen Einbußen zu erwarten hat[238]. Diese werden dadurch vermieden, dass dem Arbeitnehmer während seines Erwerbslebens bestimmte Zahlungen, wie zum Beispiel eine Weihnachtsgratifikation, nicht ausgezahlt werden, sondern einem individuellen Arbeitszeitkonto gutgeschrieben werden[239]. Es werden also Arbeitszeiten angespart, um später nicht mehr arbeiten zu müssen, aber dennoch das ungekürzte Entgelt erhalten zu können[240]. Man spricht hier von langfristigen Zeitkonten[241]. Wenn der Arbeitnehmer erhebliche Zeitguthaben auf seinem Arbeitszeitkonto angesammelt hat, kann der gleitende Übergang in den Ruhestand ohne Lohnminderung erfolgen[242]. Auf diese Weise tritt eine Entlastung des Sozialversicherungssystems, insbesondere der Rentenversicherungsträger ein, denn diese werden insoweit nicht in Anspruch genommen[243]. Der Arbeitnehmer finanziert seinen vorgezogenen Ruhestand quasi selbst[244].
Er muss aber vor einer eventuellen Insolvenz des Arbeitgebers geschützt werden, wenn er Zeitguthaben anhäuft. Die Ansprüche müssen auch bei einem Arbeitsplatzwechsel übertragbar gestellt werden. De lege lata ist dies nicht der Fall und ist auch nicht durch Auslegung der bestehenden Gesetze erreichbar. Denkbar wäre lediglich – jedenfalls soweit Geldleistungen für die Flexibilisierung der Lebensarbeitszeit nicht ausbezahlt werden – aufgrund vertraglicher Vereinbarung eine Regelung, die der eines Mietkautionskontos vergleichbar ist. Insoweit muss der Gesetzgeber de lege ferenda eine Regelung treffen[245], wobei hier eine solche ähnlich der betrieblichen Alterssicherung denkbar wäre[246].

### 6. Amorphe Arbeitszeit

#### a. Grundformen der amorphen Arbeitszeit

Bei der amorphen Arbeitszeit, die übersetzt gestaltlose Arbeitszeit bedeutet, ist vertraglich lediglich der Umfang der vom Arbeitnehmer zu leistenden Arbeitszeit innerhalb eines Bemessungszeitrahmens vereinbart, nicht aber die Dauer und Lage im Ein-

---

[237] *Letsch/Göckler* AuB 1998, 321, 323.
[238] *Letsch/Göckler* AuB 1998, 321, 323; *Mente* S. 121 spricht bei dieser Form der Verkürzung der Lebensarbeitszeit von einer Lebensarbeitszeitverkürzung im engeren Sinne.
[239] *Letsch/Göckler* AuB 1998, 321, 323.
[240] *Mente* S. 74 f.
[241] *Fels/Heinze/Pfarr/Streeck* S. 6.
[242] *Fels/Heinze/Pfarr/Streeck* S. 10; *Heinze* NZA 1997, 681, 688.
[243] *Fels/Heinze/Pfarr/Streeck* S. 14; *Heinze* NZA 1997, 681, 688; *Mente* S. 125.
[244] *Fels/Heinze/Pfarr/Streeck* S. 14; *Mente* S. 125.
[245] *Fels/Heinze/Pfarr/Streeck* S. 6; *Heinze* NZA 1997, 681, 688; Teilbereiche sind durch § 7 Abs. 1 a SGB IV gelöst.
[246] *Fels/Heinze/Pfarr/Streeck* S. 7.

zelfall[247]. Der Bemessungszeitrahmen kann sich auf eine Woche[248] oder einen Monat erstrecken. Bei einem Bemessungszeitrahmen von einem Jahr[249] handelt es sich um einen *Jahresarbeitszeitvertrag*[250], bei einem Bemessungszeitraum, der die Lebensarbeitszeit betrifft, handelt es sich um einen *Lebensarbeitszeitvertrag*[251]. Dabei bestimmen entweder aufgrund einer Vereinbarung der Arbeitgeber[252] oder der Arbeitnehmer[253] oder die Arbeitsvertragsparteien gemeinsam an Hand eines Arbeitsplanes die Verteilung des Arbeitsdeputates[254]. Es ist in der Regel dann keine Konkretisierung der Lage der Arbeitszeit durch eine der Vertragsparteien mehr erforderlich[255]. Für den Fall, dass sich die Arbeitsvertragsparteien nicht einigen können, ist es ratsam, eine Regelung zu treffen, nach der das Bestimmungsrecht auf eine der Parteien übergeht, wenn nicht eine gerichtliche Entscheidung ergehen soll. Am sachgerechtesten wäre es wohl, wenn das Bestimmungsrecht auf den Arbeitgeber überginge. Denn dieser trägt nach § 615 BGB das Risiko, dass er den Arbeitnehmer nicht beschäftigen kann. Auch der Gedanke des § 316 BGB kann herangezogen werden, wonach im Zweifel der Gläubiger das Leistungsbestimmungsrecht hat[256]. Zwar ist es heftig umstritten, ob die Planungsperiode länger als ein Monat sein darf[257]. Eine finanzielle Absicherung des Arbeitnehmers ist jedoch möglich, indem ihm das Entgelt kontinuierlich ausbezahlt wird, sodass die amorphe Arbeitszeit insoweit keinen Bedenken begegnen dürfte[258].
Als amorphe Arbeitszeit kann auch die so genannte *Blockarbeitszeit* bezeichnet werden. Bei dieser wechseln sich – in der Regel nach einem festen Rhythmus – Arbeits- und Freizeitphasen ab. Während der Arbeitsphasen ist es sogar möglich, dass der Arbeitnehmer in dem Umfang eines Vollzeitarbeitnehmers tätig wird, während er in den Freizeitphasen völlig freigestellt ist.
Einen Sonderfall der Jahresarbeitszeitverträge stellt die *Saisonarbeit* dar, bei der sich die vollständige jährliche Arbeitszeit auf einen ganz bestimmten Zeitraum konzentriert. Saisonarbeit kommt in spezifischen Branchen, insbesondere im Bereich des Fremdenverkehrs oder des Gastgewerbes vor. Für den Arbeitgeber bietet diese Arbeitszeitform insofern einen Vorteil, als er sich nach der Auftragsentwicklung richten kann und keine gesteigerten Kosten und Mühen hinsichtlich einer möglicherweise er-

---

[247] *Heinze* NZA 1997, 681, 688; *Letsch/Göckler* AuB 1998, 321, 324.
[248] Man spricht insoweit von einer sog. variablen Arbeitswoche, vgl. *Letsch/Göckler* AuB 1998, 321, 324.
[249] *Then* in Gutmann S. 73, 86 fordert sogar einen Ausgleichszeitraum von zwei Jahren.
[250] Kittner/Zwanziger/*Schoof* § 38 Rn. 132; Dessen besondere Bedeutung wird von *Then* in Gutmann S. 73, 85 hervorgehoben.
[251] *Letsch/Göckler* AuB 1998, 321, 324; *Mente* S. 88.
[252] In diesem Sinne versteht *Frölich* S. 44 den Jahresarbeitszeitvertrag und ordnet ihn daher dem Bereich der KAPOVAZ zu; ebenso *Mente* S. 78, 182.
[253] Insofern entspricht der Jahresarbeitszeitvertrag der qualifizierten Gleitzeit, vgl. *Mente* S. 182.
[254] *Babl* S. 53; GK- TzA/*Danne* § 5 BeschFG Rn. 61; *Mente* S. 83, 181; *Schüren*, Gitter- Festschrift S. 901, 905.
[255] *Reichold*, Wiese- Festschrift S. 407, 419.
[256] *Schüren*, Gitter- Festschrift S. 901, 906.
[257] Vgl. *Babl* S. 52 f; *Mente* S. 83, die sich auch für längere Planperioden aussprechen.
[258] GK- TzA/*Danne* § 5 BeschFG Rn. 61; *Hanau* RdA 1987, 25, 29; *Menten* S. 83; *Schüren*, Gitter-Festschrift S. 901, 904.

forderlichen Koordination aufwenden muss. Aber auch dem Arbeitnehmer wird eine längerfristige Planung über einen relativ langen Freizeitraum ermöglicht[259].
Bei der sog. selbstbestimmten Arbeitszeit oder auch *arbeitnehmerorientierten variablen Arbeitszeit (ABOVAZ)* kann der Arbeitnehmer die jeweilige Dauer und Lage seiner Arbeit zu einem sehr großen Teil selbst bestimmen[260]. In der Regel findet seine Tätigkeit gar nicht mehr im Betrieb statt[261]. Zu dieser Form der flexiblen Arbeitszeit gehören Arbeitsformen, die nahe in den Bereich der Schein- Selbstständigkeit rükken[262], bei denen es letztlich also nur noch um das Ergebnis der Arbeit geht[263]. Es wird in diesen Fällen für die Entlohnung weniger am Faktor Zeit angeknüpft, sondern eher am Ergebnis bzw. am Erfolg der Arbeit[264]. Dies fordert aber in jedem Fall einen gewissen Mindestaufwand[265], der sich in der durch Arbeit konkretisierten Zeit äußert[266]. Teilweise wird in diesem Zusammenhang auch von Vertrauensgleitzeit gesprochen, da weder ein Abrechnungszeitraum, noch ein durchschnittliches Arbeitsdeputat existiert und der Arbeitnehmer seine gesamte Arbeitszeit selbst einteilt[267].
Bei einem sog. *Arbeitszeitkorridor* ist hinsichtlich eines bestimmten Zeitraums eine Unter- und Obergrenze vereinbart, zwischen welchen sich die tatsächliche Arbeitsleistung bewegen muss, während der Arbeitnehmer einen konstanten Lohn erhält. Diese Arbeitszeitform stellt keinen Verstoß gegen § 12 Abs. 1 S. 1 TzBfG dar, da ja das Arbeitsdeputat für einen bestimmten Zeitraum feststeht und lediglich die Lage vom Arbeitgeber bestimmt wird, der sich aber hinsichtlich der Einteilung des Arbeitnehmers nach dem vereinbarten Arbeitszeitkorridor richten muss[268].

### b. Sonderfall: Sabbatical

Als Unter- und Sonderfall der amorphen Arbeitszeit ist das *Sabbatical* zu nennen, bei dem ein Langzeiturlaub genommen werden kann[269]. Diese Form der Freistellung wurde ursprünglich für Topmanager entwickelt, um ein „Sich- Ausgebrannt- Fühlen" zu vermeiden oder zu beseitigen[270]. Der Arbeitnehmer kann in der Regel bis zu einem Jahr in den Genuss eines solchen Sabbaticals kommen, wenn er im entsprechenden Zeitraum davor die Arbeitsleistung für den freizustellenden Zeitraum erbracht hat[271].

---

[259] *Babl* S. 53.
[260] TZA/*Buschmann* § 12 TzBfG Rn. 17; *Letsch/Göckler* AuB 1998, 321, 324.
[261] *Letsch/Göckler* AuB 1998, 321, 324.
[262] Ob es sich dabei noch um Arbeitnehmer handelt, ist sehr fraglich, vgl. *Letsch/Göckler* AuB 1998, 321, 324.
[263] *Letsch/Göckler* AuB 1998, 321, 324.
[264] *Gast*, Wiese- Festschrift S. 121, 130; Kittner/Zwanziger/*Schoof* § 38 Rn. 133 ff, der von „Vertrauensarbeit" spricht.
[265] *Gast*, Wiese- Festschrift S. 121, 128.
[266] *Gast*, Wiese- Festschrift S. 121, 130.
[267] *Reichold*, Wiese- Festschrift S. 407, 416.
[268] *Mente* S. 79 f.
[269] *Letsch/Göckler* AuB 1998, 321, 324; Kittner/Zwanziger/*Schoof* § 38 Rn. 140.
[270] *Letsch/Göckler* AuB 1998, 321, 324; *Reichold* NZA 1998, 393, 396.
[271] *Schüren* BB 1984, 1235.

Denkbar sind aber auch kürzere arbeitsfreie Phasen von wenigen Wochen oder Tagen[272]. Es wird also nach einer bestimmten Zeit im Betrieb, in welcher der Arbeitnehmer durchaus seinen gesetzlichen oder tariflichen Urlaub erhalten hat, ein Langzeiturlaub gewährt[273]. Der Arbeitsvertrag bleibt dabei bestehen. Zum Teil wird dem Arbeitnehmer auch sein Arbeitsentgelt weiter bezahlt[274]. Insgesamt handelt es sich dabei in der Regel nicht um ein Teilzeitarbeitsverhältnis, obwohl es unter Umständen zu einer Verkürzung der Lebensarbeitszeit kommt. Denn die Arbeitsperiode, in der Vollzeitarbeit geleistet wird, gibt dem Arbeitsverhältnis das Gepräge[275].
Als eine weitere Form des Sabbaticals kann die Freistellung des Arbeitnehmers zu Zwecken der beruflichen oder der allgemeinen Weiterbildung genannt werden[276]. Dabei wird ihm teilweise auch sein Arbeitsentgelt weiter gezahlt. Interessant ist diese Form des Sabbaticals vor allem dann, wenn während der Bildungsphase des freigestellten Arbeitnehmers der Arbeitsplatz mit einem Arbeitslosen besetzt wird[277].
Ein Sabbatical kann auch als Familienpause zur Kindererziehung in Betracht kommen[278].

### c. Reaktivierung des Arbeitsverhältnisses

Für die Frage, wie und wann das Arbeitsverhältnis, das sich in einer Freistellungsphase befindet, wieder aktiviert wird, ist primär die vertragliche Vereinbarung ausschlaggebend.
Zum einen kann eine Reaktivierung durch einen Änderungsvertrag nach § 305 BGB vorgenommen werden. Bei besonderer Vereinbarung ist der Übergang zum aktiven Arbeitsverhältnis auch durch einseitige Erklärung einer Vertragspartei möglich. Des Weiteren ist es denkbar und zulässig, dass die Arbeitsvertragsparteien die Freistellungsphase auflösend bedingt oder befristet abschließen[279].
Wird ein Arbeitsverhältnis in der Freistellungsphase reaktiviert, so stellt sich die Frage, ob für den Betriebsrat ein Mitbestimmungsrecht nach § 99 BetrVG besteht. Voraussetzung dafür wäre, dass es sich um eine Einstellung i. S. d. § 99 BetrVG handelt. Unter Einstellung i. S. d. § 99 BetrVG wird die Begründung des Arbeitsverhältnisses bzw. die damit zusammenhängende Arbeitsaufnahme verstanden[280]. Eine Einstellung i. S. d. § 99 BetrVG muss im Ergebnis verneint werden. Zwar besteht bei einem unterbrochenen Arbeitsverhältnis mit anschließender Wiedereinstellung ein Mitbestim-

[272] *Mente* S. 145.
[273] *Schüren* BB 1984, 1235.
[274] *Letsch/Göckler* AuB 1998, 321, 324.
[275] GK- TzA/*Danne* § 5 BeschFG Rn. 60.
[276] *Letsch/Göckler* AuB 1998, 321, 324.
[277] *Letsch/Göckler* AuB 1998, 321, 324.
[278] *Fels/Heinze/Pfarr/Streeck* S. 10; *Mente* S. 147.
[279] *Dikomey* S. 226 ff.
[280] Kasseler Handbuch/*Etzel* 9.1 Rn. 650; *Fitting/Kaiser/Heither/Engels* § 99 Rn. 30; ErfK/*Hanau/Kania* § 99 BetrVG Rn. 4; *Stege/Weinspach* §§ 99 – 101 Rn. 12; **kritisch:** *Richardi/Thüsing* § 99 Rn. 26 ff.

mungsrecht nach § 99 BetrVG[281]. Bei einem freigestellten Arbeitnehmer ist jedoch eine rechtliche Unterbrechung des Arbeitsverhältnisses gerade nicht eingetreten, sondern es besteht, wenn auch verändert und lediglich in tatsächlicher Hinsicht unterbrochen, fort. Es kommt also beim Übergang zum aktiven Arbeitsverhältnis nur zu einer Inhaltsänderung, nicht aber zu einer Einstellung i. S. d. § 99 BetrVG[282]. Ein Mitbestimmungsrecht für den Betriebsrat macht zudem nur dann Sinn, wenn eine Auswahlentscheidung zu treffen ist und der Arbeitgeber ein Bestimmungsrecht hat. Das ist jedoch nicht der Fall, wenn nur der ursprüngliche Rechtszustand wieder hergestellt wird, worauf der Arbeitnehmer zudem noch einen Anspruch hat[283].

Neben diesen Grundmodellen der flexiblen Teilzeitarbeit existieren in der Praxis eine Vielzahl von Variationen dieser Modelle, auf die im Rahmen dieser Arbeit nicht eingegangen werden kann[284].

## V. Entgeltzahlung

So unterschiedlich die Beschäftigungszeiten bei flexibler Teilzeitarbeit sind, so unterschiedlich kann auch die Entgeltzahlung sein. Bei den Formen der flexiblen Teilzeitarbeit besteht die Möglichkeit, dass dem Arbeitnehmer sein Arbeitslohn kontinuierlich oder diskontinuierlich ausbezahlt wird. Eine Verpflichtung, die eine oder die andere Variante zu wählen, ergibt sich aus den arbeitsrechtlichen Vorschriften nicht[285]. Zwar ist gemäß § 614 S. 1 BGB die Vergütung grundsätzlich nach der Erbringung der Dienste zu zahlen. Da diese Vorschrift aber dispositiv ist[286], kann auch eine kontinuierliche Entgeltzahlung vereinbart werden[287]. Rechtliche Bedenken bestehen insoweit nicht[288]. Es gibt aber trotz der Abdingbarkeit des § 614 BGB nicht einen „Grundsatz der Entgeltkontinuität“[289].

Bei diskontinuierlicher Entgeltzahlung besteht für den Arbeitnehmer die Gefahr in wirtschaftliche Schwierigkeiten zu geraten, wenn er für einige Zeit überhaupt keinen Lohn erhält[290]. Darüber hinaus kann, insbesondere bei längeren Freistellungsphasen – wie beispielsweise bei Sabbaticals - der Verlust des gesetzlichen Krankenversiche-

---

[281] *Galperin/Löwisch* § 99 Rn. 14; *Richardi/Thüsing* § 99 Rn. 46.

[282] *Dikomey* S. 233; Kasseler Handbuch/*Etzel* 9.1 Rn. 656; *Galperin/Löwisch* § 99 Rn. 14; GK-BetrVG/*Kraft* § 99 Rn. 33; *Richardi/Thüsing* § 99 Rn. 44, 45; *Stege/Weinspach* §§ 99 – 101 Rn. 19 m.

[283] *Dikomey* S. 233; *Fitting/Kaiser/Heither/Engels* § 99 Rn. 43; ErfK/*Hanau/Kania* § 99 BetrVG Rn. 6; GK-BetrVG/*Kraft* § 99 Rn. 31.

[284] Vgl. dazu die Nachweise bei GK TzA/*Lipke* Einl. Rn. 9; zu den sog. Baukastensystemen vgl. GK-TzA/*Danne* § 5 BeschFG Rn. 63; *Mente* S. 87 f.

[285] *Babl* S. 108; *Frölich* S. 167; *Mente* S. 182.

[286] *Babl* S. 108; *Danne* S. 77; GK- TzA/*Danne* § 5 BeschFG Rn. 108.

[287] Dies wird von *Projahn/Roesling*, Stege- Festschrift S. 130, 138 auch als erforderlich vorgeschlagen.

[288] *Danne* S. 77; GK- TzA/*Danne* § 5 BeschFG Rn. 108.

[289] *Babl* S. 108; *Frölich* S. 167.

[290] GK-TzA/*Danne* § 5 BeschFG Rn. 61.

rungsschutzes eintreten[291]. Daher ist insoweit eine monatliche Durchschnittsvergütung empfehlenswert. Bei kontinuierlicher Entgeltzahlung ist es demgegenüber problematisch, dass unter Umständen der durchschnittlich ausbezahlte Lohn nicht für die Bestreitung des Unterhalts ausreichen kann[292]. Hinsichtlich der Höhe der in der Freistellungszeit auszuzahlenden Vergütung ist es ausschlaggebend, ob die Arbeitsvertragsparteien eine von vornherein feststehende Summe oder aber eine Anpassung an eventuelle Entgelterhöhungen oder –verminderungen für den Zeitpunkt der Fälligkeit vereinbart haben[293].

Bei Blockarbeitszeiten erwirbt der Arbeitnehmer den Vergütungsanspruch während der Arbeitsperiode. Daher kann ohne Verletzung der Fürsorgepflicht des Arbeitgebers vereinbart werden, dass der Arbeitnehmer während oder nach der Arbeitsperiode seinen gesamten Arbeitslohn erhält. Zwar werden insoweit hinsichtlich der sog. Unterhaltsfunktion des Arbeitslohns Bedenken geäußert[294]. Letztlich ist es aber, wie bereits ausgeführt, von der vertraglichen Vereinbarung abhängig, wie die Entgeltzahlung ausgestaltet ist.

Bei der KAPOVAZ wird dem Arbeitnehmer aufgrund der Regelung des § 12 Abs. 1 S. 2 TzBfG ein regelmäßiges monatliches Einkommen garantiert[295].

Für die qualifizierte Gleitzeit stellen sich kaum Probleme in finanzieller Hinsicht, da der Arbeitnehmer ein bestimmtes Arbeitssoll haben wird, aufgrund dessen ihm ein kontinuierliches Entgelt gesichert ist. Wie Über- oder Unterarbeiten behandelt werden

---

[291] Dauert bei diskontinuierlicher Bezahlung die unbezahlte Freistellungszeit nicht länger als einen Monat, so greift die Regelung des § 7 Abs. 3 SGB IV mit der Folge der Mitgliedschaftserhaltung ein. Bei längeren unbezahlten Freistellungszeiten hilft § 19 Abs. 2 SGB V, indem für einen Monat nach Beendigung der Mitgliedschaft einen Anspruch auf Leistungen gewährt. Nach Ablauf dieses (weiteren) Monats fällt jedoch der freigestellte Arbeitnehmer aus dem gesetzlichen Krankenversicherungssystem heraus, vgl. AR- Blattei SD/*Marschner* 1560.1 Rn. 30; TZA/*Stevens- Bartol* § 7 SGB IV Rn. 19.

[292] *Babl* S. 107. Hinsichtlich der Auswirkungen auf die Renten- und Arbeitslosenversicherung vgl. TZA/*Stevens- Bartol* § 7 SGB IV Rn. 19.

Unter den Voraussetzungen des § 7 Abs. 1 a SGB IV besteht bei einer bezahlten Freistellung (eine solche i. S. d. § 7 Abs. 1a SBG IV liegt nicht vor, wenn die Vergütung aus anderen Gründen als des Bestehens eines Wertguthabens erfolgt, vgl. TZA/*Stevens- Bartol* § 7 SGB IV Rn. 12) eine Beschäftigung gegen Arbeitsentgelt und damit ein Versicherungsschutz in sämtlichen Versicherungszweigen. Hinsichtlich der Sozialversicherungsbeiträge ist in diesem Zusammenhang auf § 23 b SGB IV hinzuweisen. Vgl. zu den bezahlten Freistellungszeiten AR- Blattei SD/*Marschner* 1560.1 Rn. 26 ff. Zu den Voraussetzungen des § 7 Abs. 1a SGB IV vgl. TZA/*Stevens- Bartol* § 7 SGB IV Rn. 11 ff.

[293] Vgl. hierzu *Natzel* NZA 1998, 1262, 1263.

[294] *Babl* S. 112 f; *Larenz*, II/1 S. 319.

[295] *Babl* S. 114; es wird insoweit von *Frölich* S. 167 diskutiert, ob einer kontinuierlichen Entgeltzahlung nicht die Vorschrift des § 64 S. 1 HGB entgegenstehe. Denn die typischen KAPOVAZ- Arbeitnehmer – Verkäufer - seien als Handlungsgehilfen i. S. d. § 59 S. 1 HGB zu betrachten. § 64 S. 1 HGB stehe grundsätzlich einer kontinuierlichen Entgeltzahlung entgegen, denn das „dem Handlungsgehilfen zukommende Gehalt" sei nur ein solches, das die tatsächlich erbrachte Arbeitsleistung vergüte. Wenn keine Arbeitsleistung erbracht werde, solle nach § 64 S. 1 HGB auch keine Zahlung erfolgen. *Frölich* a.a.O. will jedoch, um dieses Ergebnis zu vermeiden, eine teleologische Reduktion des § 64 S. 1 HGB vornehmen und eine kontinuierliche Entgeltzahlung zulassen. Meines Erachtens stellt sich das von *Frölich* diskutierte Problem überhaupt nicht. Denn § 12 Abs. 1 S. 2 TzBfG sieht ein festes Arbeitsdeputat für einen bestimmten Zeitraum vor. Dieses, nicht mehr und nicht weniger, muss vom Arbeitgeber abgerufen werden. Insoweit hat der KAPOVAZ- Arbeitnehmer immer eine gleichmäßige Beschäftigung pro Bemessungseinheit, die auch kontinuierlich vergütet werden kann.

sollen, muss durch Vereinbarung zwischen den Arbeitsvertragsparteien geregelt werden. In der Regel werden hier Entgelteinbußen durch verminderte Arbeitsleistung aus der Sphäre des Arbeitnehmers kommen[296].

## VI. Vor- und Nachteile von flexiblen Teilzeitarbeitsmodellen

Ob sich die Arbeitsvertragsparteien auf den Abschluss eines Vertrags mit flexibler Teilzeitarbeit einlassen, wird immer das Ergebnis eines Abwägungsvorgangs hinsichtlich der Vor- und Nachteile sein. Interessant erscheint aber auch die Bewertung von flexiblen Teilzeitarbeitsverhältnissen für die gesellschaftliche Gesamtheit, von der die Förderung seitens des Gesetzgebers abhängen wird.

Aus gesamtpolitischer Sicht bietet sich durch die Verteilung der Arbeit auf mehrere Personen die Möglichkeit der Sicherung von bestehenden und der Schaffung von neuen Arbeitsplätzen, sodass eine soziale Entlastung eintreten kann[297]. Die finanziellen Belastungen sind für einen Arbeitgeber bei der Einstellung von Teilzeitkräften leichter steuer- und überschaubar, sodass es gerade in Krisenzeiten eher zu einer Einstellung einer Teilzeitkraft kommen wird[298]. Auch die Jugendarbeitslosigkeit kann aufgrund von Teilzeitarbeit reduziert werden. Häufig werden in den Betrieben mehr Jugendliche ausgebildet, als nach der Ausbildung übernommen werden können. Durch die Übernahme in ein Teilzeitarbeitsverhältnis könnte das Freiwerden eines entsprechenden Arbeitsplatzes abgewartet und die Arbeitssituation für Jugendliche entzerrt werden[299]. Die Jugendlichen befinden sich in dieser Zeit in einem Arbeitsverhältnis, lernen Neuerungen kennen und bleiben auf diese Weise konkurrenzfähig[300].

Aus betriebswirtschaftlicher Sicht kann durch flexible Teilzeitarbeit eine Verlängerung der Maschinenlaufzeiten und eine Optimierung der Betriebszeiten erreicht werden[301]. Kapazitäten können besser ausgelastet, die Produktivität erhöht, Kosten verringert und eine schnellere Amortisation der Betriebsmittel erreicht werden[302]. Die Wettbewerbsfähigkeit eines Unternehmens kann gesteigert werden[303], denn durch die verstärkte Globalisierung der Märkte und den dadurch ausgelösten Wettbewerbs- und Innovationsdruck muss ein Unternehmen, das konkurrenzfähig bleiben will, schnell auf veränderte Situationen am Markt reagieren können. Dies ist aber in der Regel nicht mit ei-

---

[296] *Babl* S. 115 f.

[297] *Danne* S. 2; *Fels/Heinze/Pfarr/Streeck* S. 3; *Frölich* S. 2; *Letsch/Göckler* AuB 1998, 321; *Lindena*, Die Bank 1995, 324; *Projahn/Roesling*, Stege- Festschrift S. 130, 135; *Schleef* NZA 1985, Beil. 3, S. 22, 26; *Schwerdtner* NZA 1985, 577, 581; *Viethen* NZA 2001, Sonderbeilage, S. 3; *Wank* RdA 1985, 1, 17; **kritisch:** *Rolfs* RdA 2001, 129, 130, 143;.

[298] *Bellgardt* BB 1986, 1704, 1706; *Meyer* S. 31.

[299] GK- TzA/*Lipke* Einl. Rn. 16; *Strobl* in Gutmann S. 223, 225.

[300] *Lindena*, Die Bank 1995, 324.

[301] *Heinze* NZA 1997, 681; *Mente* S. 1; *Schleef* NZA 1985, Beil. 3, S. 22.

[302] *Danne* S. 6; *Fels/Heinze/Pfarr/Streeck* S. 3; *Frölich* S. 57; *Hentsch* in Gutmann S. 237, 244; *Letsch/Göckler* AuB 1998, 321; *Lipke* AuR 1991, 76, 77; GK- TzA/*Lipke* Einl. Rn. 33, 39; *Mente* S. 1, 173; *Meyer* S. 30; AR- Blattei SD/*Mosler* 1560 Rn. 18; *Projahn/Roesling*, Stege- Festschrift S. 130, 135; *Wank* RdA 1985, 1, 17.

[303] *Babl* S. 19; *Gutmann* in Gutmann S. 3, 17; *Projahn/Roesling*, Stege- Festschrift S. 130, 136.

nem Normalarbeitstag oder mit einem strengen Zweischichtsystem, sondern nur durch flexible Arbeitszeiten, zu erreichen[304]. Schwankungen bei der Nachfrage und Arbeitsspitzen können leichter und schneller ausgeglichen werden[305]. Die Kunden werden besser zufrieden gestellt, ohne dass Überstunden[306] und die damit für den Arbeitgeber verbundenen Kosten erforderlich werden[307]. Das übliche Element der Überstunden zur Bewältigung eines besonderen Arbeitsbedarfs, wird weniger wichtig[308].
Das Risiko des Arbeitgebers, den Arbeitnehmern keine oder nicht genügend Arbeit zuweisen zu können, wird verringert, sodass es zu einer besseren Ausnutzung der Arbeitszeit kommt[309]. Leerlaufzeiten können vermindert werden[310].
Steht es für das Unternehmen wirtschaftlich schlecht und ist die Nachfrage gering, kann das Erfordernis von Kurzarbeit und Entlassungen leichter vermieden werden[311]. Die aufgrund von Sozialplänen und Abfindungen entstehenden Kosten eines Personalabbaus werden relativiert[312]. Gerade flexible Teilzeitarbeitsmodelle stellen durch die Verwendung von Zeitkonten möglicherweise eine Alternative zu sonst notwendigem Personalabbau dar[313].
Bewährte und erfahrene Arbeitnehmer, die grundsätzlich aus familiären oder Altersgründen dem Betrieb nicht mehr zur Verfügung stünden, können dem Betrieb als Teilzeitarbeitnehmer erhalten bleiben[314]. Auch Arbeitsbedingungen, die beispielsweise aufgrund einer neuen gesetzlichen Regelung für Vollzeitarbeitnehmer nicht mehr zulässig wären, können bei Teilzeitarbeit beibehalten werden. Denn bisweilen wird die Tätigkeit an dem betreffenden Arbeitsplatz für eine geringe Zeit noch zulässig sein[315].

---

304 *Holland* S. 7; *Mente* S. 3 f; *Reichold*, Wiese- Festschrift S. 407, 409; *Schleef* NZA 1985, Beil. 3, S. 22, 23.

305 *Adamski* S. 52; *Buse/Hempel* in Gutmann S. 247, 255; *Förderreuther* PersF 1997, 42, 46; *Frölich* S. 57; *Heinze* NZA 1997, 681; *Hentsch* in Gutmann S. 237, 244; *Letsch/Göckler* AuB 1998, 321; *Lindena*, Die Bank 1995, 324, 325; *Lipke* AuR 1991, 76, 77; GK- TzA/*Lipke* Einl. Rn. 39; *Mente* S. 1, 19; *Meyer* S. 29; *Schleef* NZA 1985, Beil. 3, S. 22; *Strobl* in Gutmann S. 223, 226; *Then* in Gutmann S. 73, 81; *Wolf* in Gutmann S. 137, 143.

306 Unter Überstunden ist die Überschreitung der im Hinblick auf das konkrete Arbeitsverhältnis geschuldeten Arbeitszeit zu verstehen, wenn diese Überschreitung vom Arbeitgeber angeordnet bzw. nachträglich genehmigt worden ist, vgl. *Babl* S. 46 f.

307 *Adamski* S. 52; *Buse/Hempel* in Gutmann S. 247, 255; *Heinze* NZA 1997, 681; *Hoff* in Gutmann S. 317, 319; *Letsch/Göckler* AuB 1998, 321; *Meyer* S. 30; *Projahn/Roesling*, Stege- Festschrift S. 130, 135; *Then* in Gutmann S. 73, 85; gerade dieser Aspekt macht nach *Reichold* NZA 1998, 393, 397 die „Eleganz" der flexiblen Arbeitsteilzeitmodelle aus; vgl. auch *Reichold*, Wiese- Festschrift S. 407, 418.

308 *Frölich* S. 19; *Schleef* NZA 1985, Beil. 3, S. 22.

309 *Frölich* S. 59; *Meyer* S. 30; *Projahn/Roesling*, Stege- Festschrift S. 130, 135.

310 *Adamski* S. 52; *Frölich* S. 59; GK- TzA/*Lipke* Einl. Rn. 39; *Mente* S. 1; AR- Blattei SD/*Mosler* 1560 Rn. 18.

311 *Adamski* S. 52; *Heinze* NZA 1997, 681; *Letsch/Göckler* AuB 1998, 321; *Wank* RdA 1985, 1, 17; **kritisch:** *Isenhardt*, Hanau- Festschrift S. 221, 222.

312 *Heinze* NZA 1997, 681; *Lindena*, Die Bank 1995, 324; *Strobl* in Gutmann S. 223, 225.

313 *Bertelsmann/Rust* RdA 1985, 146, 148; *Förderreuther* PersF 1997, 42, 44; *Lindena*, Die Bank 1995, 324, 325.

314 *Heinze* NZA 1997, 681, 685; AR- Blattei/*Seiter* Teilzeitarbeit AI1; *Wank* RdA 1985, 1, 17.

315 *Bertelsmann/Rust* RdA 1985, 146, 148; *Rolfs* RdA 2001, 129, 131; insofern ist es auch zulässig, den Arbeitnehmern, die einen vollen Arbeitstag arbeiten, die besseren Arbeitsbedingungen zu bieten, vgl. GK- TzA/*Lipke* § 2 BeschFG Rn. 112.

Häufig ist eine quantitative und qualitative Verbesserung der Arbeitsleistung eines Teilzeitarbeitnehmers zu beobachten, da sich seine Konzentration nur auf wenige Stunden am Tag beschränkt und deshalb seine Belastbarkeit gesteigert ist[316]. Arbeit und Kapital können durch Teilzeitarbeit effizienter eingesetzt werden[317]. So hat beispielsweise der Arbeitnehmer die Möglichkeit, gezielt Verkehrsstoßzeiten zu vermeiden[318].
Krankenstand und Abwesenheitsrate aufgrund persönlicher Umstände gehen in der Regel mit der Einführung flexibler Arbeitszeiten zurück[319]. Fehlzeiten von Arbeitnehmern können leichter ausgeglichen werden[320]. Generell ist zu beobachten, dass die Motivation der Teilzeitarbeitnehmer hoch[321], während die Stressempfindlichkeit gering ist[322]. Körperliche und seelische Belastungen können reduziert werden und der Personaleinsatz kann in belastungsgerechter Weise erfolgen[323].
Die Arbeitnehmer verfügen über mehr Zeitsouveränität und Freizeit, in der sie ihren privaten Interessen nachgehen können, während die Nettoeinkommenseinbuße aufgrund der Steuerprogression in der Regel geringer als die im Verhältnis verminderte Arbeitszeit sein wird[324]. Dies bringt es mit sich, dass insbesondere im Bereich Tourismus und Kultur weitere neue Arbeitsplätze entstehen[325]. Je nach Arbeitszeitmodell lassen sich die Arbeitszeiten durch den Arbeitnehmer mehr oder weniger eigenverantwortlich und selbstbestimmt festlegen, also flexibel gestalten[326]. Beruf und Privatleben

---

[316] *Afheldt* in Gutmann S. 19, 34; *Bertelsmann/Rust* RdA 1985, 146, 148; *Frölich* S. 57; *Heinze* NZA 1997, 681; *Hentsch* in Gutmann S. 237, 244; GK- TzA/*Lipke* Einl. Rn. 39; *Lipke* AuR 1991, 76, 77; *Meyer* S. 30, 50; AR- Blattei SD/*Mosler* 1560 Rn. 18; *Schleef* NZA 1985, Beil. 3, S. 22; *Strobl* in Gutmann S. 223, 226; *Viethen* NZA 2001, Sonderbeilage, S. 3, 8; *Wank* RdA 1985, 1, 17; die Annahme einer automatischen Produktivitätserhöhung durch Teilzeitarbeit wird aber von *Fröhlich* in Gutmann S. 199, 202 bestritten. Er geht davon aus, dass Teilzeitarbeit automatisch weder zu einem Nachteil noch zu einem Vorteil für die Produktivität führt.
Eine der Produktivität nachteilige Wirkung wird der Gleitzeitarbeit zugesprochen, da diese geradezu zu einem gezielten „Verbrauch“ an Arbeitszeit führen würde, vgl. *Hoff* in Gutmann S. 317, 330.
[317] *Fels/Heinze/Pfarr/Streeck* S. 3.
[318] *Mente* S. 99.
[319] *Buse/Hempel* in Gutmann S. 247, 254; *Danne* S. 6; *Frölich* S. 56; *Heinze* NZA 1997, 681; *Letsch/Göckler* AuB 1998, 321; *Mente* S. 100; *Meyer* S. 30; AR-Blattei SD/*Mosler* 1560 Rn. 18; *Redl* in Gutmann S. 215, 220; *Schleef* NZA 1985, Beil. 3, S. 22, 23; *Then* in Gutmann S. 73, 85; *Viethen* NZA 2001, Sonderbeilage, S. 3, 8; *Wank* RdA 1985, 1, 17; *Wolf* in Gutmann S. 137, 143; *Förderreuther* PersF 1997, 42, 44 schlägt sogar eine Teilzeit auf Zeit vor, in der der Arbeitnehmer einer besonderen außerberuflichen Belastung ausgesetzt ist, in der er aber trotzdem hinsichtlich seines Arbeitsplatzes auf dem Laufenden bleiben will.
[320] *Hentsch* in Gutmann S. 237, 244; GK- TzA/*Lipke* Einl. Rn. 39; Meyer S. 29.
[321] *Danne* S. 5; *Förderreuther* PersF 1997, 42, 46; *Heinze* NZA 1997, 681; *Meyer* S. 30; *Reichold*, Wiese- Festschrift S. 407, 410; *Then* in Gutmann S. 73, 85; *Viethen* NZA 2001, Sonderbeilage, S. 3, 8.
[322] *Heinze* NZA 1997, 681; *Mente* S. 99.
[323] *Heinze* NZA 1997, 681, 685; GK- TzA/*Lipke* Einl. Rn. 40.
[324] *Adamski* S. 52; *Danne* S. 5; *Frölich* S. 2; *Projahn/Roesling*, Stege- Festschrift S. 130, 136; *Strobl* in Gutmann S. 223, 225; **kritisch** zu dem Argument der Steigerung der Zeitsouveränität äußern sich *Bertelsmann/Rust*, RdA 1985, 146, 149, die darauf hinweisen, dass die Mehrheit der Arbeitnehmer sich diese Zeitsouveränität aufgrund der ohnehin schon schlechten Bezahlung nicht leisten könne, ähnlich GK- TzA/*Lipke* Einl. Rn. 47.
[325] *Nahrstedt* in Gutmann S. 53, 56, 62, 66.
[326] *Frölich* S. 2; *Mente* S. 1.

lassen sich auf diese Weise leichter vereinbaren[327], sodass teilweise sogar von einer Liberalisierung und Humanisierung der Arbeit[328] bzw. von einem Gewinn an Lebensqualität[329] bzw. von Arbeitszeitsouveränität gesprochen wird[330]. Insbesondere Übergangsprozesse im Arbeitsleben, wie der Beginn und die Beendigung einer Erwerbstätigkeit, sowie die Gestaltung besonderer Lebenssituationen, wie Zeiten der Kindererziehung lassen sich durch flexible Teilzeitarbeitsmodelle leichter bewältigen[331]. Im Bereich der KAPOVAZ ist allerdings sehr fraglich, ob man überhaupt von Zeitsouveränität sprechen kann, wenn der Arbeitnehmer seine freie Zeit gerade nicht mehr planen und gestalten kann, sondern ständig mit einem Abruf durch den Arbeitgeber rechnen muss. Durch KAPOVAZ ist der Arbeitnehmer in seiner Zeitsouveränität sogar noch mehr als ein Arbeitnehmer in einem starren System eingeschränkt, da er seine außerberufliche Lebensführung der vom Arbeitgeber festgelegten beruflichen Inanspruchnahme anpassen muss[332].
Dem Arbeitnehmer fehlt ein fester und kalkulierbarer Arbeitsrhythmus, auf den er, unter Umständen aus familiären Gründen, nur schwer verzichten kann. Eine bisher gesicherte zeitliche Sphäre geht dem Arbeitnehmer verloren[333].
Für den Arbeitgeber kann die Einführung von Teilzeitarbeit einen höheren Verwaltungs-, Planungs-, Kontroll- und Organisationsaufwand, sowie höhere Personalnebenkosten bedeuten[334]. Die Sozialversicherungsbeiträge für zwei Teilzeitkräfte sind insgesamt höher als diejenigen für eine Vollzeitkraft[335]. Auch durch mehr Raumbedarf oder durch einen gesteigerten Bedarf an Arbeitsgeräten sowie an leitenden Angestellten können sich insbesondere die personengebundenen Ausgaben erhöhen[336]. Dies gilt ebenso für freiwillige Sozialleistungen, wie Fahrtkostenzuschüsse oder Beihilfen und

---

[327] *Babl* S. 22; *Lindena*, Die Bank 1995, 324; *Lipke* AuR 1991, 76; *Strobl* in Gutmann S. 223, 225.
[328] *Danne* S. 5; *Frölich* S. 2; *Heinze* NZA 1997, 681; GK- TzA/*Lipke* Einl. Rn. 33; *Wank* RdA 1985, 1, 19.
[329] *Afheldt* in Gutmann S. 19, 34; *Bergmann* AuA 1996, 1, 2; *Fels/Heinze/Pfarr/Streeck* S. 3; *Wank* RdA 1985, 1, 19.
[330] *Mente* S. 19.
[331] *Fels/Heinze/Pfarr/Streeck* S. 10.
[332] *Frölich* S. 62 f; *Meyer* S. 47; *Schleef* NZA 1985, Beil. 3, S. 22, 23.
[333] GK- TzA/*Lipke* Einl. Rn. 50; *Projahn/Roesling*, Stege- Festschrift S. 130, 136; *Zachert* AuR 1988, 129, 134; teilweise wird die flexible Teilzeitarbeit sogar als „unsichere Arbeit" bezeichnet, vgl. *Zachert* AuR 1988, 129, 133 bzw. als „sozial schädlich", vgl. *Arbeit teilen*, Soziale Sicherheit 1995, 14, 17. Nach *Frölich* S. 65, 217 und GK- TzA/*Mikosch* § 4 BeschFG Rn. 157 stellt die KAPOVAZ „die denkbar ungünstigste Arbeitszeitgestaltung für den Beschäftigten" dar, die für den Arbeitnehmer keinen Vorteil bieten kann.
[334] *Babl* S. 66; *Danne* S. 6; *Förderreuther* PersF 1997, 42; *Frölich* S. 57; *Fröhlich* in Gutmann S. 199, 204; *Hentsch* in Gutmann S. 237, 244; *Lipke* AuR 1991, 76, 77; GK- TzA/*Lipke* Einl. Rn. 36; AR- Blattei SD/*Mosler* 1560 Rn. 18; *Projahn/Roesling*, Stege- Festschrift S. 130, 137; *Wank* RdA 1985, 1, 17.
[335] *Bertelsmann/Rust* RdA 1985, 146, 147; *Frölich* S. 57; GK- TzA/*Lipke* Einl. Rn. 36; AR- Blattei SD/*Mosler* 1560 Rn. 18; *Wank* RdA 1985, 1, 17.
[336] *Bertelsmann/Rust* RdA 1985, 146, 147; *Danne* S. 7; *Hentsch* in Gutmann S. 237, 244; GK- TzA/*Lipke* Einl. Rn. 36; *Viethen* NZA 2001, Sonderbeilage, S. 3, 8 weist darauf hin, dass erhöhte Kosten durch Teilzeitarbeit in der Regel durch gesteigerte Produktionsgewinne wieder kompensiert werden.

Sozialeinrichtungen, auf die Teilzeitkräfte in der Regel ebenfalls einen Anspruch haben[337].
Produktivitätssenkende Zeitverluste können auftreten, wenn sich die Teilzeitarbeitnehmer gegenseitig das für die Arbeit erforderliche Wissen mitteilen müssen[338]. Aber auch bei Arbeitszeitformen, bei denen der Arbeitnehmer selbst über die Dauer seiner Arbeitseinsätze bestimmen kann, besteht die Gefahr, dass der Arbeitnehmer an seinem Arbeitsplatz verbleibt, so sein Arbeitsstundendeputat erhöht, obwohl objektiv keine Arbeit vorhanden ist und auf diese Weise unnötige Kosten verursacht[339].
Teilzeitarbeit kann auf die Qualifikation des Arbeitnehmers negativen Einfluss haben[340]. Denn die Teilnahme an Fortbildungsmaßnahmen wird aufgrund der unregelmäßigen Arbeitszeit erschwert, wenn nicht sogar unmöglich gemacht[341]. Häufig ist aber auch von Seiten der Teilzeitarbeitnehmer die Bereitschaft – meist aus familiären Gründen – an Fortbildungsveranstaltungen teilzunehmen, gering.
Das Entgelt, das der Arbeitnehmer aufgrund seiner Teilzeittätigkeit erzielt, wird unter Umständen nicht zur Deckung seiner Existenz ausreichen[342]. Insbesondere gehen Mehrarbeitszuschläge verloren[343]. Dies kann wiederum die Probleme der Schwarzarbeit verstärken, wenn der Teilzeitarbeitnehmer sich noch etwas hinzuverdienen will[344]. Damit einher geht, dass aufgrund geringer Beiträge zur Sozialversicherung auch nur geringe Anwartschaften hinsichtlich Renten- und Arbeitslosenversicherung erworben werden[345]. Häufig besteht auch die Gefahr, dass die Teilzeitarbeit dazu führt, dass nur noch eine geringfügige Beschäftigung vorliegt, die keine soziale Absicherung für den Teilzeitarbeitnehmer bietet[346].
Hinzu kommt, dass bestimmte Faktoren, wie beispielsweise Fahrtkosten sich für den Arbeitnehmer nicht verringern und deshalb im Hinblick auf einen Vergleich zwischen Weg- und Arbeitszeiten unverhältnismäßig erscheinen[347].
Betriebs- und Wirtschaftsrisiko, die grundsätzlich typische Arbeitgeberrisiken darstellen und die durch die Gewinnchancen des Arbeitgebers gerechtfertigt sind, werden – im Rahmen des § 310 Abs. 4 S. 1 BGB - über eine vertragliche Vereinbarung teilweise

---

[337] *Danne* S. 6; *Frölich* S. 57; GK- TzA/*Lipke* Einl. Rn. 36.
[338] *Danne* S. 6; GK- TzA/*Lipke* Einl. Rn. 37.
[339] *Mente* S. 100.
[340] *Reuter* RdA 1981, 201; *Zachert* AuR 1988, 129, 134; *Förderreuther* PersF 1997, 42, 46 meint demgegenüber, dass die größere Freizeit zur Weiterbildung genutzt werden kann.
[341] *Meyer* S. 48.
[342] *Meyer* S. 44.
[343] *Projahn/Roesling*, Stege- Festschrift S. 130, 136.
[344] GK- TzA/*Lipke* Einl. Rn. 50.
[345] *Meyer* S. 45.
Zum gesetzlichen Rentenversicherungsrecht vgl. AR- Blattei SD/*Marschner* 1560.1 Rn. 37 ff. Bezahlte Freistellungsphasen stellen rentenversicherungsrechtlich kein Problem dar. Anders verhält es sich mit unbezahlten Freistellungen, bei denen in der Praxis darauf geachtet werden sollte, dass – im Hinblick auf die zu erfüllenden Wartezeiten – jedenfalls an einem Tag im Kalendermonat ein Entgelt erzielt wird, sodass gem. § 122 Abs. 1 SGB VI dieser Kalendermonat als voller Monat in betragsrechtlicher Hinsicht zählt, vgl. AR- Blattei SD/*Marschner* 1560.1 Rn. 49 ff.
Zur Arbeitslosenversicherung vgl. AR- Blattei/*Marschner* 1560.1 Rn. 58 ff.
[346] AR- Blattei SD/*Mosler* 1560 Rn. 19.
[347] *Meyer* S. 45.

auf den Arbeitnehmer abgewälzt[348]. Durch Zeiten intensiver Arbeit kann sich zudem für die Gesundheit der Arbeitnehmer in physischer und in psychischer Hinsicht eine besondere Belastung ergeben[349].
Im Hinblick auf Arbeitszeitformen, bei denen der Arbeitnehmer in besonderem Maße vorleistungspflichtig ist, insbesondere bei der qualifizierten Gleitzeit, der Lebensarbeitszeit oder generell bei Blockarbeitszeiten, besteht die Gefahr, dass der Arbeitgeber zahlungsunfähig wird und die schon geleistete Arbeit des Arbeitnehmers später nicht mehr vergüten kann. Teilweise wird dieser Problemkreis von § 7 Abs. 1a SGB IV gelöst. Im Übrigen wäre eine Verwahrung des Geldes auf Sonderkonten oder ein sonstiger Insolvenzschutz erforderlich[350]. Problematisch ist auch das weitere Schicksal von angesparter Arbeitszeit, wenn der Arbeitnehmer aus dem Unternehmen ausscheidet und in ein anderes wechselt. Es muss geregelt werden, inwieweit ein Übergang der angesparten Arbeitszeit bzw. eine Abgeltung erfolgen kann[351]. Gerade bei der Flexibilisierung der Lebensarbeitszeit besteht die Gefahr, dass der Arbeitnehmer verstirbt, bevor er überhaupt in den Genuss seiner Arbeitszeitersparnisse kommt[352]. Diesen Anspruch können jedoch die Erben des Arbeitnehmers gem. § 1922 Abs. 1 BGB geltend machen, während sie bei der gesetzlichen Rente keinen oder nur einen deutlich verminderten Anspruch auf die Rentenzahlung hätten[353]. Aber auch dann, wenn der Arbeitgeber vorleistungspflichtig ist, wenn er beispielsweise ein Sabbatical gewährt, obwohl der Arbeitnehmer dieses noch nicht durch Mehrarbeit erarbeitet hat, besteht für den Arbeitgeber die Gefahr, dass der Arbeitnehmer arbeitsunfähig wird und auf diese oder andere Weise die Gegenleistung für das Sabbatical nicht mehr erbringen kann[354].
Aus dem Gesagten ergibt sich, dass sich jede Gestaltung der Arbeitszeit im Spannungsfeld zwischen Beruf und Privatleben bewegt. Es muss insoweit ein Interessenausgleich erfolgen, der bei einem Arbeitsverhältnis mit festen Arbeitszeiten statisch, bei einem Arbeitsverhältnis mit flexiblen Arbeitszeiten dagegen dynamisch ist[355]. Arbeitszeitflexibilität bedeutet aber noch nicht Arbeitszeitsouveränität. Von Arbeitszeitsouveränität für den Arbeitnehmer kann jedenfalls solange nicht gesprochen werden, wie dem Arbeitgeber ein Leistungsbestimmungsrecht über die zeitliche Lage der Arbeitszeit gem. § 315 BGB zusteht[356]. Arbeitszeitsouveränität liegt erst dann vor, wenn der Arbeitnehmer eigenverantwortlich über die Lage der Arbeitszeit entscheiden kann. Eine völlige Übernahme der Verantwortung durch den Arbeitnehmer wird seitens des risikotragenden Arbeitgebers jedoch nicht akzeptabel sein. Insofern könnte man Arbeitszeitkonten einführen, die nach dem Prinzip eines sog. Ampelmodells

[348] *Bellgardt* BB 1986, 1704, 1707; *Frölich* S. 59; *Meyer* S. 50.
[349] *Babl* S. 19; *Frölich* S. 60; *Mente* S. 194; *Meyer* S. 50; GK- TzA/*Lipke* Einl. Rn. 48; *Projahn/Roesling*, Stege- Festschrift S. 130, 137.
[350] *Mente* S. 99; Kittner/Zwanziger/*Schoof* § 38 Rn. 76.
[351] *Adamski* S. 63 f.
[352] *Mente* S. 126.
[353] *Mente* S. 127.
[354] *Mente* S. 148.
[355] *Meyer* S. 31; *Schüren*, Gitter- Festschrift S. 901.
[356] *Reichold*, Wiese- Festschrift S. 407, 419.

funktionieren[357]. Im „Grün- Bereich" kann der Arbeitnehmer eigenverantwortlich über seinen Arbeitseinsatz entscheiden. Im „Gelb- Bereich" muss er, gegebenenfalls in Abstimmung mit dem Vorgesetzten, Arbeitsstunden auf- oder abbauen, während im „Rot-Bereich" ein bestimmter Mechanismus eingesetzt werden muss, der einen Stundenauf- oder –abbau bewirkt, z. B. Verfall oder Bezahlung der Überstunden bzw. Abmahnung bzw. Arbeitseinsatz nur mit Genehmigung des Vorgesetzten[358]. Auch andere Steuerungsmechanismen sind denkbar und werden praktiziert[359]. In jedem Fall ist bei flexibler Teilzeitarbeit eine kollektive oder individuelle Vereinbarung erforderlich, um Unklarheiten und Streitigkeiten von vornherein vorzubeugen[360]. Auch die Unterscheidung zwischen Gehaltskonto und Zeitkonto des Arbeitnehmers wird immer wichtiger[361]. Dieses erlangt dann praktische Bedeutung, wenn, beispielsweise wegen Beendigung des Arbeitsverhältnisses ein positiver oder negativer Zeitausgleich nicht mehr möglich ist. Grundsätzlich stellt ein nicht ausgeglichenes Zeitkonto eine Vorleistung der einen oder der anderen Arbeitsvertragspartei dar. Bei einem Zeitguthaben hat der Arbeitnehmer über die Regelung des § 614 S. 2 BGB hinaus vorgeleistet. Bei einer Zeitschuld besteht eine Vorleistung des Arbeitgebers, wenn der Arbeitnehmer allein darüber entscheiden kann, ob ein negatives Guthaben gebildet wird. Denn ansonsten könnte der Arbeitgeber das von ihm zu tragende Wirtschaftsrisiko unter Umgehung des § 615 BGB auf den Arbeitnehmer abwälzen. Letztlich stellt eine Zeitschuld einen Gehaltsvorschuss des Arbeitgebers dar, da sich beide Parteien darüber bewusst sind, dass es sich um eine Vorwegleistung handelt, die bei Fälligkeit der Forderung verrechnet werden soll[362]. Wird ein Arbeitszeitkonto von den Arbeitsvertragsparteien eingerichtet, so liegt darin stillschweigend die Abrede, dass das Konto bis spätestens zur Beendigung des Arbeitsverhältnisses auszugleichen ist. Denn es entspräche weder den Interessen des Arbeitgebers, noch denen des Arbeitnehmers auf eine finanzielle Erstattung zu verzichten, wenn kein Ausgleich auf zeitlicher Ebene erreicht werden kann. Dies hat zur Folge, dass bei einer Zeitschuld der Arbeitnehmer, wenn der Arbeitgeber nicht schon eine Verrechnung mit dem Gehaltsanspruch vornimmt, einen finanziellen Ausgleich leisten muss, während er einen Zahlungsanspruch gegen den Arbeitgeber bei einem Zeitguthaben hat[363].

## VII. Zusammenfassung

Teilzeitarbeit bedeutet, dass die regelmäßige Wochenarbeitszeit eines Arbeitnehmers dauerhaft kürzer ist als diejenige eines vergleichbaren vollzeitbeschäftigten Arbeit-

[357] *Fels/Heinze/Pfarr/Streeck* S. 6; *Hoff* in Gutmann S. 317, 323; *Reichold*, Wiese- Festschrift S. 407, 413; Kittner/Zwanziger/*Schoof* § 38 Rn. 69.
[358] *Adamski* S. 88; *Hoff* in Gutmann S. 317, 329; *Reichold*, Wiese- Festschrift S. 407, 414; Kittner/Zwanziger/*Schoof* § 38 Rn. 69.
[359] Vgl. dazu *Adamski* S. 88 ff.
[360] *Reichold*, Wiese- Festschrift S. 407, 419.
[361] *Siebel* BB 1987, 2222, 2223.
[362] *BAG* DB 2001, 1565, 1566; NZA 2002, 683, 686.
[363] *BAG* DB 2001, 1565, 1566; NZA 2002, 683, 686.

nehmers. In der Praxis treten bei Teilzeitarbeitsverhältnissen häufig gleichzeitig Elemente von Flexibilität auf, die – je nach vereinbartem Modell – unterschiedlich gestaltet sein können. Im Laufe der Zeit haben sich neben vielen Varianten als Grundformen der flexiblen Teilzeitarbeit die Schichtarbeit, KAPOVAZ, Jobsharing, Gleitzeit, Flexibilisierung der Lebensarbeitszeit und amorphe Arbeitszeit mit dem wichtigen Unterfall des Sabbaticals herausgebildet. Innerhalb dieser Teilzeitarbeitsformen kann die Entgeltzahlung unterschiedlich ausgestaltet sein. So kann trotz diskontinuierlicher Arbeitsleistung eine kontinuierliche, aber auch eine solche, die der tatsächlichen Arbeitsleistung entspricht, vereinbart werden. Letztlich verbleibt die Entscheidung darüber den Arbeitsvertragsparteien. Inwieweit ein flexibles Teilzeitarbeitsverhältnis vorteil- oder nachteilhaft bewertet wird, muss anhand einer Abwägung jede Vertragspartei bzw. die Gesellschaft selbst entscheiden. Von dem auf diese Weise gefundenen Ergebnis wird es abhängen, inwieweit sich die Teilzeitarbeit ausbreitet und ob auch Männer in verstärktem Maße in die bislang größtenteils Frauen überlassene Domäne der Teilzeitarbeit einbrechen.

# § 3 Arbeitnehmereigenschaft

## I. Allgemeine Definition

Bei der flexiblen Teilzeitarbeit kann es problematisch sein, ob das Arbeitsrecht in personeller Hinsicht überhaupt anwendbar ist, ob es sich bei dem Arbeitnehmer also überhaupt um einen solchen im Rechtssinne handelt. Die Anwendbarkeit des Arbeitsrechts wird in aller Regel mit Hilfe des Arbeitnehmerbegriffs geprüft. Der Arbeitgeberbegriff hat demgegenüber als bloßer Korrelatbegriff eine geringe Bedeutung[1].
Für die Bestimmung der Arbeitnehmereigenschaft ist nicht die Formulierung im Vertrag, sondern die praktische Durchführung maßgeblich. Die Vertragsfreiheit reicht also nicht soweit, dem wahren Inhalt eines Rechtsverhältnisses eine andere rechtliche Wertung zu geben und zwingendes Arbeitnehmerschutzrecht zu umgehen[2].
Zur Feststellung, ob der Teilzeitarbeitnehmer ein Arbeitnehmer in Abgrenzung zum Vertragspartner eines Dienstvertrags ist, sind die allgemeinen Kriterien anzuwenden[3]. Einen allgemein anerkannten Arbeitnehmerbegriff gibt es jedoch ebenso wenig wie eine Legaldefinition. Es wurde vielmehr der Rechtsprechung und Lehre überlassen, einen praktikablen Begriff zu entwickeln[4]. Mangels deskriptiver Merkmale muss eine normative Wertung vorgenommen werden, um festzustellen, ob es sinn- und zweckmäßig ist, das Arbeitsrecht im konkreten Fall anzuwenden[5]. Es handelt es sich also um einen Zweckbegriff[6]. Arbeitnehmer ist nach der auf Alfred Hueck zurückgehenden und von der herrschenden Meinung heute vertretenen Definition, wer aufgrund eines privaten Vertrags Dienste unter der Leitung und nach Weisung eines anderen in einer von diesem bestimmten Arbeitsorganisation erbringt[7]. Es kommt also, insbesondere für die Abgrenzung zum Dienstvertrag auf den Grad der persönlichen Abhängigkeit des zur Dienstleistung Verpflichteten an[8], also auf die Eingliederung in die Arbeitsorganisation des Arbeitgebers und auf die Weisungsgebundenheit hinsichtlich Zeit und

---

[1] Als Arbeitgeber wird derjenige bezeichnet, der aufgrund eines Arbeitsvertrags von einem Arbeitnehmer eine Dienstleistung fordern kann, vgl. *Joost*, Wiese- Festschrift S. 191, 192.
[2] *BAGE* 69, 286, 292; GK- BUrlG/*Bleistein* § 2 Rn. 6; *Danne* S. 18; GK- TzA/*Danne* § 5 BeschFG Rn. 43; *Leinemann/Linck* § 2 Rn. 6, 7; GK- TzA/*Lipke* § 2 BeschFG Rn. 30; ErfK/*Preis* § 611 BGB Rn. 13, 50 ff, 57 ff; Kasseler Handbuch/*Worzalla* 1.1 Rn. 91, 206.
[3] *Kunz/Kunz* DB 1993, 326, 327; AR- Blattei SD/*Mosler* 1560 Rn. 21.
[4] Mager/Winterfeld/Göbel/Seelmann/*Göbel* Rn. 143; *Joos*, Wiese- Festschrift S. 191, 193; GK- TzA/*Lipke* § 2 BeschFG Rn. 32; *Schaub* § 8 Rn. 1; vgl. zum Arbeitnehmerbegriff: *Weber* S. 214 ff.
[5] GK- TzA/*Lipke* § 2 BeschFG Rn. 32; ErfK/*Preis* § 611 BGB Rn. 47; *Schaub* § 8 Rn. 2; AR- Blattei/*Seiter* Teilzeitarbeit B I 1 d.
[6] GK- TzA/*Lipke* § 2 BeschFG Rn. 32; AR- Blattei/*Seiter* Teilzeitarbeit B I 1 d.
[7] *Hromadka*, Hanau- Festschrift S. 211, 212; *Klevemann* AiB 1986, 103, 107; *Pfeifer* ZfA 1999, 271, 273; ErfK/*Preis* § 611 BGB Rn. 45; *Schaub* § 8 Rn. 19.
[8] *BAGE* 41, 247, 253; 69, 286, 291; GK- BUrlG/*Bleistein* § 2 Rn. 5; *Danne* S. 18; GK- TzA/*Danne* § 5 BeschFG Rn. 42; *Frölich* S. 15; Mager/Winterfeld/Göbel/Seelmann/*Göbel* Rn. 144; *Goos* S. 13; *Joost*, Wiese- Festschrift S: 191, 194; *Klevemann* AiB 1986, 103, 107; *Leinemann/Linck* § 2 Rn. 8; GK- TzA/*Lipke* § 2 BeschFG Rn. 33, 44; *Meyer* S. 33; *Pfeifer* ZfA 1999, 271, 273; **krit.:** *Wank* RdA 1985, 1, 5.

Dauer, Art und Weise und Ort der Verrichtung der Dienste[9]. Der Beschäftigte muss in einer Abhängigkeit zu den Arbeitskollegen und den Arbeitsmitteln stehen[10]. Diese persönliche Abhängigkeit kann aber eine unterschiedliche Intensität – auch hinsichtlich der einzelnen Prüfungspunkte - aufweisen. Daher kann ihr Vorliegen auch nicht durch bloße Subsumtion festgestellt werden. Entscheidend ist eine Gesamtwürdigung der Einzelfallumstände unter Berücksichtigung sämtlicher Indizien, wobei es auf die steuer- und sozialversicherungsrechtliche Behandlung nicht ankommt[11]. Als Indizien für die Bestimmung der persönlichen Abhängigkeit können der zeitliche Umfang, die Häufigkeit und Regelmäßigkeit der Inanspruchnahme der Arbeitsleistung, die persönliche und fachliche Weisungsgebundenheit, die örtliche Bindung, die ausgeübte Arbeitskontrolle und die Eingliederung in den Betriebsablauf herangezogen werden[12]. Lässt sich kein eindeutiges Ergebnis ermitteln, so ist die Eigenart der Tätigkeit zu betrachten. Wird sie in der Regel im Rahmen eines Arbeitsverhältnisses erbracht, so wird auch im konkreten Fall von einem Arbeitsverhältnis und nicht von einem Dienstverhältnis auszugehen sein[13]. Auf den Umfang und die Länge der Arbeitsverpflichtung kann es jedenfalls nicht ankommen[14]. Maßgeblich ist allein die Fremdbestimmtheit der Arbeitsleistung[15]. Liegt diese Fremdbestimmtheit vor, so ist auch eine Teilzeitkraft Arbeitnehmer[16], denn die Länge der Arbeitszeit hat keinen Einfluss auf die persönliche Abhängigkeit des Verpflichteten[17]. Auch das TzBfG legt für eine Teilzeitbeschäftigung keine zeitliche Untergrenze fest und misst daher Dauer und Lage der Arbeitszeit keine entscheidende Bedeutung bei[18]. Damit können der zeitliche Umfang der Arbeitsleistung allein, eine größere Dispositionsmöglichkeit des Arbeitnehmers über seine eigene Arbeitskraft oder eine möglicherweise geringere soziale Schutzbedürftigkeit nicht als Begründung für die Verneinung der Arbeitnehmereigenschaft herangezogen werden[19]. Insbesondere kann der Beschäftigte auch bei geringer zeitlicher Arbeitstätigkeit existenziell auf das erzielte Einkommen angewiesen sein[20]. Es kommt nach § 84 Abs. 1 S. 2 HGB, dem eine allgemeine gesetzgeberische Wertung für die Abgren-

---

[9] *BAGE* 41, 247, 253; 69, 286, 291; *Danne* S. 19; Mager/Winterfeld/Göbel/Seelmann/*Göbel* Rn. 144; *Goos* S. 13; *Kempen/Zachert* § 12 a Rn. 11; *Klevemann* AiB 1986, 103, 107; AR- Blattei SD/*Mosler* 1560 Rn. 21; ErfK/*Preis* § 611 BGB Rn. 61; *Schaub* § 8 Rn. 19.

[10] GK- TzA/*Lipke* § 2 BeschFG Rn. 44.

[11] *Danne* S. 18; GK- TzA/*Danne* § 5 BeschFG Rn. 42, 44; *Frölich* S. 15; Mager/Winterfeld/Göbel/Seelmann/*Göbel* Rn. 144; *Joost*, Wiese- Festschrift S. 191, 194; AR- Blattei SD/*Mosler* 1560 Rn. 21; *Pfeifer* ZfA 1999, 271, 273; *Schaub* § 8 Rn. 20.

[12] *Danne* S. 19; GK- TzA/*Danne* § 5 BeschFG Rn. 45; AR- Blattei SD/*Mosler* 1560 Rn. 25.

[13] *Pfeifer* ZfA 1999, 271, 273.

[14] *Schaub* § 8 Rn. 13; AR- Blattei/*Seiter* Teilzeitarbeit B I 1; Kasseler Handbuch/*Worzalla* 1.1 Rn. 195.

[15] *Klevemann* AiB 1986, 103, 107; GK- TzA/*Lipke* § 2 BeschFG Rn. 39; *Reuter* RdA 1981, 201, 203.

[16] Mager/Winterfeld/Göbel/Seelmann/*Göbel* Rn. 144; GK- TzA/*Lipke* § 2 BeschFG Rn. 41.

[17] *Danne* S. 20; *Klevemann* AiB 1986, 103, 107; **einschränkend:** Mager/Winterfeld/Göbel/Seelmann/*Göbel* Rn. 144; **a. A.:** *Goos* S. 14.

[18] GK- TzA/*Lipke* § 2 BeschFG Rn. 43; AR- Blattei SD/*Mosler* 1560 Rn. 24; *Oetker* AuR 1991, 359, 362.

[19] *Danne* S. 20; GK- TzA/*Lipke* § 2 BeschFG Rn. 44; *Oetker* AuR 1991, 359, 362; Kasseler Handbuch/*Worzalla* 1.1 Rn. 199; **a. A.:** *Beuthien/Wehler* RdA 1978, 2, 4 ff; Mager/Göbel/Seelmann/*Göbel* Rn. 145 bei ganz geringfügigen Arbeitszeiten.

[20] AR- Blattei SD/*Mosler* 1560 Rn. 24; AR- Blattei/*Seiter* Teilzeitarbeit B I 1 b.

zung des Dienst- vom Arbeitsvertrag zu entnehmen ist[21], nicht darauf an, dass eine umfassende Abhängigkeit im Hinblick auf Inhalt, Zeit und Ort der Arbeitsleistung besteht, sondern darauf, dass ein Selbstständiger im Wesentlichen frei ist[22]. Ein wichtiges Indiz für das Nichtvorliegen eines Arbeitsverhältnisses ist die Freiheit, die Arbeitszeit und die Tätigkeit selbst zu gestalten[23]. Bei flexiblen Arbeitszeitformen können feste Arbeitszeiten die Arbeitnehmereigenschaft nicht mehr indizieren[24]. Selbstbestimmung i. S. d. § 84 Abs. 1 S. 2 HGB liegt jedoch auch dann noch nicht vor, wenn der Arbeitnehmer zwar die Lage seiner Arbeitszeit frei bestimmen kann, ihm der zeitliche Umfang und Inhalt der zu leistenden Arbeit für eine bestimmte Bezugsperiode aber vorgegeben ist[25]. Darauf, ob die Tätigkeit nebenberuflich ausgeübt wird oder ob mehrere Teilzeitbeschäftigungen bestehen, kommt es nicht an[26].
Nach teilweise vertretener Ansicht müssen bei flexiblen (Teilzeit-) Arbeitsmodellen besondere Umstände berücksichtigt werden, um die Arbeitnehmereigenschaft feststellen zu können[27]. In diesem Zusammenhang werden die soziale Schutzbedürftigkeit[28], der Verlust der unternehmerischen Dispositionsmöglichkeit[29], der Verlust der Verwertungsmöglichkeit der eigenen Arbeitskraft in einem anderen Arbeitsverhältnis[30], die unternehmerische Entscheidungsfreiheit[31] und das Berufsbild der Tätigkeit[32] genannt[33]. Teilweise werden auch bestimmte Mindestwochenarbeitszeiten als Voraussetzung der Arbeitnehmereigenschaft angesehen[34]. Meines Erachtens trägt es jedoch nicht zur Rechtssicherheit bei, wenn bei einer Teilzeitbeschäftigung ohne erkennbaren Grund auf andere Indizien abgestellt werden soll. Ob ein Arbeitsverhältnis vorliegt und somit zwingendes Arbeitnehmerschutzrecht eingreift, bestimmt sich für Voll- und Teilzeitarbeitnehmer nach den gleichen Umständen, sodass es bei den allgemeinen Grundsätzen verbleiben muss. Im Übrigen zeigen eine große Anzahl von gesetzlichen Regelungen über die Teilzeitarbeit, dass es sich um Arbeitsverhältnisse handeln soll[35]. Man wird jedoch aufgrund der tatsächlichen Veränderungen des Arbeitslebens neue Gewichtungen im Rahmen der Definition des Arbeitnehmerbegriffs vornehmen müssen. So muss auf die Eingebundenheit in einen fremden Produktionsprozess abgestellt werden, bei der sich der Arbeitnehmer unter die Disposition des Arbeitgebers stellt, dessen Ziele und Koordination zu beachten hat und diesem in der Regel auch Bericht zu erstatten hat. Es schadet dann nicht, wenn der Arbeitnehmer aufgrund seines vom

---

[21] *Leinemann/Linck* § 2 Rn. 9; GK- TzA/*Lipke* § 2 BeschFG Rn. 33.
[22] *Joost*, Wiese Festschrift S. 191, 198.
[23] *BAGE* 41, 247, 253; *Danne* S. 19; *Klevemann* AiB 1986, 103, 107; ErfK/*Preis* § 611 BGB Rn. 60.
[24] GK- TzA/*Lipke* § 2 BeschFG Rn. 44.
[25] *Danne* S. 19; *Klevemann* AiB 1986, 103, 107.
[26] AR- Blattei SD/*Mosler* 1560 Rn. 27.
[27] *Ballerstedt* RdA 1976, 5, 8.
[28] *Beuthien/Wehler* RdA 1978, 2, 4 ff; *Rosenfelder* S. 165.
[29] *Lieb* RdA 1977, 210, 215.
[30] *Rosenfelder* S. 184.
[31] *Wank* RdA 1985, 1, 5.
[32] *Wank* RdA 1985, 1, 5.
[33] In Verteidigung der allg. Grundsätze: GK- TzA/*Lipke* § 2 BeschFG 1985 Rn. 36 ff ; MünchHdb ArbR/*Schüren* § 161 Rn. 16.
[34] *Beuthien/Wehler* RdA 1978, 2, 7.
[35] *Frölich* S. 15; *Reuter* RdA 1981, 201, 203; **einschränkend:** *Zeuner* RdA 1975, 84, 87 f.

Arbeitgeber nicht kontrollierbaren Wissens eine Selbstorganisation im Arbeitsbereich vornehmen kann[36]. Im Gegenzug dazu wird häufig insbesondere eine zeitliche Kontrolle in umfassendem Maße durch den Arbeitgeber hinzukommen[37].

## II: Die einzelnen Teilzeitarbeitsmodelle

Sowohl bei der *Schichtarbeit* als auch bei der *Flexibilisierung der Lebensarbeitszeit* kann die Arbeitnehmereigenschaft unproblematisch bejaht werden. Denn bei beiden Arbeitszeitmodellen besteht eine persönliche Abhängigkeit, die durch flexible Elemente in keiner Weise beeinträchtigt wird.
Bei der *KAPOVAZ* hat der Arbeitgeber hinsichtlich der Lage der Arbeitszeit ein gesteigertes Weisungsrecht gegenüber einem Normalarbeitsverhältnis. Er nimmt in besonderem Maße Einfluss auf die Lebensführung des Arbeitnehmers, dessen Unterworfenheit in arbeitszeitlicher Hinsicht erhöht ist[38]. Damit ist der KAPOVAZ- Arbeitnehmer persönlich abhängig und somit ein Arbeitnehmer im Rechtssinne.
Beim *Jobsharing* können, je nach Vertragsgestaltung, die Arbeitnehmer die Lage ihrer Arbeitszeit selbst gestalten. Diese Zunahme der Zeitsouveränität führt aber noch nicht zur Arbeitszeitsouveränität und zur Beseitigung der Arbeitnehmereigenschaft. Denn eine völlig freie Gestaltung wird den Arbeitnehmern, die ihren Arbeitsplatz ausfüllen, das Arbeitspensum erledigen und die Arbeitszeit einhalten müssen, nicht ermöglicht[39]. Lediglich der Teilbereich der Arbeitszeitbestimmung, bei dem geregelt wird, wann welcher Arbeitnehmer seine Arbeitsleistung erbringen muss, ist nicht mehr dem Weisungsrecht des Arbeitgebers unterworfen[40]. Diese Selbstbestimmung ist jedoch durch den Rahmen der betrieblichen Arbeitszeit sowie durch die Abrede zwischen den Arbeitsvertragsparteien begrenzt[41]. Auch § 13 TzBfG geht davon aus, dass es sich bei den Jobsharern um Arbeitnehmer handelt[42]. Zwar kann durch die Aufteilung der Arbeitszeit die von den einzelnen Arbeitnehmern zu verrichtende Arbeit berührt werden. Die Arbeiten, die letztlich aber geleistet werden müssen, sind weiterhin fremdbestimmt. Denn seitens der Jobsharer kann die Arbeitsaufgabe als solche, der Umfang der für bestimmte Arbeiten erforderliche Arbeitsaufwand und die dafür zur Verfügung gestellte Arbeitszeit nicht beeinflusst werden. Die Weisungsgebundenheit, die Eingliederung in den Betrieb und die Arbeitskontrolle bestehen somit auch beim Jobsharing[43].
Problematisch ist die Arbeitnehmereigenschaft, wenn sich einzelne Personen in Form eines sog. *Jobpairing* zusammengeschlossen haben. Insoweit muss man darauf abstellen, ob derjenige, der die Dienstleistungen erbringt, unternehmerische Entscheidungs-

---

[36] *Linnenkohl/Kilz/Rauschenberg/Reh* AuR 1991, 203, 205.
[37] *Linnenkohl/Kilz/Rauschenberg/Reh* AuR 1991, 203, 206.
[38] *Frölich* S. 16; GK- TzA/*Lipke* § 2 BeschFG Rn. 43; *Meyer* S. 33 f.
[39] TZA/*Buschmann* § 13 TzBfG Rn. 16; *Danne* S. 20; GK- TzA/*Danne* § 5 BeschFG Rn. 46; *Frölich* S. 16; Mager/Winterfeld/Göbel/Seelmann/*Göbel* Rn. 305.
[40] *Danne* S. 20; GK- TzA/*Danne* § 5 BeschFG Rn. 46.
[41] *Danne* S. 19.
[42] GK- TzA/*Lipke* § 2 BeschFG Rn. 43.
[43] *Danne* S. 19 f; GK- TzA/*Danne* § 5 BeschFG Rn. 45; *Gola* BlStSozArbR 1985, 257, 258.

freiheit besitzt und ob er Einfluss auf Zeit, Ort und Art der Arbeit hat. Man muss also unterscheiden, ob die Arbeitskraft auf dem Markt eigenverantwortlich und unmittelbar angeboten wird oder ob er die Arbeitskraft durch einen anderen verwertet. Im letzteren Fall liegt dann ein Arbeitsverhältnis vor[44].

Auch *Arbeitnehmer in führender Stellung*, bei denen sich die Arbeit nach der Aufgabe richtet und bei denen das Weisungsrecht des Arbeitgebers reduziert ist, stellen Arbeitnehmer im Rechtssinne dar. Denn diese sind ebenfalls in die betriebliche Organisation eingegliedert und unterstehen den Weisungen des Arbeitgebers hinsichtlich Inhalt, Zeit, Ort und Durchführung der Arbeit[45]. Nicht entscheidend kommt es insoweit auf die fachliche Weisungsgebundenheit, die bei Führungskräften oder hoch spezialisierten Kräften in der Regel reduziert ist, an[46]. Auch eine Einschränkung des Weisungsrechts im Übrigen schadet nicht. Denn § 84 Abs. 1 S. 2 HGB stellt lediglich auf die rechtliche Möglichkeit der freien Gestaltung der Arbeitstätigkeit, nicht jedoch auf die tatsächliche Möglichkeit ab. In rechtlicher Hinsicht sind Führungskräfte aber weiterhin weisungsgebunden, vgl. auch § 5 Abs. 3 S. 2 Nr. 3 BetrVG[47].

Bei der *Gleitzeit mit Kernarbeitszeit* ist der Rahmen der Arbeitszeit hinsichtlich Inhalt und Ort der Arbeit fremdbestimmt[48]. Zudem wird auf fremde Rechnung gearbeitet[49].

Auch bei *qualifizierter Gleitzeit mit Kernarbeitszeit* besteht bei Berücksichtigung aller Umstände ein Übergewicht der Kernarbeitszeit, die eine zeitliche Eingliederung und damit eine persönliche Abhängigkeit bedeutet[50].

Es spricht auch nicht gegen die Arbeitnehmereigenschaft, wenn zwischen den einzelnen Arbeitsabschnitten größere zeitliche Unterbrechungen, wie bei der *Blockarbeitszeit* oder dem *Sabbatical* liegen, soweit dies Gegenstand der vertraglichen Vereinbarung ist[51].

Kann man aufgrund der vorgenannten Kriterien von einem Arbeitsverhältnis sprechen, so richten sich die Rechte und Pflichten der Arbeitsvertragsparteien nach den allgemeinen Regeln. Lediglich die Arbeitszeit ist im Gegensatz zu einem Vollzeitarbeitsverhältnis verkürzt, die gegenseitigen Treue- und Fürsorgepflichten sind aber nicht eingeschränkt[52].

Liegt kein Arbeitsverhältnis vor, so wird man den Teilzeitbeschäftigten aber häufig als arbeitnehmerähnliche Person zu betrachten haben, wenn er kein weiteres Arbeitsverhältnis hat[53].

---

[44] *Lipke* AuR 1991, 76, 78; GK- TzA/*Lipke* § 2 BeschFG Rn. 44; *Reuter* RdA 1981, 201, 203.

[45] *Hromadka*, Hanau- Festschrift S. 211, 212, 219; ErfK/*Preis* § 611 BGB Rn. 84.

[46] *BAGE* 41, 247, 253; GK- TzA/*Lipke* § 2 BeschFG Rn. 33; ErfK/*Preis* § 611 BGB Rn. 86; Staudinger/*Richardi* Vorbem. zu §§ 611 ff Rn. 146; Kasseler Handbuch/*Worzalla* 1.1 Rn. 161 ff.

[47] *Hromadka*, Hanau- Festschrift S. 211, 212.

[48] *Mente* S. 88, 109; *Reuter* RdA 1981, 201, 203.

[49] *Mente* S. 109.

[50] *Frölich* S. 16.

[51] Mager/Winterfeld/Göbel/Seelmann/*Göbel* Rn. 305.

[52] GK- TzA/*Lipke* § 2 BeschFG Rn. 102; 113, 115; *Kempen/Zachert* § 12 a Rn. 30; AR- Blattei/*Seiter* Teilzeitarbeit B II 1.

[53] AR- Blattei SD/*Mosler* 1560 Rn. 20.

## III. Zusammenfassung

Einen feststehenden Arbeitnehmerbegriff gibt es im Arbeitsrecht nicht. Nach herrschender Meinung wird als Arbeitnehmer jedoch derjenige bezeichnet, der aufgrund eines privaten Vertrages Dienste unter Leitung und nach Weisung eines anderen in einer von diesem bestimmten Arbeitsorganisation erbringt. Maßgeblich ist die persönliche Abhängigkeit des zur Dienstleistung Verpflichteten, seine Eingliederung in die Arbeitsorganisation des Arbeitgebers und die Weisungsgebundenheit hinsichtlich Zeit und Dauer, Art und Weise und Ort der Verrichtung der Dienste. Für flexible Teilzeitarbeitsverhältnisse gelten insoweit keine Besonderheiten.

Schichtarbeit und die Flexibilisierung der Lebensarbeitszeit stellen unproblematisch Arbeitsverhältnisse dar. Auch der KAPOVAZ- Verpflichtete ist ein Arbeitnehmer im Rechtssinne, da er im Vergleich zu einem Normalarbeitsverhältnis in gesteigertem Maße dem Weisungsrecht des Arbeitgebers unterworfen ist. Bei der Gleitzeit besteht ein Weisungsrecht des Arbeitgebers in sämtlichen oben genannten Punkten. Lediglich die Lage der Arbeitszeit kann vom Arbeitnehmer bestimmt werden. Dies stellt jedoch einen eher untergeordneten Gesichtspunkt dar, sodass ein Arbeitsverhältnis vorliegt. Nichts anderes gilt beim Jobsharing, bei dem ebenfalls vom Arbeitnehmer lediglich die Lage der Arbeitszeit beeinflusst werden kann. Beim Jobpairing kann die Arbeitnehmereigenschaft allerdings zu verneinen sein, wenn die Arbeitskraft durch den Dienstverpflichteten selbst und eigenverantwortlich verwertet wird. Längere Freistellungszeiten wie bei der Blockarbeitszeit oder beim Sabbatical stehen der Bejahung des Arbeitnehmerbegriffs nicht entgegen, wenn diese Inhalt der vertraglichen Vereinbarung sind. Auch bei Arbeitsformen, bei denen die Aufgabe im Mittelpunkt des Arbeitsverhältnisses steht, wird das Weisungsrecht in fachlicher Hinsicht zwar deutlich eingeschränkt sein, im Übrigen besteht es jedoch im Wesentlichen fort, sodass auch aufgrund der Fremdbestimmtheit der Arbeit in diesem Fall das Vorliegen eines Arbeitsverhältnisses zu bejahen ist.

§ 4 Direktiven bei der Problemlösung im Bereich der flexiblen Teilzeitarbeit

Bei der Lösung von Einzelproblemen im Bereich der flexiblen Teilzeitarbeit sind verschiedene Normen und Rechtsgrundsätze zu berücksichtigen.
Welche Reihenfolge bei der Prüfung einzuhalten ist, ist in Rechtsprechung und Literatur nicht abschließend geklärt[1]. Dies dürfte aber für das zu findende Ergebnis auch keine praktische Bedeutung haben[2].

## I. Europäisches Recht

### 1. Art. 141 EGV

Art. 141 EGV ist Ausfluss des Gemeinschaftsgrundrechts auf Gleichbehandlung[3]. Die Vorschrift ist sowohl vertikal als auch horizontal unmittelbar anwendbar[4] und legt den Mitgliedsstaaten die konkrete Verpflichtung zur Sicherstellung des gleichen Entgelts für Männer und Frauen bei gleicher oder gleichwertiger Tätigkeit auf[5]. Art. 141 EGV richtet sich sowohl an den privaten wie an den öffentlichen Arbeitgeber[6]. Erfasst wird nicht nur die unmittelbare Diskriminierung aufgrund des Geschlechts, sondern auch die mittelbare Diskriminierung[7]. Der Begriff des Arbeitsentgelts ist weit auszulegen, sodass alles, was der Arbeitnehmer aufgrund seines Arbeitsverhältnisses vom Arbeitgeber unmittelbar oder mittelbar in bar oder als Sachleistung gegenwärtig oder zukünftig erhält darunter fällt[8]. Rechtsfolge eines Verstoßes gegen das Entgeltdiskiminierungsverbot ist ein Anspruch auf Behebung der Diskriminierung und somit auf Angleichung des Entgelts[9].
Im Verhältnis zu § 612 Abs. 3 BGB stellt Art. 141 EGV die in der Normenhierarchie höherrangige Norm dar, da sämtliches Gemeinschaftsrecht nationalem Recht vor-

---

[1] Vgl. hierzu *Pfeifer*, Das Arbeitsrecht der Gegenwart 1992, 139, 149.
[2] AR- Blattei SD/*Mosler* 1560 Rn. 75. Häufig stellen sich die Wertungsgesichtspunkte als reaktives Konzept dar. Insoweit tritt *Kocher* RdA 2002, 176, 171 für ein „Gender Mainstreaming" ein, das schon von vornherein Freiheits- und Gleichheitsgrundsätze berücksichtigt.
[3] *Meinel/Heyn/Herms* § 4 Rn. 8.
[4] *EuGHE* 76, 455, 472 ff; *BAGE* 66, 264, 270; 80, 173, 178; TZA/*Dieball* Europäisches Recht Rn. 35; *Kirsten* RdA 1990, 282, 283; Kittner/Zwanziger/*Mayer* § 140 Rn. 27; § 157 Rn. 68; *Kuppel* BB 2000, 2150; *Preis* S. 338; *Sowka/Köster* S. 2; Kasseler Handbuch/*Weber* 3.5 Rn. 6; Kittner/*Zwanziger* § 111 Rn. 43.
[5] GK- TzA/*Lipke* Einl. Rn. 57.
[6] *BAGE* 80, 173, 178; *Preis* S. 339; *Sowka* DB 1992, 2030.
[7] *BAGE* 66, 264, 270 f; 80, 173, 178; TZA/*Dieball* Europäisches Recht Rn. 8; Kittner/Zwanziger/*Mayer* § 157 Rn. 71; AR- Blattei SD/*Mosler* 1560 Rn. 71; *Sowka/Köster* S. 2; vgl. zur mittelbaren Diskriminierung die Ausführungen unter § 3 II 3 b.
[8] *BAGE* 66, 264, 270; 68, 320, 325; TZA/*Dieball* Europäisches Recht Rn. 36; Kittner/Zwanziger/*Mayer* § 140 Rn. 23; *Sowka/Köster* S. 2.
[9] MünchHdb ArbR/*Birk* § 19 Rn. 325; Kittner/Zwanziger/*Mayer* § 157 Rn. 80.

geht[10]. § 612 Abs. 3 BGB, der neben Art. 141 EGV anwendbar ist[11], ist daher europarechtskonform auszulegen[12].

2. Richtlinien

Richtlinien der EG richten sich gemäß Art. 189 Abs. 3 EGV an die Nationalstaaten und verpflichten diese zum Erlass von Rechtsnormen[13]. Eine unmittelbare Wirkung kommt einer Richtlinie nur dann zu, wenn diese nicht frist- oder ordnungsgemäß umgesetzt wurde, inhaltlich unbedingt und hinreichend bestimmt ist sowie Rechte für den Einzelnen gewährt[14]. Bedeutung für den hier interessierenden Bereich der Teilzeitarbeit und der Gleichbehandlung der Geschlechter haben insbesondere die Richtlinien 75/115/EWG, 76/207/EWG[15], 79/7/EWG, 86/378/EWG, 92/85/EWG, 97/80/EWG, die jedoch primär durch die §§ 611 a, 611 b, 612 Abs. 3 BGB eine Umsetzung in das deutsche Recht erfahren haben[16]. Einfluss entfalten diese Richtlinien allerdings aufgrund der Normenhierarchie, weswegen nationale Vorschriften richtlinienkonform auszulegen sind[17].

II. Grundrechtsnormen

1. Mittelbare Drittwirkung der Grundrechte

Aus Art. 1 Abs. 3 GG ergibt sich, dass die Grundrechte nicht zwischen Privatpersonen, also auch nicht zwischen Arbeitgebern und Arbeitnehmern – mit Ausnahme von Art. 9 Abs. 3 GG - unmittelbar Anwendung finden[18]. Dies gilt grundsätzlich auch dann,

---

[10] AR- Blattei SD/*Pfarr* 800.2 Rn. 25; ErfK/*Wißmann* EG Vorbem. Rn. 13.
[11] MünchHdb ArbR/*Richardi* § 11 Rn. 8, 53.
[12] AR- Blattei SD/*Pfarr* 800.2 Rn. 25; MünchHdb ArbR/*Richardi* § 11 Rn. 8, 53; ErfK/*Wißmann* EG Vorb. Rn. 16.
[13] AR- Blattei SD/*Pfarr* 800.2 Rn. 26.
[14] AR- Blattei SD/*Pfarr* 800.2 Rn. 27.
[15] Die Richtlinie 76/207/EWG greift für sämtliche Arbeitsbedingungen und jede berufliche Tätigkeit ein. Deren Art. 5 Abs. 1 ist für das deutsche Recht nicht unmittelbar anwendbar, da eine Umsetzung erfolgt ist, vgl. TZA/*Dieball* Europäisches Recht Rn. 74, 75; *Preis* S. 339; **vgl. aber auch:** *EuGHE* I, 91, 4047, 4067; EuZW 1991, 666. Erfasst sind sowohl das Verbot der unmittelbaren als auch der mittelbaren Diskriminierung., vgl. TZA/*Dieball* Europäisches Recht Rn. 57; *Meinel/Heyn/Herms* § 4 Rn. 10.
[16] MünchHdb ArbR/*Birk* § 19 Rn. 340; AR- Blattei SD/*Pfarr* 800.2 Rn. 28, 38.
[17] ErfK/*Wißmann* EG Vorb. Rn. 16.
[18] *BVerfGE* 7, 198, 204; 73, 261, 269; *Frölich* S. 122; *Hergenröder* ZfA 2002, 355, 368; Jarass/Pieroth/*Jarass* Art. 1 Rn. 27; **anders früher:** *BAGE* 1, 185, 193; *Kuppel* BB 2000, 2150, 2151 will Art. 3 Abs. 2 GG ebenfalls eine unmittelbare horizontale Wirkung zusprechen.

wenn eine Person eine überlegene Machtposition einnimmt[19]. Die Grundrechte stellen jedoch eine objektive Wertordnung und eine verfassungsrechtliche Grundentscheidung dar, die Richtlinien für die Auslegung des einfachen Rechts geben[20]. Denn die gegenüber der staatlichen Gewalt geschützten Rechte müssen auch dann gewahrt werden, wenn sie von privater Seite angegriffen werden[21]. Auf diese Weise kommen die Grundrechte erst zu ihrer Entfaltung und wirken über das unmittelbar geltende Gesetzesrecht[22], insbesondere über die Anwendung von Generalklauseln wie §§ 133, 138, 157, 242, 315, 826 BGB und sonstige auslegungsfähige und ausfüllungsbedürftige Begriffe auf das Privatrecht ein[23]. Dabei darf jedoch nicht vergessen werden, dass die privatrechtliche Möglichkeit, sich in vertraglicher Hinsicht zu binden, in der Regel gerade die Ausübung eigener Grundrechte darstellt. Ergibt sich somit, dass eine vertragliche Belastung auf eine privatautonome Entscheidung zurück zu führen ist, so ist die Ausstrahlungswirkung der schützenden Grundrechte geringer. Etwas anderes gilt dann, wenn eine Partei eine wirtschaftliche oder soziale Übermacht darstellt oder wenn in besonderem Maße ungleiche Verhandlungspositionen vorhanden sind[24]. Die mittelbare Drittwirkung unterliegt darüber hinaus einer unterschiedlichen Intensität, je nachdem ob eine Monopolstellung, eine extreme Marktmacht oder eine wirtschaftliche oder persönliche Abhängigkeit vorliegt[25]. Im Arbeitsrecht besteht grundsätzlich eine strukturelle Ungleichheit, sodass die mittelbare Drittwirkung Bedeutung erlangt[26] und die Schutzfunktion der Grundrechte somit bei der Auslegung des einfachen Gesetzesrechts zu beachten ist. Zu berücksichtigen ist aber dabei, dass beide Arbeitsvertragsparteien Grundrechtsträger sind, sodass widerstreitende Interessen im Wege der praktischen Konkordanz zu einem verhältnismäßigen Ausgleich gebracht werden müssen[27].

### 2. Art. 2 Abs. 1 GG

#### a. Schutzbereich des Art. 2 Abs. 1 GG

Art. 2 Abs. 1 GG schützt sowohl die allgemeine Handlungsfreiheit als auch das allgemeine Persönlichkeitsrecht[28]. Die allgemeine Handlungsfreiheit gewährleistet einen

---

[19] Jarass/Pieroth/*Jarass* Art. 1 Rn. 27.
[20] *BVerfGE* 7, 198, 205; 25, 256, 263; 42, 143, 148; 73, 261, 269; 89, 214, 229; 96, 375, 398; *BAGE* 48, 122, 139; *Dreier* Vorb. Rn. 57.
[21] Maunz/*Dürig* Art. 1 Rn. 131, 132.
[22] *BVerfGE* 42, 143, 148; 73, 261, 269; 89, 214, 229.
[23] *BVerfGE* 7, 198, 206; 73, 261, 269; 89, 214, 229; 96, 375, 398; *Frölich* S. 122; Jarass/Pieroth/*Jarass* Vorb. vor Art. 1 Rn. 11; AK- GG/*Podlech* Art. 2 Abs. 1 Rn. 59 e; MünchHdb ArbR/*Richardi* § 10 Rn. 10; *Schmidt-Bleibtreu/Klein* Art. 2 Rn. 3; *Scholz* ZfA 1981, 265, 267.
[24] *BVerfGE* 89, 214, 232 ff; Jarass/Pieroth/*Jarass* Vorb. vor Art. 1 Rn. 31.
[25] AK- GG/*Denninger* vor Art. 1 Rn. 32; v. Münch/Kunig/*v. Münch* Vorb. Art. 1 – 19 Rn. 31.
[26] *BAGE* 48, 122, 139; AK- GG/*Podlech* Art. 2 Abs. 1 Rn. 59 e.
[27] *Hergenröder* ZfA 2002, 355, 370; *Papier* DVBl 1984, 801, 812.
[28] *Dreier* Art. 2 Abs. 1 Rn. 16; Berliner Kommentar/*Höfling* Art. 2 Rn. 34, 81; von Mangoldt/Klein/*Starck* Art. 1 Rn. 100.

Aktivitätsschutz, also eine Verhaltensfreiheit, auf Grund deren der Einzelne frei über das eigene Tun oder Unterlassen entscheiden kann[29]. Demgegenüber gewährleistet das allgemeine Persönlichkeitsrecht einen Integritätsschutz, also die Freiheit vor einer Beeinträchtigung personeller Integrität durch Dritte[30]. Beide Grundrechtsgarantien des Art. 2 Abs. 1 GG haben jedoch eine gemeinsame Wurzel und sind aufeinander bezogen. Die freie Entfaltung des Einzelnen setzt dessen Achtung als Person und die Wahrung seiner Individualsphäre voraus, sodass der Aktivitätsschutz auf dem Integritätsschutz beruht[31].

Die *allgemeine Handlungsfreiheit* schützt das menschliche Verhalten in einem umfassenden Sinne. Erfasst ist die Betätigung jedweder Art und Güte, ohne Bedeutung, welches Gewicht der Persönlichkeitsentfaltung damit zukommt[32]. Die Privatautonomie, welche die Grundlage für die Vertragsfreiheit darstellt, wird gewährleistet[33]. Spezielle Freiheitsrechte, so beispielsweise Art. 6 Abs. 1, 9 Abs. 1, 12 Abs. 1, 14 Abs. 1 GG, gehen Art. 2 Abs. 1 GG vor, soweit deren Schutzbereich berührt ist[34]. Daher ist für arbeitsvertragliche Vereinbarungen bzw. für die Berufsfreiheit Art. 12 GG lex specialis[35].

Das *allgemeine Persönlichkeitsrecht* ist ein Produkt richterlicher Rechtsfortbildung[36], aufgrund dessen zum einen die Selbstentfaltung durch Sicherung eines privaten Bereichs gewährleistet, zum anderen eine unverfälschte Selbstdarstellung nach außen geschützt wird[37]. Grundlage des allgemeinen Persönlichkeitsrechts ist Art. 2 Abs. 1 GG in Verbindung mit Art. 1 Abs. 1 GG[38]. Aufgrund der Würde des Menschen wird die engere persönliche Lebenssphäre sowie die Erhaltung ihrer Grundbedingungen gewährleistet und vor Angriffen geschützt[39]. Dem Einzelnen wird ein autonomer Privatbereich garantiert, in der er seine Individualität entwickeln und wahren kann[40]. Dabei

---

[29] *Dreier* Art. 2 Abs. 1 Rn. 16; Berliner Kommentar/*Höfling* Art. 2 Rn. 34, 81; von Mangoldt/Klein/*Starck* Art. 1 Rn. 100.

[30] *BVerfGE* 54, 148, 153; *Dreier* Art. 2 Abs. 1 Rn. 16; Berliner Kommentar/*Höfling* Art. 2 Rn. 34, 81; von Mangoldt/Klein/*Starck* Art. 1 Rn. 100.

[31] *Dreier* Art. 2 Abs. 1 Rn. 18; Berliner Kommentar/*Höfling* Art. 2 Rn. 34.

[32] *BVerfGE* 6, 32, 36; 80, 137, 152; 90, 145, 171; 91, 335, 338; *Degenhart* JuS 1990, 161, 162f; *Dreier* Art. 2 Abs. 1 Rn. 15, 20; Berliner Kommentar/*Höfling* Art. 2 Rn. 53; *Jarass* NJW 1989, 857; Sachs/*Murswiek* Art. 2 Rn. 43 ff; *Seifert/Hömig* Art. 2 Rn. 5; von Mangoldt/Klein/*Starck* Art. 2 Rn. 13.

[33] *BVerfGE* 60, 329, 339; 86, 122, 130; *BAGE* 76, 155, 166; *Dreier* Art. 2 Abs. 1 Rn. 24; Jarass/Pieroth/*Jarass* Art. 2 Rn. 4; AK- GG/*Podlech* Art. 2 Abs. 1 Rn. 59 e.

[34] *Dreier* Art. 2 Abs. 1 Rn. 22; Maunz/*Dürig* Art. 2 Rn. 7; Berliner Kommentar/*Höfling* Art. 2 Rn. 40; *Schmidt-Bleibtreu/Klein* Art. 2 Rn. 10 ff; *Seifert/Hömig* Art. 2 Rn. 3; von Mangoldt/Klein/*Starck* Art. 2 Rn. 47.

[35] *BAGE* 76, 155, 166; Maunz/*Dürig* Art. 2 Rn. 53; Jarass/Pieroth/*Jarass* Art. 2 Rn. 4; von Mangoldt/Klein/*Starck* Art. 2 Rn. 48.

[36] *Dreier* Art. 2 Abs. 1 Rn. 50; **kritisch insoweit:** von Mangoldt/Klein/*Starck* Art. 1 Rn. 101.

[37] *Deier* Art. 2 Abs. 1 Rn. 50.

[38] *BVerfGE* 35, 202, 209; 54, 148, 153; 80, 367, 373; *Dreier* Art. 2 Abs. 1 Rn. 16, 50; Jarass/Pieroth/*Jarass* Art. 2 Rn. 29; von Münch/*Kunig* Art. 2 Rn. 30; AK- GG/*Podlech* Art. 2 Abs. 1 Rn. 59 a; von Mangoldt/Klein/*Starck* Art. 2 Rn. 14.

[39] *BVerfGE* 54, 148, 153; 72, 155, 170; 96, 56, 61; Jarass NJW 1989, 857, 859; Jarass/Pieroth/*Jarass* Art. 2 Rn. 28; von Münch/*Kunig* Art. 2 Rn. 32.

[40] *BVerfGE* 35, 202, 220; 79, 256, 268; Jarass/Pieroth/*Jarass* Art. 2 Rn. 30.

wird zwischen verschiedenen Sphären unterschieden, nämlich zwischen einer absolut unantastbaren, nicht einschränkbaren inneren (Intim-) Sphäre und einer weiteren Privat-, Geheim- oder Sozialsphäre, die aus Gründen des Gemeinwohls bzw. des überwiegenden Allgemeininteresses oder aufgrund widerstreitender Grundrechtspositionen anderer unter Beachtung des Gebots der Verhältnismäßigkeit eingeschränkt werden kann[41].

b. Vereinbarkeit von flexiblen Arbeitszeitregelungen mit Art. 2 Abs. 1 GG

Eine Arbeitszeitregelung kann gegen das allgemeine Persönlichkeitsrecht des Arbeitnehmers verstoßen, wenn er dadurch zu einem bloßen Objekt degradiert wird. Das ist beispielsweise dann der Fall, wenn die Zeitsouveränität des Arbeitnehmers in rücksichtsloser Weise den betrieblichen Belangen untergeordnet wird[42]. Insoweit müssen jedoch die konkreten Einzelfallumstände berücksichtigt werden. Einen Verstoß gegen Art. 2 Abs. 1 GG will *Däubler*[43] schon annehmen, wenn die „Bereitschaftszeit" über 50 % der tatsächlichen Arbeitszeit hinausgeht. Denn dann könnten private Belange nur schwer koordiniert werden. Diese Argumentation geht indes fehl, da es nun einmal im Wesen von Teilzeitarbeitsverhältnissen liegt, dass die Arbeitszeit geringer als die arbeitsfreie Zeit sein kann.
Unter Berufung auf das allgemeine Persönlichkeitsrecht wird es teilweise als unzulässig betrachtet, wenn Teilzeitarbeitnehmer einer schwer planbaren flexiblen Arbeitszeit unterliegen, bei der entweder jeweils ein kurzfristiger Arbeitseinsatz erfolgt oder ein Missverhältnis zwischen dem tatsächlichen und dem potenziellen Einsatz besteht, ohne dass der Arbeitnehmer eine angemessene Entlohnung für diesen flexiblen Einsatz erhalten würde[44]. Art. 1 GG gewährleiste eine individuelle menschliche Privatsphäre, in die man sich zurückziehen und über die man nach seinem freien Willen verfügen könne. Die vom Arbeitgeber bestimmbare Arbeitszeitlage müsse weitestgehend beschränkt werden, um Freiräume, die keinem Zugriff des Arbeitgebers unterliegen, für den Arbeitnehmer zu schaffen. Aus diesem Grund sei das allgemeine Persönlichkeitsrecht bei jedem einzelnen KAPOVAZ- Abruf zu berücksichtigen. Denn viele Teilzeitarbeitsverhältnisse würden aufgrund von Verpflichtungen eingegangen, die nur eine zeitlich beschränkte Berufstätigkeit zuließen. Dies erfordere in den meisten Fällen einen relativ gleichmäßigen und regelmäßigen Arbeitseinsatz. Längere arbeitsfreie Phasen in Verbindung mit sich anschließenden Vollbeschäftigungsphasen kämen daher nicht in Betracht[45]. Dem steht jedoch der Sinn und Zweck von flexiblen Teilzeitarbeitsmodellen entgegen, die auf flexiblen, von betrieblichen Belangen gesteuerten Arbeitseinsatz gerichtet sind. Deshalb kann es sogar soweit gehen, dass der Teilzeitarbeitnehmer für eine gewisse Zeit ebenso viel wie ein Vollzeitarbeitnehmer arbeitet und

[41] *BVerfGE* 35, 202, 220; 38, 312, 320 f; 54, 148, 154; 96, 56, 61; 75, 369, 380; 80, 367, 373 f.
[42] *Klevemann* AiB 1986, 103, 110.
[43] *Däubler* Rn. 1976.
[44] *Malzahn* AuR 1985, 137, 143 f.
[45] *Frölich* S. 124 ff.

andererseits völlig freigestellt wird. Insbesondere besteht bei Vereinbarung eines flexiblen Arbeitszeitmodells kein Anspruch darauf, einen Teil des Arbeitstages frei zu haben. Ein Arbeitnehmer, der einen Arbeitsvertrag mit flexiblen Arbeitszeiten unterzeichnet, weiß, was dies bedeutet und auf was er sich einlässt. Der Arbeitgeber hat ein berechtigtes Vertrauen dahingehend, den Arbeitnehmer entsprechend den betrieblichen Belangen einsetzen zu können. Lässt ein Arbeitnehmer diesen Vertrauenstatbestand sehenden Auges entstehen, handelt er rechtsmissbräuchlich, wenn er sich nunmehr darauf beruft, dass ihn die Arbeitszeitverteilung zu stark belasten würde. Dies gilt umso mehr, als häufig schon beim Arbeitsentgelt die besondere Belastung durch flexible Arbeitszeiten berücksichtigt wurde.
Es muss jedoch eine Billigkeitskontrolle hinsichtlich der Arbeitszeitgestaltung im konkreten Fall erfolgen[46]. Unter Berücksichtigung der Einzelfallumstände kann die Billigkeit nicht mehr gewahrt sein, wenn beispielsweise eine Kombination von sehr langen Bezugszeiträumen und einem Arbeitsentgelt, das unter der Grenze des Existenzminimums liegt, vereinbart wurde. Denn der Arbeitnehmer kann praktisch keiner weiteren Arbeit nachgehen, da er ständig damit rechnen muss, abgerufen zu werden, während er aber auch nicht von seinem Arbeitslohn leben kann und somit auf staatliche Unterstützung angewiesen ist[47].

### 3. Art. 3 GG

#### a. Art. 3 Abs. 1 GG

Arbeitsrechtliche Vorschriften sind wegen Art. 1 Abs. 3 GG unmittelbar an Art. 3 GG zu messen[48]. Im Übrigen kann Art. 3 Abs. 1 GG lediglich über die mittelbare Drittwirkung Bedeutung erlangen. Dabei ist jedoch zu beachten, dass die Vertragsfreiheit grundsätzlich Vorrang vor dem Gleichheitssatz hat[49]. Auch hinter speziellen Gleichheitsgrundrechten tritt Art. 3 Abs. 1 GG zurück[50]. Der Schutzbereich des Art. 3 Abs. 1 GG ist betroffen, wenn wesentlich Gleiches willkürlich ungleich oder wesentlich Ungleiches willkürlich gleich behandelt wird[51]. Eine willkürliche Differenzierung liegt dann vor, wenn deren Unsachlichkeit evident ist oder sie offensichtlich nicht am Gerechtigkeitsgedanken orientiert ist, wenn sich also keine vernünftigen Erwägungen finden lassen, die sich aus der Natur der Sache ergeben oder sonst wie einleuchtend

---

[46] GK- TzA/*Mikosch* § 4 BeschFG Rn. 86.
[47] *Babl* S. 105.
[48] Jarass/Pieroth/*Jarass* Art. 3 Rn. 57.
[49] *BAGE* 13, 96, 105; Jarass/Pieroth/*Jarass* Art. 3 Rn. 13.
[50] Von Münch/Kunig/*Gubelt* Art. 3 Rn. 106; Jarass/Pieroth/*Jarass* Art. 3 Rn. 2; *Leibholz/Rinck/Hesselberger* Art. 3 Rn. 48; von Mangoldt/Klein/*Starck* Art. 3 Rn. 273; AK- GG/*Stein* Art. 3 Abs. 1 Rn. 78.
[51] *BVerfGE* 90, 145, 196; TZA/*Dieball* Verfassungsrecht Rn. 2; Von Münch/Kunig/*Gubelt* Art. 3 Rn. 11; Jarass/Pieroth/*Jarass* Art. 3 Rn. 7; *Kocher* RdA 2002, 167, 168; *Leibholz/Rinck/Hesselberger* Art. 3 Rn. 21; von Mangoldt/Klein/*Starck* Art. 3 Rn. 10.

sind[52]. Neuerdings wird verstärkt auf den Verhältnismäßigkeitsgrundsatz abgestellt, indem gefordert wird, dass keine Unterschiede von solcher Art und von solchem Gewicht bestehen dürfen, welche die unterschiedliche Behandlung rechtfertigen könnten[53]. Der Begriff der Willkür ist jedoch immer im objektiven Sinne zu verstehen. Es kommt also nicht auf einen subjektiven Schuldvorwurf an, sondern lediglich darauf, dass eine Regelung tatsächlich und eindeutig unangemessen ist[54].

Ein Verstoß gegen Art. 3 Abs. 1 GG kommt bei einer Differenzierung zwischen Teilzeit- und Vollzeitarbeitnehmern in Betracht. Nach Art. 3 Abs. 1 GG ist eine unterschiedliche Behandlung von Gruppen nur dann zulässig, wenn die Unterschiede zwischen den einzelnen Gruppen von solcher Art und von solchem Gewicht sind, dass diese die Ungleichbehandlung rechtfertigen können[55]. Das unterschiedliche Arbeitspensum kann grundsätzlich nicht als Unterscheidungskriterium herangezogen werden. Denn eine Berücksichtigung hat insoweit schon in der geringeren, anteiligen Vergütung stattgefunden. Damit ist dieses Kriterium als Unterscheidungsmerkmal verbraucht und kann eine weitergehende Differenzierung nicht mehr rechtfertigen[56]. Als mit dem Gleichbehandlungsgebot nicht vereinbar wird es zum Teil angesehen, wenn Vollzeitarbeitnehmern die Möglichkeit zu flexibler Arbeitszeit offen stünde, während diese Möglichkeit für Teilzeitarbeitnehmer generell verschlossen bliebe[57]. Andererseits wird das Fehlen eines regelmäßigen Rhythmus für Teilzeit- im Gegensatz zu Vollzeitarbeitnehmern als gegen Art. 3 Abs. 1 GG verstoßend betrachtet[58]. Zulässig soll die Arbeitszeitverteilung dagegen nur dann sein, wenn eine Teilzeitkraft in gleichem Maße wie eine Vollzeitkraft zur Arbeit herangezogen werde[59]. Meines Erachtens kann insoweit keine pauschale Aussage getroffen werden. Es sind vielmehr sämtliche Einzelfallumstände und insbesondere die betrieblichen Bedürfnisse zu berücksichtigen. Diese können durchaus eine unterschiedliche Arbeitszeitverteilung zwischen Teilzeit- und Vollzeitarbeitnehmern rechtfertigen.

### b. Art. 3 Abs. 2 GG

Art. 3 Abs. 2 GG verbietet sowohl die direkte als auch die indirekte Ungleichbehandlung aufgrund des Geschlechts. Eine direkte Ungleichbehandlung liegt vor, wenn ent-

---

[52] *BVerfGE* 1, 14, 52; 9, 201, 206; 10, 234, 246; 35, 324, 335; 55, 72, 90; 88, 87, 96; *Leibholz/Rinck/Hesselberger* Art. 3 Rn. 21; GK- TzA/*Lipke* Einl. Rn. 78.
[53] *BVerfGE* 55, 72, 90; 82, 60, 86; 88, 87, 97; 95, 39, 45; von Münch/Kunig/*Gubelt* Art. 3 Rn. 14; Dreier/*Heun* Art. 3 Rn. 19.
[54] *BVerfGE* 80, 48, 51; von Münch/Kunig/*Gubelt* Art. 3 Rn. 11; *Leibholz/Rinck/Hesselberger* Art. 3 Rn. 28.
[55] *Holland* S. 73; *Sowka/Köster* S. 8.
[56] GK- TzA/*Lipke* Einl. Rn. 80.
[57] *LAG Frankfurt* DB 1991, 918; TZA/*Buschmann* § 4 TzBfG Rn. 22, § 611 a BGB Rn. 22.
[58] *BAGE* 85, 358, 364; TZA/*Buschmann* § 4 TzBfG Rn. 22.
[59] *BAG* 01.12.1994, 6 AZR 501/94, AP Nr. 41 zu § 2 BeschFG 1985; TZA/*Buschmann* § 4 TzBfG Rn. 22.

weder das Geschlecht ausdrücklich als Differenzierungskriterium verwendet wird oder eine Maßnahme vom Geschlecht auch nur mit abhängt[60]. Um eine indirekte Ungleichbehandlung handelt es sich demgegenüber, wenn eine Regelung zwar geschlechtsneutral formuliert ist, in tatsächlicher Hinsicht für ein Geschlecht aber eine unverhältnismäßig nachteilige Wirkung besteht, die nicht anders als mit dem Geschlecht oder mit der Geschlechtsrolle erklärt werden kann, ohne dass dies durch zwingende Gründe, die nichts mit dem Geschlecht zu tun haben, gerechtfertigt wäre. Die Benachteiligung eines Geschlechts muss also verhältnismäßig erheblich höher sein[61]. Ein Diskriminierungsverbot muss zwangsläufig auch die mittelbare Diskriminierung untersagen, da ansonsten unter Umständen auf vorgeschobene Kriterien abgestellt wird, mit denen letztendlich eine Unterscheidung nach dem verbotenen Merkmal erreicht wird[62].

Art. 3 Abs. 2, 3 GG stellt eine Ausprägung des Menschenwürdegrundsatzes dar, indem in der Anknüpfung an bestimmte Merkmale eine Herabsetzung und Benachteiligung gesehen wird, während Art. 3 Abs. 1 GG primär die Verteilungsgerechtigkeit schützt[63].

Art. 3 Abs. 2 GG verbietet zwar grundsätzlich und explizit eine Differenzierung, die auf das Geschlecht zurück geht[64]. Etwas anderes kann sich aber aus kollidierendem Verfassungsrecht nach den Grundsätzen der praktischen Konkordanz ergeben[65].

Des Weiteren ist eine *direkte* Ungleichbehandlung – die in §§ 611 a, 611 b, 612 Abs. 3 BGB, § 75 BetrVG bereits einfachgesetzlich untersagt ist[66] - ausnahmsweise zulässig, wenn sie zur Lösung von Problemen, die ihrer Natur nach entweder nur bei Männern oder bei Frauen auftreten können, zwingend erforderlich ist. Biologische oder funktionale Verschiedenheiten müssen das zu ordnende Verhältnis in so entscheidendem Maße prägen, dass vergleichbare andere Umstände völlig zurück treten. Es ist also eine strenge Verhältnismäßigkeitsprüfung vorzunehmen[67].

Auch eine *mittelbare Diskriminierung* kann zulässig sein: zunächst muss ein Gesetz, ein Tarifvertrag, eine Vereinbarung der Betriebspartner oder eine Maßnahme des Arbeitgebers eine Anforderung oder Bedingung aufstellen, die nicht unmittelbar an das Geschlecht anknüpft und sowohl von Männern als auch von Frauen erfüllt werden

---

[60] Von Münch/Kunig/*Gubelt* Art. 3 Rn. 86; Jarass/Pieroth/*Jarass* Art. 3 Rn. 72; *Sowka/Köster* S. 2.

[61] *BVerfGE* 97, 35, 43; *BAGE* 80, 173, 178, 184; 83, 327, 337; TZA/*Buschmann* § 611 a BGB Rn. 21; TZA/*Dieball* Verfassungsrecht Rn. 18; AK- GG/*Eckertz-Höfer* Art. 3 Abs. 2, 3 Rn. 59; von Münch/Kunig/*Gubelt* Art. 3 Rn. 86 *Holland* S. 74; GK- TzA/*Lipke* Einl. Rn. 65; Kittner/Zwanziger/*Mayer* § 140 Rn. 28; AR- Blattei SD/*Mosler* 1560 Rn. 72; *Pfeifer*, Das Arbeitsrecht der Gegenwart 1992, 139, 148; *Preis* S. 337; *Wank* RdA 1985, 1, 21.

[62] *Thüsing* ZfA 2002, 249, 260.

[63] *Thüsing* ZfA 2002, 249, 253.

[64] *BVerfGE* 52, 369, 374; 74, 163, 179; 85, 191, 206; Dreier/*Heun* Art. 3 Rn. 88.

[65] *BVerfGE* 92, 91, 109; Dreier/*Heun* Art. 3 Rn. 97; Jarass/Pieroth/*Jarass* Art. 3 Rn. 76; von Mangoldt/Klein/*Starck* Art. 3 Rn. 303.

[66] Zu beachten ist, dass auch die mittelbare Diskriminierung von diesen Vorschriften umfasst ist, vgl. AR- Blattei SD/*Mosler* 1560 Rn. 77; *Preis* S. 342, 350; Kasseler Handbuch/*Weber* 3.5 Rn. 31; TZA/*Buschmann* § 611a BGB Rn. 13 will § 611 a BGB sogar auf eine Benachteiligung von Teilzeitarbeitnehmern gegenüber Vollzeitarbeitnehmern analog anwenden.

[67] *BVerfGE* 85, 191, 207; 92, 91, 109; *BAGE* 66, 264, 274; 80, 173, 183; Von Münch/Kunig/*Gubelt* Art. 3 Rn. 89; Dreier/*Heun* Art. 3 Rn. 97; Jarass/Pieroth/*Jarass* Art. 3 Rn. 78; *Schmidt- Bleibtreu/Klein* Art. 3 Rn. 37; von Mangoldt/Klein/*Starck* Art. 3 Rn. 96.

kann[68]. Weiterhin muss die Anzahl derer, die von der Ausgestaltung der Anforderung oder Bedingung nachteilig betroffen sind oder sein können, auf einer Seite der Geschlechter wegen der unterschiedlichen sozialen Lebensbedingungen erheblich höher sein. Es wird also ein zahlenmäßiger Vergleich der Geschlechter zwischen den begünstigten und den benachteiligten Gruppen vorgenommen. Eine Benachteiligung in diesem Sinne liegt beispielsweise dann vor, wenn in der nachteilig betroffenen Gruppe Frauen zu 90 %, in der begünstigten Gruppe aber nur zu 50 % vertreten sind[69]. Zulässig ist die indirekte Ungleichbehandlung nur, wenn die Ausgestaltung der Anforderung oder Bedingung sachlich gerechtfertigt ist. Das wäre der Fall, wenn eine Unterscheidung zwischen den Geschlechtern aufgrund der Art der auszuübenden Tätigkeit zwingend geboten wäre oder wenn mit der Ausgestaltung ein objektiv gerechtfertigtes Ziel verfolgt werden würde und die nachteilige Wirkung durch zumutbare Änderungen nicht zu beseitigen oder zu mildern ist[70]. Die unterschiedliche Behandlung muss aufgrund objektiver Faktoren einem wirklichen Bedürfnis des Unternehmens dienen und für die Erreichung der Ziele des Unternehmens dem Grundsatz der Verhältnismäßigkeit entsprechen[71]. Eine Gesetzesvorschrift, die eine mittelbare Diskriminierung beinhaltet, muss einem notwendigen Ziel der Sozialpolitik dienen[72]. Der die Differenzierung rechtfertigende Grund darf dabei nicht auf geschlechtsspezifischen, also biologischen oder funktionalen Gründen beruhen. Es kommt vielmehr darauf an, ob die nachteilige Wirkung auch anders als mit dem Geschlecht oder der Geschlechterrolle begründet werden kann[73]. An den rechtfertigenden Grund müssen um so höhere Anforderungen gestellt werden, je stärker sich die mittelbare Diskriminierung auswirkt[74]. Letztlich ist eine Verhältnismäßigkeitsprüfung vorzunehmen, bei der höhere Anforderungen als durch § 4 Abs. 1 S. 1 TzBfG oder den allgemeinen Gleichbehandlungsgrundsatzes gesetzt werden. Denn insoweit reicht es aus, wenn sachliche Differenzierungsgründe bestehen, während im Rahmen der mittelbaren Diskriminierung die die Differenzierung rechtfertigenden Gründe einem Bedürfnis des Unternehmens dienen und biologische und funktionale Unterschiede eine Differenzierung geradezu gebieten müssen[75].

---

[68] AR- Blattei SD/*Mosler* 1560 Rn. 72; *Sowka/Köster* S. 3.

[69] AR- Blattei SD/*Mosler* 1560 Rn. 73; *Wank* RdA 1985, 1, 21; zu weiteren Zahlenspielereien *Sowka/Köster* S. 3 mit dem bedauernden Hinweis darauf, dass ein festes Zahlenmaterial bislang noch nicht vorliegt.

[70] *EuGHE* 1986, 1607, 1627; TZA/*Buschmann* § 611 a BGB Rn. 21; TZA/*Dieball* Europäisches Recht Rn. 21; Von Münch/Kunig/*Gubelt* Art. 3 Rn. 91; Jarass/Pieroth/*Jarass* Art. 3 Rn. 80; Kasseler Handbuch/*Weber* 3.5 Rn. 19; Kempen/Zachert/*Zachert* TVG § 1 Rn. 194.

[71] *EuGHE* 1986, 1607, 1628 f; TZA/*Dieball* Europäisches Recht Rn. 13; AR- Blattei SD/*Mosler* 1560 Rn. 74; *Pfeifer*, Das Arbeitsrecht der Gegenwart 1992, 139, 148; *Preis* S. 338; *Sowka/Köster* S. 4; Kasseler Handbuch/*Weber* 3.5 Rn. 20.

[72] TZA/*Dieball* Europäisches Recht Rn. 13; AR- Blattei SD/*Mosler* 1560 Rn. 74; *Sowka/Köster* S. 4.

[73] *BAGE* 53, 161; 68, 320, 327; *Sowka/Köster* S. 3; **zweifelnd:** *BAGE* 72, 64, 73 f; *Kirsten* RdA 1990, 282ff.

[74] *Hanau/Preis* ZfA 1988, 177, 192; *Ihlenfeld/Kles* Rn. 95; *Sowka/Köster* S. 4; *Sowka* DB 1992, 2030.

[75] *BAG* DB 1990, 1620; *Meyer* S. 111; *Wank* RdA 1985, 1, 20; Kempen/Zachert/*Zachert* TVG § 1 Rn. 194; **a. A. offensichtlich:** *Ihlenfeld/Kles* Rn. 95; **einschränkend:** AR- Blattei SD/*Mosler* 1560 Rn. 75.

In prozessualer Hinsicht muss die diskriminierte Person Tatsachen glaubhaft machen, die eine Benachteiligung aufgrund des Geschlechts vermuten lassen[76], wobei es ausreicht, wenn auf entsprechende Statistiken verwiesen wird[77]. Ist ein Geschlecht stärker nachteilig betroffen, so besteht die Vermutung einer Diskriminierung, die der Arbeitgeber zu widerlegen hat[78]. Der Arbeitgeber hat den Kausalzusammenhang zwischen der Zugehörigkeit zu einem Geschlecht und dem Nachteil zu widerlegen und somit darzulegen und zu beweisen, dass die Regelung einem Bedürfnis des Unternehmens dient und zu dessen Erreichung geeignet und erforderlich ist[79]. Diese Beweiserleichterung schafft bezüglich des Informationsdefizits des Arbeitnehmers einen Ausgleich[80].
Als Rechtsfolge eines Verstoßes gegen das Verbot der mittelbaren Diskriminierung ist eine Angleichung nach oben vorzunehmen, wobei es auf eine Benachteiligungsabsicht nicht ankommt[81]. Die diskriminierende Norm ist nicht anzuwenden und die diskriminierten Arbeitnehmer sind den anderen Arbeitnehmern gleichzustellen. Dies gilt auch für die Geschlechtergruppe, die sich innerhalb der diskriminierten Gruppe in der Minderzahl befindet. Denn ansonsten würde nunmehr diese unmittelbar aufgrund ihres Geschlechts benachteiligt werden[82].
Problematisch können sich die Auswirkungen des Grundsatzes der mittelbaren Diskriminierung im Bereich der Leistungsgewährung darstellen. Denn in der Regel werden vom benachteiligten Personenkreis immer nur einzelne Bestandteile eines Systems angegriffen, die sich unter Umständen als unwirksam erweisen und zu einem Ergebnis führen, das als solches nicht beabsichtigt war[83].
Keinesfalls darf sich aber die Rechtsfigur der mittelbaren Diskriminierung dahingehend auswirken, dass auf diesem Wege gesellschaftspolitische Defizite kompensiert werden[84]. Daher ist schon in objektiver Hinsicht eine mittelbare Diskriminierung zu verneinen, wenn allgemeine Lebensumstände sich zwangsläufig auch im Arbeitsleben auswirken und eine fehlende Gleichstellung der Geschlechter erkennen lassen. Denn in einem solchen Fall fehlt es schon an der Kausalität, sodass dem Arbeitgeber die mittelbar diskriminierende Wirkung nicht zugerechnet werden kann. Etwas anderes könnte nur dann gelten, wenn die bereits vorhandenen ungleichen Ausgangspositionen noch in weiterem Umfang verschlechtert würden[85].
Ziel des Art. 3 Abs. 2 GG ist die tatsächliche Durchsetzung der Gleichberechtigung zwischen den Geschlechtern[86]. Art. 3 Abs. 2 GG verbietet zwar nicht nur eine Be-

---

[76] Das kann bei einer Diskriminierung, die unter den Anwendungsbereich des § 611 a BGB fällt in praktischer Hinsicht durchaus schwierig sein, vgl. TZA/*Buschmann* § 611 a BGB Rn. 23.
[77] TZA/*Buschmann* § 611 a BGB Rn. 23.
[78] TZA/*Dieball* Europäisches Recht Rn. 23; GK- TzA/*Lipke* Einl. Rn. 70.
[79] TZA/*Dieball* Europäisches Recht Rn. 27; *Hanau/Preis* ZfA 1988, 177, 190 f; GK- TzA/*Lipke* Einl. Rn. 70; *Sowka/Köster* S. 4; Kempen/Zachert/*Zachert* TVG § 1 Rn. 194.
[80] TZA/*Dieball* Europäisches Recht Rn. 25.
[81] TZA/*Dieball* Europäisches Recht Rn. 68, 69; *Hanau/Preis* ZfA 1988, 177, 189; *Sowka/Köster* S. 4.
[82] *EuGH* DB 1991, 100; *Colneric* EuZW 1991, 75, 77; *Sowka/Köster* S. 1, 5.
[83] *Kocher* RdA 2002, 167, 170.
[84] *Sowka/Köster* S. 1.
[85] *Hanau/Preis* ZfA 1988, 177, 189; *Sowka/Köster* S. 3.
[86] *BVerfGE* 85, 191, 207; 92, 91, 109; TZA/*Dieball* Verfassungsrecht Rn. 23; AK- GG/*Eckertz-Höfer* Art. 3 Abs. 2, 3 Rn. 39; von Münch/Kunig/*Gubelt* Art. 3 Rn. 95; *Kocher* RdA 2002, 167, 169; Kasseler Handbuch/*Weber* 3.5 Rn. 15.

nachteiligung von Frauen den Männern gegenüber und umgekehrt, sondern auch eine Bevorzugung[87]. Im Hinblick auf die Intention des Art. 3 Abs. 2 GG sind aber solche Regelungen zulässig, die einer Geschlechtergruppe die gleichen Möglichkeiten und Chancen wie der anderen einräumen. Ein Ausgleich von typischen Nachteilen, die auf biologische Unterschiede zurückgehen, verstößt somit nicht gegen Art. 3 Abs. 2 GG[88]. Insbesondere an Art. 3 Abs. 2 GG ist eine Benachteiligung von Teilzeitkräften zu messen, die sich aufgrund dessen häufig als unzulässig herausstellt[89].

### c. Art 3 Abs. 3 GG

Art. 3 Abs. 3 GG stellt erneut ein Differenzierungsverbot aufgrund des Geschlechts auf[90], durch das sowohl die direkte als auch die indirekte Ungleichbehandlung erfasst wird[91]. Während Art. 3 Abs. 2 GG das kollektive Problem betrifft, schützt Art. 3 Abs. 3 GG die individuelle Betroffenheit[92]. Zwischen den beiden Absätzen besteht jedoch eine Wechselwirkung[93]. Eine Differenzierung nach dem Geschlecht ist nur unter den gleichen engen Voraussetzungen wie bei Art. 3 Abs. 2 GG bereits ausgeführt, zulässig[94].

## 4. Art. 6 GG

Bedeutung für die hier zu diskutierenden Problembereiche der flexiblen Teilzeitarbeit kann Art. 6 GG haben, der u. a. die Familie schützt. Unter Familie wird übereinstimmend die umfassende Gemeinschaft zwischen Eltern und Kindern verstanden[95]. Schutzgegenstand ist das gesamte Verhalten von der Familiengründung bis in sämtli-

---

[87] GK- TzA/*Lipke* Einl. Rn. 81.
[88] TZA/*Dieball* Verfassungsrecht Rn. 23; *Sowka/Köster* S. 9.
[89] Vgl. *BAGE* 66, 264, 274 ff; Jarass/Pieroth/*Jarass* Art. 3 Rn. 84; **a. A. noch:** *BAGE* 59, 306, 318.
[90] AK- GG/*Eckertz-Höfer* Art. 3 Abs. 2, 3 Rn. 51; *Sowka/Köster* S. 9, 10; von Mangoldt/Klein/*Starck* Art. 3 Rn. 338.
[91] *BVerfGE* 97, 35, 43; *BAGE* 80, 173, 184; 83, 327, 336; TZA/*Dieball* Verfassungsrecht Rn. 29; *Leibholz/Rinck/Hesselberger* Art. 3 Rn. 3065.
[92] *BVerfGE* 92, 91, 109; TZA/*Dieball* Verfassungsrecht Rn. 28, 29; AK- GG/*Eckertz-Höfer* Art. 3 Abs. 2, 3 Rn. 45; *Sowka/Köster* S. 9, 10; Kasseler Handbuch/*Weber* 3.5 Rn. 14; **anders:** *Kocher* RdA 2002, 167, 169, die Art. 3 Abs. 2 und 3 GG als kollektiv ausgerichtet sieht.
[93] AK- GG/*Eckertz-Höfer* Art. 3 Abs. 2, 3 Rn. 47.
[94] AK- GG/*Eckertz-Höfer* Art. 3 Abs. 2, 3 Rn. 54; *Leibholz/Rinck/Hesselberger* Art. 3 Rn. 3066; *Schmidt- Bleibtreu/Klein* Art. 3 Rn. 36.
[95] *BVerfGE* 10, 59, 66; 48, 327, 339; Berliner Kommentar/*Burgi* Art. 6 Rn. 20; von Münch/Kunig/*Coester-Waltjen* Art. 6 Rn. 11; Dreier/*Gröschner* Art. 6 Rn. 54; *Leibholz/Rinck/Hesselberger* Art. 6 Rn. 60; Jarass/*Pieroth* Art 6 Rn. 5; von Mangoldt/Klein/Starck/*Robbers* Art. 6 Rn. 77.

che Bereiche familiären Zusammenlebens[96]. Art. 6 GG schützt somit auch die Entscheidung, eine sog. Hausfrauenehe zu führen oder einer Erwerbstätigkeit nachzugehen[97]. Daher umfasst die staatliche Pflicht zur Förderung der Familie auch die Vereinbarkeit von Familie und Erwerbstätigkeit[98]. Als Verstoß gegen die Schutzfunktion des Art. 6 GG wird es teilweise angesehen, wenn Frauen mit Kindern aufgrund der Ausgestaltung eines Arbeitszeitmodells nicht in der Lage sind, ein Arbeitsverhältnis zu begründen[99]. Diese Auffassung ist jedoch meines Erachtens mehr als fraglich und dogmatisch nicht zu begründen. Denn es ist weder mit der Vertragsfreiheit noch mit Verhältnismäßigkeitsgesichtspunkten vereinbar, dem privaten Arbeitgeber aufzuerlegen, seine Arbeitsverhältnisse familiengerecht auszugestalten, insbesondere wenn diese noch gar nicht geschlossen sind. Es liegt im Wesen der Vertragsfreiheit, dass zwei Vertragspartner eine Vereinbarung treffen, die sie beide für sich als passend betrachten. Ist dies nicht der Fall kommt schon gar kein Vertrag zustande. Den Arbeitgeber aber dafür in die Verantwortung zu nehmen, erscheint nicht mehr akzeptabel.

### 5. Art. 12 GG[100]

Unter Beruf im Sinne des Art. 12 GG wird jede erlaubte Tätigkeit verstanden, die in ideeller wie in materieller Hinsicht auf Dauer der Schaffung und Erhaltung einer Lebensgrundlage dient bzw. dazu beiträgt[101]. Unter diese Definition können auch Doppel- und Nebenberufe subsumiert werden, sodass das Recht, mehrere Berufe zu wählen und nebeneinander auszuüben ebenfalls von Art. 12 GG gewährleistet ist[102]. Auch Nebentätigkeiten werden von Art. 12 GG geschützt, da sie zur Schaffung und Erhaltung der Lebensgrundlage beitragen[103]. Etwas anderes gilt lediglich dann, wenn die

---

[96] *BVerfGE* 6, 55, 81; Dreier/*Gröschner* Art. 6 Rn. 54; *Leibholz/Rinck/Hesselberger* Art. 6 Rn. 132; Jarass/*Pieroth* Art. 6 Rn. 5.

[97] *BVerfGE* 6, 55, 81 f; Maunz/Dürig/*Badura* Art. 6 Rn. 27; Berliner Kommentar/*Burgi* Art. 6 Rn. 24; *Leibholz/Rinck/Hesselberger* Art. 6 Rn. 132; AK- GG/*Richter* Art. 6 Rn. 14; *Schmidt- Bleibtreu/Klein* Art. 6 Rn. 1; *Seifert/Hömig* Art. 6 Rn. 10.

[98] *BVerfGE* 88, 203, 260; Jarass/*Pieroth* Art. 6 Rn. 10.

[99] *Klevemann* AiB 1986, 103, 110.

[100] Zu der Vereinbarkeit des neu eingeführten § 8 TzBfG mit Art. 12 GG vgl. *Rolfs* RdA 2001, 129, 132 f.

[101] *BVerfGE* 7, 377, 397; 54, 301, 313; 97, 228, 252; von Münch/Kunig/*Gubelt* Art. 12 Rn. 8; Jarass/Pieroth/*Jarass* Art. 12 Rn. 4; *Leibholz/Rinck/Hesselberger* Art. 12 Rn. 46; von Mangoldt/Klein/Starck/*Manssen* Art. 12 Rn. 33; AK- GG/*Rittstieg* Art. 12 Rn. 56; *Schmidt- Bleibtreu/Klein* Art. 12 Rn. 6; *Scholz* ZfA 1981, 265; Maunz/Dürig/*Scholz* Art. 12 Rn. 18; *Seifert/Hömig* Art. 12 Rn. 4.

[102] *BVerfGE* 21, 173, 179; 87, 287, 316; *BVerwGE* 21, 195 f; *BGHZ* 97, 204, 208; von Münch/Kunig/*Gubelt* Art. 12 Rn. 15; Jarass/Pieroth/*Jarass* Art. 12 Rn. 5; *Leibholz/Rinck/Hesselberger* Art. 12 Rn. 91; *Malzahn* AuR 1985, 137, 139; von Mangoldt/Klein/Starck/*Manssen* Art. 12 Rn. 34; *Schmidt- Bleibtreu/Klein* Art. 12 Rn. 1, 5; Maunz/Dürig/*Scholz* Art. 12 Rn. 278; *Seifert/Hömig* Art. 12 Rn. 5; Dreier/*Wieland* Art. 12 Rn. 50; **a. A.:** *BVerwGE* 63, 99, 101.

[103] *Ehlers* DVBl 1985, 879, 883; von Münch/Kunig/*Gubelt* Art. 12 Rn. 10; Jarass/Pieroth/*Jarass* Art. 12 Rn. 5; von Mangoldt/Klein/Starck/*Manssen* Art. 12 Rn. 34; *Papier* DVBl 1984, 801, 804; Maunz/Dürig/*Scholz* Art. 12 Rn. 280; Dreier/*Wieland* Art. 12 Rn. 50.

Nebentätigkeit nur einmalig, gelegentlich oder in ganz unbedeutendem Umfang ausgeübt wird[104]. In diesem Fall würde jedoch Art. 2 Abs. 1 GG eingreifen[105].
Art. 12 GG schützt sowohl die Berufswahl- als auch die Berufsausübungsfreiheit. Zur Berufswahlfreiheit gehört die Entscheidung, überhaupt einen Beruf zu ergreifen oder darauf zu verzichten, die Wahl eines bestimmten Berufes, die Kombination von Tätigkeiten verschiedener Berufe sowie der Entschluss, den Beruf zu wechseln[106]. Von der Berufsausübungsfreiheit ist die gesamte berufliche Tätigkeit erfasst, insbesondere Form, Mittel, Umfang und Inhalt der Betätigung[107]. Des Weiteren schützt Art. 12 GG die Wahl des konkreten Arbeitsplatzes. Diese Entscheidung steht zwischen der Berufswahl und der Berufsausübung[108] und betrifft die Befugnis den Vertragspartner zu wählen und einen (konkreten) Arbeitsplatz anzunehmen, beizubehalten oder aufzugeben[109]. Diese Ausführungen zeigen, dass die durch Art. 12 GG gewährleisteten Grundrechte letztlich der freien Entfaltung der Persönlichkeit dienen[110]. Hinsichtlich der arbeitsvertraglichen Privatautonomie greift daher Art. 12 GG und nicht Art. 2 Abs. 1 GG ein[111].

Eine Beeinträchtigung der Berufsfreiheit kommt in Betracht, wenn der Arbeitnehmer besondere Schwierigkeiten hat, ein weiteres Beschäftigungsverhältnis einzugehen, so beispielsweise bei stark wechselnden Einsatzzeiten, kurzfristigen Arbeitseinsätzen oder bei der Konzentration der Arbeitsstunden auf einzelne Tage[112]. Denn Art. 12 GG schützt auch die Freiheit, neben einem schon bestehenden Arbeitsverhältnis noch ein weiteres aufzunehmen oder einer selbstständigen Tätigkeit nachzugehen[113]. Inwieweit die praktische Ausgestaltung des Arbeitsverhältnisses mit Art. 12 GG zu vereinbaren ist, hängt von den Umständen des Einzelfalls ab[114].
Teilweise wird von Sittenwidrigkeit i. S. d. § 138 BGB gesprochen, wenn dem Arbeitnehmer, insbesondere bei KAPOVAZ für die „Wartezeiten“ kein Entgelt, wie bei-

---

[104] Von Münch/Kunig/*Gubelt* Art. 12 Rn. 10.
[105] *Ehlers* DBVl 1985, 879, 883.
[106] *BVerfGE* 43, 291, 363; 58, 358, 364; 62, 117, 146; 68, 256, 267; 81, 70, 86; von Münch/Kunig/*Gubelt* Art. 12 Rn. 19, 37; Jarass/Pieroth/*Jarass* Art. 12 Rn. 8; *Leibholz/Rinck/Hesselberger* Art. 12 Rn. 97; *Schmidt- Bleibtreu/Klein* Art. 12 Rn. 5.
[107] Von Münch/Kunig/*Gubelt* Art. 12 Rn. 38; Jarass/Pieroth/*Jarass* Art. 12 Rn. 8; von Mangoldt/Klein/Starck/*Manssen* Art. 12 Rn. 63; *Seifert/Hömig* Art. 12 Rn. 6.
[108] Von Münch/Kunig/*Gubelt* Art. 12 Rn. 23; Jarass/Pieroth/*Jarass* Art. 12 Rn. 1; *Leibholz/Rinck/Hesselberger* Art. 12 Rn. 86; Dreier/*Wieland* Art. 12 Rn. 31.
[109] *BVerfGE* 85, 360, 372 f; 97, 169, 175; *BAGE* 28, 159, 163; *Badura*, Herschel- FS S. 21, 30; von Münch/Kunig/*Gubelt* Art. 12 Rn. 24; Jarass/Pieroth/*Jarass* Art. 12 Rn. 9; *Leibholz/Rinck/Hesselberger* Art. 12 Rn. 86; von Mangoldt/Klein/Starck/*Manssen* Art. 12 Rn. 53; Dreier/*Wieland* Art. 12 Rn. 31.
[110] *BVerfGE* 30, 292, 334; 54, 301, 313; 71, 183, 201; 81, 242, 254; *Badura*, Herschel- FS S. 21, 24; von Münch/Kunig/*Gubelt* Art. 12 Rn. 2; *Leibholz/Rinck/Hesselberger* Art. 12 Rn. 1, 2, 17; von Mangoldt/Klein/Starck/*Manssen* Art. 12 Rn. 4; AK- GG/*Rittstieg* Art. 12 Rn. 12; *Schmidt- Bleibtreu/Klein* Art. 12 Rn. 5; *Scholz* ZfA 1981, 265, 278; Maunz/Dürig/*Scholz* Art. 12 Rn. 9; Dreier/*Wieland* Art. 12 Rn. 25.
[111] Maunz/Dürig/*Scholz* Art. 12 Rn. 49, 281; *Scholz* ZfA 1981, 265, 275.
[112] *Däubler* Rn. 1972 ff; *Malzahn* AuR 1985, 137, 139; eine Berücksichtigung des Schutzzwecks des Art. 12 GG muss bei jedem einzelnen KAPOVAZ- Abruf erfolgen, vgl. *Frölich* S. 123 f.
[113] *Frölich* S. 63, 121 f; GK- TzA/*Lipke* Einl. Rn. 90 f; *Malzahn* AuR 1985, 137, 139; *Meyer* S. 48, 69.
[114] *Malzahn* AuR 1985, 137, 139.

spielsweise eine Karenzentschädigung nach dem Muster der §§ 74 ff HGB gezahlt wird und er aufgrund der Vertragsgestaltung kein weiteres Arbeitsverhältnis ausüben kann[115]. Richtigerweise wird eine derartige vertragliche Vereinbarung aber nur dann unwirksam sein, wenn bei Vertragsabschluss das Verhandlungsgleichgewicht erheblich beeinträchtigt war[116].
Auch bei einem arbeitsvertraglichen Nebentätigkeitsverbot ist Art. 12 GG zu berücksichtigen. Voraussetzung für dessen Rechtswirksamkeit ist ein berechtigtes Interesse des Arbeitgebers[117]. Denn ohne ausreichende Rechtfertigung darf das berufliche Können und Wissen zur Daseinssicherung nicht eingeschränkt werden[118]. Die Arbeitszeitgestaltung als solche stellt jedoch kein berechtigtes Interesse dar[119].

### III. § 4 Abs. 1 TzBfG

In § 4 Abs. 1 S. 1 TzBfG ist unabdingbar[120] festgelegt, dass eine unterschiedliche Behandlung von Teilzeit- und Vollzeitarbeitnehmern in einem bereits begründeten Arbeitsverhältnis[121] durch den Arbeitgeber nicht erfolgen darf, es sei denn, sachliche Gründe liegen vor, die eine unterschiedliche Behandlung rechtfertigen. § 4 Abs. 1 S. 1 TzBfG enthält eine Konkretisierung und Erweiterung des allgemeinen Gleichbehandlungsgrundsatzes[122], denn die Vorschrift ordnet nicht nur ein allgemeines Willkürverbot an, sondern begrenzt selbst die Vertragsfreiheit[123]. Im Gegensatz zu den Gleichbehandlungsgeboten knüpft § 4 TzBfG nicht an dem Arbeitnehmer selbst, sondern vielmehr an der Vertragsgestaltung an[124]. § 4 Abs. 1 S. 1 TzBfG betrifft das *gesamte* rechtserhebliche Handeln des Arbeitgebers, auch vertragliche und kollektive Vereinbarungen, also nicht nur einseitige Maßnahmen des Arbeitgebers[125]. Es werden außerdem alle Arbeitsbedingungen, insbesondere der Bereich der Vergütung geschützt, für die im Übrigen der Grundsatz der Vertragsfreiheit eingreifen würde, § 4 Abs. 1 S. 2

---

[115] *Babl* S. 104; *Frölich* S. 63, 121 f; GK- TzA/*Lipke* Einl. Rn. 92; *Malzahn* AuR 1985, 137, 140; *Meyer* S. 48, 69; GK- TzA/*Mikosch* § 4 BeschFG Rn. 22.
[116] *Däubler* Rn. 1975, der allerdings von einer regelmäßigen Beeinträchtigung des Verhandlungsgleichgewichts ausgeht.
[117] *Babl* S. 104 f; Gk- TzA/*Lipke* Einl. Rn. 91, § 2 BeschFG Rn. 117.
[118] *Badura*, Herschel- FS, S. 21, 32 f; GK- TzA/*Lipke* Einl. Rn. 93.
[119] *Babl* S. 105, die bei Einhaltung des § 12 TzBfG ein berechtigtes Interesse anerkennt; GK- TzA/*Lipke* § 2 BeschFG Rn. 117, der fordert, dass bei einem wirksamen Nebentätigkeitsverbot ein Anspruch des Arbeitnehmers auf eine die Existenz sichernde Vergütung bestehen soll.
[120] AR- Blattei SD/*Mosler* 1560 Rn. 42.
[121] GK- TzA/*Lipke* § 2 BeschFG Rn. 104.
[122] *Düttmann/Hinrichs/Kehrmann/Oberhofer* AiB 1985, 67, 71; *Link/Fink* AuA 2001, 59, 60; *Meynel/Heyn/Herms* § 4 Rn. 15; ErfK/*Müller- Glöge* § 4 TzBfG Rn. 4.
[123] AR- Blattei SD/*Mosler* 1560 Rn. 40; *Richardi* NZA 1992, 625 f; *Sowka/Köster* S. 12; *Pfeifer*, Das Arbeitsrecht der Gegenwart 1992, 139, 143.
[124] *Thüsing* ZfA 2002, 249.
[125] *BAGE* 63, 181, 186; GK- TzA/*Lipke* § 2 BeschFG Rn. 85; *Meinel/Heyn/Herms* § 4 Rn. 4; AR- Blattei SD/*Mosler* 1560 Rn. 41; *Richardi* NZA 1992, 625 f; *Sowka/Köster* S. 13.

TzBfG[126]. § 4 Abs. 1 S. 2 TzBfG stellt jedoch lediglich eine Konkretisierung des § 4 Abs. 1 S. 1 TzBfG dar, sodass die Ausnahmeregelung des § 4 Abs. 1 S. 1 TzBfG auch für § 4 Abs. 1 S. 2 TzBfG gilt[127].
Im Hinblick auf den Wortlaut des § 4 Abs. 1 S. 1 TzBfG wird vertreten, dass Teilzeitarbeitnehmer gegenüber Vollzeitarbeitnehmern besser gestellt werden dürften. Dies wird sich jedoch mit den übrigen Gleichbehandlungsgrundsätzen nicht vereinbaren lassen[128], sodass man schon bei verfassungs- und europarechtskonformer Auslegung eine Besserstellung der Teilzeitkräfte ablehnen muss.
Nach der Rechtsprechung des BAG gilt § 4 Abs. 1 S. 1 TzBfG auch bei der unterschiedlichen Behandlung verschiedener Gruppen von Teilzeitbeschäftigten. Denn eine Diskriminierung ist auch dann zu bejahen, wenn der Arbeitgeber eine Gruppe innerhalb derer der Teilzeitarbeitnehmer nicht diskriminiert[129]. In der Literatur wird insoweit vorwiegend auf den allgemeinen Gleichbehandlungsgrundsatz abgestellt und damit letztlich das gleiche Ergebnis erreicht[130].
§ 4 Abs. 1 S. 1 TzBfG verbietet grundsätzlich die unterschiedliche Behandlung *wegen* der Teilzeitarbeit. Eine Unterscheidung, die sich aus anderen Gründen ergibt, ist damit erlaubt und zulässig[131]. Erforderlich ist insoweit eine Differenzierung aus sachlichen Gründen, die einem wirklichen Bedürfnis des Unternehmens dienen, zur Erreichung des Ziels geeignet und erforderlich sind und nichts mit der Teilzeitarbeit zu tun haben[132]. Hierzu sind beispielsweise die Qualifikation, die Berufserfahrung, die Arbeitsleistung, die soziale Lage oder unterschiedliche Anforderungen an den Arbeitsplatz zu zählen[133]. Geht es um eine vom Arbeitgeber gewährte Leistung, so kann sich aus dem Leistungszweck ergeben, dass diese dem Teilzeitarbeitnehmer nicht oder nur anteilig zustehen soll[134].
Nach den Gesetzesmaterialien stellt die soziale Lage einen Rechtfertigungsgrund für eine unterschiedliche Behandlung dar. Problematisch ist, ob man darunter auch die

---

[126] TZA/*Buschmann* § 4 TzBfG Rn. 9; *Ihlenfeld/Kles* Rn. 91; GK- TzA/*Lipke* § 2 BeschFG Rn. 85; *Pfeifer*, Das Arbeitsrecht der Gegenwart 1992, 139, 143; *Rolfs* RdA 2001, 129, 131.
[127] *Kliemt* NZA 2001, 63, 69; *Lindemann/Simon* BB 2001, 146, 147; *Meinel/Heyn/Herms* § 4 Rn. 42; *Richardi/Annuß* BB 2000, 2201; *Ring* § 4 Rn. 24; *Thüsing* ZfA 2002, 249, 262; **a. A.**: TZB/*Buschmann* § 4 TzBfG Rn. 43; *Däubler* ZIP 2000, 1961, 1962; *Rolfs* § 4 Rn. 3, 4.
[128] TZA/*Buschmann* § 4 TzBfG Rn. 2; *Lindemann/Simon* BB 2001, 146, 147; *Richardi/Annuß* BB 2000, 2201; *Thüsing* ZfA 2002, 249, 259.
[129] *BAGE* 62, 334, 337; 66, 220, 225; TZA/*Buschmann* § 4 TzBfG Rn. 12; TZA/*Buschmann* § 4 TzBfG Rn. 12; *Preis* S. 366; *Sowka/Köster* S. 14; **a. A.**: *Meinel/Heyn/Herms* § 4 Rn. 21; ErfK/*Müller-Glöge* § 4 TzBfG Rn. 21, die insoweit den allgemeinen arbeitsrechtlichen Gleichbehandlungsgrundsatz anwenden.
[130] GK- TzA/*Lipke* § 2 BeschFG Rn. 94; AR- Blattei SD/*Mosler* 1560 Rn. 47.
[131] Mager/Winterfeld/Göbel/Seelmann/*Göbel* Rn. 162; GK- TzA/*Lipke* § 2 BeschFG Rn. 90; *Meyer* S. 111; AR- Blattei SD/*Mosler* 1560 Rn. 54; *Rolfs* RdA 2001, 129, 131; *Sowka/Köster* S. 12; *Viethen*, NZA 2001, Sonderbeilage, S. 3, 7.
[132] *Meinel/Heyn/Herms* § 4 Rn. 29; *Preis* S. 360; *Rolfs* RdA 2001, 129, 130; *Thüsing* ZfA 2002, 249, 264.
[133] *BAGE* 71, 29, 36; *BAG* DB 1999, 1171; *Goos* S. 18; *Ihlenfeld/Kles* Rn. 94; GK- TzA/*Lipke* § 2 BeschFG Rn. 6, 90; *Lubnow* BB 1992, 1204, 1209; *Meyer* S. 111; AR- Blattei SD/*Mosler* 1560 Rn. 54; *Pfeifer*, Das Arbeitsrecht der Gegenwart 1992, 139, 144; *Preis* S. 360; *Ring* § 4 Rn. 12; *Rolfs* RdA 2001, 129, 130; *Thüsing* ZfA 2002, 249, 265 ff.
[134] *BAGE* 66, 220, 226; *Ihlenfeld/Kles* Rn. 94; AR- Blattei SD/*Mosler* 1560 Rn. 56.

Nebenberuflichkeit einer Beschäftigung subsumieren kann. Zwar kann man vertreten, dass der nebenberuflich Teilzeitbeschäftigte eine anderweitige Existenzsicherung und soziale Absicherung hat[135]. Indes kann hinsichtlich der Gruppenbildung nicht allein auf Teilzeitbeschäftigte im Gegensatz zu Vollzeitbeschäftigten abgestellt werden. Es müssen vielmehr auch die Vollzeitarbeitnehmer einbezogen werden, die nicht abgesichert sind. Denn die anderweitige Absicherung hat nichts mit der Arbeitsleistung an sich zu tun und stellt somit einen sachfremden und willkürlichen Umstand der Differenzierung dar[136]. Ein sachlicher Grund kann nämlich nur aus dem Bereich der Arbeitsleistung selbst resultieren[137], muss in einem inneren Zusammenhang zum Zweck der Leistung oder Maßnahme stehen und auf diese Weise die Gruppenbildung rechtfertigen[138].

§ 4 Abs. 1 S. 1 TzBfG lässt eine unterschiedliche Behandlung *wegen* der Teilzeitarbeit zu, wenn dies durch sachliche Gründe gerechtfertigt ist[139]. Diese können beispielsweise darin liegen, dass ein bestimmter Arbeitsplatz mit Teilzeitarbeit nicht durchführbar ist oder dass eine Leistung des Arbeitgebers einen bestimmten Mindestumfang von Arbeitsstunden voraussetzt, sich also die unterschiedliche Behandlung aus dem Verhältnis von Leistungszweck und Umfang der Teilzeitbeschäftigung ergibt[140].

Liegt ein Verstoß gegen Art. 4 Abs. 1 S. 1 TzBfG vor, so ist diese Ungleichbehandlung gemäß § 134 BGB nichtig[141]. Der Bestand des Arbeitsvertrages wird im Übrigen jedoch nicht berührt. Insbesondere ist die Vorschrift des § 139 BGB nicht anzuwenden, denn ansonsten würde der Arbeitnehmer durch die zu seinem Schutz bestehende Norm noch mehr benachteiligt[142]. Dem Teilzeitarbeitnehmer muss vielmehr das (anteilig) Gleiche wie einem Vollzeitarbeitnehmer gewährt werden[143]. Soweit die Vergütung betroffen ist, ist nach der Rechtsprechung und großen Teilen der Literatur auf § 612 Abs. 2 BGB[144], in den sonstigen Bereichen auf § 4 TzBfG i. V. m. der begünstigenden Norm abzustellen[145]. Nach anderer Ansicht gibt § 4 Abs. 1 S. 1 TzBfG bzw. § 4 Abs. 1 S. 2 TzBfG unmittelbar einen Anspruch auf Anpassung der Regelung, denn § 4 Abs. 1 TzBfG enthält ein umfassendes Diskriminierungsverbot, das auch die Aus-

---

[135] *BAGE* 66, 17, 21.

[136] *Lubnow* BB 1992, 1204 1209; AR- Blattei SD/*Mosler* 1560 Rn. 60; *Schüren/Kirsten* SAE 1991, 116, 118.

[137] *Preis* S. 361.

[138] *Schüren/Kirsten* SAE 1991, 116, 117.

[139] *Goos* S. 18; GK- TzA/*Lipke* § 2 BeschFG Rn. 6, 90; AR- Blattei SD/*Mosler* 1560 Rn. 54; *Ring* § 4 Rn. 41; *Sowka/Köster* S. 12; *Thüsing* ZfA 2002, 249, 264; *Viethen*, NZA 2001, Sonderbeilage, S. 3, 7.

[140] GK- TzA/*Lipke* § 2 BeschFG Rn. 6, 90; AR- Blattei SD/*Mosler* 1560 Rn. 56; *Sowka/Köster* S. 13; *Thüsing* ZfA 2002, 249, 264.

[141] *BAGE* 63, 181, 187; AR- Blattei SD/*Mosler* 1560 Rn. 62; *Pfeifer*, Das Arbeitsrecht der Gegenwart 1992, 139, 147; *Richardi* NZA 1992, 625 f.

[142] *BAGE* 63, 181, 187; *Meyer* S. 111.

[143] *BAGE* 63, 181, 187; 71, 29, 43; *BAG* DB 2000, 2431, 2432; TZA/*Buschmann* § 4 TzBfG Rn. 39; AR- Blattei SD/*Mosler* 1560 Rn. 63; *Preis* S. 362; *Pfeifer*, Das Arbeitsrecht der Gegenwart 1992, 139, 147; *Ring* § 4 Rn. 41.

[144] *BAGE* 61, 43, 50; 63, 181, 187; 66, 220, 227; *BAG* NZA 2002, 209, 210; *Meinel/Heyn/Herms* § 4 Rn. 48; *Pfeifer*, Das Arbeitsrecht der Gegenwart 1992, 139, 147; *Richardi* NZA 1992, 625 f; *Ring* § 4 Rn. 41.

[145] *Preis* S. 363.

wirkungen eines Verstoßes regelt[146]. Der Anspruch aus § 4 Abs. 1 S. 1 TzBfG kann auch auf Unterlassung gehen, wenn die sachlich nicht gerechtfertigte Differenzierung in einem Handeln oder Unterlassen des Arbeitgebers besteht[147]. Des Weiteren können Schadensersatzansprüche bei einem Verstoß gegen § 4 Abs. 1 S. 1 TzBfG in Betracht kommen[148]. Aufgrund seiner individualrechtsschützenden Intention handelt es sich bei § 4 Abs. 1 S. 1 TzBfG um ein Schutzgesetz i. S. d. § 823 Abs. 2 BGB[149]. Bei einer gegen § 4 Abs. 1 S. 1 TzBfG verstoßenden Ausübung des Direktionsrechts steht dem Arbeitnehmer zudem ein Leistungsverweigerungsrecht zu[150].
In prozessualer Hinsicht gelten die allgemeinen Beweislastregeln. Es trägt also diejenige Partei die Beweislast für das Vorhandensein derjenigen Voraussetzungen, ohne die das prozessuale Begehren keinen Erfolg haben kann[151]. § 4 Abs. 1 S. 1 TzBfG ordnet keine Beweislastumkehr oder –erleichterung an. Der Teilzeitarbeitnehmer muss dementsprechend beweisen, dass er unterschiedlich behandelt wurde und dass der Arbeitgeber zur Gleichbehandlung verpflichtet gewesen wäre[152]. Er muss also die Schlechterstellung gegenüber einem vergleichbaren Vollzeitarbeitnehmer darlegen und gegebenenfalls beweisen. Kennt der Arbeitnehmer die Arbeitsbedingungen vergleichbarer Vollzeitarbeitnehmer nicht, so kann er den Arbeitgeber zunächst in einer Stufenklage auf Auskunft verklagen und dann eine Leistungsklage anstrengen. Die Pflicht zur Auskunftserteilung ergibt sich für den Arbeitgeber aus § 4 Abs. 1 S. 1 TzBfG i. V. m. dem Arbeitsvertrag[153]. Dem Arbeitgeber obliegt es demgegenüber, darzulegen und zu beweisen, dass ein sachlicher Grund für die Ungleichbehandlung vorlag[154].

Im Anwendungsbereich des § 4 TzBfG ist auch derjenige anderer Normen und Rechtsgrundsätze eröffnet. Es stellt sich daher die Frage, in welchem Verhältnis § 4 TzBfG zu diesen steht.
§ 4 TzBfG ist neben Art. 141 EGV anwendbar[155]. Während sich Art 141 EGV lediglich auf den Entgeltbereich und die Geschlechterdiskriminierung beschränkt, bezieht sich § 4 TzBfG auch auf sonstige Arbeitsbedingungen[156]. Eine stärkere Betroffenheit eines Geschlechts muss bei § 4 TzBfG – im Gegensatz zu Art. 141 EGV – nicht nach-

---

[146] AR- Blattei SD/*Mosler* 1560 Rn. 65; MünchHdb ArbR/*Schüren* § 161 Rn. 41.
[147] AR- Blattei SD/*Mosler* 1560 Rn. 66.
[148] AR- Blattei SD/*Mosler* 1560 Rn. 67.
[149] *BAG* DB 2001, 2150; NZA 2002, 209, 210; TZA/*Buschmann* § 4 TzBfG Rn. 11; GK- TzA/*Lipke* § 2 BeschFG Rn. 95; AR- Blattei SD/*Mosler* 1560 Rn. 67; **a. A.:** ErfK/*Müller- Glöge* § 4 TzBfG Rn. 6.
[150] AR- Blattei SD/*Mosler* 1560 Rn. 68.
[151] GK- TzA/*Lipke* § 2 BeschFG Rn. 99; *Meyer* S. 111; AR- Blattei SD/*Mosler* 1560 Rn. 69; *Preis* S. 362.
[152] Kittner/Zwanziger/*Mayer* § 140 Rn. 20; *Meyer* S. 111; AR- Blattei SD/*Mosler* 1560 Rn. 69; *Preis* S. 362.
[153] GK- TzA/*Lipke* § 2 BeschFG Rn. 99.
[154] *BAG* DB 1993, 278, 279; GK- TzA/*Lipke* § 2 BeschFG Rn. 101, 126; Kittner/Zwanziger/*Mayer* § 140 Rn. 20; *Meyer* S. 111; AR- Blattei SD/*Mosler* 1560 Rn. 69; *Preis* S. 362.
[155] *Meinel/Heyn/Herms* § 4 Rn. 8.
[156] ErfK/*Müller- Glöge* § 4 TzBfG Rn. 15.

gewiesen werden[157]. § 4 TzBfG geht somit über den Anwendungsbereich des Art. 141 EGV hinaus[158].
Normen, welche die mittelbare Diskriminierung wegen des Geschlechts verbieten, so z. B. Art. 141 EGV, Art. 3 Abs. 2 GG, § 611 a BGB, sind neben § 4 TzBfG anwendbar. Insoweit überschneidet sich der Anwendungsbereich als eine Diskriminierung wegen des Geschlechts vorliegt. Eine solche kann jedoch auch im Anwendungsbereich des § 4 TzBfG nicht nur auf sachliche Gründe, die im Rahmen des § 4 TzBfG grundsätzlich ausreichen würden, gestützt werden[159].
Soweit die Ungleichbehandlung jedoch wegen der Teilzeitarbeit erfolgt, ist § 4 TzBfG im Verhältnis zu einfachrechtlichen arbeitsrechtlichen Gleichbehandlungsgeboten, wie §§ 611 a, 611 b, 612 Abs. 3 BGB, § 75 BetrVG, die Spezialnorm[160], wobei beispielsweise § 611 a BGB insoweit vorgeht als eine Diskriminierung bei der Einstellung erfolgt[161].

Unter Anwendung der vorgenannten Grundsätze verstößt es nicht gegen § 4 Abs. 1 S. 1 TzBfG, wenn für Teilzeitarbeitnehmer im Tarifvertrag, ebenso wie für Vollzeitarbeitnehmer, eine 5-Tage-Woche festgelegt wird. Bei Vollzeitarbeitnehmern ergibt sich das Erfordernis der 5-Tage-Woche häufig schon aus der täglichen Arbeitsstundenzahl, die eine Arbeitsleistung an einem sechsten Wochentag im Hinblick auf die gesetzlich oder tariflich zulässige Wochenarbeitszeit nicht erlaubt. Ein Teilzeitarbeitnehmer ist in dieser Hinsicht schutzbedürftiger. Denn bei diesem würde die vereinbarte Wochenarbeitszeit grundsätzlich nicht der Arbeit an mehr als fünf Tagen in der Woche entgegenstehen. Es bestünde aber die Gefahr, dass der Teilzeitarbeitnehmer häufiger, aber nur für wenige Stunden pro Tag beschäftigt würde. Dies würde aufgrund arbeitsbedingter Aufwendungen seinen „Gewinn" aus der geleisteten Arbeit im Verhältnis zu einem Vollzeitarbeitnehmer erheblich schmälern. Die Gleichbehandlung von Teilzeit- und Vollzeitarbeitnehmern stellt somit keine Privilegierung der Teilzeitarbeitnehmer dar. Diese ist vielmehr aufgrund deren Schutzbedürfnis geboten.
Wird bei Vollzeitarbeitnehmern die wöchentliche Arbeitszeit verkürzt, um eine besondere Belastung auszugleichen, so muss diese Verkürzung auch Teilzeitarbeitnehmern in anteiliger Form gewährt werden. Etwas anderes gilt nur dann, wenn diese besonderen, durch die Arbeitszeitverkürzung auszugleichenden, Belastungen bei Teilzeitarbeitnehmern nicht bestehen, wofür der Arbeitgeber aber beweispflichtig ist[162].

---

[157] ErfK/*Müller- Glöge* § 4 TzBfG Rn. 15:
[158] *Meinel/Heyn/Herms* § 4 Rn. 9.
[159] TZA/*Buschmann* § 4 TzBfG Rn. 8; GK- TzA/*Lipke* § 2 BeschFG Rn. 92; ErfK/*Müller- Glöge* § 4 TzBfG Rn. 17; AR- Blattei SD/*Pfarr* 800.2 Rn. 173; *Rolfs* § 4 Rn. 1.
[160] *Meinel/Heyn/Herms* § 4 Rn. 14; ErfK/*Müller- Glöge* § 4 TzBfG Rn. 18.
[161] ErfK/*Müller- Glöge* § 4 TzBfG Rn. 18.
[162] Kempen/Zachert/*Zachert* § 1 TVG Rn. 194.

Der allgemeine arbeitsrechtliche Gleichbehandlungsgrundsatz ist gesetzlich nicht normiert[163]. Die dogmatische Begründung ist streitig[164]. Fest steht lediglich, dass er dem Privatrecht, insbesondere dem Arbeitsvertragsrecht zuzuordnen ist[165]. Der allgemeine arbeitsrechtliche Gleichbehandlungsgrundsatz ist anwendbar, wenn der Arbeitgeber in generalisierender Weise oder nach abstrakten Regeln vorgeht bzw. Voraussetzungen und Zweck für eine (freiwillige) Leistung bestimmt[166]. Er muss eine bestimmte Ordnung schaffen, die über die individuellen, aufgrund der Vertragsfreiheit ausgehandelten Einzelverhältnisse hinaus für alle oder jedenfalls für eine Gruppe von Arbeitnehmern gilt[167]. Nach dem allgemeinen arbeitsrechtlichen Gleichbehandlungsgrundsatz ist eine willkürliche, also sachfremde Schlechterstellung einzelner Arbeitnehmer gegenüber vergleichbaren anderen Arbeitnehmern sowie eine sachfremde Gruppenbildung verboten[168]. Zur Feststellung, ob eine vergleichbare Lage gegeben ist, kann eine Gruppenbildung in der Reihe, d. h. nach Merkmalen oder eine Gruppenbildung in der Zeit, d. h. nach Stichtagen erfolgen. Es wird zwar nie eine völlige Gleichheit zwischen den einzelnen Arbeitnehmern bestehen, erforderlich ist aber lediglich eine im Wesentlichen übereinstimmende Lage[169]. Eine sachfremde und damit willkürliche Differenzierung liegt vor, wenn Merkmale für die Unterscheidung herangezogen werden, die Art. 3 Abs. 3 GG, § 75 BetrVG oder § 67 BPersVG gerade untersagen oder allgemein, wenn keine sachlichen, billigenswerten Gründe bestehen[170]. Maßgeblich sind jeweils die Umstände des Einzelfalls[171]. Umgekehrt betrachte reicht aber auch jeder sachliche Grund zur Rechtfertigung einer Ungleichbehandlung aus[172].
Verstößt ein Arbeitgeber durch eine arbeitsvertragliche Einheitsregelung, Gesamtzusage oder durch Einzelvertrag[173] gegen den allgemeinen arbeitsrechtlichen Gleichbehandlungsgrundsatz, ist also die Verteilungsgerechtigkeit beeinträchtigt[174], so hat der

[163] *Preis* S. 371.
[164] Vgl. dazu Kasseler Handbuch/*Künzl* 2.1 Rn. 837; *Preis* S. 124, 371 f; *Schaub* § 112 Rn. 6 – 10; Kittner/*Zwanziger* § 111 Rn. 18.
[165] *BAGE* 71, 29, 35; TZA/*Dieball* Verfassungsrecht Rn. 6; GK- TzA/*Lipke* § 2 BeschFG Rn. 62; *Preis* S. 124; *Schaub* § 112 Rn. 5.
[166] *von Hoyningen-Huene* NJW 1981, 713, 715; *Malzahn* AuR 1985, 137, 141; AR- Blattei SD/*Mosler* 1560 Rn. 36; *Pfeifer*, Das Arbeitsrecht der Gegenwart 1992, 139, 142; *Sowka/Köster* S. 11; Kittner/*Zwanziger* § 111 Rn. 20.
[167] *Preis* S. 372; *Schaub* § 112 Rn. 22.
[168] *BAGE* 71, 29, 35; Kasseler Handbuch/*Künzl* 2.1 Rn. 838; *Pfeifer*, Das Arbeitsrecht der Gegenwart 1992, 139, 142; *Schaub* § 112 Rn. 5; *Sowka/Köster* S. 10; *Thüsing* ZfA 2002, 249, 252.
[169] *Schaub* § 112 Rn. 11.
[170] GK- TzA/*Lipke* § 2 BeschFG Rn. 67; *Preis* S. 374; *Schaub* § 112 Rn. 23; Kittner/*Zwanziger* § 111 Rn. 22; *Meisel* SAE 1991, 370, 372 will insoweit auf eine „soziale Akzeptanz" abstellen.
[171] *Malzahn* AuR 1985, 137, 141.
[172] *Thüsing* ZfA 2002, 249, 253.
[173] Zu den Rechtsfolgen bei einem Verstoß gegen den allgemeinen arbeitsrechtlichen Gleichbehandlungsgrundsatz in Gesetzen, Tarifverträgen und Betriebsvereinbarungen vgl. *Schaub* § 112 Rn. 27; Kittner/*Zwanziger* § 111 Rn. 7 ff.
[174] *Thüsing* ZfA 2002, 249, 253.

benachteiligte Arbeitnehmer einen Anspruch auf Gleichbehandlung[175]. Denn aufgrund der nach § 134 BGB unwirksamen Bestimmung ist eine Regelungslücke entstanden, die durch ergänzende Vertragsauslegung wieder geschossen werden muss. Daraus ergibt sich, dass die von der begünstigenden Regelung ausgenommene Arbeitnehmergruppe in die andere Gruppe einbezogen werden muss und somit denselben Anspruch erlangt[176]. Dies gilt grundsätzlich auch für die Vergangenheit, da sich der Arbeitgeber insoweit nicht auf Vertrauensschutz berufen kann. Das Gleichbehandlungsgebot ist nämlich als Verfassungsgebot auch in der Vergangenheit allgemein bekannt[177]. In der Regel kommt auch keine Gleichbehandlung aller Arbeitnehmer auf niedrigerem Niveau in Betracht, da die übrigen Arbeitsverhältnisse Bestandsschutz genießen und eine Änderungskündigung erforderlich wäre. Etwas anderes könnte allenfalls bei dem Vorbehalt des jederzeitigen Widerrufs gelten. Aber selbst insoweit wäre eine Billigkeitskontrolle erforderlich, § 315 BGB[178]. Als weitere Rechtsfolge eines Verstoßes kommen auch Schadensersatzansprüche nach §§ 823 Abs. 2, 826 BGB in Betracht[179].
Zu beachten ist, dass aufgrund der Vertragsfreiheit arbeitsvertragliche Unterscheidungen, die auf einer Individualabrede beruhen, durchaus zulässig sind[180]. Die Begünstigung einzelner Arbeitnehmer wird somit nicht durch den allgemeinen Gleichbehandlungsgrundsatz verhindert[181]. Einschränkungen können sich jedoch durch Art. 141 EGV, §§ 611 a, 612 Abs. 3 BGB, § 4 TzBfG ergeben[182].
In prozessualer Hinsicht muss der Arbeitnehmer darlegen und beweisen, dass eine Ungleichbehandlung vorliegt[183], während der Arbeitgeber die Beweislast für das Vorliegen eines rechtfertigenden Grundes hat[184]. Durch das Gericht kann jedoch lediglich eine Angemessenheitskontrolle vorgenommen werden[185].

Der allgemeine arbeitsrechtliche Gleichbehandlungsgrundsatz gilt auch im Bereich der Teilzeitarbeit, wobei die in § 4 TzBfG enthaltenen Grundsätze Ausschnitte des allgemeinen arbeitsrechtlichen Gleichbehandlungsgrundsatzes darstellen[186]. Zwar ist in seinem Anwendungsbereich § 4 Abs. 1 S. 1 TzBfG lex specialis[187]. Er hat aber insbesondere für Fälle vor Inkrafttreten des § 4 Abs. 1 S. 1 TzBfG bzw. des § 2 BeschFG Be-

---

[175] *Von Hoyningen-Huene* NJW 1981, 713, 715; *Preis* S. 376.
[176] *Schaub* § 112 Rn. 28; Kittner/*Zwanziger* § 111 Rn. 20.
[177] *BAGE* 71, 29, 45; *Preis* S. 377.
[178] *Schaub* § 112 Rn. 29.
[179] *Schaub* § 112 Rn. 31.
[180] *BAGE* 63, 181, 185; Kasseler Handbuch/*Künzl* 2.1 Rn. 839; *Malzahn* AuR 1985, 137, 141; AR-Blattei SD/*Mosler* 1560 Rn. 36; *Preis* S. 372; Kittner/*Zwanziger* § 111 Rn. 20.
[181] Kasseler Handbuch/*Künzl* 2.1 Rn. 841; *Schaub* § 112 Rn. 5.
[182] AR- Blattei SD/*Marhold/Beckers* 800.1 Rn. 61.
[183] Kittner/*Zwanziger* § 111 Rn. 28.
[184] *Sowka/Köster* S. 11; Kittner/*Zwanziger* § 111 Rn. 28.
[185] GK- TzA/*Lipke* § 2 BeschFG Rn. 86.
[186] ErfK/*Müller- Glöge* § 4 TzBfG Rn. 4.
[187] *Link/Fink* AuA 2001, 59, 60; *Meinel/Heyn/Herms* § 4 Rn. 15; ErfK/*Müller- Glöge* § 4 TzBfG Rn. 4; AR- Blattei SD/*Mosler* 1560 Rn. 32; nach *Sowka/Köster* S. 12 stellt § 2 BeschFG eine Konkretisierung des allgemeinen arbeitsrechtlichen Gleichbehandlungsgrundsatzes dar, die aber über eine Konkretisierung hinausgehe.

deutung[188] oder wenn keine Unterscheidung *wegen* der Teilzeit getroffen wird[189]. Darüber hinaus greift der allgemeine Gleichbehandlungsgrundsatz ein, wenn ein Vollzeitarbeitnehmer eine ungerechtfertigte Schlechterstellung geltend macht oder wenn Teilzeitarbeitnehmer untereinander unterschiedlich behandelt werden[190]. Der allgemeine arbeitsrechtliche Gleichbehandlungsgrundsatz verbietet eine willkürliche und damit unsachliche bzw. sachfremde Ungleichbehandlung von Vollzeit- und Teilzeitarbeitnehmern eines Betriebes[191]. Denn ein unterschiedlicher Umfang an Arbeitszeit ist für sich betrachtet kein Grund für eine Differenzierung[192]. Während beim allgemeinen Gleichbehandlungsgrundsatz der Richter prüft, ob in dem Unterscheidungskriterium ein sachlicher Rechtfertigungsgrund zu sehen ist, verbietet § 4 TzBfG grundsätzlich die Heranziehung der Teilzeitarbeit als unterscheidenden Umstand. Der sachliche Grund, der eine Differenzierung rechtfertigen könnte, wird somit durch § 4 TzBfG konkretisiert und eingeschränkt[193].
Vergleicht man Art. 3 Abs. 1 GG mit dem allgemeinen Gleichbehandlungsgrundsatz, so ergibt sich, dass letzterer an strengere Voraussetzungen geknüpft ist und nicht nur eine willkürliche, sondern jede sachfremde Ungleichbehandlung verbietet[194].

## V. Zusammenfassung

Es existieren eine Reihe von Normen und Rechtsgrundsätzen, die bei der Lösung von Einzelproblemen im Bereich der Teilzeitarbeit beachtet werden müssen. Da Teilzeitarbeit zum großen Teil von Frauen ausgeübt wird, kommen insbesondere auch Vorschriften zur Gleichbehandlung der Geschlechter zum Tragen. Auf europäischer Ebene ordnet der unmittelbar anwendbare Art. 141 EGV die Gleichbehandlung von Männern und Frauen an. Verschiedene europäische Richtlinien müssen bei der Auslegung nationaler Rechtsvorschriften berücksichtigt werden.
Die Grundrechte nach dem Grundgesetz wirken grundsätzlich nur zwischen dem Staat und dem einzelnen Bürger, nicht zwischen Privatrechtssubjekten. Im Wege der mittelbaren Drittwirkung der Grundrechte wirken diese jedoch vor allem über auslegungsfähige und –bedürftige Begriffe des einfachen Gesetzesrechts auf das Privatrecht ein.
In Art. 2 Abs. 1 GG wird sowohl die allgemeine Handlungsfreiheit als auch das allgemeines Persönlichkeitsrecht geschützt. Die allgemeine Handlungsfreiheit gewährleistet jegliches menschliche Verhalten, soweit Rechte anderer nicht beeinträchtigt sind, während das allgemeine Persönlichkeitsrecht einen unbeeinträchtigten persönlichen Privatbereich garantiert. Diese Schutzbereiche können durch Arbeitszeitgestaltungen beeinträchtigt sein.

---

188 AR- Blattei SD/*Mosler* 1560 Rn. 32.
189 *Meisel* SAE 1991, 370, 371; *Sowka/Köster* S. 13.
190 *Meinel/Heyn/Herms* § 4 Rn. 16.
191 Kasseler Handbuch/*Künzl* 2.1 Rn. *86*; AR- Blattei SD/*Mosler* 1560 Rn. 35; *Schaub* § 112 Rn. 14; *Sowka/Köster* S. 10.
192 *BAGE* 63, 181, 186; *Malzahn* AuR 1985, 137, 141.
193 *Thüsing* ZfA 2002, 249, 254.
194 AR- Blattei SD/*Marhold/Beckers* 800.1 Rn. 15.

Art. 3 GG hat insoweit Bedeutung für den hier interessierenden Problemkreis als es um die Gleichbehandlung von Männern und Frauen bzw. von Vollzeit- und Teilzeitarbeitnehmern geht. Während Art. 3 Abs. 1 GG generell eine willkürliche Ungleichbehandlung von wesentlich Gleichem verbietet, untersagen Art. 3 Abs. 2 GG und Art. 3 Abs. 3 GG ausdrücklich eine Differenzierung nach dem Geschlecht. Dabei ist nicht nur eine unmittelbare, sondern auch eine mittelbare Diskriminierung aufgrund des Geschlechts verboten. Eine solche liegt vor, wenn eine an sich neutrale Regelung für ein Geschlecht eine erheblich nachteiligere Wirkung hat. Zulässig ist eine mittelbare Diskriminierung nur dann, wenn die Differenzierung einem wirklichen Bedürfnis des Unternehmens dient und verhältnismäßig ist.

Art. 6 GG ist aufgrund des Spannungsverhältnisses von Privatleben und Beruf betroffen.

Art. 12 GG ist in seinem Anwendungsbereich zu Art. 2 Abs. 1 GG lex specialis. Geschützt werden die Berufswahl- und die Berufsausübungsfreiheit, wobei auch Nebentätigkeiten umfasst sind.

Mit § 4 TzBfG wurde ausdrücklich auf einfachgesetzlicher Ebene eine Schlechterstellung von Teilzeitarbeitnehmern im Verhältnis zu Vollzeitarbeitnehmern untersagt, wobei sämtliche Bereiche eines Arbeitsverhältnisses betroffen sind. Eine Differenzierung *wegen* der Teilzeitarbeit ist somit grundsätzlich unzulässig. Erlaubt ist dagegen eine Unterscheidung aus sachlichen Gründen, die einem wirklichen Bedürfnis des Unternehmens dienen, zur Erreichung des Ziels geeignet und erforderlich sind und nichts mit der Teilzeitarbeit zu tun haben. Ausnahmsweise muss auch eine Differenzierung *wegen* der Teilzeitarbeit möglich sein, wenn sachlich Gründe dies erfordern. Wird gegen § 4 TzBfG verstoßen, so besteht für den Arbeitnehmer ein Anspruch auf Gleichbehandlung mit dem begünstigten Arbeitnehmer.

Letztlich ist noch der allgemeine arbeitsrechtliche Gleichbehandlungsgrundsatz zu beachten, der im Anwendungsbereich des § 4 TzBfG jedoch zurücktritt. Der allgemeine arbeitsrechtliche Gleichbehandlungsgrundsatz verbietet eine sachfremde Schlechterstellung einzelner Arbeitnehmer gegenüber vergleichbaren Arbeitnehmern und begründet ebenfalls einen Anspruch auf Gleichbehandlung. Bedeutung hat der allgemeine arbeitsrechtliche Gleichbehandlungsgrundsatz insbesondere dann, wenn es um eine Besserstellung von Teilzeitarbeitnehmern gegenüber Vollzeitarbeitnehmern geht.

Für die hier interessierenden Probleme der flexiblen Teilzeitarbeit müssen also eine Mehrzahl von Normen und ihre Wechselwirkung beachtet werden.

## § 5 Flexible Teilzeitarbeit und Arbeitszeitgesetz

### I. Regelungsinhalt des Arbeitszeitgesetzes und daraus resultierende Folgen für Teilzeitarbeitsverhältnisse

Auch für Teilzeitbeschäftigte gilt das ArbZG. Denn in § 2 Abs. 2 ArbZG wird der allgemeine arbeitsrechtliche Arbeitnehmerbegriff vorausgesetzt, unter den auch Teilzeitarbeitnehmer zu subsumieren sind[1]. Das ArbZG dient der Sicherheit und dem Gesundheitsschutz des Arbeitnehmers, indem ihm Ruhe- und Erholungszeiten gewährt werden, § 1 ArbZG. Weiterhin soll ihm die Möglichkeit zu einer eigenverantwortlichen Gestaltung seines Familienlebens und seiner Freizeit gegeben werden[2]. Schließlich führt der Gesetzgeber auch die Verbesserung der Rahmenbedingungen für flexible Arbeitszeiten als Zweck des ArbZG an[3].

Eine Begriffsbestimmung der Arbeitszeit findet sich in § 2 Abs. 1 S. 1 ArbZG. Für die Berechnung der Arbeitszeit kommt es danach auf die Aufnahme und Beendigung der Arbeit bzw. auf das vertragsgemäße Anbieten und Nicht- Mehr- Anbieten der Arbeitsleistung an[4].

In § 3 S. 1 ArbZG ist ein Arbeitszeitrahmen für jeden Werktag in Höhe von acht Stunden vorgesehen, der nicht überschritten werden darf, sofern nicht von § 3 S. 2 ArbZG Gebrauch gemacht wird oder eine Ausnahme nach §§ 14, 15 ArbZG zugelassen ist. Unter einem Werktag ist jeder Tag, der nicht Sonn- oder Feiertag ist, zu verstehen[5]. Es kommt insoweit nicht darauf an, ob er üblicherweise für den Arbeitnehmer oder den gesamten Betrieb arbeitsfrei ist[6]. Die Lage des Werktages richtet sich nach der individuellen Arbeitszeit des Arbeitnehmers. Ein Werktag beginnt also mit dem Anfang der individuellen Arbeitszeit des Arbeitnehmers und endet 24 Stunden später. Dies ergibt sich aus der Vorschrift des § 5 ArbZG, der eine Ruhezeit nach der Beendigung der täglichen individuellen Arbeitszeit anordnet[7]. Bedeutung hat dies für den Zeitpunkt, zu dem der Arbeitnehmer erneut seine Arbeit aufnehmen kann. Denn innerhalb der 24-

---

[1] *Baeck/Deutsch* § 2 Rn. 82; *Löwisch* RdA 1984, 197, 200 *Roggendorff* § 2 ArbZG Rn. 53; Kasseler Handbuch/*Schliemann* 2.5 Rn. 101; ErfK/*Wank* § 2 ArbZG Rn. 3; *Zmarzlik/Anzinger* § 2 Rn. 23.

[2] MünchHdb ArbR/*Anzinger* § 217 Rn. 2; *Löwisch* RdA 1984, 197, 200; *Zmarzlik/Anzinger* § 1 Rn. 3.

[3] Vgl. hierzu MünchHdb ArbR/*Anzinger* § 217 Rn. 10.

[4] *Roggendorff* § 2 ArbZG Rn. 23, 24; ErfK/*Wank* § 2 ArbZG Rn. 25; *Zmarzlik/Anzinger* § 2 Rn. 6; vgl. auch *Baeck/Deutsch* § 2 Rn. 4, 9, 12, die ausdrücklich Zeiten, in denen sich der Arbeitnehmer privat betätigt, nicht zur Arbeitszeit rechnen wollen, vgl. Rn. 7.

[5] *Baeck/Deutsch* § 3 Rn. 12; *Roggendorff* § 3 ArbZG Rn. 45; Kasseler Handbuch/*Schliemann* 2.5 Rn. 138; ErfK/*Wank* § 3 ArbZG Rn. 2; *Zmarzlik/Anzinger* § 3 Rn. 6; **differenzierend:** *Junker* ZfA 1998, 105, 112.

[6] *Baeck/Deutsch* § 3 Rn. 12; *Zmarzlik/Anzinger* § 3 Rn. 6.

[7] MünchHdb ArbR/*Anzinger* § 217 Rn. 88; *Baeck/Deutsch* § 3 Rn. 14; *Roggendorff* § 3 ArbZG Rn. 5; Kasseler Handbuch/*Schliemann* 2.5 Rn. 139; ErfK/*Wank* § 3 ArbZG Rn. 2; *Zmarzlik/Anzinger* § 3 Rn. 6.

Stunden- Grenze darf die Arbeitszeit von 8 bis maximal 10 Stunden nicht überschritten werden, § 3 ArbZG[8]. Die höchstzulässige Wochenarbeitszeit ist zwar im ArbZG nicht ausdrücklich geregelt. Aus einer Zusammenschau der §§ 3, 11 Abs. 2, Abs. 3 ArbZG ergibt sich jedoch, dass der Gesetzgeber von einer 6- Werktage- Woche und damit von einer 48- Stunden- Woche ausgeht[9]. Das bedeutet, dass für einen Arbeitnehmer, dessen individuelle Arbeitszeit sich auf weniger als sechs Tage pro Woche erstreckt, gleichwohl die Grenze von 48 Stunden pro Woche gilt[10].
Die werktägliche Arbeitszeit kann nach § 3 S. 2 ArbZG bis auf maximal 10 Stunden verlängert werden, wenn die durchschnittliche werktägliche Arbeitszeit im Ausgleichszeitraum des § 3 S. 2 ArbZG 8 Stunden beträgt. Einen besonderen Grund für die Verlängerung der Arbeitszeit bedarf es nicht[11]. Besteht jedoch insoweit eine Beschränkung aufgrund einer anderen Regelung, so ist diese selbstverständlich einzuhalten[12]. Die höchstzulässige Wochenarbeitszeit beträgt also 60 Stunden[13]. Die Vorschrift des § 3 S. 2 ArbZG bietet daher die arbeitszeitrechtliche Grundlage für die Ermöglichung flexibler Teilzeitarbeitsmodelle[14]. Für den Ausgleichszeitraum nach § 3 S. 2 ArbZG ist es ohne Bedeutung, ob die Tage mit längerer Arbeitszeit zu Beginn, zu Ende oder während des Ausgleichszeitraumes liegen. Eine entsprechende Einschränkung sieht das Gesetz nicht vor[15]. Es ist nicht erforderlich, § 3 S. 2 ArbZG teleologisch dahingehend zu reduzieren, dass der Ausgleichszeitraum der erhöhten Arbeitszeit nachfolgen müsste. Durch den Ausgleichszeitraum sollen Sicherheit und Gesundheit des Arbeitnehmers gewährleistet sein. Insoweit kommt es jedoch nicht darauf an, wie der Ausgleichszeitraum gelagert ist[16]. Dies widerspräche auch dem Sinn und Zweck des Arbeitszeitgesetzes, das die Rahmenbedingungen für flexible Arbeitszeitmodelle verbessern will, § 1 Nr. 1 ArbZG[17]. Infolge dessen ist es möglich, eine Aneinanderkop-

---

[8] *Baeck/Deutsch* § 3 Rn. 14, 15; *Roggendorff* § 3 ArbZG Rn. 6; Kasseler Handbuch/*Schliemann* 2.5 Rn. 141 ff; *Zmarzlik/Anzinger* § 3 Rn. 7, 8.

[9] MünchHdb ArbR/*Anzinger* § 217 Rn. 13; § 218 Rn. 87; *Baeck/Deutsch* § 3 Rn. 20; *Erasmy* NZA 1994, 1105; *Hromadka*, Hanau-Festschrift S. 211; *Mente* S. 21; *Neumann/Biebl* § 3 ArbZG Rn. 3; *Roggendorff* § 3 ArbZG Rn. 15; Kasseler Handbuch/*Schliemann* 2.5 Rn. 149; ErfK/*Wank* § 3 ArbZG Rn. 5; *Zmarzlik/Anzinger* § 3 Rn. 14, 15.

[10] *Anzinger*, Wltotzke-Festschrift S. 427, 432; *Zmarzlik/Anzinger* § 3 Rn. 15.

[11] *Baeck/Deutsch* § 3 Rn. 22; *Neumann/Biebl* § 3 ArbZG Rn. 5; *Roggendorff* § 3 ArbZG Rn. 7; ErfK/*Wank* § 3 ArbZG Rn. 1; *Zmarzlik/Anzinger* § 3 Rn. 19.

[12] Kasseler Handbuch/*Schliemann* 2.5 Rn. 155.

[13] *Baeck/Deutsch* § 3 Rn. 23; zur Sonn- und Feiertagsarbeit vgl. *dies.* § 3 Rn. 46 m. w. N.; *Erasmy* NZA 1994, 1105, 1106; Kasseler Handbuch/*Schliemann* 2.5 Rn. 150.

[14] *Anzinger*, Wlotzke-Festschrift S. 427, 428; *Baeck/Deutsch* § 3 Rn. 3; *Neumann/Biebl* § 3 ArbZG Rn. 6; Kasseler Handbuch/*Schliemann* 2.5 Rn. 35 f; ErfK/*Wank* § 3 ArbZG Rn. 1; *Zmarzlik/Anzinger* § 3 Rn. 19.

[15] MünchHdb ArbR/*Anzinger* § 218 Rn. 94; *Anzinger*, Wlotzke- Festschrift, S. 427, 432; *Baeck/Deutsch* § 3 Rn. 32, 38; *Erasmy* NZA 1994, 1105, 1106; *Junker* ZfA 1998, 105, 112 ff; *Mente* S. 41; *Neumann/Biebl* § 3 ArbZG Rn. 9; Kasseler Handbuch/*Schliemann* 2.5 Rn. 176 ff; ErfK/Wank § 3 ArbZG Rn. 11; *Zmarzlik/Anzinger* § 3 Rn. 22; a. A.: *Roggendorff* § 3 ArbZG Rn. 12 ff.

[16] *Baeck/Deutsch* § 3 Rn. 32; *Erasmy* NZA 1994, 1105, 1106.

[17] *Erasmy* NZA 1994, 1105, 1106; Kasseler Handbuch/*Schliemann* 2.5 Rn. 178; ErfK/*Wank* § 3 ArbZG Rn. 11.

pelung von Ausgleichszeiträumen mit reziproker Arbeitszeitverteilung vorzunehmen, sodass Blockarbeitszeiten und Arbeitszeitkonten mit dem ArbZG vereinbar sind[18]. Teilweise wird vertreten, dass der Schutzzweck des ArbZG bei Teilzeitbeschäftigten nicht oder jedenfalls in vermindertem Maße eingreifen würde. Denn Teilzeitarbeitnehmer hätten durch verkürzte Arbeitszeiten ohnehin genügend Gelegenheit zur Erholung. Die Gestaltung der Freizeit würde vielmehr erleichtert, wenn der Arbeitnehmer an einigen Tagen über die Grenzen des § 3 ArbZG hinaus arbeiten würde und dafür dann an anderen Tagen überhaupt keine Arbeitsleistung erbringen müsste[19]. Bei dieser Argumentation wird jedoch übersehen, dass das ArbZG auch den Gesundheitsschutz des Arbeitnehmers gewährleisten will. Dieser Bereich ist aber immer dann betroffen, wenn die zulässigen täglichen Arbeitszeiten nach § 3 ArbZG überschritten werden. Insbesondere bei Blockarbeitszeiten können somit Probleme hinsichtlich der Höchstarbeitszeiten des § 3 ArbZG auftreten[20]. Auch bei der Gleitzeit, bei der es im Ermessen des Arbeitnehmers liegt, wie lange er am Tag arbeitet, muss die Grenze des § 3 S. 2 ArbZG beachtet werden[21].

Bei mehreren Arbeitsverhältnissen eines Arbeitnehmers oder bei der Beschäftigung auf mehreren Arbeitsplätzen müssen zur Ermittlung, ob die Höchstarbeitszeiten nach dem ArbZG überschritten werden, alle Arbeitszeiten zusammen gerechnet werden, § 2 Abs. 1 S. 1 ArbZG[22]. Überschreitet diese Summe das gesetzlich zulässige Maß, so ist das zuletzt abgeschlossene Arbeitsverhältnis nach dem Prioritätsprinzip unwirksam[23]. Denn bei der Vorschrift des § 3 ArbZG handelt es sich um ein Verbotsgesetz i. S. d. § 134 BGB[24]. Ob eine vollständige oder teilweise Nichtigkeit eintritt, richtet sich nach den allgemeinen zu § 139 BGB entwickelten Grundsätzen[25]. Für die Vergangenheit kann sich der Arbeitgeber nach den Grundsätzen des faktischen Arbeitsverhältnisses aber nicht auf die Nichtigkeit berufen und muss daher die Arbeitsvergütung zahlen[26]. Gegen diese Ansicht wird vorgebracht, dass auch solche Arbeitsverträge wirksam und

---

[18] Kasseler Handbuch/*Schliemann* 2.5 Rn. 184, 186.

[19] *Löwisch* RdA 1984, 197, 200.

[20] *Babl* S. 124; **a. A.:** *Mente* S. 73.

[21] *Baeck/Deutsch* § 3 Rn. 45; *Zmarzlik/Anzinger* § 3 Rn. 35.

[22] MünchHdb ArbR/*Anzinger* § 217 Rn. 18; *Anzinger*, Wlotzke-Festschrift S. 427, 429; *Baeck/Deutsch* § 2 Rn. 18; MünchHdb ArbR/*Blomeyer* § 55 Rn. 14; GK- TzA/*Lipke* § 2 BeschFG Rn. 323; *Roggendorff* § 2 ArbZG Rn. 49; Kasseler Handbuch/*Schliemann* 2.5 Rn. 84; *Sowka/Köster* S. 69; ErfK/*Wank* § 2 ArbZG Rn. 29; *Zmarzlik/Anzinger* § 2 Rn. 8.

[23] *Baeck/Deutsch* § 2 Rn. 20; GK- TzA/*Lipke* § 2 BeschFG Rn. 323; ErfK/*Preis* § 611 BGB Rn. 175; *Roggendorff* § 2 ArbZG Rn. 49; *Sowka/Köster* S. 69; **differenzierend:** MünchHdb ArbR/*Anzinger* § 217 Rn. 18; **abweichend:** Kasseler Handbuch/*Schliemann* 2.5 Rn. 88; **einschränkend:** Staudinger/*Sack* § 134 Rn. 205 f, nach dem nur die Arbeitszeitvereinbarung nichtig ist, es sei denn, es liegt ein erheblicher Verstoß gegen die höchstzulässige Arbeitszeit vor; **a. A.:** MünchHdb ArbR/Buchner § 40 Rn. 48; *v. Stebut* NZA 1987, 257, 260.

[24] *BAGE* 8, 47, 50; MünchHdbArbR/*Anzinger* § 217 Rn. 17; *Baeck/Deutsch* § 2 Rn. 19; MüKo/*Mayer-Maly/Armbrüster* § 134 Rn. 81; Kasseler Handbuch/*Schliemann* 2.5 Rn. 87; Soergel/*Hefermehl* § 134 Rn. 25; MünchHdbArbR/*Wlotzke* § 209 Rn. 5; *Zmarzlik/Anzinger* § 1 Rn. 22.

[25] *BAGE* 8, 47, 50; MünchHdbArbR/*Anzinger* § 217 Rn. 17; *Baeck/Deutsch* § 2 Rn. 21; GK-TzA/*Lipke* § 2 BeschFG Rn. 323; *Roggendorff* § 2 ArbZG Rn. 50; Kasseler Handbuch/*Schliemann* 2.5 Rn. 89; *Sowka/Köster* S. 69; *Zmarzlik/Anzinger* § 1 Rn. 22.

[26] *BAGE* 8, 47, 50; MünchHdbArbR/*Anzinger* § 217 Rn. 18; *Baeck/Deutsch* § 2 Rn. 23; GK-TzA/*Lipke* § 2 BeschFG Rn. 323; *Roggendorff* § 2 ArbZG Rn. 50.

erfüllbar seien, durch welche die gesetzliche Höchstarbeitszeit überschritten werde. Das Beschäftigungsverbot stelle nur eine rechtliche Unmöglichkeit der Erfüllung dar[27]. Denn das ArbZG als Arbeitsschutzrecht verlange, dass der Arbeitgeber die Leistung des Arbeitnehmers ablehne, wenn die Höchstarbeitszeit überschritten werde. Der Arbeitnehmer sei dem Arbeitgeber dann aber zum Schadensersatz verpflichtet. Denn der Arbeitgeber könne von dem Arbeitnehmer erwarten, dass dieser keine Arbeitsverhältnisse eingehe, die insgesamt die gesetzlich zulässige Höchstarbeitszeit überschreiten. Die Teilzeitarbeit ändere nichts daran, dass der Arbeitnehmer keine schlechtere Arbeitsleistung erbringen dürfe als ein vergleichbarer Vollzeitarbeitnehmer. Das wäre aber durch eine Überschreitung der Höchstarbeitszeiten prädestiniert[28].
Verstößt lediglich die Durchführung der Arbeitsverhältnisse gegen § 3 ArbZG, so ist unabhängig von diesem Meinungsstreit keines der Arbeitsverhältnisse unwirksam. Es ist lediglich nach dem Präventionsprinzip das Beschäftigungsverbot des Arbeitszeitgesetzes zu beachten[29].

## II. Zusammenfassung

Das ArbZG gilt für Vollzeit- wie für Teilzeitarbeitnehmer gleichermaßen. Gesetzeszweck ist die Sicherheit und der Gesundheitsschutz der Arbeitnehmer sowie darüber hinaus die Verbesserung der Rahmenbedingungen für flexible Arbeitszeiten.
Arbeitszeit stellt den Zeitraum dar, der sich zwischen Aufnahme und Beendigung der Arbeit befindet. Grundsätzlich geht das ArbZG von einer 48- Stunden- Woche aus, die auf eine 60- Stunden- Woche erhöht werden darf, wenn der Ausgleichszeitraum des § 3 S. 2 ArbZG eingehalten wird. Ob dieser Ausgleichszeitraum den Zeiten vermehrter Arbeit vor- oder nachgeht, ist Sache der vertraglichen Vereinbarung und nicht durch das ArbZG vorgegeben. Insoweit eröffnet das ArbZG die Möglichkeit von flexiblen Arbeitszeiten, Blockarbeitszeiten und Arbeitszeitkonten. Bestehen mehrere Arbeitsverhältnisse eines Arbeitnehmers nebeneinander, so müssen sämtliche Arbeitszeiten zusammen gerechnet werden, um zu ermitteln, ob die vom ArbZG zulässigen Grenzen eingehalten werden. Nach einer Ansicht stellt die Vorschrift des § 3 ArbZG ein Verbotsgesetz i. S. d. § 134 BGB dar, sodass das zuletzt abgeschlossene Arbeitsverhältnis bei Nichteinhaltung des § 3 ArbZG unwirksam ist. Nach anderer Ansicht tritt die Unmöglichkeit der Leistung des Arbeitnehmers ein, sodass dieser dem Arbeitgeber aufgrund dessen schadensersatzpflichtig wird. Verstößt lediglich die Durchführung der Arbeitsverhältnisse gegen § 3 ArbZG, so besteht unstreitig nur ein Beschäftigungsverbot aufgrund des Präventionsgedankens.

---

[27] MünchHdbArbR/*Blomeyer* § 55 Rn. 20.
[28] MünchHdbArbR/*Buchner* § 40 Rn. 48; GK- TzA/*Lipke* § 2 BeschFG Rn. 119, 323.
[29] *Baeck/Deutsch* § 2 Rn. 24.

## I. Anspruch auf Urlaub bei flexibler Teilzeitarbeit

### 1. Gesetzlicher Mindesturlaub nach dem BUrlG

Das Bundesurlaubsgesetz gilt ohne Rücksicht auf den Umfang der Arbeitszeit in gleichem Maße für Vollzeit- und Teilzeitarbeitsverhältnisse[1]. Die Voraussetzungen und die Rechtsfolgen hinsichtlich des gesetzlichen Mindesturlaubsanspruchs sind für sämtliche Formen der Arbeitszeitgestaltung die gleichen[2]. Denn „jeder Arbeitnehmer" i. S. d. § 1 BUrlG ist auch ein Arbeitnehmer, der in einem Teilzeitarbeitsverhältnis steht[3]. Das BUrlG verwendet insoweit keinen besonderen, sondern den allgemeinen arbeitsrechtlichen Arbeitnehmerbegriff[4]. Es kommt nicht darauf an, ob ein Arbeitnehmer nur in geringem Umfang arbeitet[5], wie viele Stunden er am Tag arbeitet[6] und ob das Teilzeitverhältnis flexibel gestaltet ist[7]. Einem Urlaubsanspruch steht nicht entgegen, dass die Tätigkeit nicht die gesamte Arbeitskraft des Arbeitnehmers in Anspruch nimmt[8]. Der Urlaubsanspruch nach dem BUrlG knüpft vielmehr lediglich an den Be-

---

[1] *BAG* DB 1966, 155; *BAG* 23.06.1992 EzA § 7 BUrlG Nr. 85; *BAGE* 72, 147; TZA/*Buschmann* § 2 BUrlG Rn. 1; *Dersch/Neumann* § 2 Rn. 44; ErfK/*Dörner* § 1 BUrlG Rn. 22; *Frölich* S. 168; *Goos* S. 26; *Krasshöfer* AuA 1995, 299, 300; MünchHdb ArbR/*Leinemann* § 89 Rn. 37; *Leinemann/Linck* § 1 Rn. 63; *Meyer* S. 138; GK- TzA/*Mikosch* § 4 BeschFG Rn. 110; AR- Blattei 1560/*Mosler* Rn. 232.

[2] *BAG* DB 1976, 2214; *Danne* S. 80; TZA/*Buschmann* § 2 BUrlG Rn. 3; NA/*Frey* B Rn. 39; Mager/Winterfeld/Göbel/Seelmann/*Göbel* Rn. 221; *Langmaack* Rn. 297; *Leinemann/Linck* § 1 Rn. 62; GK- TzA/*Lipke* § 2 BeschFG Rn. 166, 167; *Sowka/Köster* S. 48; *Tautphäus* Rn. 16; *Wank* RdA 1985, 1, 5; **a. A.:** *Nickisch*, Anm. zu BAG AP Nr. 1 zu § 1 BUrlG, wonach Arbeitnehmern, bei denen eine Arbeitspflicht lediglich in so großen Intervallen besteht, dass währenddessen der gesamte Jahresurlaub gewährt werden könnte, kein Urlaubsanspruch, da ansonsten reine Fiktion, zustehen soll.

[3] *BAG* DB 1966, 155; *LAG Frankfurt* NZA 1992, 692, 694; GK- BUrlG/*Bleistein* § 1 Rn. 58; TZA/*Buschmann* § 2 BUrlG Rn. 2; *Deister* Rn. 47; *Leinemann/Linck* § 2 Rn. 32; Kasseler Handbuch/*Linck* Bd. 2, 4.2, Rn. 243; *Lindena*, Die Bank 1995, 324, 327; *Meyer* S. 138; *Neumann* S. 7; *Schaub* § 102 Rn. 7; Schütz/Hauck/*Schütz* Rn. 33; *Wank* RdA 1985, 1, 5; *Der Urlaub, Arbeitskreis Arbeitsrecht der Bundesarbeitsgemeinschaft und der Landesarbeitsgemeinschaften und -verbände* S. 5.

[4] *BAG* DB 1966, 155; GK- BUrlG/*Bleistein* § 1 Rn. 58; *Deister* Rn. 44; ErfK/*Dörner* § 1 BUrlG Rn. 21; *Krasshöfer* AuA 1995, 299, 300; *Natzel* § 2 Rn. 3; Schütz/Hauck/*Schütz* Rn. 22; hinsichtlich der Arbeitnehmereigenschaft kommt es nach der herrschenden Vertragstheorie (*Söllner* S. 255; Staudinger/*Richardi* vor § 611 Rn. 134; *Zöllner/Loritz* § 4 III 1) auf den Abschluss des Arbeitsvertrags an, während die Eingliederungstheorie von *Nikisch* S. 92 auf die Eingliederung in den Betrieb abstellt.

[5] *BAGE* 25, 248, 254; *BAG* DB 1979, 1708; TZA/*Buschmann* § 2 BUrlG Rn. 3; *Holland* S. 109; *Der Urlaub, Arbeitskreis Arbeitsrecht der Bundesarbeitsgemeinschaft und der Landesarbeitsgemineschaften und -verbände* S. 6.

[6] *Arndt* NZA 1989, Beil. 3, S. 8, 10; GK- BUrlG/*Bleistein* § 1 Rn. 57; *Langmaack* Rn. 297; *Leinemann/Linck* § 1 Rn. 63; Kasseler Handbuch/*Linck* Bd. 2, 4.2, Rn. 243.

[7] *Meyer* S. 138 für KAPOVAZ- Arbeitnehmer.

[8] GK- BUrlG/*Bleistein* § 1 Rn. 58; *Leinemann/Linck* § 1 Rn. 64; *Ziepke* § 13 Anm. 6 II 2.

stand des Arbeitsverhältnisses und an den Ablauf der Wartefrist des § 4 BUrlG an[9]. Die Teilzeitarbeit hat allerdings Einfluss auf die Dauer des Urlaubsanspruchs, da diese sich nach dem Umfang der Arbeitsleistung richtet[10] und auf die Höhe des Urlaubsentgelts, das sich am Gehalt des Teilzeitarbeitnehmers orientiert[11].
Der Urlaubsanspruch hängt somit, da gesetzlich nicht als Voraussetzung vorgesehen, nicht von einer erbrachten oder noch zu erbringenden Arbeitsleistung ab[12]. Nach der älteren Rechtsprechung war zwar davon eine Ausnahme zu machen, wenn ein anhand aller Umstände des konkreten Einzelfalls zu beurteilendes rechtsmissbräuchliches Verhalten vorlag[13]. Derartige rechtsmissbräuchliche Umstände können aber bei den flexiblen Teilzeitarbeitsmodellen ohnehin nicht bejaht werden, da es in ihnen ihrer Natur gemäß angelegt ist, dass längere Freizeitphasen auftreten. Außerdem lässt das BUrlG an keiner Stelle erkennen, dass es die Höhe des Urlaubsanspruchs und die tatsächlich geleistete Arbeit in irgendeiner Weise verknüpfen will. Wenn es daher in Einzelfällen zu einem Missverhältnis zwischen erbrachter Arbeitsleistung und Urlaubsanspruch kommt, so ist diese Folge dem BUrlG immanent, vom Gesetzgeber so in Kauf genommen und daher nicht durch den Rechtsmissbrauchsgedanken zu korrigieren[14].
Das BUrlG sieht außerdem nur in den Fällen des § 5 BUrlG Einschränkungen des Urlaubsanspruchs vor. In allen übrigen Fällen soll nach der gesetzgeberischen Wertung ein Urlaubsanspruch in voller Höhe bestehen. Problematisch ist, ob eine analoge Anwendung des § 5 BUrlG auf Arbeitsverhältnisse mit längeren Freistellungszeiten und damit einhergehend eine Kürzung des Urlaubsanspruchs möglich und erforderlich ist. Würde ein Normalarbeitsverhältnis in der zweiten Hälfte des Kalenderjahres nach Ablauf der Wartezeit gemäß § 4 BUrlG beendet, so bestünde der volle Urlaubsanspruch. Aus diesem Gedanken ergibt sich, dass der Urlaubsanspruch bei einer bloßen Freistellungsphase in der zweiten Hälfte des Kalenderjahres nicht gekürzt werden darf[15]. Aber auch dann, wenn die Freistellungsphase in der ersten Hälfte des Kalenderjahres liegt, kommt eine Kürzung des Urlaubsanspruchs nach dem Rechtsgedanken des § 5 Abs. 1 Buchstabe c BUrlG nicht in Betracht. Denn es besteht gerade kein kausaler Zusammenhang zwischen Urlaubshöhe und geleisteter Arbeit. Zudem bleibt im Gegensatz zur Beendigung das Arbeitsverhältnis bei einer längeren Freistellungszeit

---

[9] *BAGE* 37, 382, 385; 52, 67, 69; *Deister* Rn. 7, 420; *Dersch/Neumann* § 2 Rn. 46; ErfK/*Dörner* § 1 BUrlG Rn. 20; *Langmaack* Rn. 299; MünchHdb ArbR/*Leinemann* § 89 Rn. 36; *Leinemann/Linck* § 1 Rn. 62; *Schaub* § 102 Rn. 12; *Widera* DB 1988, 756.
[10] *BAG* EzA § 7 BUrlG Nr. 85; *Krasshöfer* AuA 1995, 299, 300.
[11] NA/*Frey* B Rn. 40; *Holland* S. 111; ausführlich s. u.
[12] Seit *BAGE* 37, 382 ff, 385; 56, 340, 343; *Dersch/Neumann* § 2 Rn. 46; ErfK/*Dörner* § 1 BUrlG Rn. 20; *Leinemann* AuR 1987, 193, 194; *Leinemann/Linck* § 1 Rn. 61; Schütz/Hauck/*Schütz* Rn. 133; *Widera* DB 1988, 756; *Winderlich* AuR 1989, 300; **a. A.:** *LAG Berlin* AuR 1984, 285; *LAG Düsseldorf* DB 1984, 251; *Beckerle* RdA 1985, 352; GK- BUrlG/*Bleistein* § 1 Rn. 132; *Buchner* DB 1982, 1823 ff; *ders.* SAE 1983, 80, 82; *Franke* BB 1983, 1036 ff; *Peterek* Anm. zu BAG EzA § 3 BUrlG Nr. 13.
[13] *Der Urlaub, Arbeitskreis Arbeitsrecht der Bundesarbeitsgemeinschaft und der Landesarbeitsgemeinschaften und -verbände* S. 9; einen kurzen und prägnanten Überblick über die Entwicklung der Rechtsprechung und Literatur geben *Deister* Rn. 420; *Kothe* BB 1984, 609 f; MünchHdb ArbR/*Leinemann* § 89 Rn. 18 ff.
[14] *Dikomey* S. 146.
[15] *Dikomey* S. 142.

erhalten[16]. Wenn also schon das Gesetz selbst Konstellationen zulässt, in denen trotz geringer oder fehlender Arbeitsleistung ein Urlaubsanspruch in voller Höhe besteht, so darf dieser gesetzgeberische Wille nicht über den Einwand des Rechtsmissbrauchs umgangen werden[17].

Das Urlaubsrecht ist gem. § 13 Abs. 1 S. 1 BUrlG auch nicht zu Lasten des Arbeitnehmers abdingbar[18], sondern stellt eine „gesetzlich bedingte soziale Mindestleistung des Arbeitgebers“ dar[19]. Nicht einmal durch Tarifvertrag kann von den Vorschriften der §§ 1, 2, 3 Abs. 1 BUrlG zu Lasten des Arbeitnehmers abgewichen werden, vgl. § 13 Abs. 1 S. 1 BUrlG, obwohl im Übrigen die Tarifautonomie Vorrang vor dem BUrlG genießt[20]. Damit kann beispielsweise auch nicht eine Vereinbarung mit dem Inhalt getroffen werden, dass das Arbeitsdeputat ohne Rücksicht auf einen Urlaubsanspruch zu erbringen ist[21].

Eine Abgeltung in Geld bzw. die bloße Zahlung von Urlaubsentgelt oder Urlaubsgeld darf im bestehenden Arbeitsverhältnis nicht erfolgen[22]. Der Urlaub ist vielmehr in der Zeit zu gewähren, in der der Arbeitnehmer eigentlich hätte arbeiten müssen, also durch Bereitstellung bezahlter Freizeit[23]. Denn der Urlaubsanspruch ist ein privatrechtlicher Anspruch auf Befreiung von der Arbeitspflicht. Ein Teilzeitarbeitnehmer kann deshalb nicht hinsichtlich seines Urlaubs auf die ohnehin freie Zeit verwiesen werden[24]. Der Urlaub würde dadurch nicht verbraucht[25].

Es kommt de lege lata auch nicht darauf an, ob ein Erholungsbedürfnis des Arbeitnehmers besteht[26], da es nicht als Voraussetzung des Urlaubsanspruchs normiert ist[27].

---

[16] *Dikomey* S. 143.

[17] *Dikomey* S. 146.

[18] Eine Abweichung zugunsten des Arbeitnehmers ist zulässig, § 13 Abs. 1 S. 3 BUrlG, vgl. *Neumann* S. 8.

[19] *Neumann* S. 8; *Sowka/Köster* S. 49.

[20] *Der Urlaub, Arbeitskreis Arbeitsrecht der Bundesarbeitsgemeinschaft und der Landesarbeitsgemeinschaften und -verbände* S. 5.

[21] Es könnte allenfalls durch Vereinbarung eine nachträgliche und vorübergehende Erhöhung des Arbeitsdeputats vorgenommen werden, vgl. GK- TzA/*Mikosch* § 4 BeschFG Rn. 113.

[22] *Dersch/Neumann* § 7 Rn. 102; *Leinemann/Linck* § 7 Rn. 198; *Löwisch* RdA 1984, 197, 202; GK-TzA/*Mikosch* § 4 BeschFG Rn. 110; *Neumann* S. 18; *Der Urlaub, Arbeitskreis Arbeitsrecht der Bundesarbeitsgemeinschaft und der Landesarbeitsgemeinschaften und -verbände* S. 12; **a. A.:** NA/*Frey* B Rn. 163; GK- BUrlG/*Bachmann* § 7 Rn. 195; ein Abgeltungsverbot auch hinsichtlich des den gesetzlichen Mindesturlaub übersteigenden Urlaub wird angenommen von *LAG München* NZA 1988, 162; *Dersch/Neumann* § 7 Rn. 102.

[23] *Löwisch* RdA 1984, 197, 202; *Der Urlaub, Arbeitskreis Arbeitsrecht der Bundesarbeitsgemeinschaft und der Landesarbeitsgemeinschaften und -verbände* S. 12.

[24] *Langmaack* Rn. 298; GK- TzA/*Lipke* § 2 BeschFG Rn. 169; Schütz/Hauck/*Schütz* Rn. 36; **a. A.:** offensichtlich *Neumann* S. 9, der bei Teilzeitarbeitnehmern diejenigen Tage, an denen keine Arbeitsverpflichtung besteht, als Urlaubstage betrachtet.

[25] GK- TzA/*Lipke* § 2 BeschFG Rn. 170.

[26] *BAGE* 37, 382, 385; *BAG* DB 1968, 1407; *Arndt* NZA 1989 Beil. 3, S. 8, 10; GK- BUrlG/*Bleistein* § 1 Rn. 58; TZA/*Buschmann* § 2 BUrlG Rn. 3; *Deister* Rn. 7; *Holland* S. 109; MünchHdb ArbR/*Leinemann* § 89 Rn. 11; GK- TzA/*Lipke* § 2 BeschFG Rn. 167; GK- TzA/*Mikosch* § 4 BeschFG Rn. 110; *Sowka/Köster* S. 49; **a. A.:** *Beckerle* RdA 1985, 352 ff; *Färber* DB 1984, 1826, 1828; *Franke* DB 1982, 1324 ff; *Peterek* Anm. zu BAG EzA § 3 BUrlG Nr. 13.

Das Erholungsbedürfnis wird vielmehr abstrakt gemäß § 1 BUrlG für jeden Arbeitnehmer unwiderleglich vermutet[28]. Auf ein konkretes Erholungsbedürfnis hat der Gesetzgeber als Voraussetzung für den Urlaubsanspruch bewusst verzichtet, denn zum einen gäbe es Probleme bei der Überprüfung eventuell unbilliger Ergebnisse und zum anderen wäre es ansonsten kaum möglich, nach einem Urlaub am Ende des Kalenderjahres einen weiteren Urlaub zu Beginn des kommenden Kalenderjahres anzuschließen[29].

Der Arbeitnehmer hat demgemäß auch dann einen Urlaubsanspruch, wenn er für längere Zeit nicht beschäftigt worden ist. Denn diese Nichtheranziehung zur Arbeit stellt keinen Erholungsurlaub dar[30]. Im Fall der KAPOVAZ handelt es sich bei den arbeitsfreien Zeiten ohnehin nicht um Urlaub, der der Erholung dienen könnte, da der Arbeitnehmer in seiner Freizeitgestaltung nicht völlig frei ist, sondern sich ständig für einen arbeitgeberseitigen Abruf bereit halten muss[31]. Aber selbst wenn eine Erholungsmöglichkeit gewährleistet wäre, handelt es sich lediglich um eine vertraglich vereinbarte arbeitsfreie Zeit, in der das Arbeitsverhältnis wie vereinbart abgewickelt wird[32].

Der Urlaubsanspruch wird weiterhin nicht dadurch beeinflusst, dass der Arbeitnehmer – wie bei Teilzeitarbeitnehmern häufig - sich in mehreren Arbeitsverhältnissen befindet. Denn in diesem Fall steht ihm gegen jeden seiner Arbeitgeber ein eigenständiger und voller Urlaubsanspruch zu[33]. Es sollte aber eine Koordination des Urlaubs bei den verschiedenen Arbeitgebern versucht werden, sodass der Arbeitnehmer für einige Zeit vollständig von der Arbeit freigestellt wird. Denn nur so kann der Erholungszweck des Urlaubs gewährleistet werden[34]. Eine Berücksichtigung des Urlaubs im anderweitigen Arbeitsverhältnis muss daher nach § 7 Abs. 1 S. 1 BUrlG und aufgrund der Fürsorgepflicht des Arbeitgebers erfolgen[35]. Ist dies aber nicht möglich, so stellt dies keinen in

---

[27] *BAG* DB 1966, 155; *BAGE* 37, 382, 385; GK- BUrlG/*Bleistein* § 1 Rn. 58; *Dikomey* S. 147 f; Mager/Winterfeld/Göbel/Seelmann/*Göbel* Rn. 221; *Langmaack* Rn. 297; GK- TzA/*Lipke* § 2 BeschFG Rn. 167; *Natzel* § 2 Rn. 3; Schütz/Hauck/*Schütz* Rn. 34; *Seiter* AR- Blattei Teilzeitarbeit C VI 1a.

[28] ErfK/*Dörner* § 1 BUrlG Rn. 10; MünchHdb ArbR/*Leinemann* § 89 Rn. 11; Schütz/Hauck/*Schütz* Rn. 112.

[29] *BAG* DB 1966, 155; GK- BUrlG/ *Bleistein* § 1 Rn. 58; *Dikomey* S. 147.

[30] *Deister* Rn. 9; *Frölich* S. 168; GK- TzA/*Mikosch* § 4 BeschFG Rn. 110.

[31] *LAG Bremen* BB 1964, 390; *LAG Stuttgart* BB 1956, 690; *Deister* Rn. 9; *Dersch/Neumann* § 1 Rn. 34, § 3 Rn. 51.

[32] *Meyer* S. 139; GK- TzA/*Mikosch* § 4 BeschFG Rn. 110.

[33] GK- BUrlG/*Bleistein* § 1 Rn. 56; TZA/*Buschmann* § 2 BUrlG Rn. 3; *Deister* Rn. 72; *Dersch/Neumann* § 2 Rn. 49; ErfK/*Dörner* § 1 BUrlG Rn. 24; *Holland* S. 111; *Krasshöfer* AuA 1995, 299, 300; *Langmaack* Rn. 301; *Leinemann/Linck* § 1 Rn. 66; GK- TzA/*Lipke* § 2 BeschFG Rn. 168; Schütz/Hauck/*Schütz* Rn. 34, 44 f; *Seiter* AR- Blattei Teilzeitarbeit C VI 1d; *Der Urlaub, Arbeitskreis Arbeitsrecht der Bundesarbeitsgemeinschaft und der Landesarbeitsgemeinschaften und -verbände* S. 6, 9.

[34] GK- BUrlG/*Bleistein* § 1 Rn. 56; *Dersch/Neumann* § 7 Rn. 18; Mager/Winterfeld/Göbel/Seelmann/*Göbel* Rn. 231; *Holland* S. 111; AR- Blattei/*Seiter* Teilzeitarbeit C VI 3 b.

[35] *Langmaack* Rn. 301; GK- TzA/*Lipke* § 2 BeschFG Rn. 168; AR- Blattei- SD/*Mosler* 1560 Rn. 239; eine andere Frage ist es, ob dem Arbeitnehmer gem. § 8 BUrlG die Leistungserbringung unmöglich ist, wenn eine gleichzeitige Urlaubsgewährung nicht möglich ist, so *Dersch/Neumann* § 8 Rn. 7; *Natzel* § 8 Rn. 32; dagegen spricht jedoch, dass § 8 BUrlG kein Verbotsgesetz i. S. d. § 134 BGB ist, sondern nur eine vertragliche Pflicht regelt, vgl. *BAGE* 57, 366, 370; GK- BUrlG/*Bachmann* § 8 Rn. 26;

der Person des Arbeitnehmers liegender Grund für eine Urlaubsübertragung nach § 7 Abs. 3 S. 2 BUrlG dar[36]. In diesem Fall müssen die Interessen des Arbeitnehmers hinter denen des Arbeitgebers zurückbleiben.

## 2. Über den gesetzlichen Mindesturlaub hinausgehender Urlaub

Durch Individual-, Betriebsvereinbarung oder Tarifvertrag können Teilzeitarbeitnehmer wegen der Vorschrift des § 4 Abs. 1 S. 1 TzBfG nicht von einem Vollzeitarbeitnehmern gewährten, über den gesetzlichen Mindesturlaub hinausgehenden Urlaub (sog. Mehrurlaub) ausgeschlossen werden, es sei denn, dass dafür sachliche Gründe vorliegen[37].

Hinsichtlich des Mehrurlaubs können Dispositionen getroffen werden, die für den gesetzlichen Mindesturlaub unzulässig wären[38]. Soweit die Arbeits-, Betriebs- oder Tarifvertragsparteien keine besondere Regelung getroffen haben und kein anderweitiges Regelungsziel erkennbar ist, greifen jedoch für den über den gesetzlichen Mindesturlaub hinausgehenden Urlaub die Vorschriften des BUrlG ein[39]. Soweit aber eine Regelung getroffen worden ist, hat diese Vorrang vor den Bestimmungen des BUrlG. Dies ergibt sich aus dem Grundsatz der Tarifautonomie und der Vertragsfreiheit. Wenn es zulässig ist, einen Mehrurlaub über den gesetzlichen Mindesturlaub hinaus zu vereinbaren, muss es den vertragsschließenden Parteien auch möglich sein, die Voraussetzungen und die Ausgestaltung dieses Urlaubsanspruchs zu regeln[40].

Zwar kann ein über den gesetzlichen Mindesturlaub hinausgehender Urlaubsanspruch wegen § 4 Abs. 1 S. 1 TzBfG nicht aufgrund der geringeren Arbeitszeit versagt werden. Es besteht jedoch die Möglichkeit, den Urlaubsanspruch, der über den gesetzlichen Mindesturlaub hinausgeht, an besondere Voraussetzungen zu binden. So kann der Mehrurlaub von einem tatsächlich bestehenden Erholungsbedürfnis abhängig gemacht werden. Dies führt in praktischer Hinsicht allerdings zu Problemen, da es bei Teilzeitkräften nicht selten vorkommt, dass diese in mehreren Arbeitsverhältnissen stehen oder außerberuflich stark belastet sind und daher ein gleichartiges Erholungsbedürfnis wie Vollzeitarbeitnehmer haben. Deshalb würde jedenfalls ein genereller Ausschluss

---

MünchHdb ArbR/*Blomeyer* § 55 Rn. 24; ErfK/*Dörner* § 8 BUrlG Rn. 10; Mager/Winterfeld/Göbel/Seelmann/*Göbel* Rn. 231; *Langmaack* Rn. 301; MünchHdb ArbR/*Leinemann* § 88 Rn. 46; *Leinemann/Linck* § 1 Rn. 67; § 8 Rn. 10 f; MünchHdb ArbR/*Schüren* § 162 Rn. 264; Schütz/Hauck/*Schütz* Rn. 881; im Ergebnis ebenso *Deister* Rn. 396, 404, der das Verbot des § 8 BUrlG zwar als ein gesetzliches Verbot im Sinne des § 134 BGB betrachtet, dieses aber nicht auf Doppelarbeitsverhältnisse anwenden will; eine weitere Möglichkeit besteht darin, dass der Urlaub in das nächste Kalenderjahr übertragen wird und dann zusammen gewährt wird, vgl. GK- TzA/*Lipke* § 2 Rn. 168.

[36] *Langmaack* Rn. 301.

[37] TZA/*Buschmann* § 3 BUrlG Rn. 3; *Deister* Rn. 147; MünchHdb ArbR/*Schüren* § 162 Rn. 252.

[38] *Deister* Rn. 15.

[39] *BAGE* 66, 134, 138; GK- BUrlG/*Bleistein* § 3 Rn. 62; *Deister* Rn. 146; MünchHdb ArbR/*Leinemann* § 89 Rn. 119; Schütz/Hauck/*Schütz* Rn. 269, 901.

[40] *BAGE* 21, 63 f; GK- BUrlG/*Bleistein* § 3 Rn. 59 ff; *Deister* Rn. 146, 207; *Natzel* § 4 Rn. 47; Schütz/Hauck/*Schütz* Rn. 212, 899.

der Teilzeitarbeitnehmer von der Gewährung eines über den gesetzlichen Mindesturlaub hinausgehenden Urlaubs, der mit einem fehlenden Erholungsbedürfnis begründet wird, gegen § 4 Abs. 1 TzBfG verstoßen und unwirksam sein[41]. Im Übrigen erscheint das Erholungsbedürfnis als Anknüpfungspunkt für einen Urlaubsanspruch aus den genannten Gründen als eher ungeeignet.

Es kann hinsichtlich des den gesetzlichen Mindesturlaub übersteigenden Urlaubs auch zur Voraussetzung gemacht werden, dass der Arbeitnehmer bereits eine Arbeitsleistung erbracht hat[42]. Eine Benachteiligung von Teilzeitarbeitnehmern erfolgt auf diese Weise nicht, da auch diese in aller Regel bereits einmal tätig geworden sind. Lediglich bei einem erst begonnenen Arbeitsverhältnis mit vorangestellter Freistellungsphase kann ein Teilzeitarbeitnehmer von dem Urlaubsanspruch ausgeschlossen sein. Die gleiche Problematik stellt sich aber bei vergleichbarer vertraglicher Vereinbarung bei einem Vollzeitarbeitnehmer, sodass kein Verstoß gegen § 4 Abs. 1 S. 1 TzBfG vorliegt.

Häufig finden sich Regelungen, nach denen einem Arbeitnehmer ein über den gesetzlichen Urlaub hinausgehender Urlaub zusteht, wenn er an einem bestimmten Stichtag in Arbeit stand, beschäftigt oder betriebszugehörig war. Eine Auslegung dieser Regelung ergibt, dass es nicht darauf ankommt, ob ein Arbeitnehmer gerade an diesem Tag tatsächlich gearbeitet hat. Eine Gegenleistung des Arbeitgebers für die vom Arbeitnehmer an diesem Tag geleistete Arbeit soll der über den gesetzlichen Mindesturlaub hinausgehende Urlaub nicht sein. Es geht dem Arbeitgeber vielmehr darum, nur denjenigen Arbeitnehmern den besonderen Urlaub zu gewähren, die für eine gewisse Dauer bei ihm beschäftigt sind, deren Arbeitsverhältnis also an dem Stichtag besteht. Damit haben aber auch solche Arbeitnehmer Anspruch auf einen über den gesetzlichen Mindesturlaub hinausgehenden Urlaub, die an dem Stichtag in einem suspendierten Arbeitsverhältnis stehen oder sich in einer Freistellungsphase befinden[43].

Als Voraussetzung für einen Mehrurlaub kann die Erfüllung einer Wartefrist vereinbart werden. Auch hier ist durch Auslegung zu ermitteln, inwieweit arbeitsfreie Zeiten zu berücksichtigen sind. Eine Unterbrechung der Frist wird dem Parteiwillen in der Regel nicht entsprechen, da dem Arbeitnehmer entgegen Sinn und Zweck der vertraglichen Vereinbarung bereits entstandene Ansprüche genommen würden[44]. Denkbar wäre lediglich eine Hemmung der Frist, die nach Ablauf der Freistellungszeit weiter läuft[45]. Aus einem Vergleich mit § 4 BUrlG ergibt sich jedoch, dass die Wartefrist lediglich an das Bestehen des Arbeitsverhältnisses als solches anknüpft und nicht an die tatsächliche Erbringung der Arbeitsleistung[46]. Es wird, soweit sich nichts anderes ergibt, auf die Betriebstreue des Arbeitnehmers abgestellt, die sich durch das Festhalten an dem Arbeitsverhältnis und durch die Absicht, in Zukunft die Arbeit wieder aufzu-

---

[41] *Sowka/Köster* S. 50.
[42] Schütz/Hauck/*Schütz* Rn. 133.
[43] *Dikomey* S. 134 f.
[44] *Dikomey* S. 136.
[45] *Dikomey* S. 137.
[46] *Dikomey* S. 137.

nehmen, ausdrückt. Damit tragen auch Freistellungsphasen für die Erfüllung der Wartefrist, die Voraussetzung für einen Mehrurlaubsanspruch ist, bei[47].

### 3. Urlaubsgewährung

Urlaub bedeutet Freistellung von der Arbeitspflicht unter Fortzahlung des Arbeitsentgelts[48]. Dem Arbeitnehmer kann nur an solchen Tagen Urlaub gewährt werden, an denen er eigentlich hätte arbeiten müssen[49]. An Tagen, an denen er nicht zur Arbeit verpflichtet ist, kann er auch nicht von dieser freigestellt werden. Ein Verweisen des Arbeitgebers auf die ohnehin freie Zeit des Arbeitnehmers ist damit nicht möglich[50].
Die Freistellung des Arbeitnehmers durch den Arbeitgeber stellt eine vertragliche Nebenpflicht dar[51]. Mit der Gewährung des Urlaubs durch den Arbeitgeber hat dieser seine Erfüllungshandlung erbracht, sodass die Arbeitspflicht des Arbeitnehmers für diese Zeit suspendiert ist[52]. Bei flexiblen Arbeitszeitmodellen bedeutet Urlaubsgewährung, dass der Arbeitnehmer für eine bestimmte Zeit nicht zur Arbeit herangezogen werden kann[53]. Dabei muss nicht zunächst die Arbeitspflicht des Arbeitnehmers auf bestimmte Tage konkretisiert werden, um dann für diese Tage Urlaub zu gewähren. Vielmehr ist der Arbeitnehmer für die gesetzliche oder tarifliche Anzahl an Urlaubstagen von seiner Arbeit freizustellen und erhält dementsprechend Urlaubsentgelt[54]. Bei der Festlegung des Zeitpunkts des Urlaubs eines Teilzeitarbeitnehmers, dürfen seine Interessen nicht automatisch hinter diejenigen des Arbeitgebers oder anderer Vollzeitarbeitnehmer gestellt werden[55].
Ein bereits entstandener Urlaubsanspruch wird nicht dadurch beeinträchtigt, dass eine längere Freistellungszeit ansteht. Denn durch diese Vertragsgestaltung soll das Arbeitsverhältnis sowie bereits erworbene Rechte erhalten und nicht beseitigt werden.

---

[47] *Dikomey* S. 138.
[48] *BAGE* 44, 278, 284; 45, 184, 186; 70, 348, 349; TZA/*Buschmann* § 7 BUrlG Rn. 1; *Deister* Rn. 3; *Krasshöfer* AuA 1995, 299, 301; *Langmaack* Rn. 298; MünchHdb ArbR/*Leinemann* § 89 Rn. 6; GK-TzA/*Lipke* § 2 BeschFG Rn. 170; *Schaub* § 102 Rn. 2; Schütz/Hauck/*Schütz* Rn. 94; *Sowka/Köster* S. 50; **anders** noch die sog. Einheitstheorie, die den Urlaub als einen Einheitsanspruch aus Freizeitgewährung und Urlaubsentgeltzahlung betrachtete, so heute noch *Hohmeister* BB 1995, 2110, 2111.
[49] *BAGE* 76, 244, 246; 89, 362, 365; *Dikomey* S. 131; *Krasshöfer* AuA 1995, 299, 301; insofern äußert *Leinemann*, Festschrift Stahlhacke, S. 318, 320, 328 einen Reformbedarf des § 3 Abs. 2 BUrlG, etwa mit dem Ziel, als Arbeitstage solche Kalendertage zu bezeichnen, an denen der Arbeitnehmer, wenn ihm kein Urlaub gewährt worden wäre, zur Arbeit verpflichtet gewesen wäre.
[50] TZA/*Buschmann* § 7 BUrlG Rn. 1; *Langmaack* Rn. 298; Kasseler Handbuch/*Linck* 4.2, Rn. 252; GK- TzA/*Lipke* § 2 BeschFG Rn. 170; *Sowka/Köster* S. 49.
[51] *BAGE* 56, 340, 344; 66, 288, 291; ErfK/*Dörner* § 1 BUrlG Rn. 13; *Langmaack* Rn. 298; MünchHdb ArbR/*Leinemann* § 89 Rn. 7 ff; Schütz/Hauck/*Schütz* Rn. 100; **einschränkend:** Staudinger/*Richardi* § 611 Rn. 884.
[52] ErfK/*Dörner* § 7 BUrlG Rn. 5; *Leinemann*, Festschrift Stahlhacke, S. 317, 319; MünchHdb ArbR/*Leinemann* § 89 Rn. 77.
[53] *Frölich* S. 168.
[54] GK- TzA/*Mikosch* § 4 BeschFG Rn. 111.
[55] TZA/*Buschmann* § 7 BUrlG Rn. 1.

Ein Vergleich mit § 7 Abs. 4 BUrlG zeigt zudem, dass der Gesetzgeber nicht einmal bei einer Beendigung des Arbeitsverhältnisses einen bereits entstandenen Urlaubsanspruch beseitigt sehen will. Dann kann aber auch eine längerdauernde Suspendierung der gegenseitigen Hauptleistungspflichten a majore ad minus nicht zum Erlöschen eines bereits entstandenen Urlaubsanspruchs führen[56]. Die Freistellungszeit verlängert sich vielmehr entsprechend der Länge des Urlaubs.

4. Übertragung des Urlaubs in das nächste Kalenderjahr

Bei längeren Freizeitperioden kann die Konstellation auftreten, dass die Gewährung des Urlaubs nicht mehr im laufenden Kalenderjahr möglich ist. Es stellt sich die Frage, welche Rechtsfolgen sich daraus ergeben.
Grundsätzlich erlischt der Urlaubsanspruch aufgrund Befristung mit Ende des Kalenderjahres, jedenfalls aber mit Ende des Übertragungszeitraums des § 7 Abs. 3 S. 3 BUrlG[57], da ab diesem Zeitpunkt dem Arbeitgeber die Erfüllung des Urlaubsanspruchs gemäß § 275 Abs. 1 BGB unmöglich ist und der Urlaubsanspruch verfällt[58]. Denn es fehlt eine gesetzliche Regelung, die die Fortdauer des Urlaubsanspruchs nach Ablauf der Frist des § 7 Abs. 3 S. 3 BUrlG anordnen würde[59]. Sinn und Zweck der Bindung des Urlaubsanspruchs an das Kalenderjahr ist die regelmäßig erforderliche Erholung des Arbeitnehmers[60]. Daraus ergibt sich, dass in § 7 Abs. 3 BUrlG ein gesetzliches Verbot i. S. d. § 134 BGB normiert ist, das eine rechtsgeschäftliche Urlaubsübertragung grundsätzlich untersagt[61]. Dies wird durch den Wortlaut der §§ 1, 7 Abs. 3 BUrlG bestätigt, nach denen der „in“ jedem Kalenderjahr bestehende Urlaub „im“ laufenden Kalenderjahr genommen werden muss. Der Urlaubsanspruch besteht somit im Urlaubsjahr, nicht für das Urlaubsjahr[62]. Es kann auch nichts anderes gelten, wenn betriebliche oder persönliche Gründe vorhanden sind, die eine Urlaubsgewährung bis zu diesem Zeitpunkt ausschließen[63], da mangels Verweisung des § 7 Abs. 3 S. 3 BUrlG

---

[56] *Dikomey* S. 130.
[57] *BAGE* 39, 53, 57; 44, 278, 283; 46, 359, 362; 66, 288, 289; 75, 171, 173; *Deister* Rn. 212; *Dersch/Neumann* § 7 Rn. 93; ErfK/*Dörner* § 7 BUrlG Rn. 56, 77; GK- TzA/*Lipke* § 2 BeschFG Rn. 171; *Schaub* § 102 Rn. 72; Schütz/Hauck/*Schütz* Rn. 486 ff; Widera DB 1988, 756, 757; a. A: GK-BUrlG/*Bachmann* § 7 Rn. 120; *Heither* AuR 1968, 165, 166 ff; *Kothe* BB 1984, 609, 614; *Künzl* BB 1991, 1630 ff; *Plüm* NZA 1988, 716, 718; *Seiter* ZfA 1970, 355, 409; *Weber* ZfA 1984, 197, 251 f.
[58] *BAGE* 44, 278, 284; 52, 258, 261; MünchHdb ArbR/*Leinemann* § 89 Rn. 45; *Leinemann/Linck* § 7 Rn. 110, 123; GK- TzA/*Lipke* § 2 BeschFG Rn. 171; Schütz/Hauck/*Schütz* Rn. 503 f.
[59] *Dersch/Neumann* § 7 Rn. 95; *Leinemann* DB 1983, 989, 993; *Leinemann/Linck* § 7 Rn. 146; *Widera* DB 1988, 756 f.
[60] *BAGE* 22, 85, 87 f; GK- BUrlG/*Bachmann* § 7 Rn. 106; *Natzel* § 7 Rn. 99, 104; *Schelp/Herbst* § 7 Rn. 85.
[61] GK- BUrlG/*Bachmann* § 7 Rn. 110; *Kothe* BB 1984, 609, 618.
[62] *BAGE* 39, 54, 56; 66, 288, 289; *Deister* Rn. 212; *Leinemann* DB 1983, 989, 993; MünchHdb ArbR/*Leinemann* § 89 Rn. 45.
[63] *BAGE* 75, 171, 173; *Bengelsdorf* NZA 1985, 613; *Dersch/Neumann* § 7 Rn. 95; ErfK/*Dörner* § 7 BUrlG Rn. 78; MünchHdb ArbR/*Leinemann* § 89 Rn. 48; *Leinemann* DB 1983, 989, 992 ff; *Leinemann* NZA 1985, 137, 141 f; *Leinemann* AuR 1987, 193, 196 f; *Leinemann/Linck* § 7 Rn. 142; *Sowka*

auf § 7 Abs. 3 S. 2 BUrlG solche Gründe im Übertragungszeitraum nicht mehr rechtlich relevant sind[64].
Ist eine Urlaubsgewährung bis zum Ende des Übertragungszeitraums aufgrund eines vom Arbeitgeber zu vertretenden Grundes nicht möglich, so entsteht für den Arbeitnehmer bei rechtzeitiger Geltendmachung und In- Verzug- Setzung des Arbeitgebers ein Schadensersatzanspruch gem. §§ 286 Abs. 1, 280 Abs. 1, Abs. 2, 287 S. 2, 249 S. 1 BGB, der nach dem Grundsatz der Naturalrestitution in gleicher Weise wie der ursprüngliche Urlaubsanspruch ausgestaltet ist, somit als Ersatzurlaubsanspruch[65]. Ein Arbeitnehmer, dessen Arbeitszeitmodell längere Freizeitperioden aufweist, muss sich daher unter Umständen um eine rechtzeitige Geltendmachung seines Urlaubsanspruchs bemühen[66].

Streitig ist, inwieweit durch Vereinbarung eine Übertragung des Urlaubs über den in § 7 Abs. 3 S. 3 BUrlG genannten Zeitraum zulässig ist, wenn die Urlaubsgewährung in dieser Zeit wegen längerer Freistellungsperioden problematisch ist oder nicht die Interessen des Arbeitnehmers berücksichtigen kann.
Hinsichtlich des *den gesetzlichen Mindesturlaub übersteigenden Urlaubs* ist eine weitergehende Übertragung durch Individualvereinbarung oder Tarifvertrag möglich[67]. Ist nichts Besonderes geregelt, so gelten die für den gesetzlichen Urlaubsanspruch maßgeblichen Gedanken[68].
Hinsichtlich des *gesetzlichen Mindesturlaubs* muss zwischen den dem Arbeitnehmer günstigen und ungünstigen Reglungen unterschieden werden, § 13 Abs. 1 S. 1, 3 BUrlG. Es stellt sich daher die Frage, ob eine weitergehende Übertragungsmöglichkeit für den Arbeitnehmer günstiger ist. Denn lediglich durch Tarifvertrag ist eine Abweichung von den Regelungen des BUrlG zuungunsten des Arbeitnehmers zulässig, § 13 Abs. 1 S. 1 BUrlG. In Individual- und Betriebsvereinbarungen sind Abweichungen nur zugunsten des Arbeitnehmers möglich, § 13 Abs. 1 S. 3 BUrlG. Eine Günstigerstellung wird nach teilweise vertretener Auffassung unter Hinweis auf die oben genannten grundsätzlichen Erwägungen verneint[69]. Nach anderer und richtiger Ansicht bringt eine weitergehende Übertragungsmöglichkeit den Arbeitnehmer in eine günstigere Posi-

---

NZA 1989, 497; *Widera* DB 1988, 756, 757; **a. A.:** noch die frühere Rechtsprechung für den Fall der Arbeitsunfähigkeit: *BAGE* 22, 211, 213 f; 23, 184, 192; *BAG* DB 1973, 1856; so auch *Buchner* SAE 1983, 80, 83; *Thiele* SAE 1971, 56 f.

[64] MünchHdb ArbR/*Leinemann* § 89 Rn. 48; *Leinemann* DB 1983, 989, 993; *Leinemann/Linck* § 7 Rn. 146; *Leinemann/Lipke* DB 1988, 1217, 1218.

[65] *BAGE* 50, 124, 130; 52, 254, 257; *Dersch/Neumann* § 7 Rn. 93; ErfK/*Dörner* § 7 BUrlG Rn. 61; MünchHdb ArbR/*Leinemann* § 91 Rn. 19 ff; *Leinemann/Linck* § 7 Rn. 163; GK- TzA/*Lipke* § 2 BeschFG Rn. 171.

[66] GK- TzA/*Lipke* § 2 BeschFG Rn. 171.

[67] Schütz/Hauck/*Schütz* Rn. 544.

[68] Schütz/Hauck/*Schütz* Rn. 545.

[69] *LAG Düsseldorf* DB 1965, 1016; *ArbG Ulm* DB 1969, 623, 624; *Blomeyer* SAE 1975, 125 f; *Künzl* BB 1991, 1630, 1633; MünchHdb ArbR/*Leinemann* § 91 Rn. 14; *Lepke* BB 1968, 632, 634; *Natzel* § 7 Rn. 148; *Schneider* Anm. zu ArbG Siegen 1 Ca 1101/78 EzA § 7 BUrlG Nr. 23; Schütz/Hauck/*Schütz* Rn. 553.

tion, da sein Urlaub ansonsten verfallen würde[70]. Auf diese Weise erlischt er jedoch erst später[71]. Es ist somit eine weitergehende Urlaubsübertragung sowohl durch Individual- und Betriebsvereinbarung als auch durch Tarifvertrag möglich und zulässig. Es können auch andere und weitergehende Übertragungsmöglichkeiten vorgesehen werden[72]. So kann geregelt werden, dass der Urlaubsanspruch ohne weitere Voraussetzungen auf das kommende Jahr übergeht oder dass bei Vorliegen betrieblicher oder persönlicher Gründe der Urlaub über den Übertragungszeitraum hinaus, ggf. sogar in das übernächste Kalenderjahr hinein, bestehen bleibt[73]. Ist im verlängerten Übertragungszeitraum eine Urlaubsgewährung jedoch wiederum nicht möglich, so erlischt der Urlaubsanspruch endgültig mit Ablauf des Übertragungszeitraums[74].
Keinen rechtlichen Bedenken begegnet auch eine Nachgewährung des Urlaubs. Es handelt sich dabei nicht um eine Übertragung des gesetzlichen Mindesturlaubs, sondern um die Vereinbarung eines darüber hinausgehenden Urlaubs. Insofern greift § 13 Abs. 1 S. 3 BUrlG schon gar nicht ein[75].
Eine Übertragung des Urlaubs in das nächste Kalenderjahr kommt insbesondere dann in Betracht, wenn die Wartefrist des § 4 BUrlG erst am Ende des Kalenderjahres abläuft, sodass der volle Urlaubsanspruch zu diesem Zeitpunkt entsteht. Zwar ist in § 7 Abs. 3 BUrlG dieser Fall nicht ausdrücklich geregelt. Es ergibt sich jedoch schon aus der Natur der Sache, dass in dieser Konstellation eine Übertragung des Urlaubs möglich sein muss, da dem Arbeitnehmer ansonsten sein gesetzlicher Mindesturlaub genommen würde[76]. Teilweise wird dies auch mit einer Analogie zu § 7 Abs. 3 S. 2, 3 BUrlG begründet. Der auf diese Weise übertragene Urlaub ist jedoch an die Frist des § 7 Abs. 3 S. 3 BUrlG gebunden[77].
Kann dem Arbeitnehmer in einem flexiblen Teilzeitarbeitsmodell nach zulässiger Übertragung im Übertragungszeitraum wegen einer Freizeitperiode bis zum 31.03. kein Urlaub gewährt werden, so ist eine Übertragung auf einen späteren Zeitpunkt erforderlich[78]. Denn ansonsten würde dem Arbeitnehmer allein durch die Arbeitszeitgestaltung der Urlaubsanspruch genommen. Die Berufung auf die Nichterfüllbarkeit des Urlaubs ist demgegenüber rechtsmissbräuchlich.

---

[70] *LAG Baden Württemberg* DB 1967, 1000; *LAG Hamburg* DB 1984, 2201, 2202; *LAG Köln* DB 1983, 947, 948; *LAG Köln* BB 1986, 2336; GK- BUrlG/*Bachmann* § 7 Rn. 138; *Dersch/Neumann* § 7 Rn. 96 f; ErfK/*Dörner* § 7 BUrlG Rn. 82; *Schaub* § 102 Rn. 74; *Widera* DB 1988, 756, 758.
[71] *Natzel* § 7 Rn. 148; Schütz/Hauck/*Schütz* Rn. 553.
[72] *Schelp/Herbst* § 7 Rn. 86; Schütz/Hauck/*Schütz* Rn. 546; *Widera* DB 1988, 756, 758.
[73] Schütz/Hauck/*Schütz* Rn. 547; **einschränkend:** *Natzel* § 7 Rn. 143.
[74] *BAG* DB 1990, 2529; *BAG* DB 1996, 1729; *Dersch/Neumann* § 7 Rn. 96.
[75] *BAGE* 56, 49, 53; MünchHdb ArbR/*Leinemann* § 91 Rn. 17; *Leinemann/Linck* § 7 Rn. 154; Schütz/Hauck/*Schütz* Rn. 554.
[76] *Dersch/Neumann* § 7 Rn. 76.
[77] GK- BUrlG/*Bachmann* § 7 Rn. 131.
[78] *Löwisch* RdA 1984, 197, 202.

5. Wartezeit des § 4 BUrlG

Gem. § 4 BUrlG wird der volle Urlaubsanspruch erstmalig nach sechsmonatigem Bestehen des Arbeitsverhältnisses erworben[79]. Es kommt dabei nicht auf den Zeitpunkt des Vertragsschlusses, sondern auf denjenigen, an dem der Arbeitnehmer seine Tätigkeit dem Vertrag entsprechend aufnehmen soll, an[80]. Maßgeblich sind die Vorschriften der §§ 187 Abs. 2, 188 Abs. 2 BGB[81]. Die Wartezeit verlängert sich nicht, wenn es sich bei dem Arbeitsverhältnis um ein Teilzeitarbeitsverhältnis handelt[82]. Auch kürzere oder längere Unterbrechungen der Arbeitstätigkeit durch Freistellungszeiten, wie sie insbesondere bei Blockarbeitszeiten vorkommen, beeinflussen die Wartezeit nach § 4 BUrlG nicht[83]. Es ist nicht einmal erforderlich, dass überhaupt eine Arbeitsleistung erfolgt ist[84]. Denn es kommt für die Wartezeit nach § 4 BUrlG nur auf den rechtlichen Bestand eines Arbeitsverhältnisses an[85] und nicht darauf, ob seine Durchführung in tatsächlicher Hinsicht unterbrochen worden ist[86]. Dafür spricht der Wortlaut des § 4 BUrlG und seine Entstehungsgeschichte[87]. Die Wartezeit soll insbesondere keine Gegenleistung für eine erbrachte Arbeitsleistung sein. Dies ergibt sich schon aus dem im Wortlaut ausgedrückten gesetzgeberischen Willen, nach dem der Urlaubsanspruch in vollem Umfang und nicht nur zur Hälfte nach Ablauf der Sechsmonatsfrist entsteht[88]. Etwas anderes sollte sich nach der mittlerweile aufgegebenen Rechtsprechung lediglich dann ergeben, wenn ein rechtsmissbräuchliches Verhalten vorlag[89]. Bei der flexiblen Teilzeitarbeit wird ein Arbeitnehmer jedoch entsprechend seiner Arbeitszeit tätig und verhält sich somit vertragsgemäß. Von Rechtsmissbrauch kann daher nicht gesprochen werden.

Eine Hemmung oder Unterbrechung der Frist des § 4 BUrlG kommt also, da das flexible Teilzeitarbeitsverhältnis nicht gelöst wird, sondern dem Bande nach weiter besteht,

---

79 Zur Rechtsnatur der Wartezeit vgl. GK- BUrlG/*Bleistein* § 4 Rn. 3 ff; *Deister* Rn. 82; *Dersch/Neumann* § 4 Rn. 5 ff; *Dikomey* S. 137 f; MünchHdb ArbR/*Leinemann* § 89 Rn. 41; *Leinemann/Linck* § 4 Rn. 1, 2.

80 GK- BUrlG/*Bleistein* § 4 Rn. 12; *Deister* Rn. 90; *Dersch/Neumann* § 4 Rn. 19; *Krasshöfer* AuA 1995, 299, 300; MünchHdb ArbR/*Leinemann* § 89 Rn. 41; *Leinemann/Linck* § 4 Rn. 4; Schütz/Hauck/*Schütz* Rn. 177.

81 *Deister* Rn. 89, 91.

82 TZA/*Buschmann* § 4 BUrlG Rn. 1; GK- TzA/*Lipke* § 2 BeschFG Rn. 167; *Sowka/Köster* S. 56.

83 *Babl* S. 121; GK- BUrlG/*Bleistein* § 4 Rn. 22; *Neumann* S. 11.

84 GK- BUrlG/*Bleistein* § 4 Rn. 21; *Bobrowski/Gaul* F IV Rn. 27; *Deister* Rn. 90; *Dersch/Neumann* § 4 Rn. 30; ErfK/*Dörner* § 1 BUrlG Rn. 11; *Krasshöfer* AuA 1995, 299, 300; *Leinemann/Linck* § 1 Rn. 61, § 4 Rn. 7; *Menten* S. 127.

85 GK- BUrlG/*Bleistein* § 4 Rn. 20; *Bobrowski/Gaul* F IV Rn. 27; *Dersch/Neumann* § 4 Rn. 30; *Krasshöfer* AuA 1995, 299, 300; *Leinemann/Linck* § 1 Rn. 62, § 4 Rn. 10; *Menten* S. 127; *Neumann* S. 11; *Peterek* Anm. zu BAG EzA § 3 BUrlG Nr. 13; *Sowka/Köster* S. 56.

86 *Deister* Rn. 97; *Menten* S. 127; Schütz/Hauck/*Schütz* Rn. 204; *Sowka/Köster* S. 56.

87 GK- BUrlG/*Bleistein* § 4 Rn. 20.

88 *Dikomey* S. 137.

89 *Neumann* S. 11.

nicht in Betracht[90]. Denn es ist von den Vertragsparteien nicht gewollt, dass dem Arbeitnehmer bei Einhaltung des Vertrages Rechte verloren gehen.

Hinsichtlich des den gesetzlichen Mindesturlaub übersteigenden Urlaub kann die Wartezeit abweichend von § 4 BUrlG ausgestaltet werden[91].

### 6. Urlaubsdauerberechnung

#### a. Problemdarstellung

Im BUrlG und in vielen Tarifverträgen wird der Urlaubsanspruch eines Arbeitnehmers in Tagen ausgedrückt. Diese Regelungen gehen von einer Arbeitszeit aus, die als Vollzeitarbeit ausgestaltet ist und die man als „Normalarbeitszeit" bezeichnen kann[92]. Eine Urlaubsdauerberechnung für Teilzeitarbeit ist im Bundesurlaubsgesetz nicht festgelegt. Denn zur Zeit des In-Kraft-Tretens des Gesetzes im Jahr 1963 gab es diese nahezu nur in der Form der Halbtagsarbeit. Für die Halbtagsarbeit bedurfte es aber keiner besonderen gesetzlichen Regelung der Urlaubsdauerberechnung[93].

Es liegt auf der Hand, dass einem Teilzeitarbeitnehmer nicht der gleiche Urlaubsanspruch wie einem Vollzeitarbeitnehmer zustehen kann, ohne dass dabei die aus der Teilzeitarbeit resultierenden arbeitsfreien Tage angerechnet werden müssten. Denn sonst käme es zu dem widersinnigen Ergebnis, dass ein Arbeitnehmer, der nur an 24 Tagen im Jahr zur Arbeit verpflichtet ist, überhaupt nicht arbeiten müsste, sondern nur Urlaub beanspruchen könnte[94]. Davon geht auch § 3 Abs. 2 BUrlG aus, der den Begriff des Werktags definiert und klarstellt, dass unabhängig von der Arbeitszeitverteilung auf die einzelnen Tage der Woche arbeitsfreie Werktage als Urlaubstage gelten sollen[95].
Ein ausschließlich an Tagen bemessener Urlaubsanspruch kann bei der flexiblen Arbeitszeit je nach Lage des Urlaubs zu unterschiedlich langen Arbeitsbefreiungen führen. So kann die Anzahl der Urlaubstage differieren, wenn der Urlaub in Zeiten mit mehr oder weniger arbeitsfreien Tagen gelegt wird[96]. Auch kann es zu einem unterschiedlichen Ergebnis hinsichtlich der Stundenzahl, von der der Arbeitnehmer wäh-

[90] Zur parallelen Problematik des Ruhens: GK- BUrlG/*Bleistein* § 4 Rn. 34, 36; *Bobrowski/Gaul* F IV Rn. 29; *Deister* Rn. 103; *Dersch/Neumann* § 4 Rn. 38; ErfK/*Dörner* § 4 BUrlG Rn. 12; *Krasshöfer* AuA 1995, 299, 301; MünchHdb ArbR/*Leinemann* § 89 Rn. 41; *Leinemann/Linck* § 4 Rn. 12; *Natzel* § 4 Rn. 34; *Schelp/Herbst* § 4 Rn. 14; Kasseler Handbuch/*Schütz* 2.4 Rn. 157; *Tautpäus* Rn. 26.
[91] *Natzel* § 4 Rn. 47; Schütz/Hauck/*Schütz* Rn. 212.
[92] *Danne* DB 1990, 1965; GK- TzA/*Lipke* § 2 BeschFG Rn. 173.
[93] Siehe unten; GK- TzA/*Lipke* § 2 BeschFG Rn. 177.
[94] ErfK/*Dörner* § 3 BUrlG Rn. 19.
[95] *Deister* Rn. 115.
[96] Vgl. *BAGE* 54, 141, 144; *Deister* Rn. 124.

rend seines Urlaubs befreit wird, kommen, wenn die Arbeitsstundenverpflichtung pro Tag, in der Woche, im Quartal oder in einer sonstigen Zeiteinheit differiert[97].
Der Urlaubsanspruch muss aber schon von vornherein und nicht erst dann, wenn er festgelegt oder zum Teil genommen worden ist, feststehen[98]. Zudem muss schon aus Gründen der Gleichbehandlung und des Betriebsfriedens vermieden werden, dass Arbeitnehmer mit dem gleichen Urlaubsanspruch eine unterschiedlich lange Arbeitsbefreiung durch den Urlaub erreichen[99].
Im „Normalarbeitsverhältnis" stellt sich des Weiteren nicht das Problem, wie viel der geschuldeten Arbeitszeit während des Urlaubs als abgegolten gilt. Der Arbeitnehmer muss die Zeit, die er im Urlaub verbracht hat, nicht vor- oder nacharbeiten, sondern er arbeitet nach seiner Rückkehr aus dem Urlaub weiterhin die vereinbarte tägliche Arbeitsstundenzahl. Im Hinblick auf das Arbeitszeitgesetz wäre ein Vor- oder Nacharbeiten in rechtlicher Hinsicht und im Hinblick auf die beschränkte körperliche Leistungsfähigkeit auch in tatsächlicher Hinsicht nicht möglich. Anders verhält es sich aber bei den flexiblen Teilzeitmodellen, bei denen in tatsächlicher und in rechtlicher Hinsicht ein Vor- oder Nacharbeiten durchaus denkbar wäre. Sinn und Zweck des Urlaubs ist aber, dem Arbeitnehmer die Möglichkeit zu geben, sich von der Arbeit zu erholen und für weitere Arbeit wieder leistungsfähig zu werden. Dieses Ziel wäre gefährdet, wenn der Arbeitnehmer die Arbeit, die während seines Urlaubs anfällt vor- oder nacharbeiten müsste. Deshalb muss auch in flexiblen Arbeitszeitmodellen ein Teil des Arbeitsdeputats durch den Urlaub als abgegolten gelten[100]. Es stellt sich lediglich die Frage, wie viel an Arbeitszeit auf das Arbeitsdeputat anzurechnen ist. Als abgegolten gilt die Arbeitszeit, die während des Urlaubs zu leisten gewesen wäre[101]. Denn die Urlaubszeit ist in dieser Hinsicht wie Arbeitszeit zu betrachten[102]. Probleme tauchen jedoch bei den flexiblen Teilzeitarbeitsmodellen insofern auf, als sich in der Regel nicht feststellen lässt, wie viel an Arbeitszeit ausgefallen ist. Im Anschluss an den Urlaub kann der Arbeitnehmer nur noch in Höhe seines verkürzten Arbeitsdeputats zur Arbeit herangezogen werden[103].

#### b. Einzelne Fallkonstellationen:

##### aa. Erbringung der Arbeitsleistung an jedem Arbeitstag

Keine Probleme mit der Berechnung der Urlaubsdauer gibt es, wenn ein Arbeitnehmer seine Arbeitsleistung *an jedem Arbeitstag* mit *jeweils derselben Stundenzahl*, die le-

---

[97] *Siebel* BB 1987, 2222, 2229.
[98] *BAGE* 54, 141, 145.
[99] *BAGE* 54, 141, 144; dies wird aber offenbar von *BAGE* 76, 359, 363 als unvermeidbar hingenommen.
[100] *Meyer* S. 140; GK- TzA/*Mikosch* § 4 BeschFG Rn. 113.
[101] GK- BUrlG/*Bleistein* § 3 Rn. 49.
[102] *Frölich* S. 169.
[103] *Frölich* S. 169; GK- TzA/*Mikosch* § 4 BeschFG Rn. 113.

diglich niedriger als diejenige eines Vollzeitbeschäftigten ist, erbringt[104]. Dieser Teilzeitbeschäftigte hat unstreitig einen ebenso großen Urlaubsanspruch wie ein vollzeitbeschäftigter Arbeitnehmer[105]. Er wird lediglich in geringerem Maße von der täglichen Arbeitspflicht befreit[106].
Dies gilt nicht nur bei der klassischen Halbtagesarbeit, sondern auch beim Jobsharing, wenn sich die Jobsharer täglich innerhalb des Tages abwechseln, bei der einfachen Gleitzeit und bei der Schichtarbeit[107].

bb. Gleich bleibende Anzahl der wöchentlichen Arbeitstage mit jeweils identischer Tagesarbeitsstundenzahl

In den Fallkonstellationen, bei denen der Arbeitnehmer *nicht an allen Arbeitstagen*, aber immer mit der gleichen Anzahl an Tagen pro Woche und immer mit der *jeweils gleichen Stundenzahl* pro Tag arbeitet, werden hinsichtlich der Urlaubsdauerberechnung unterschiedliche Ansichten vertreten. Bedeutung kann dies in der Praxis bei der Schichtarbeit, beim Jobsharing und bei der Gleitzeit haben.
Es stellt sich das Problem, dass je nach Lage des Urlaubs eine „Verlängerung" oder „Verkürzung" im Vergleich zu demjenigen eines anderen Arbeitnehmers, der in gleichem Umfang an Tagen pro Woche arbeitspflichtig ist, entstehen kann[108].
Teilweise wird unter Berufung auf § 3 Abs. 2 BUrlG für einen Teilzeitarbeitnehmer der gleiche Urlaubsanspruch in Tagen wie bei einem täglich arbeitenden Arbeitnehmer angenommen. Auf den Urlaubsanspruch müssten aber auch diejenigen Tage angerechnet werden, an denen der Arbeitnehmer ohnehin nicht arbeiten würde[109]. Denn nicht der Urlaubsanspruch, sondern lediglich die Arbeitszeit, die während des Urlaubs ausfällt, wäre verkürzt. Dies wird jedenfalls für solche Arbeitsverhältnisse vertreten, bei denen die Arbeitseinsätze regelmäßig erfolgen und durch relativ kurze Unterbrechungen verbunden sind. Etwas anderes soll dann gelten, wenn die Arbeitseinsätze durch solch große Zeitabstände unterbrochen sind, dass während diesen der gesamte Urlaub

---

[104] GK- BUrlG/*Bleistein* § 3 Rn. 41; *Danne* DB 1990, 1965; *Leinemann/Linck* § 3 Rn. 29; GK-TzA/*Lipke* § 2 BeschFG Rn. 173; MünchHdb ArbR/*Schüren* § 162 Rn. 253; Schütz/Hauck/*Schütz* Rn. 241.
[105] TZA/*Buschmann* § 3 BUrlG Rn. 1; *Danne* S. 81; GK- TzA/*Danne* § 5 BeschFG Rn. 122; *Deister* Rn. 127; Mager/Winterfeld/Göbel/Seelmann/*Göbel* Rn. 223; *Holland* S. 111; *Langmaack* Rn. 303; *Leinemann/Linck*, § 3 Rn. 29; Kasseler Handbuch/*Linck* Bd. 2; 2.4, Rn. 247; *Lindena*, Die Bank 1995, 324, 327; GK- TzA/*Lipke* § 2 BeschFG Rn. 173; MünchHdb ArbR/*Schüren* § 162 Rn. 253; Schütz/Hauck/*Schütz* Rn. 241; AR- Blattei/*Seiter* Teilzeitarbeit C VI 2 a; meines Erachtens kann sich die Formulierung, dass im Urlaubsrecht eine im Grundsatz unstreitige Rechtslage bestehe, bei Kempen/Zachert/*Zachert* TVG § 1 Rn. 193 nur auf diese Fallkonstellation beziehen.
[106] *Bengelsdorf* DB 1988, 1161, 1163; *Danne* S. 81.
[107] *Danne* S. 81; MünchHdb ArbR/*Schüren* § 166 Rn. 129.
[108] *Dersch/Neumann* § 3 Rn. 32; AR- Blattei/*Seiter* Teilzeitarbeit VI C 2 b nimmt es hin, dass die Arbeitsbefreiung als solche je nach Lage des Urlaubs unterschiedlich ausfallen kann.
[109] *Arndt* NZA 1989, Beil. 3, S. 8, 10; GK- BUrlG/*Bleistein* § 3 Rn. 14 *Dersch/Neumann* § 3 Rn. 49; *Danne* S. 81; GK- TzA/*Danne* § 5 BeschFG Rn. 122; *Meyer* S. 139; *Natzel* § 3 Rn. 70; *Schelp/Herbst* § 3 Rn. 16; *Trieschmann* BB 1956, 372, 373.

eingebracht werden könnte. In einem solchen Fall soll der Urlaubsanspruch des Teilzeitarbeitnehmers entsprechend der vom Bundesarbeitsgericht vorgegebenen Berechnungsweise verhältnismäßig reduziert werden[110].
Gegen diese Ansicht spricht, dass § 3 Abs. 2 BUrlG nicht alle Werktage zu Urlaubstagen macht. Es wird lediglich geregelt, was unter einem Werktag im Sinne des Gesetzes zu verstehen ist[111]. Probleme entstehen nach der vorgenannten Ansicht auch dann, wenn in dem Urlaubszeitraum kein freier Tag liegt[112]. Inwieweit eine Anrechnung erfolgen muss, bleibt offen[113]. Diese Meinung ist also nur dann praktikabel, wenn der Urlaub freie Tage entsprechend ihrem Verhältnis zur Arbeitszeit umfasst[114]. Gerade in den praktisch häufigen Fällen, bei denen der Urlaub nicht insgesamt genommen wird, käme es zu einer Urlaubsdauer, die von der zeitlichen Lage des Urlaubs abhängig wäre. Erst im Nachhinein könnte man die Gesamtdauer des Urlaubs bestimmen, die jedoch im Interesse von Arbeitgeber und Arbeitnehmer von vornherein erkennbar sein muss[115]. Daher ist es sachgerechter, für einen Teilzeitarbeitnehmer lediglich einen solchen Urlaubsanspruch anzunehmen, der demjenigen eines vollzeitbeschäftigten Arbeitnehmers im Verhältnis der Arbeitstage entspricht[116]. Dazu müssen die Wochenarbeitstage eines Teilzeitbeschäftigten zu denjenigen eines Vollzeitbeschäftigten in Beziehung gesetzt und dieser Quotient mit den Urlaubstagen eines Vollzeitbeschäftigten multipliziert werden[117]. Maßgeblich ist somit folgende Formel:

(Arbeitstage eines Teilzeitbeschäftigen pro Woche: Arbeitstage bzw. Werktage eines Vollzeitbeschäftigten) mal Urlaubstage eines Vollzeitbeschäftigten[118].

---

[110] *Meyer* S. 140.
[111] MünchHdb ArbR/*Leinemann* § 89 Rn. 59; Schütz/Hauck/*Schütz* Rn. 225.
[112] ErfK/*Dörner* § 3 BUrlG Rn. 16; entsprechend wurde gefordert, dass während des Urlaubs ein freier Tag liegen müsse, vgl. *Dersch/Neumann* § 3 BUrlG Rn. 34.
[113] Für eine Anrechnung und Kürzung des Urlaubs: *Dersch/Neumann* § 11 Rn. 68; *Schelp/Herbst* § 3 Rn. 17.
[114] MünchHdb ArbR/*Leinemann* § 89 Rn. 60.
[115] *Bengelsdorf* DB 1988, 1161, 1164; MünchHdb ArbR/*Leinemann* § 89 Rn. 60; *Sowka/Köster* S. 50 f.
[116] *BAG* DB 1966, 155; 1976, 2214; *BAGE* 54, 141, 145; 67, 217, 220; 76, 359, 362; GK-BUrlG/*Bleistein* § 3 Rn. 39, insofern widersprüchlich zu § 3 Rn. 14; *Danne* DB 1990, 1965, 1969; *Deister* Rn. 125; *Leinemann/Linck* § 3 Rn. 30; GK- TzA/*Lipke* § 2 BeschFG Rn. 177; *Löwisch* RdA 1984, 197, 202.
[117] *BAGE* 67, 217, 220; 89, 362, 366; TZA/*Buschmann* § 3 BUrlG Rn. 1; Kempen/Zachert/*Zachert* § 1 TVG Rn. 194; Kasseler Handbuch/*Linck* Bd. 2, 2.4, Rn. 249; MünchHdb ArbR/*Schüren* § 162 Rn. 255.
[118] *BAGE* 67, 217, 220; 72, 147, 152; GK- BUrlG/*Bleistein* § 3 Rn. 39; *Busch* NZA 1996, 1246, 1248; *Deister* Rn. 129; ErfKommentar/*Dörner* § 3 BUrlG Rn. 17; Mager/Winterfeld/Göbel/Seelmann/*Göbel* Rn. 227; *Goos* S. 27; *Holland* S. 112; umständlich, aber im Ergebnis richtig *Krasshöfer* AuA 1995, 299, 302; *Langmaack* Rn. 305 ff; MünchHdb ArbR/*Leinemann* § 89 Rn. 61; *Leinemann/Linck* § 3 Rn. 31; Kasseler Handbuch/*Linck* 2.4, Rn. 250; so auch *Lindena*, Die Bank 1995, 324, 327, der zwar von Anrechnung auch der ohnehin freien Tage auf den Urlaubsanspruch spricht, aber dann doch eine Berechnung des verkürzten Urlaubsanspruchs vornimmt; GK- TzA/*Lipke* § 2 BeschFG Rn. 178f; *Schaub* § 102 Rn. 42; Schütz/Hauck/*Schütz* Rn. 244; *Der Urlaub, Arbeitskreis Arbeitsrecht der Bundesarbeitsgemeinschaft und der Landesarbeitsgemeinschaften und -verbände* S. 7.

Der Urlaubsanspruch, der auf diese Weise errechnet wurde, wird nunmehr nur durch die Urlaubstage reduziert, die auch tatsächlich Arbeitstage gewesen wären[119]. Eine derartige Berechnungsweise ist in zulässiger Weise mit dem Gesetz in Einklang zu bringen. Denn der Gesetzgeber ging bei Schaffung des § 3 Abs. 2 BUrlG davon aus, dass die Arbeitszeit gleichmäßig auf 6 Tage pro Woche verteilt ist[120]. Aufgrund der Entwicklung neuer Arbeitszeitformen ist eine Regelungslücke entstanden, die eine Schließung unter entsprechender Anwendung des § 3 Abs. 1 BUrlG erfordert[121].
Die Richtigkeit der letztgenannten Ansicht ergibt sich zudem daraus, dass Urlaub seiner Rechtsnatur nach eine Freistellung von der Arbeitspflicht darstellt. Wenn aber schon keine Arbeitspflicht besteht, kann auch keine Freistellung erfolgen[122]. Es macht auch keinen Sinn, einem Teilzeitarbeitnehmer zunächst einen vollen Urlaubsanspruch wie einem Vollzeitbeschäftigten zuzubilligen, um diesen dann wieder entsprechend der Arbeitszeit zu verkürzen[123].
In § 125 S. 1 2. HS SGB IX wurde vom Gesetzgeber die vom BAG entwickelte Umrechnungsregel angewandt und die Notwendigkeit der Umrechnung des Urlaubsanspruchs entsprechend der Arbeitszeit gesetzlich festgelegt. Darin zeigt sich der für das gesamte Urlaubsrecht gültige Gedanke, dass sich der Umfang des Urlaubsanspruchs nach dem Umfang der Arbeitstage pro Woche richtet[124].
Diese Berechnungsweise kann problemlos auf das Jobsharing übertragen werden, wenn ein tageweiser Wechsel der Jobsharer stattfindet[125].
Ergeben sich bei der Berechnung des Urlaubs Bruchteile von Arbeitstagen, so darf weder eine Ab- noch eine Aufrundung vorgenommen werden[126], es sei denn, dass dies tarifvertraglich geregelt ist[127]. Aber auch durch eine tarifliche Abrundungsregelung muss der gesetzliche Mindesturlaub erhalten bleiben[128], sodass diese damit lediglich für den über den gesetzlichen Mindesturlaub hinausgehenden Urlaub Bedeutung erlangen kann[129]. Es ist insbesondere auch nicht die Aufrundungsregelung des § 5 Abs. 2 BUrlG anzuwenden, da nicht ein Teilurlaubsanspruch, sondern ein Urlaubsanspruch

---

[119] *Der Urlaub, Arbeitskreis Arbeitsrecht der Bundesarbeitsgemeinschaft und der Landesarbeitsgemeinschaften und -verbände* S. 7.
[120] *Sowka/Köster* S. 51.
[121] GK- TzA/*Lipke* § 2 BeschFG Rn. 177.
[122] *BAGE* 89, 362, 365; *Danne* DB 1990, 1965, 1969; ErfK/*Dörner* § 3 BUrlG Rn. 16; MünchHdb ArbR/*Leinemann* § 89 Rn. 60; GK- TzA/*Lipke* § 2 BeschFG Rn. 175; *Sowka/Köster* S. 50 f.
[123] GK- TzA/*Lipke* § 2 BeschFG Rn. 176.
[124] *BAGE* 89, 362, 366; *BAG* DB 1999, 694, 695; ErfK/*Dörner* § 3 BUrlG Rn. 17.
[125] GK- TzA/*Danne* § 5 BeschFG Rn. 122; MünchHdb ArbR/*Schüren* § 166 Rn. 129.
[126] *BAGE* 65, 176, 180; 67, 217, 221; *Busch* NZA 1996, 1246, 1248; *Krasshöfer* AuA 1995, 299. 302; *Langmaack* Rn. 304; MünchHdb ArbR/*Leinemann* § 89 Rn. 68; *Leinemann/Linck* § 3 Rn. 38; Schütz/Hauck/*Schütz* Rn. 245; *Sowka/Köster* S. 51.
[127] *BAGE* 67, 217, 221; AR- Blattei- SD/*Mosler* 1560 Rn. 234; Kasseler Handbuch/*Schütz* 2. 4 Rn. 209.
[128] *Busch* NZA 1996, 1246, 1248.
[129] *BAGE* 68, 377, 383; Schütz/Hauck/*Schütz* Rn. 272; *Sowka/Köster* S. 51.

eines Teilzeitbeschäftigten im Raum steht[130]. Der Arbeitnehmer hat ggf. einen Bruchteilsurlaubsanspruch[131], der in Stunden umzurechnen und so zu gewähren ist[132].

### cc. Unterschiedliche Anzahl der wöchentlichen Arbeitstage bei jeweils identischer Arbeitsstundenzahl pro Tag

Problematisch ist die Berechnung, wenn zwar die Stundenzahl pro Arbeitstag jeweils gleich bleibt, die wöchentliche Anzahl der Arbeitstage aber differiert. Eine auf eine Woche bezogene Urlaubsdauerberechnung ist bei solchen Arbeitszeitsystemen nicht möglich. In einem solchen Fall muss sich die Berechnung des Urlaubsanspruchs auf einen längeren Zeitabschnitt als eine Woche beziehen[133]. Bezugspunkt kann dabei die arbeitsvertraglich geregelte Jahresarbeitszeit[134] oder eine andere Zeiteinheit, innerhalb deren sich die Arbeitszeitverteilung wiederholt, sein[135]. Unter Umständen kann der Bezugszeitraum auch länger als ein Jahr sein[136]. Zur Berechnung des konkreten Urlaubsanspruchs sind die Werktage eines Jahres oder diejenigen der entsprechenden Zeiteinheit mit den individuellen Arbeitstagen des Arbeitnehmers in Beziehung zu setzen[137]. Für eine 5- Tage- Woche ergeben sich beispielsweise 260 (52 mal 5) und für eine 6- Tage- Woche 312 (6 mal 52) Jahreswerktage. Die individuellen Arbeitstage sind durch die Jahreswerktage bzw. -arbeitstage – je nach einschlägiger Regelung - zu dividieren. Dieser Quotient ist dann mit dem gesetzlichen oder tariflichen Urlaubsanspruch zu multiplizieren[138]. Hinsichtlich der Jahreswerktage sind gesetzliche Feiertage außer Betracht zu lassen und nicht abzuziehen, da insoweit eine Sonderregelung bezüglich Freistellung und Vergütung besteht[139].
Das gleiche Ergebnis wird dadurch erreicht, dass man auf die durchschnittliche Anzahl an Arbeitstagen pro Woche abstellt[140]. *Sowka/Köster* errechnen diese dadurch, dass sie

---

[130] *Busch* NZA 1996, 1246, 1248; *Krasshöfer* AuA 1995, 299, 302; *Langmaack* Rn. 304; *Leinemann/Linck* § 3 Rn. 38; Kasseler Handbuch/*Schütz* 2. 4 Rn. 289; Schütz/Hauck/*Schütz* Rn. 245.
[131] *BAGE* 67, 217, 221; Kasseler Handlbuch/*Schütz* 2. 4 Rn. 209.
[132] *BAGE* 67, 217, 221; *Holland* S. 112; *Krasshöfer* AuA 1995, 299, 302.
[133] *BAGE* 68, 377, 381 f; 76, 359, 362 f; 89, 362, 365; *Busch* NZA 1996, 1246, 1248; *Deister* Rn. 129 a; *Krasshöfer* AuA 1995, 299, 303; *Leinemann/Linck* § 3 Rn. 39; AR- Blattei- SD/*Mosler* 1560 Rn. 236; Kasseler Handbuch/*Schütz* 2.4 Rn. 196 ff; Schütz/Hauck/*Schütz* Rn. 250 ff; *Ziepke* § 13 Anm. 6 III 2 c.
[134] *BAGE* 68, 377, 381 f; 76, 359, 362; MünchHdb ArbR/*Leinemann* § 89 Rn. 63; *Leinemann/Linck* § 3 Rn. 40.
[135] *BAGE* 68, 377, 381 f; ErfK/*Dörner* § 3 BUrlG Rn. 27; *Leinemann/Linck* § 3 Rn. 40; Schütz/Hauck/*Schütz* Rn. 257.
[136] ErfK/*Dörner* § 3 BUrlG Rn. 30.
[137] ErfK/*Dörner* § 3 BUrlG Rn. 28; *Leinemann/Linck* § 3 Rn. 42.
[138] *BAGE* 67, 217, 220; *BAG* DB 1992, 1889; 1997, 2027; *Deister* Rn. 130; ErfK/*Dörner* § 3 BUrlG Rn. 31; *Krasshöfer* AuA 1995, 299, 303; *Langmaack* Rn. 314; MünchHdb ArbR/*Leinemann* § 89 Rn. 63; *Leinemann/Linck* § 3 Rn. 42; *Schaub* § 102 Rn. 42a; Schütz/Hauck/*Schütz* Rn. 255 f.
[139] *BAGE* 68, 377, 382; *Busch* NZA 1996, 1246, 1248; *Krasshöfer* AuA 1995, 299, 303; *Langmaack* Rn. 313; im Ergebnis ebenso ErfK/*Dörner* § 3 BUrlG Rn. 30.
[140] *BAG* DB 1999, 694, 695; *Sowka/Köster* S. 52.

die Freizeittage, die im Jahr für den Teilzeitarbeitnehmer anfallen auf die einzelne Woche durchschnittlich verteilt berechnen und von den gesetzlich oder tariflich vorausgesetzten Arbeitstagen abziehen[141].
Die vorgenannte Berechnungsweise, also das Abstellen auf die Jahresarbeitstage bzw. auf die Arbeitstage innerhalb eines bestimmten Zeitabschnitts, ist ebenfalls anzuwenden, wenn der Arbeitnehmer nur während einzelner Monate oder Wochen, also blockweise beschäftigt wird. Neben der Blockarbeitszeit muss diese Konstellation je nach Vertragsgestaltung bei der Schichtarbeit, Jobsharing, gleitender qualifizierter Arbeitszeit und amorpher Arbeitszeit Berücksichtigung finden.

dd. Unterschiedliche Stundenzahl an den einzelnen Arbeitstagen

Problematisch für die Urlaubsdauerberechnung sind diejenigen Arbeitszeitgestaltungen, bei denen der Arbeitnehmer, wie insbesondere bei der KAPOVAZ, der qualifizierten gleitenden Arbeitszeit und den Formen der amorphen Arbeitszeit, an den einzelnen Arbeitstagen für eine unterschiedliche Stundenzahl tätig ist. Die Kernfrage ist, ob die „Dauer" des Urlaubs, in Form der stundenweisen Freistellung von der Arbeitspflicht je nach Lage des Urlaubs unterschiedlich ausfallen kann bzw. darf und ob es, trotz des eindeutigen Wortlauts des § 3 Abs. 1 BUrlG, der auf Urlaubs*tage* gerichtet ist, zulässig ist, diejenigen Arbeitsstunden bei der Berechnung zu berücksichtigen, von denen der Arbeitnehmer freigestellt wird[142].

Das Bundesurlaubsgesetz gewährt jedem Arbeitnehmer in § 3 Abs. 1 BUrlG einen Anspruch auf mindestens 24 Werktage Urlaub im Jahr, wobei in Tarifverträgen häufig ein größerer Urlaubsumfang vereinbart wird. In § 3 ArbZG geht der Gesetzgeber von einer täglichen, regelmäßigen Arbeitszeit von 8 Stunden aus, sodass man annehmen kann, dieser regelmäßige 8- Stunden- Tag habe auch der Konzeption des § 3 Abs. 1 BUrlG zugrunde gelegen[143]. Insbesondere dem ArbZG ist eine Monats-, Jahres- oder Lebensarbeitszeit völlig fremd[144]. Im Laufe der Zeit haben sich jedoch Arbeitszeitformen entwickelt, die sich immer mehr vom Normalarbeitsverhältnis des ArbZG entfernt haben. Weder im Gesetz, noch in den meisten Tarifverträgen finden sich Methoden, nach denen sich die Urlaubsdauer bei flexibler Teilzeitarbeit berechnen ließen[145].
Diese durch die zeitliche Entwicklung des arbeitsrechtlichen Lebens entstandene Lükke im Gesetz, deren sich weder der Gesetzgeber, noch diejenigen Tarifvertragspartei-

---

[141] *Sowka/Köster* S. 52.
[142] *Danne* DB 1990, 1965; *Sowka/Köster* S. 52 f.
[143] *Danne* DB 1990, 1965.
[144] *Danne* DB 1990, 1965.
[145] Auch bislang geplante und immer wieder gescheiterte Gesetzesentwürfe sahen in dieser Hinsicht offensichtlich kaum Regelungsbedarf, vgl. *Leinemann*, Festschrift Stahlhacke, S. 317, 318, 326; aber auch *ders.* aaO., S. 317, 326, 328 sieht es offensichtlich nicht als erforderlich an, dass konkrete Berechnungsmethoden gesetzlich festgelegt werden.

en, die keine Regelung getroffen haben, bewusst gewesen sein dürften[146], ist durch die anerkannten Auslegungsmethoden zu schließen.

Hinsichtlich der Lösung dieses Problems besteht keine Einigkeit.

aaa. Lösungsvorschläge, die die Arbeitsstundenzahl berücksichtigen wollen

*Holland* will in den Fallkonstellationen, in denen ein Arbeitnehmer an einigen Tagen in der Woche wie ein Vollzeitarbeitnehmer und an anderen Tagen nur die Hälfte der Arbeitszeit eines Vollzeitarbeitnehmers erbringt, den Urlaubsanspruch auf Halbtage umrechen und auf diese Weise den Urlaub verteilen[147].
Für quasi regelmäßige Teilzeitarbeitsverhältnisse kommt diese Ansicht zu durchaus vertretbaren Ergebnissen. Problematisch sind jedoch diejenigen Arbeitsverhältnisse, die kaum mehr eine Regelmäßigkeit aufweisen.

*Lindena* will Arbeitnehmern, die an einigen Tagen eine höhere Stundenzahl als an anderen arbeiten, einen Urlaubsanspruch in der Weise gewähren, dass eine entsprechende Anzahl von Urlaubstagen für die eine bzw. für die andere Stundenzahl bestehen soll[148]. Arbeite ein Arbeitnehmer also montags und dienstags jeweils 8 Stunden und mittwochs 4 Stunden, so stehe ihm bei einem (bereits verkürzten) Urlaubsanspruch von 18 Tagen pro Jahr ein Freistellungsanspruch für 12 Tage hinsichtlich 8 Stunden und für 6 Tage hinsichtlich 4 Stunden zu[149].
Eine Verpflichtung des Arbeitnehmer, seinen Urlaub so zu legen, wie auch sein Arbeits- bzw. Schichtplan aussieht, kann aber wohl nicht angenommen werden. Wenn man nämlich den Arbeitnehmer, der von Montag bis Donnerstag länger als am Freitag arbeitet, verpflichten würde, seine Urlaubstage in diesem Verhältnis, also im Verhältnis 4 : 1 auf Montage bis Donnerstage einerseits und Freitage andererseits zu legen bzw. den Arbeitnehmer, der im einen Quartal mehr Arbeitsstunden am Tag als in einem anderen Quartal zu leisten hat, verpflichten würde, pro Quartal die gleiche Anzahl von Urlaubstagen zu nehmen, so würde dies zwar zu einer exakt identischen Freistellung wie bei einem Arbeitnehmer führen, dessen Arbeitszeit gleichmäßig verteilt ist. Die Dispositionseinschränkungen, die für den Arbeitnehmer und für den Arbeitgeber daraus resultieren würden, wären aber kaum hinnehmbar und verständlich[150]. Der Vorschlag *Lindenas* versagt im Übrigen, wenn es um völlig unregelmäßige Arbeitszeiten geht.

*Bengelsdorf* stellt die Überlegung in den Mittelpunkt, dass alle Arbeitnehmer, die zum gleichen wöchentlichen Arbeitsvolumen verpflichtet sind, das gleiche Freistellungs-

---

[146] So auch *Bengelsdorf* DB 1988, 1161, 1165.
[147] *Holland* S. 112.
[148] *Lindena*, Die Bank 1995, 324, 327.
[149] *Lindena*, Die Bank 1995, 324, 327.
[150] *Siebel* BB 1987, 2222, 2229.

volumen als Urlaubsanspruch haben müssen[151]. Insbesondere dürfe es keinen Unterschied machen, wie die Arbeitszeit verteilt oder gelagert sei. Dies ergebe sich daraus, dass die Dauer des Urlaubs unabhängig von seiner zeitlichen Lage im vornherein bestimmt werden müsse[152] sowie aus dem allgemeinen arbeitsrechtlichen Gleichbehandlungsgrundsatz, der aus Art. 3 GG, Art. 48 EGV, § 75 BetrVG abgeleitet sei und an den sowohl der Gesetzgeber als auch die Tarifvertragsparteien gebunden seien[153]. Danach sei wesentlich Gleiches gleich und wesentlich Ungleiches ungleich zu behandeln. Eine Ungleichbehandlung wesentlich Gleichen und eine Gleichbehandlung wesentlich Ungleichen könne nur durch einen sachlichen Grund gerechtfertigt werden. Arbeitnehmer mit demselben Arbeitszeitvolumen und mit demselben Urlaubsanspruch in Tagen seien als wesentlich Gleiches gleich zu behandeln. Ein rechtfertigender Grund für eine Ungleichbehandlung hinsichtlich des Freistellungsvolumens sei nicht ersichtlich[154]. Insbesondere läge der sachliche Grund nicht darin begründet, dass die betreffenden Arbeitnehmer eine andere Arbeitsleistung erbringen würden[155]. Eine solche Annahme würde die Bedeutung des Gleichbehandlungsgrundsatzes verkennen. Auch aus § 11 BUrlG ergebe sich nichts anderes, der zwar für die Berechnung des Urlaubsentgeltes, jedoch nicht für diejenige der Urlaubsdauer ein modifiziertes Referenzprinzip anordne[156]. Um den einzelnen Fallgestaltungen gerecht zu werden, müsse daher von einer Urlaubsdauerberechnung in Tagen abgesehen werden. Vielmehr müsse der Urlaubsanspruch in Stunden umgerechnet und auf dieser Basis berechnet werden[157]. Eine konkrete Lösungs- oder Berechnungsmethode legt *Bengelsdorf* jedoch nicht dar.

*Danne* geht im Wesentlichen vom Synallagma zwischen Leistung und Gegenleistung im Arbeitsverhältnis aus. Die Maßeinheit für die Leistungspflicht des Arbeitnehmers stelle die Zeit dar. Beim Urlaub handele es sich um eine Variante des „Lohns ohne Arbeit", wobei sich das vom Arbeitgeber zu zahlende Entgelt nach dem zeitlichen Maß richte, das der Arbeitnehmer schulde. Der Arbeitsvertrag, die Betriebsvereinbarung, der Tarifvertrag oder das Gesetz würden den Umfang des Freistellungsanspruchs für den Arbeitnehmer bestimmen. Dieser sei in Tagen ausgedrückt und da er von feststehenden Tagesarbeitszeiten ausgehe, auch in Stunden festgelegt. Bei unterschiedlichen, aber regelmäßigen Arbeitszeiten an den einzelnen Tagen, wie beispielsweise bei der an einem Wochentag verkürzten Arbeitszeit, müsse entsprechend der Rechtsnatur des Urlaubs auf den konkreten Arbeitsausfall abgestellt und festgestellt werden, wie lange der Arbeitnehmer an dem betreffenden Urlaubstag gearbeitet hätte, wenn er nicht urlaubsbedingt freigestellt gewesen wäre. Eine durchschnittliche Betrachtung sei grundsätzlich nicht möglich, da Urlaub die Befreiung von einer ganz bestimmten Verbind-

[151] *Bengelsdorf* DB 1988, 1161, 1162.
[152] *Bengelsdorf* DB 1988, 1161, 1164.
[153] *Bengelsdorf* DB 1998, 1161, 1162; gegen die Berufung auf den Gleichbehandlungsgrundsatz *Danne* DB 1990, 1965, 1970, der davon ausgeht, dass das entscheidende Argument im arbeitsvertraglichen Synallagma zu suchen ist.
[154] *Bengelsdorf* DB 1988, 1161, 1163.
[155] So aber *LAG Hamm* LAGE § 1 FeiertagslohnzahlungsG Nr. 1.
[156] *Bengelsdorf* DB 1988, 1161, 1163.
[157] *Bengelsdorf* DB 1988, 1161, 1165.

lichkeit bedeute[158]. Auf diese Weise entsprächen sich auch Freistellung und Urlaubsentgelt. Lege ein Arbeitnehmer seinen Urlaub vorwiegend auf Tage, an denen eigentlich weniger Arbeitsstunden zu erbringen wären, so sei sein Freistellungsanspruch trotz Erreichen des tageweisen Urlaubsanspruchs noch nicht aufgebraucht. Dann habe er einen Freistellungsanspruch über den tageweise bemessenen hinaus[159]. Nähme der Arbeitnehmer seinen Urlaub aber vorwiegend an solchen Tagen, an denen die Arbeitsverpflichtung hoch sei, so sei sein Freistellungsvolumen möglicherweise schon eher aufgebraucht als bei einem Arbeitnehmer, der seinen Urlaub gleichmäßig auf Tage mit mehr und weniger Arbeitsstunden verteile. Es bestehe dann nicht einmal ein Anspruch auf unbezahlte Freistellung bis die gesetzlich oder tariflich festgelegte Zahl an Urlaubstagen erreicht sei. Darin liege auch keine unzulässige Verkürzung des gesetzlichen oder tariflichen Urlaubs, sondern lediglich eine Anpassung an die verschiedenen Arbeitszeitmodelle und die Wünsche der Arbeitnehmer im Hinblick auf die Lage ihres Urlaubs[160].

Aus § 12 BUrlG schließt *Danne* weiterhin einen allgemeinen Rechtsgrundsatz, nach dem für die Berechnung des Urlaubsanspruchs der Berechnungszeitraum so bestimmt sein müsse, dass den Besonderheiten des jeweiligen Arbeitsverhältnisses und dem Verhältnis von Leistung und Gegenleistung ausreichend Rechnung getragen werde[161]. Es müsse also, soweit erforderlich, ein besonderes, in der Regel längeres Zeitintervall gewählt werden, um das arbeitsvertragliche Synallagma zu berücksichtigen. Denn die Arbeitspflicht und damit auch die Freistellung könne bei hochflexiblen Arbeitszeitverhältnissen lediglich durch die Wochenarbeitszeit oder eine andere Zeiteinheit und die Arbeitstage ausgedrückt werden[162]. Nur diese stellten eine zuverlässige Größe für Berechnungen dar[163], aufgrund derer die durchschnittliche tägliche Arbeitspflicht und damit auch der Freistellungsanspruch ermittelt werden könne[164]. In bestimmten Fällen ergebe sich das Erfordernis einer Berechnung des Urlaubsanspruchs nach Durchschnittswerten und –arbeitszeiten, da eine willkürlich herausgegriffene Tagesarbeitszeit keinen aussagefähigen Inhalt hätte[165]. Obwohl grundsätzlich eine Durchschnittsbetrachtung nicht zulässig sei, sei sie bei solchermaßen unregelmäßigen Arbeitszeitformen aber nicht vermeidbar. Der Rechtsgedanke des § 12 BUrlG zeige, dass der Urlaubsanspruch nicht strikt an einer Tageseinheit orientiert sei, sondern auch stundenweise und durchschnittliche Urlaubsberechnungen ermögliche[166].

Seine Auffassung sieht *Danne* darin bestätigt, dass im Bundesurlaubsgesetz keine entsprechenden Änderungen für flexible Arbeitszeitmodelle vorgenommen wurden[167]. Er untermauert seine Auffassung außerdem durch einen Vergleich mit dem Urlaubsabgeltungsanspruch nach § 7 Abs. 4 BUrlG. Der Urlaubsabgeltungsanspruch würde bei

---

158 *Danne* DB 1990, 1965, 1967.
159 *Danne* DB 1990, 1965, 1968.
160 *Danne* DB 1990, 1965, 1971.
161 *Danne* DB 1990, 1965, 1968.
162 *Danne* DB 1990, 1965, 1970.
163 *Danne* DB 1990, 1965, 1967.
164 *Danne* DB 1990, 1965, 1970.
165 *Danne* DB 1990, 1965, 1971.
166 *Danne* DB 1990, 1965, 1968.
167 *Danne* DB 1990, 1965, 1968.

Beendigung des Arbeitsverhältnisses noch für einen so langen Zeitraum bezahlt werden, wie ein Urlaubsanspruch bestanden hätte. Das zu zahlende Tagesentgelt entspreche dem durchschnittlichen Tagesverdienst, der sich aus der durchschnittlichen Tagesarbeitszeit und diese wiederum aus der Wochenarbeitszeit ergebe. Es könne nicht angehen, dass derjenige, der aus dem Arbeitsverhältnis ausscheide anders als derjenige, der im Arbeitsverhältnis verbleibe, behandelt würde. Die Höhe des Urlaubsabgeltungsanspruchs und damit auch des Urlaubsanspruchs ergebe sich somit aus der durchschnittlichen Tagesarbeitszeit, multipliziert mit den (abzugeltenden) Urlaubstagen in Arbeitsstunden. Nichts anderes könne für den Urlaubsanspruch selbst gelten. Denn der Abgeltungsanspruch stelle lediglich ein Synallagma des Urlaubsanspruchs dar[168].
Bei den *KAPOVAZ-* Arbeitsverhältnissen will *Danne* hinsichtlich des täglichen Freistellungsanspruchs eine Durchschnittsberechnung vornehmen. Denn nur auf diese Weise würde das arbeitsvertragliche Synallagma erhalten bleiben[169]. Zwar käme es grundsätzlich auf die konkrete Freistellung von der Arbeitspflicht an, diese sei im Fall der KAPOVAZ aber in aller Regel nicht bestimmbar.
Beim *Jobsharing* geht *Danne* davon aus, dass im Fall von unterschiedlichen Tagesarbeitszeiten die Jobsharer zusammen so viel Urlaub in Stunden wie ein Vollzeitarbeitnehmer erhalten. Der Urlaubsanspruch des einzelnen Jobsharers richte sich nach seinem Anteil an dem Gesamtarbeitsplatz. Bei einer ganztägigen, aber nicht täglichen Beschäftigung soll der Jobsharer einen anteiligen Urlaubsanspruch haben, der dem Umfang seiner Arbeitsverpflichtung entspreche. Arbeite jeder Jobsharer täglich, aber nur für einen Bruchteil des Tages, so will er jedem zwar die volle Anzahl an Urlaubstagen gewähren; diese sollen aber nur den entsprechenden Teil des Arbeitstages erfassen, an dem der Arbeitnehmer zu arbeiten hätte[170]. Bei unterschiedlichen Tagesarbeitszeiten soll es auf eine durchschnittliche Betrachtungsweise ankommen[171].
Bei der *gleitenden Arbeitszeit* trifft *Danne* eine Unterscheidung zwischen den verschiedenen Formen der Gleitzeitarbeit. Bei der einfachen gleitenden Arbeitszeit würden zur üblichen Urlaubsberechnung keine Unterschiede bestehen. Denn es werde ja täglich die gleiche Anzahl an Arbeitsstunden erbracht. Bei der gleitenden Arbeitszeit mit Zeitausgleich können täglich unterschiedliche Arbeitszeiten anfallen. *Danne* will deshalb auch hier eine Durchschnittsberechnung vornehmen und die auf diese Weise errechnete Arbeitszeit als Freistellungszeit ansetzen. Hiervon will er selbst dann nicht abweichen, wenn sicher ist, dass der Arbeitnehmer an dem betreffenden Urlaubstag mehr oder weniger als den errechneten Wochenstundenbruchteil gearbeitet hätte. Denn die Arbeitsleistung, von welcher der Arbeitnehmer befreit werde, werde durch die Anzahl der Wochenstunden bestimmt[172].
Problematisch ist an dieser Ansicht meines Erachtens, dass zum einen die Anzahl der gesetzlichen Urlaubstage nach § 3 Abs. 1 BUrlG als Grenze für einen Freistellungsanspruch verwandt wird, zum anderen diese Grenze keine Bedeutung haben soll und es

---

[168] *Danne* DB 1990, 1965, 1970.
[169] *Danne* DB 1990, 1965, 1969.
[170] *Danne* DB 1990, 1965, 1969.
[171] *Danne* DB 1990, 1965, 1969.
[172] *Danne* DB 1990, 1965, 1969.

unter Umständen sogar zu einer Verkürzung des gesetzlichen Mindesturlaubsanspruchs kommen kann.

Nach *Siebel* müssen systemwidrige Zufallsergebnisse sowie Vor- oder Nachteile für den Arbeitnehmer in einem flexiblen Arbeitszeitverhältnis vermieden werden. Deshalb sei der Urlaubsanspruch nach Stunden zu bemessen und für jeden Urlaubstag eine Anrechnung derjenigen Stunden vorzunehmen, die der Arbeitnehmer hätte arbeiten müssen. Es soll also bei einem Arbeitnehmer, der an einigen Tagen in der Woche eine erhöhte Arbeitsstundenverpflichtung hat als an anderen Tagen, die jeweils entsprechende Stundenzahl berücksichtigt werden. Der Arbeitnehmer mit flexibler Arbeitszeit müsse im Verhältnis zu einem Arbeitnehmer mit gleichmäßiger Arbeitszeit einen entsprechenden Anspruch auf Urlaubsstunden haben[173]. Dies könnte dazu führen, dass die Anzahl der gesetzlichen oder tariflichen Urlaubstage über- bzw. unterschritten werde. Letzteres sei zwar problematisch, finde jedoch aufgrund der Schicht- und Arbeitspläne zwangsläufig einen Ausgleich[174].
Mit dem Gesetz nicht mehr zu vereinbaren ist indes die Unterschreitung des gesetzlichen Mindesturlaubs.

Auch *Schüren* will bei hochflexiblen Arbeitszeitformen eine Urlaubsdauerberechnung in Stunden vornehmen. Dazu sei das Gesamtarbeitsdeputat des Teilzeitarbeitnehmers in Stunden zu dem eines Vollzeitarbeitnehmers in Stunden ins Verhältnis setzen und mit dem Urlaubsanspruch des Vollzeitarbeitnehmers in Stunden zu multiplizieren. Die Urlaubsgewährung erfolge durch eine Verminderung des Arbeitsdeputats um die Urlaubsstundenzahl[175].

*Sowka/Köster* wollen bei ungleichmäßiger Verteilung der Arbeitszeit auf die einzelnen Wochentage eine Umrechnung des Urlaubsanspruchs in Stunden vornehmen. Dazu solle der in Werktagen festgesetzte Urlaubsanspruch durch die Zahl der Arbeitstage pro Woche geteilt werden und mit der individuellen Wochenarbeitszeit (in Stunden) multipliziert werden. Daraus ergebe sich für den Arbeitnehmer sein individueller Freistellungsanspruch in Stunden. Von diesem Urlaubsstundenvolumen sei pro Urlaubstag diejenige Anzahl an Stunden abzuziehen, die auf den konkreten Tag als Arbeitszeit entfallen würden[176]. Dies führe zu einer urlaubsmäßigen Befreiung nach Stunden, die derjenigen eines Arbeitnehmers entspräche, der sich in einem regelmäßigen Arbeitszeitmodell befinde. Die Anzahl der Urlaubstage könne demgemäß aber von Arbeitnehmer zu Arbeitnehmer unterschiedlich ausfallen[177]. Stehe die Verteilung der Arbeitsstunden auf die einzelnen Arbeitstage nicht von vornherein fest, sei für jeden gewährten Urlaubstag der in Stunden berechnete Urlaubsanspruch um die Stundendauer zu kürzen, die durchschnittlich auf den einzelnen Arbeitstag als Arbeitszeit entfalle. Das individuelle Urlaubsstundenguthaben sei dann durch die Anzahl der Urlaubstage

[173] *Siebel* BB 1987, 2222, 2230.
[174] *Siebel* BB 1987, 2222, 2229.
[175] MünchHdb ArbR/*Schüren* § 165 Rn. 78.
[176] *Sowka/Köster* S. 53.
[177] *Sowka/Köster* S. 55.

zu dividieren, auf die Vollzeitarbeitnehmer einen Anspruch haben[178]. Dies ergebe die Stundenzahl, um welche die Urlaubsmenge pro Urlaubstag zu kürzen sei. Diese Lösung stehe nicht im Widerspruch zu der Forderung, dass während des Urlaubs eine Befreiung von der konkret zu erbringenden Arbeitsleistung erfolgen müsse. Denn die Durchschnittsberechnung diene lediglich der Herstellung eines Vergleichsmaßstabes. Die wöchentliche Dauer der Arbeitszeit sei insbesondere nicht synallagmatisch zur Urlaubsdauer, da sie nicht von der Erbringung einer Arbeitsleistung abhängig sei. Zwar könne die Anzahl der realisierungsfähigen Urlaubstage unterschiedlich ausfallen, die aufgezeigte Berechnung führe jedoch dazu, dass vergleichbare Arbeitnehmer den gleichen Anspruch auf Urlaub in Stunden haben[179].
Problematisch an dieser Ansicht ist, dass die Anzahl der Urlaubstage bei vergleichbaren Arbeitnehmern unterschiedlich sein können. Die Dauer des Urlaubs in Tagen muss aber schon von vornherein erkennbar sein, wie sich aus § 3 Abs. 1 BUrlG ergibt. Außerdem kann es auf diese Weise zu einer Unterschreitung des gesetzlichen Mindestfreistellungsanspruchs kommen, was nach § 13 Abs. 1 BUrlG vom Gesetzgeber aus Gründen des Arbeitnehmerschutzes nicht akzeptiert wird. Insoweit steht die Ansicht von *Sowka/Köster* mit dem Gesetz nicht in Einklang.

Nach *Ziepke* müssen Arbeitnehmer, die zur gleichen individuellen regelmäßigen wöchentlichen Arbeitsstundenzahl verpflichtet sind, aufgrund des arbeitsrechtlichen Gleichbehandlungsgrundsatzes den gleichen Urlaubsanspruch haben, selbst wenn ihre wöchentliche Arbeitszeit unterschiedlich verteilt sei[180]. Er schlägt bei unterschiedlicher Verteilung der Arbeitszeit auf die verschiedenen Wochentage vor, pro Urlaubstag einen Bruchteil der Arbeitstage pro Woche – bei einer Fünf- Tage- Woche also 1/5 – der individuellen regelmäßigen wöchentlichen Arbeitszeit gutzuschreiben. Ergebe sich auf diese Weise eine Zeitschuld oder ein Zeitguthaben zur Arbeitszeit, die während des Urlaubs zu leisten gewesen wäre, sei ein nachträglicher Zeitausgleich vorzunehmen, sodass weder Vor- noch Nachteile für den Arbeitnehmer entstünden[181].
Gegen diese Ansicht wendet sich das BAG[182]. Denn die „Ist- Arbeitszeit", aus der wiederum die Tage des Freizeitausgleichs ermittelt werden, könne nur eine „geplante und im Voraus festgelegte Arbeitszeit" sein, welche die tägliche Dauer der Arbeitszeit bestimme. Von dieser Arbeitszeit sei der Arbeitnehmer während seines Urlaubs befreit und diese Zeit gelte als abgegolten. Würde man keine vollumfängliche Anrechnung vornehmen, dann wäre der Arbeitnehmer nach seinem Urlaub zur Nachleistung verpflichtet. Im Übrigen erfolge die Freistellung im Urlaub nach Tagen und nicht nach einzelnen Stunden. Damit müssten diejenigen Stunden als abgeleistet gelten, die während des Urlaubs des Arbeitnehmers tatsächlich zu leisten gewesen wären.

*Mikosch* und *Meyer* wollen bei hochflexiblen Arbeitszeitformen keine Umrechnung des Urlaubsanspruchs entsprechend des vereinbarten Arbeitsdeputats vornehmen.

---

[178] *Sowka/Köster* S. 53.
[179] *Sowka/Köster* S. 55.
[180] *Ziepke* § 13 Anm. 6 II 4c.
[181] *Ziepke* § 13 Anm. 6 III 4.
[182] *BAGE* 63, 274, 282.

Denn an welchen Tagen der Arbeitnehmer hätte arbeiten müssen, stehe hier gerade nicht fest. Der Arbeitnehmer sei vielmehr für den Zeitraum von der Arbeit freizustellen, der für einen Vollzeitarbeitnehmer maßgeblich sei. Während dieser Zeit könne der Arbeitnehmer nicht zur Arbeit herangezogen werden[183]. Das Arbeitsdeputat sei pro Urlaubstag um den Wert zu mindern, der sich aus einer durchschnittliche Heranziehung zur Arbeit ergebe[184].

Ist das Arbeitsdeputat ausnahmsweise lediglich nach Stunden bemessen, so soll sich nach verbreiteter Ansicht die Höhe des Urlaubsanspruchs nach dem Verhältnis der Arbeitsstundenzahl eines Vollzeit- und eines Teilzeitarbeitnehmers richten[185].

bbb. Lösungsvorschläge, welche die Arbeitsstundenzahl nicht berücksichtigen wollen

Gegen die Berechnung und Gewährung des Urlaubsanspruchs in Stunden spricht jedoch, dass das für den Mindesturlaubsanspruch nach dem BUrlG geltende sog. Tagesprinzip eine Freistellung von der Arbeitspflicht nach Tagen in § 3 Abs. 1 BUrlG zwingend vorsieht. Eine Einteilung des Urlaubsanspruchs nach kleineren Zeiteinheiten oder ein Urlaubsdeputat auf Stundenbasis ist insoweit ausgeschlossen[186], da dies im Hinblick auf den unabdingbaren Mindesturlaub eine unzulässige Abweichung zu Lasten des Arbeitnehmers darstellen würde[187]. Insbesondere ist es für den Urlaubstag als solchen nicht entscheidend, wie viel Arbeitsstunden durch den Urlaub konkret ausfallen[188]. Dies hat lediglich Bedeutung bei der Bestimmung der Anzahl der gutzuschreibenden Arbeitsstunden und der Höhe des fortzuzahlenden Urlaubsentgelts. Denn der Arbeitnehmer kann nur verlangen, eine Entgeltfortzahlung in Höhe derjenigen Stunden zu erhalten, die er ohne den Urlaub hätte arbeiten müssen[189]. Dass sich der Arbeitnehmer für seinen Urlaub einen besonders günstigen Zeitraum aussuchen wird, ändert an der Verneinung der stundenweisen Berechnung des Urlaubsanspruchs nichts[190], zudem dies in gewissem Maße schon durch § 7 Abs. 2 BUrlG verhindert wird[191].
Der Ablehnung der Urlaubsdauerberechnung in Stunden steht auch nicht entgegen, dass sich bei der Umrechnung von Urlaubstagen Bruchteile ergeben können, die letzt-

---

[183] *Meyer* S. 140; GK- TzA/*Mikosch* § 4 BeschFG Rn. 111.
[184] *Meyer* S. 140; GK- TzA/*Mikosch* § 4 BeschFG Rn. 113.
[185] GK- TzA/*Lipke* § 2 BeschFG Rn. 179; *Löwisch* RdA 1984, 197, 202; *Löwisch/Schüren* BB 1984, 925, 930.
[186] ErfK/*Dörner* § 3 BUrlG Rn. 9; *Krasshöfer* AuA 1995, 299, 303; MünchHdb ArbR/*Leinemann* § 89 Rn. 67; *Leinemann/Linck* § 3 Rn. 33, 34; Kasseler Handbuch/*Linck* 2.4 Rn. 259; Kasseler Handbuch/*Schütz* 2.4 Rn. 207; Schütz/Hauck/*Schütz* Rn. 260.
[187] Kasseler Handbuch/*Linck* 4.2 Rn. 260.
[188] *BAGE* 63, 274, 282; *Langmaack* Rn. 303; Kasseler Handbuch/*Linck* Bd. 2, 2.4 Rn. 248; *Leinemann/Linck* § 3 Rn. 34; Kasseler Handbuch/*Schütz* 2.4 Rn. 208; Schütz/Hauck/*Schütz* Rn. 260.
[189] *Krasshöfer* AuA 1995, 299, 302; Kasseler Handbuch/*Linck* Bd. 2, 2.4, Rn. 248.
[190] MünchHdb ArbR/*Leinemann* § 89 Rn. 67; *Leinemann/Linck* § 3 Rn. 34; Kasseler Handbuch/*Schütz* 2.4 Rn. 207; Schütz/Hauck/*Schütz* Rn. 261.
[191] ErfK/*Dörner* § 3 BUrlG Rn. 24.

lich nichts anderes als eine stundenweise Freistellung bedeuten. Diese stellen nur „Reste“ von vollständigen Urlaubstagen dar, die zwangsläufig aufgrund der Umrechnung des Urlaubsanspruchs entstehen[192] und ohne Auf- und Abrundung als solche zu gewähren sind[193].
Auch wenn lediglich ein stundenmäßiges Arbeitsdeputat oder ein Jahresstundendeputat vereinbart ist, muss eine Urlaubsdauerberechnung nach Tagen vorgenommen werden, indem durch ergänzende Vertragsauslegung die Verteilung des Arbeitsdeputats auf die Wochenarbeitstage ermittelt wird. Die bisherige Vertragsdurchführung kann dabei Berücksichtigung finden[194]. Lässt sich aus der Vergangenheit keine Erkenntnis gewinnen, ob, wann und in welchem Umfang der Arbeitnehmer gearbeitet hätte, so muss meines Erachtens eine Durchschnittsbetrachtung vorgenommen werden. Dem Arbeitnehmer ist dann – trotz seiner Teilzeittätigkeit – der einem Vollzeitarbeitnehmer zustehende Urlaubsanspruch zuzubilligen. Er muss sich aber auch arbeitsfreie Tage auf seinen Urlaubsanspruch anrechnen lassen. Pro Urlaubstag ist das Arbeitsdeputat um den Wert zu reduzieren, der durchschnittlich auf einen Arbeitstag entfällt und in gleicher Höhe gilt die Arbeit als geleistet. Die Freistellung erfolgt ebenfalls pro Tag um einen durchschnittlichen Wert. Zwar wird auf diese Weise nicht eine Freistellung von der konkreten Arbeitspflicht vorgenommen. Da eine solche in den problematischen Fällen gar nicht feststellbar ist und dem Arbeitnehmer aber auch der Urlaubsanspruch nicht versagt werden darf, muss auf eine derartige Durchschnittsbetrachtung zurückgegriffen werden. Problematisch ist, ob sich aus der Vorschrift des § 12 TzBfG Abweichungen ergeben. Denn möglicherweise ist der errechnete Durchschnittswert geringer als in § 12 Abs. 1 S. 4 TzBfG vorgesehen und unter Umständen ist auch die Ankündigungsfrist des § 12 Abs. 2 TzBfG nicht eingehalten, insbesondere wenn der Urlaub kurzfristig eingereicht und genehmigt wird. Nach meinem Dafürhalten kann sich aus § 12 Abs. 1 S. 4 TzBfG nichts anderes ergeben, da eine Durchschnittsbetrachtung einen Kompromiss darstellt, der hier jedoch nicht zu einer Verkürzung der Rechte des Arbeitnehmers führt. Im Hinblick auf § 12 Abs. 2 TzBfG wird sich allerdings der Arbeitgeber auf den Standpunkt stellen, dass – sofern die Frist des § 12 Abs. 2 TzBfG nicht eingehalten wäre – ohnehin keine Arbeit erfolgt wäre und ein Urlaubsanspruch ausscheide. Man muss insoweit jedoch das Gesamtkonzept der Durchschnittsberechnung betrachten, durch die – wie beispielsweise hinsichtlich § 12 Abs. 1 S. 4 TzBfG – ohnehin keine mit der Realität in Übereinstimmung zu bringende Lage geschaffen werden kann. Man kann eine Durchschnittsbetrachtung nicht in Einzelfällen durchbrechen und auf die konkreten Umstände abstellen, da ansonsten weder ein stimmiges Ergebnis erzielt noch die Rechtssicherheit gestärkt würde.

Tarifvertraglich kann eine anderweitige Berechnungsregelung vereinbart werden. Es darf allerdings dabei nicht der gesetzliche Mindesturlaub unterschritten werden[195]. Für den den gesetzlichen Mindesturlaub übersteigenden Urlaub kann eine anderweitige

---

[192] Kasseler Handbuch/*Schütz* 2.4 Rn. 209; Schütz/Hauck/*Schütz* Rn. 262.

[193] ErfK/*Dörner* § 3 BUrlG Rn. 10; MünchHdb ArbR/*Leinemann* § 89 Rn. 67; **a. A.**: *Ziepke* § 13 Anm. 6 II 3.

[194] *Leinemann/Linck* § 3 Rn. 34; Kasseler Handbuch/*Linck* 2.4 Rn. 261.

[195] *Schaub* § 102 Rn. 43.

Berechnungsweise vereinbart werden und ggf. kann auch eine stundenweise Berechnung erfolgen[196].

Bei Vereinbarung von flexibler Teilzeitarbeit ist es erforderlich, auch Regelungen hinsichtlich des Urlaubs aufzunehmen. Denn die urlaubsrechtlichen Normen werden nicht aufgrund der Flexibilisierung sinnlos[197], sondern ihre Bedeutung ist vielmehr in besonderer Weise zur Geltung zu bringen[198].

## 7. Urlaubsdauerberechnung bei einem Wechsel von Vollzeittätigkeit in Teilzeittätigkeit und umgekehrt

Besondere Probleme ergeben sich, wenn ein Arbeitnehmer von einer Vollzeittätigkeit in eine Teilzeittätigkeit und umgekehrt wechselt[199].
Um Berechnungsprobleme zu vermeiden, empfiehlt es sich, noch vor dem Wechsel den Urlaub vollständig zu gewähren[200].

Nach einer Ansicht soll lediglich der Urlaub für die Zukunft neu berechnet werden, nicht aber der Urlaub für die Vergangenheit. Denn es sei nicht einzusehen, dass derjenige Arbeitnehmer, der vollständig aus dem Arbeitsverhältnis ausscheide einen Urlaubsabgeltungsanspruch in voller Höhe erhalten, während derselbe Urlaubsanspruch eines Arbeitnehmers, dessen Arbeitszeitumfang reduziert werde, teilweise verloren gehen soll[201]. Auch bei einer Übertragung des Urlaubs in das nächste Kalenderjahr verlängere sich das ursprüngliche Urlaubsjahr und der Rechtscharakter „Alturlaub" bliebe erhalten. Der „Neuurlaub" trete lediglich zum „Alturlaub" nach den für das neue Urlaubsjahr geltenden Grundsätzen hinzu[202]. Nichts anderes könne bei einem Wechsel des Arbeitszeitmodells gelten.

Nach richtiger Ansicht richtet sich die Höhe des zu gewährenden Urlaubs nach der aktuell geschuldeten Arbeitsleistung[203]. Denn es besteht eine Identität zwischen dem

---

196 Schütz/Hauck/*Schütz* Rn. 271.
197 *Reichold* NZA 1998, 393, 400.
198 *Reichold*, Wiese- Festschrift S. 407, 422; **a. A.**: *Then*, der künftig lediglich die Jahresarbeitszeit in den Mittelpunkt von Arbeits- und Tarifverträgen stellen, die Urlaubsvergütung auf das Jahreseinkommen umrechnen und monatlich vergüten will. Eine Regelung der „Nicht- Arbeitszeit" sieht er als nicht erforderlich an.
199 Zur Frage, ob der Wechsel von Vollzeitarbeitnehmern oder klassischen Teilzeitarbeitnehmern zu den flexiblen Formen der Teilzeitarbeit eine Versetzung im Sinne des § 99 BetrVG darstellt, vgl. GK-TzA/*Danne* § 5 BeschFG Rn. 164.
200 GK- TzA/*Lipke* § 2 BeschFG Rn. 180.
201 *Dersch/Neumann* § 7 Rn. 68; ErfK/*Dörner* § 7 BUrlG Rn. 65; NA/*Frey* B Rn. 42; *Holland* S. 115, auch hinsichtlich des Urlaubsentgeltanspruchs; *Schaub* § 102 Rn. 77; in diesem Sinne wohl auch *Nicolai* ZfA 1999, 617, 654.
202 *Hohmeister* BB 1999, 798 f.
203 *BAG* DB 1999, 54; MünchHdb ArbR/*Leinemann* § 89 Rn. 65; GK- TzA/*Lipke* § 2 BeschFG Rn. 181; dies wird offenbar von *Krasshöfer* AuA 1995, 299, 302 verkannt; **a. A.**: ErfK/*Dörner* § 3 BUrlG

aus der ursprünglichen Arbeitszeitform übertragenen Urlaubsanspruch und dem nunmehr maßgeblichen Urlaubsanspruch[204]. Ohne Einfluss bleibt, dass der Arbeitnehmer ursprünglich einen höheren oder niedrigeren Urlaubsanspruch hatte. Denn der Urlaubsanspruch stellt keine Gegenleistung für eine erbrachte oder noch zu erbringende Arbeitsleistung dar. Der Urlaub wird nicht durch entsprechende Arbeitsleistung verdient, sondern es handelt sich um einen gesetzlichen Freistellungsanspruch. Dieser Freistellungsanspruch richtet sich aber nach der Arbeitsleistung, die zur Zeit der Urlaubsgewährung geschuldet ist[205]. Es wird also keine Änderung des Urlaubsanspruchs vorgenommen, sondern es ändert sich lediglich die Berechnung der Urlaubstage[206]. Letztlich gestaltet sich der Wechsel von einer Arbeitszeitform zur anderen wie eine ungleichmäßige Verteilung der Arbeitszeit im gesamten Kalenderjahr. Es müssen also die individuellen Arbeitstage zu den Werk- bzw. Arbeitstagen eines Vollzeitarbeitnehmers in Beziehung gesetzt werden und mit dem Urlaubsanspruch eines Vollzeitarbeitnehmers multipliziert werden[207].

Diese Grundsätze gelten auch für Urlaubsansprüche, die den gesetzlichen Mindesturlaub übersteigen, es sei denn es ist eine anderweitige Regelung vorgesehen[208].

## II. Urlaubsentgeltberechnung

### 1. Wesen des Urlaubsentgelts

Die Berechnung des Urlaubsentgelts ist in § 11 BUrlG geregelt. Der Anspruch auf Urlaubsentgelt ist kein eigenständiger Anspruch, sondern dem Arbeitnehmer wird vielmehr sein gewöhnliches Entgelt während der Urlaubsdauer weiterhin bezahlt[209]. Die Gewährung des Urlaubs beeinflusst die Pflicht des Arbeitgebers zur Entgeltzahlung somit nicht[210]. Denn die durch den Urlaub bezweckte Erholung des Arbeitnehmers kann nur dann gewährleistet werden, wenn ihm auch das erforderliche Geld zur Bestreitung seines Lebensunterhalts zur Verfügung steht[211]. Der Anspruch auf Urlaubsentgelt ist kein Bestandteil oder Wesenselement des Urlaubsanspruchs[212]. Dieser ist

---

Rn. 26; § 7 BUrlG Rn. 65, der den Urlaubsanspruch entsprechend den verschiedenen Abschnitten gesondert berechnen will.

[204] *BAG* NZA 1999, 156, 157.

[205] GK- TzA/*Lipke* § 2 BeschFG Rn. 181.

[206] MünchHdb ArbR/*Leinemann* § 89 Rn. 65; *Leinemann/Linck* § 3 Rn. 53 ff; Schütz/Hauck/*Schütz* Rn. 258.

[207] Vgl. zur Berechnungsweise *Busch* NZA 1996, 1246, 1248.

[208] GK- TzA/*Lipke* § 2 BeschFG Rn. 182.

[209] *BAGE* 63, 181, 183; *BAG* NZA 1993, 750; *Busch* NZA 1996, 1246; *Deister* Rn. 226; *Langmaack* Rn. 319; Schütz/Hauck/*Schütz* Rn. 96, 676 f; *Sowka/Köster* S. 50.

[210] MünchHdb ArbR/*Leinemann* § 89 Rn. 6.

[211] *Deister* Rn. 227.

[212] *BAGE* 63, 181, 183; 76, 359, 363; *BAG* NZA 1995, 477, 478; ErfK/*Dörner* § 1 EFZG Rn. 13; *Krasshöfer* AuA 1995, 299; *Leinemann/Linck* § 11 Rn. 1; Kasseler Handbuch/*Schütz* 2.4 Rn. 597; a. A.: *Hohmeister* BB 1995, 2110, 2111; *Trieschmann* BB 1956, 372, 373.

nämlich lediglich ein Anspruch auf bezahlte Freistellung von der Arbeit, während die übrigen Pflichten aus dem Arbeitsverhältnis nicht beeinflusst werden. Damit beruht der Anspruch auf Urlaubsentgelt nicht auf § 11 BUrlG, sondern auf § 611 Abs. 1 BGB i. V. m. § 1 BUrlG. Es besteht eine Identität zwischen dem gewöhnlichen Entgelt und dem Urlaubsentgelt. § 11 BUrlG enthält damit keine Anspruchsgrundlage. Aus § 1 BUrlG ergibt sich vielmehr, dass dem Arbeitnehmer trotz Nichterbringung seiner Arbeitsleistung entgegen § 326 Abs. 1 S. 1 BGB der Vergütungsanspruch erhalten bleibt. Der Arbeitnehmer wird demnach von einer Verbindlichkeit befreit, ohne dass die Verbindlichkeit des Arbeitgebers ebenfalls erlöschen würde. Es handelt sich also um einen Lohnfortzahlungsanspruch. Inwieweit der Arbeitnehmer von seiner Arbeit freigestellt wird und inwieweit der Arbeitgeber „Lohn ohne Arbeit" zahlen muss, richtet sich danach, was der Arbeitnehmer als Arbeitsleistung schuldet, also nach einem bestimmten zeitlichen Maß. Diesem entspricht grundsätzlich die vom Arbeitgeber zu zahlende Vergütungspflicht in Geld[213].

In § 11 BUrlG ist eine tarifdispositive, im Übrigen aber verbindliche Berechnungsregelung zu sehen[214], durch die in § 11 Abs. 2 BUrlG lediglich die Fälligkeitsregel des § 614 BGB abgeändert wird[215]. Sinn und Zweck der Berechnungsmethode nach § 11 Abs. 1 S. 1 BUrlG ist es, den Arbeitsvertragsparteien ein einfaches und schnell anwendbares Berechnungsverfahren an die Hand zu geben[216]. Tarifvertraglich kann vom so genannten Referenzprinzip abgewichen werden, § 13 Abs. 1 S. 1 BUrlG. So kann eine andere Berechnungsmethode, beispielsweise das Lohnausfallprinzip, bei dem es darauf ankommt, was der Arbeitnehmer während seines Urlaubs verdient hätte[217], eine abstrakte Berechnungsmethode oder ein anderer Bezugszeitraum gewählt werden[218]. Bei der Auswahl der Berechnungsmethoden haben die Tarifparteien einen weiten Spielraum[219]. Es dürfen aber allenfalls nur geringe Lohnminderungen eintreten, damit der Grundsatz des bezahlten Urlaubs gemäß § 1 BUrlG erhalten bleibt[220]. Hierbei kommt es nach neuerer Ansicht nicht auf den Lebensstandard des Arbeitnehmers, sondern darauf an, dass der Rahmen des § 11 BUrlG eingehalten wird[221]. Das sog. Lebensstandardprinzip hat keine Bedeutung mehr[222]. Denn die Grenzen tarifvertraglicher Regelungsmacht ergeben sich nicht aus einem Lebensstandardprinzip, sondern aus §§ 1, 11 BUrlG[223]. Der Anspruch des Arbeitnehmers auf Fortzahlung des Arbeitsentgelts

---

[213] *Danne* DB 1990, 1965, 1967.
[214] ErfK/*Dörner* § 11 BUrlG Rn. 3; GK- TzA/*Lipke* § 2 BeschFG Rn. 183; Schütz/Hauck/*Schütz* Rn. 683.
[215] Schütz/Hauck/*Schütz* Rn. 99.
[216] *BAG* DB 1966, 1140.
[217] *BAGE* 49, 370, 375; *Babl* S. 123; Kempen/Zachert/*Zachert* TVG, § 1 Rn. 134; GK- TzA/*Lipke* § 2 BeschFG Rn. 192; Schütz/Hauck/*Schütz* Rn. 772.
[218] *BAGE* 67, 94 f; *BAG* DB 1986, 2291; Schütz/Hauck/*Schütz* Rn. 772.
[219] *BAG* DB 2002, 1835, 1837; Kempen/Zachert/*Zachert* TVG, § 1 Rn. 134.
[220] *Babl* S. 123; Kempen/Zachert/*Zachert* TVG, § 1 Rn. 134.
[221] *Leinemann/Linck* § 11 Rn. 15; Schütz/Hauck/*Schütz* Rn. 771; **a. A.:** *Deister* Rn. 227.
[222] ErfK/*Dörner* § 11 BUrlG Rn. 6.
[223] *BAGE* 61, 1, 5; MünchHdb ArbR/*Leinemann* § 90 Rn. 12; vgl. zur Entwicklung der Rechtsprechung MünchHdb ArbR/*Leinemann* § 90 Rn. 8 ff.

trotz Nichtleistung der Arbeit darf also nicht angetastet werden[224]. Diese Restriktionen gelten lediglich für den gesetzlichen Mindesturlaub, nicht für einen darüber hinausgehenden Urlaub. Insoweit steht es den Tarifparteien frei, wie sie diesen Urlaubsanspruch ausgestalten wollen[225].
Einzelvertraglich oder durch Betriebsvereinbarung können vom BUrlG abweichende Regelungen nur vereinbart werden, wenn sie für den Arbeitnehmer nicht ungünstiger sind, § 13 Abs. 1 S. 3 BUrlG. Der Bezugszeitraum kann dementsprechend nur dann verändert werden, wenn dies für den Arbeitnehmer nicht ungünstiger ist, so beispielsweise bei stark schwankenden Bezügen[226]. Beachtenswert ist allerdings, dass § 13 Abs. 1 S. 3 BUrlG solche Regelungen zulässt, die zwar nicht ungünstiger, aber auch nicht günstiger für den Arbeitnehmer sind. Dies kann bei neutralen Regelungen Bedeutung erlangen, so beispielsweise bei der Festlegung der Dauer des Bezugszeitraums[227].

### 2. Berechnung des Urlaubsentgeltes

Das zu zahlende Urlaubsentgelt setzt sich aus dem Produkt eines Geld- und eines Zeitfaktors zusammen[228], wobei lediglich der Geldfaktor in § 11 BUrlG geregelt ist[229]. Dieser errechnet sich nach § 11 BUrlG aus dem Durchschnittsverdienst der letzten dreizehn Wochen, die vor Beginn des Urlaubs lagen, sog. Bezugsmethode[230]. Der Geldfaktor besagt also, wie der Durchschnittslohn während des Bezugszeitraums zu berechnen ist und damit auch, mit welchem Geldbetrag die ausgefallene Arbeitszeit zu vergüten ist[231]. Der nicht geregelte Zeitfaktor trifft eine Aussage darüber, wie viel an

---

[224] *BAG* DB 2002, 1835, 1837; Schütz/Hauck/*Schütz* Rn. 766.

[225] MünchHdb ArbR/*Leinemann* § 90 Rn. 14; *Leinemann/Linck* § 11 Rn. 17; Schütz/Hauck/*Schütz* Rn. 769, 776.

[226] *Dersch/Neumann* § 11 Rn. 24; Schütz/Hauck/*Schütz* Rn. 775; GK- BUrlG/*Stahlhacke* § 11 Rn. 24; a. A.: *Leinemann/Linck* § 11 Rn. 49.

[227] Schütz/Hauck/*Schütz* Rn. 908; gemäß § 13 Abs. 1 S. 2 BUrlG kann allerdings *einzelvertraglich* die Übernahme tariflicher Urlaubsregelungen vereinbart werden, auch wenn sie für den Arbeitnehmer ungünstiger sind. Erforderlich ist aber, dass das Arbeitsverhältnis unter den Geltungsbereich des Tarifvertrages fallen würde, wenn beiderseitige Tarifgebundenheit bestünde. Durch *Betriebsvereinbarung* können materielle tarifliche Arbeitsbedingungen nicht auf alle Arbeitnehmer ausgedehnt werden. Dem steht § 77 Abs. 3 BetrVG entgegen. Etwas anderes gilt dann, wenn eine tarifliche Öffnungsklausel vorhanden ist.

[228] *BAGE* 78, 188, 197, 200, 208; *Busch* NZA 1996, 1246; ErfK/*Dörner* § 11 BUrlG Rn. 5; *Heise/Lessenich/Merten* Rn. 165; MünchHdb ArbR/*Leinemann* § 90 Rn. 15 ff; *Leinemann/Linck* § 11 Rn. 6; Kasseler Handbuch/*Schütz* 2.4 Rn. 600; Schütz/Hauck/*Schütz* Rn. 680; dies verkennt offenbar *Seiter* AR- Blattei Teilzeitarbeit C VI 4b.

[229] *Busch* NZA 1996, 1246; *Heise/Lessenich/Merten* Rn. 165; *Leinemann/Linck* § 11 Rn. 8; Kasseler Handbuch/*Schütz* 2.4 Rn. 603.

[230] *BAGE* 18, 12, 14; GK- TzA/*Danne* § 5 BeschFG Rn. 123; *Meyer* S. 140; *Neumann* S. 30.

[231] *Heise/Lessenich/Merten* Rn. 165; Kasseler Handbuch/*Schütz* 2.4 Rn. 600.

Arbeitszeit während des Urlaubs entsprechend dem Geldfaktor zu vergüten ist[232]. Bei gleich bleibender Arbeitszeit sowohl im Bezugs- wie im Urlaubszeitraum ergeben sich keine Probleme. Der Tagesdurchschnittsverdienst im Bezugszeitraum ist mit dem Urlaub in Tagen zu multiplizieren[233]. Der Geldfaktor wird aber nur dann nach Tagen berechnet, wenn auch der Zeitfaktor die Einheit eines Tages hat. Ansonsten richtet sich die Einheit des Geldfaktors nach der des Zeitfaktors, also unter Umständen nach Stunden[234]. Es sind als Zeitfaktor diejenigen Stunden anzusetzen, die aufgrund des Urlaubs konkret ausfallen[235]. Dies ergibt sich aus der Rechtsnatur der Urlaubsanspruchs. Dieser ist auf Freistellung von der Arbeitspflicht gegen den Arbeitgeber gerichtet, ohne dass die anderen Pflichten aus dem Arbeitsverhältnis beseitigt würden. Daraus ergibt sich aber, dass diejenige Arbeitsstundenzahl zugrunde zu legen ist, die während des Urlaubs tatsächlich ausgefallen ist[236]. In den Fällen, in denen die Anzahl der Arbeitsstunden pro Tag unterschiedlich ist, muss eine Berechnung nach Stunden vorgenommen werden. Dies gilt sowohl hinsichtlich des Geld- als auch des Zeitfaktors. Es kann sich also ein Urlaubsentgelt ergeben, das an den einzelnen Tagen unterschiedlich hoch ist[237]. Im Gegensatz zum Geldfaktor werden beim Zeitfaktor auch Mehrarbeit und Überstunden[238] berücksichtigt[239].
Aus den Ausführungen ergibt sich, dass hinsichtlich des Geldfaktors nicht ein Lohnausfallprinzip, sondern ein (modifiziertes) Referenzprinzip vorgesehen ist[240]. Der Zeitfaktor richtet sich dagegen nach den konkret ausgefallenen Arbeitsstunden und damit durchaus nach dem Lohnausfallprinzip[241].

Nach § 11 Abs. 1 BUrlG ist der Tagesdurchschnittsverdienst des im Bezugszeitraums erhaltenen Arbeitsverdienstes zu ermitteln. Dabei ist jeder Tagesverdienst im Bezugszeitraum in seiner tatsächlichen Höhe aufzunehmen, auch dann, wenn der Verdienst an den einzelnen Tagen Schwankungen unterliegt. Diese Schwankungen werden wieder ausgeglichen, indem ein Durchschnittsverdienst errechnet und dem Arbeitnehmer als

---

232 *Busch* NZA 1996, 1246, 1247; *Heise/Lessenich/Merten* Rn. 165; *Leinemann/Linck* § 11 Rn. 74; Kasseler Handbuch/*Schütz* 2.4 Rn. 649; Schütz/Hauck/*Schütz* Rn. 730; **a. A.**: ErfK/*Dörner* § 11 BUrlG Rn. 25, der auf das Tagesprinzip des BUrlG abstellt; ebenso wohl auch *Schaub* § 102 Rn. 92.
233 *Deister* Rn. 265.
234 *Leinemann/Linck* § 11 Rn. 77; Kasseler Handbuch/*Schütz* 2.4 Rn. 649; Schütz/Hauck/*Schütz* Rn. 730; **a. A.**: ErfK/*Dörner* § 11 BUrlG Rn. 25, der auf das Tagesprinzip des BUrlG abstellt.
235 *Busch* NZA 1996, 1246, 1247; ErfK/*Dörner* § 11 BurlG Rn. 5; MünchHdb ArbR/*Leinemann* § 90 Rn. 32; *Leinemann/Linck* § 11 Rn. 74; Kasseler Handbuch/*Schütz* 2.4 Rn. 600, 606; Schütz/Hauck/*Schütz* Rn. 685.
236 *Busch* NZA 1996, 1246, 1247; *Leinemann/Linck* § 11 Rn. 76.
237 *Busch* NZA 1996, 1246.
238 Ob eine Überstunde vorliegt, richtet sich nach der vertraglichen oder tariflichen Regelung, vgl. *Hesse/Lessenich/Merten* Rn. 167.
239 ErfK/*Dörner* § 11 BUrlG Rn. 31.
240 Vom modifizierten Referenzprinzip wird aufgrund der Regelungen des § 11 Abs. 1 S. 2, 3 BUrlG gesprochen, vgl. *Babl* S. 123; Kasseler Handbuch/*Schütz* 2.4 Rn. 604; *Sowka/Köster* S. 57; gerade das wird von *Then* in Gutmann S. 73, 87 als nicht zumutbar kritisiert. Denn der Wunsch nach Überstunden würde sich nicht beschäftigungsfördernd auswirken.
241 *Leinemann/Linck* § 11 Rn. 6.

Urlaubsentgelt gewährt wird, unabhängig davon, ob er während seines Urlaubs einen entsprechend hohen Verdienst erzielt hätte[242]. Es dürfen also keine Tage zusammengefasst werden, an denen nur verkürzt gearbeitet worden ist. Dies widerspräche der Bezugsmethode, die derartige Schwankungen nicht berücksichtigt[243]. Es sind grundsätzlich alle Arbeitstage zu berücksichtigen[244], es sei denn der Urlaubsanspruch wird entsprechend dem BAG auf ein reduziertes Maß umgerechnet[245]. In diesem Fall werden die arbeitsfreien Tage im Bezugszeitraum nicht berücksichtigt. Zum Arbeitsverdienst i. S. d. § 11 Abs. 1 S. 1 BUrlG zählt alles, was der Arbeitnehmer als Gegenleistung für seine Tätigkeit bzw. für die Zurverfügungstellung seiner Arbeitskraft erhält[246]. Es wird all das in die Berechnung mit einbezogen, was der Arbeitnehmer im Bezugszeitraum erhalten hat[247]. Entscheidend ist aber nicht das tatsächlich ausbezahlte Entgelt, sondern, ob die Fälligkeit im Bezugszeitraum eingetreten ist und das Entgelt ausbezahlt hätte werden müssen[248]. Es kommt dabei nicht darauf an, ob das Entgelt *für* die im Bezugszeitraum erbrachte Leistung bezahlt wird, sondern darauf, ob der Arbeitnehmer das Entgelt *im* Bezugszeitraum erhalten hat oder hätte erhalten müssen[249]. Eine Vergütung wird damit nicht in die Berechnung einbezogen, die nach einer Abrede erst später ausbezahlt werden soll[250]. Das ist beispielsweise der Fall bei unregelmäßigen Arbeitszeiten mit kontinuierlicher Entgeltzahlung.

### 3. Besonderheiten bei Teilzeitarbeitsverhältnissen

Bei einem Teilzeitarbeitnehmer wird vom Arbeitgeber nicht das Entgelt geschuldet, das er einem Vollzeitarbeitnehmer zahlen muss[251]. Vielmehr ist lediglich ein der verminderten Arbeitszeit anteiliges Entgelt zu zahlen[252]. Der Urlaubstag eines Teilzeitbeschäftigten muss also nicht im gleichen Umfang vergütet werden wie der eines Voll-

---

[242] *BAG* DB 1966, 1140.
[243] *Deister* Rn. 265; *Dersch/Neumann* § 11 Rn. 61.
[244] *BAGE* 78, 188, 199; *Dersch/Neumann* § 11 Rn. 61.
[245] *Holland* S. 117.
[246] *BAG* DB 1977, 2285, 2286; ErfK/*Dörner* § 11 BUrlG Rn. 8; Kempen/Zachert/*Zachert* TVG § 1 Rn. 134; *Leinemann/Linck* § 11 Rn. 18; *Der Urlaub, Arbeitskreis Arbeitsrecht der Bundesarbeitsgemeinschaft und der Landesarbeitsgemeinschaften und -verbände* S. 15; zu der Frage, was im Einzelnen hierzu zu zählen ist, vgl. *Leinemann/Linck* § 11 Rn. 18 ff.
[247] Kasseler Handbuch/*Schütz* 2. 4 Rn. 638.
[248] *Dersch/Neumann* § 11 Rn. 9; MünchHdb ArbR/*Leinemann* § 90 Rn. 4; *Leinemann/Linck* § 11 Rn. 48; Kasseler Handbuch/*Schütz* 2. 4 Rn. 639; Schütz/Hauck/*Schütz* Rn. 720; GK- BUrlG/*Stahlhacke* § 11 Rn. 10; missverständlich *BAG* DB 1992, 383.
[249] *BAG* EzA § 11 BUrlG Nr. 33; *Deister* Rn. 235.
[250] *BAG* DB 1992, 383.
[251] *Dersch/Neumann* § 11 Rn. 51; GK- BUrlG/*Stahlhacke* § 11 Rn. 31; a. A.: *Trieschmann* BB 1956, 372, 374, der einen vollen Urlaubsanspruch gewähren will, zwar hinsichtlich der Urlaubsdauer eine Anrechnung der arbeitsfreien Tage vornehmen will, beim Urlaubsentgelt aber eine derartige Anrechnung nicht für geboten hält. Gegen Trieschmann *Gumpert* BB 1956, 375.
[252] *BAGE* 63, 181, 187; *Dersch/Neumann* § 11 Rn. 51.

zeitbeschäftigten[253]. Es liegt andererseits aber auch keine Verdienstkürzung im Sinne des § 11 Abs. 1 S. 3 BUrlG, insbesondere keine Kurzarbeit, vor. Denn bei Teilzeitarbeitnehmern stellt die verkürzte Arbeitszeit deren „volle Arbeitszeit" bzw. normale Arbeitszeit dar[254]. Das Urlaubsentgelt muss damit grundsätzlich nach § 11 Abs. 1 S. 1 BUrlG ermittelt werden[255].
Arbeitet der Arbeitnehmer täglich mit dem gleichen Umfang, aber in geringerem Maße als ein Vollzeitarbeitnehmer, wie zum Beispiel bei der klassischen Halbtagsarbeit, Schichtarbeit, einfachen Gleitzeit oder beim Jobsharing, so ist die Berechnung des Urlaubsentgelts unproblematisch nach § 11 Abs. 1 BUrlG vorzunehmen. Es ergeben sich insoweit keine Unterschiede zur Berechnung bei Vollzeitbeschäftigten[256].
Arbeitet der Arbeitnehmer dagegen nur an einigen Tagen pro Woche mit jeweils identischer Stundenzahl, wie es bei der Schichtarbeit, qualifizierten Gleitzeit, Blockarbeitszeit oder beim Jobsharing der Fall ist, so ist streitig, wie das Urlaubsentgelt zu berechnen ist.
Unter Berufung auf die Festlegung des Urlaubs in § 3 Abs. 1 BUrlG nach Werktagen im Sinne des § 3 Abs. 2 BUrlG wird zum Teil vertreten, dass der Durchschnittsverdienst im Bezugszeitraum an einer 6- Tage- Woche auszurichten sei, selbst wenn der Arbeitnehmer nur an weniger Tagen pro Woche arbeiten würde[257]. Dagegen spricht jedoch, dass nur dann ein Anspruch auf Urlaubsentgelt bestehen kann, wenn es sich um einen Urlaubstag, also um einen Tag, an dem der Arbeitnehmer von seiner Arbeitspflicht freigestellt wird, handelt. Für ohnehin freie Tage kann weder Urlaub noch Urlaubsentgelt gewährt werden[258]. Bei gleichmäßig verkürzter Arbeitszeit muss also der Arbeitsverdienst der letzten vor dem Urlaub liegenden dreizehn Wochen durch die in diesem Zeitraum liegenden Arbeitstage dividiert werden und dieser Quotient mit der Anzahl der Urlaubstage multipliziert werden[259]. Es müssen dabei auch solche Tage in die Berechnung einbezogen werden, an denen der Arbeitnehmer nicht gearbeitet hat, aber an denen er eine Vergütung, zum Beispiel Entgeltfortzahlung im Krankheitsfall erhalten hat[260].
Die Berechnungsmethode des § 11 BUrlG ist für Arbeitsverhältnisse mit flexibler Teilzeitarbeit wenig oder nur bedingt geeignet[261]. Sie steht unter der Prämisse, dass die Verhältnisse, insbesondere die tägliche Arbeitszeit, in dem Bezugszeitraum denen im Urlaubszeitraum entsprechen[262]. Die Regelung geht von einer 6- Tage- Woche mit täglich gleich bleibender Arbeitszeit aus[263]. Insbesondere bei Jahresarbeitszeitverträ-

---

[253] *Deister* Rn. 237.
[254] *Deister* Rn. 237, 258; *Dersch/Neumann* § 11 Rn. 51; *Gumpert* BB 1956, 375; MünchHdb ArbR/*Leinemann* § 90 Rn. 26; Schütz/Hauck/*Schütz* Rn. 734; GK- BUrlG/*Stahlhacke* § 11 Rn. 31.
[255] MünchHdb ArbR/*Leinemann* § 90 Rn. 26; GK- BUrlG/*Stahlhacke* § 11 Rn. 57.
[256] ErfK/*Dörner* § 11 Rn. 27; MünchHdb ArbR/*Leinemann* § 90 Rn. 29; *Leinemann/Linck* § 11 Rn. 54; Kasseler Handbuch/*Schütz* 2.4 Rn. 643 f; Schütz/Hauck/*Schütz* Rn. 726, 733.
[257] *Deister* Rn. 271; *Gumpert* BB 1963, 228; *Natzel* § 11 Rn. 77; GK- BUrlG/*Stahlhacke* § 11 Rn. 83.
[258] *Dersch/Neumann* § 11 Rn. 68; MünchHdb ArbR/*Leinemann* § 90 Rn. 30; Kasseler Handbuch/*Schütz* Rn. 643 f; Schütz/Hauck/*Schütz* Rn. 725.
[259] Schütz/Hauck/*Schütz* Rn. 725, 733.
[260] ErfK/*Dörner* § 11 BUrlG Rn. 26;Kasseler Handbuch/*Schütz* 2.4 Rn. 643.
[261] *Frölich* S. 170; GK- TzA/*Lipke* § 2 BeschFG Rn. 192; *Meyer* S. 141.
[262] *BAG* DB 1976, 106, 107; Kasseler Handbuch/*Schütz* 2.4 Rn. 605; Schütz/Hauck/*Schütz* Rn. 685.
[263] Kasseler Handbuch/*Schütz* 2.4 Rn. 641.

gen, größeren Unterbrechungen der Arbeit und bei einem ständig wechselnden Arbeitszeitumfang ergeben sich Probleme[264].
Die Arbeitszeit, die während des Urlaubs ausfällt, wird in der Regel nicht dem Arbeitszeitumfang im Bezugszeitraum entsprechen[265]. Es käme vielmehr zwangsläufig zu der Folge, dass Arbeitnehmer mit demselben Arbeitsdeputat und demselben Stundenlohn einen unterschiedlichen Betrag als Urlaubsentgelt erhalten würden. Der Arbeitgeber hätte durch die zeitliche Festlegung des Urlaubs zu einem bestimmten Zeitpunkt Einfluss auf die Höhe des Urlaubsentgelts[266]. Denn sowohl der Geld- als auch der Zeitfaktor können bei flexiblen Arbeitszeiten in den verschiedenen Zeiträumen unterschiedlich ausfallen[267]. Bei kontinuierlicher Entgeltzahlung ist die Berechnung insofern erleichtert, als es hinsichtlich des Geldfaktors nicht darauf ankommt, wie viel Stunden der Arbeitnehmer im Bezugszeitraum gearbeitet hat, sondern lediglich hinsichtlich des Zeitfaktors festgestellt werden muss, wie viel Arbeitsstunden durch den Urlaub ausfallen[268].

### 4. Lösungsvorschläge

#### a. Direkte Anwendung der gesetzlichen Regelung

Es wird vertreten, dass die Bezugsmethode des § 11 Abs. 1 BUrlG auch auf Arbeitsverhältnisse anzuwenden sei, die einer flexiblen Arbeitszeit unterliegen. Dies ergäbe sich aus der klaren Regelung des § 11 Abs. 1 S. 1 BUrlG[269]. Nur dann, wenn eine anderweitige Berechnungsweise vereinbart sei, könne nach dieser vorgegangen werden. Einzelvertraglich könne es sich gemäß § 13 Abs. 1 S. 3 BUrlG aber nur um eine solche Regelung handeln, die für den Arbeitnehmer günstiger sei[270].
Gegen diese Ansicht spricht jedoch, dass der Arbeitgeber auf die Höhe des Urlaubsentgelts Einfluss nehmen könnte, indem er den Arbeitnehmer während des Bezugszeitraums nur in begrenztem Umfang oder gar nicht einsetzt[271]. Es würde dann ggf. zwar das Arbeitsdeputat aufgrund einer durchschnittlichen Berechnung reduziert werden, die Urlaubsvergütung wäre aber geringer als die durchschnittliche Vergütung. Diese Einkommenseinbuße für den Arbeitnehmer kann aber nicht durch verstärkte Inanspruchnahme wieder ausgeglichen werden[272].

---

[264] GK- TzA/*Lipke* § 2 BeschFG Rn. 192.
[265] Schütz/Hauck/*Schütz* Rn. 727.
[266] *Meyer* S. 141 f.
[267] *Leinemann/Linck* § 11 BUrlG Rn. 56, 76; dies wird von Mager/Winterfeld/Göbel/Seelmann/*Göbel* Rn. 233 offensichtlich als wenig bedeutsam betrachtet.
[268] Kasseler Handbuch/*Linck* 4.2 Rn. 265.
[269] MünchHdb ArbR/*Leinemann* § 90 Rn. 35.
[270] Schütz/Hauck/*Schütz* Rn. 736.
[271] *Meyer* S. 142.
[272] *Meyer* S. 143.

b. Modifikation des § 11 Abs. 1 S. 1 BUrlG

Es wird des Weiteren vertreten, dass der Arbeitsverdienst in dem Berechnungszeitraum durch die Anzahl der tatsächlichen Arbeitstage, unter Ausschluss der arbeitsfreien Tage, dividiert werden soll[273]. Im Gegenzug soll auch nur an den Tagen das Urlaubsentgelt ausbezahlt werden, an denen der Arbeitnehmer tatsächlich von seiner Arbeitspflicht suspendiert worden ist[274]. Es sei also nach der Berechnungsformel Arbeitsverdienst im Berechnungszeitraum dividiert durch die Arbeitstage im Berechnungszeitraum multipliziert mit der Anzahl der Urlaubstage vorzugehen[275].
Bei den Formen flexibler Teilzeitarbeit ist es aber in den wenigsten Fällen überhaupt feststellbar, an welchen Tagen der Arbeitnehmer gearbeitet hätte. Es ist auch nicht gewährleistet, dass in dem Bezugszeitraum eine durchschnittliche Arbeitsstundenanzahl abgerufen wurde, sondern möglicherweise eine besonders hohe oder niedrige. § 11 BUrlG geht aber erkennbar von einer durchschnittlichen Arbeitsstundenzahl pro Arbeitstag aus. Das Abrufen einer besonders hohen oder niedrigen Arbeitsstundenzahl pro Tag innerhalb des Bezugszeitraums kann nicht darauf hindeuten, dass im Urlaubszeitraum auch eine entsprechende Arbeitsleistung gefordert wird[276].

c. Analoge Anwendung des § 11 Abs. 1 S. 3 BUrlG

Es wird vertreten, dass § 11 Abs. 1 S. 3 BUrlG analog anzuwenden sei, wonach unverschuldete Arbeitsversäumnisse nicht zu einer Minderung des Arbeitsentgelts führen dürfen. Unter den Begriff des unverschuldeten Arbeitsversäumnisses seien auch sog. „unbezahlter Urlaub“ und „individuelle Zeiten der Arbeitsbefreiung ohne Lohnzahlung“ zu subsumieren. Arbeitsfreie Zeiten bei flexiblen Arbeitszeitformen und diskontinuierlicher Bezahlung stellten aber – insbesondere wenn sie in Absprache mit dem Arbeitgeber stattfänden – ein unverschuldetes Arbeitsversäumnis im Sinne des § 11 Abs. 1 S. 3 BUrlG dar[277].
Gegen eine direkte oder analoge Anwendung des § 11 Abs. 1 S. 3 BUrlG spricht, dass ein geringerer Abruf an Arbeitsstunden im Bezugszeitraum bzw. ein geringerer Arbeitsumfang sich nicht unter die genannten Begriffe subsumieren lässt[278]. In sämtlichen in § 11 Abs. 1 S. 3 BUrlG genannten Fällen liegt es nämlich so, dass die eigentlich zu leistende Arbeit ausfällt und nicht nachgeholt werden muss oder kann. Bei den Formen flexibler Teilzeitarbeit fällt aber keine Arbeit aus, sondern der Umfang der ge-

---

273 Kasseler Handbuch/*Schütz* 2.4 Rn. 643; *Sowka/Köster* S. 57; *Der Urlaub, Arbeitskreis Arbeitsrecht der Bundesarbeitsgemeinschaft und der Landesarbeitsgemeinschaften und -verbände* S. 19; in diesem Sinne ist wohl auch *Menten* S. 97 f zu verstehen.
274 Kasseler Handbuch/*Schütz* 2.4 Rn. 643; *Sowka/Köster* S. 57.
275 GK- TzA/*Lipke* § 2 BeschFG Rn. 187; Kasseler Handbuch/*Schütz* 2.4 Rn. 643 f; *Sowka/Köster* S. 57.
276 *Meyer* S. 142.
277 *Danne* S. 81; GK- TzA/*Danne* § 5 BeschFG Rn. 123; *von Hoyningen- Huene* BB 1982, 1240, 1244.
278 *Meyer* S. 142 f; *Neumann* S. 31.

schuldeten Leistung bleibt erhalten. Es liegt vielmehr in der Natur eines derartigen Arbeitsverhältnisses, dass zu manchen Zeiten mehr und zu manchen Zeiten weniger gearbeitet werden muss, was sich innerhalb des Bemessungszeitraums aber wieder ausgleicht[279]. Gegen die Anwendung des § 11 Abs. 1 S. 3 BUrlG spricht auch, dass die freien Zeiten in einem Modell flexibler Arbeitszeit keine Arbeitsversäumnisse darstellen, sondern Bestandteil der regelmäßigen Arbeitszeit sind[280].
Eine (analoge) Anwendung des § 11 Abs. 1 S. 3 BUrlG würde außerdem bedeuten, dass nur in den Fällen, in denen besonders wenig im Bezugszeitraum gearbeitet wurde, dies bei der Berechnung außer Betracht bliebe. Wenn jedoch der Arbeitnehmer im Bezugszeitraum besonders viel gearbeitet hätte, müsste der Arbeitgeber ein erhöhtes Urlaubsentgelt leisten, denn für den Fall der Verdiensterhöhung regelt § 11 Abs. 1 S. 2 BUrlG gerade deren Berücksichtigung. Der Arbeitnehmer weiß aber in den Zeiten, in denen er in besonders hohem Maße beschäftigt wird, dass entsprechend seines Arbeitsdeputats auch wieder Zeiten kommen werden, in denen er zu weniger Arbeit aufgefordert werden wird und in denen er dann zwangsläufig auch weniger verdienen wird. Dies wird naturgemäß der Arbeitnehmer bei der Festlegung seines Lebenszuschnitts in seine Überlegungen und Planungen einbeziehen[281].

d. Erweiterung des Berechnungszeitraums

Nach wiederum anderer Ansicht müsse bei allen Modellen, bei denen eine Berechnung des Urlaubsentgelts anhand der letzten dreizehn Wochen zu Unbilligkeiten und Zufälligkeiten führen würde, der Berechnungszeitraum erweitert und eine Durchschnittsbetrachtung vorgenommen werden[282]. Es könne insofern der Rechtsgedanke des § 12 BUrlG herangezogen werden[283]. In der Regel sei eine Erweiterung des Berechnungszeitraums auf ein Jahr angezeigt[284]. Bei sehr unregelmäßigen Verdiensten komme auch eine Schätzung gem. § 287 Abs. 2 ZPO in Frage[285].
Zwar sei es im Hinblick auf die Rechtssicherheit problematisch, ab welchem Zeitpunkt die Bezugsmethode zu variieren oder zu ersetzen sei. Zudem werde der Zweck des § 11 BUrlG, nämlich eine praktikable und einfache Berechnungsmethode zu bieten, eingeschränkt. Derartige Unsicherheiten müssten aber dann in Kauf genommen werden,

---

[279] *Meyer* S. 142 f.
[280] *Dersch/Neumann* § 11 Rn. 58.
[281] *Meyer* S. 143.
[282] *BAG* DB 1976, 106, 107; *Babl* S. 123; *Dersch/Neumann* § 11 Rn. 12, 24; a. A.: ErfK/*Dörner* § 11 BUrlG Rn. 22, sofern keine abweichende ausdrückliche Vereinbarung vorliegt.
[283] *BAG* DB 1976, 106, 107.
[284] *BAG* DB 1976, 106, 107 will wohl auch einen Bezugsraum von 3 Jahren zulassen; *Babl* S. 123; *Dersch/Neumann* § 11 Rn. 12; *Holland* S. 116; a. A.: unter Hinweis auf die eindeutige Regelung in § 11 Abs. 1 S. 1 BUrlG und die Ablehnung des Lohnausfallprinzips *Bickel* Anm. zu BAG AP Nr. 12 zu § 11 BUrlG; *Leinemann/Linck* § 11 Rn. 56, 76.
[285] *BAG* DB 1976, 106, 107; *BAGE* 49, 370, 377; MünchHdb ArbR/*Leinemann* § 90 Rn. 20.

wenn der in § 11 Abs. 1 S. 1 BUrlG vorgesehene Bezugszeitraum überhaupt nicht zu einem verlässlichen Ergebnis führe[286].
Die Erweiterung des Bezugszeitraums löse aber nicht die Frage, wie viel an Arbeitszeit während des Urlaubs ausfalle, also die Frage nach dem Zeitfaktor. Insbesondere bei Arbeitsdeputaten von mehr als einer Woche müsse bei der Berechnung des Urlaubsentgelts darauf abgestellt werden, wie viel Stunden der Arbeitnehmer während seines Urlaubs durchschnittlich gearbeitet hätte. Dieser Betrag sei mit dem täglichen Durchschnittsverdienst des Arbeitnehmers zu multiplizieren und ergebe somit die Höhe des täglichen Urlaubsentgelts[287].
Hatte der Arbeitnehmer während des Bezugszeitraums überhaupt keinen Arbeitsverdienst, könne man entweder auf einen verlängerten Bezugszeitraum oder auf die letzten dreizehn Wochen zurückgreifen, in denen der Arbeitnehmer ein Entgelt erzielt habe[288].

e. Eigene Auffassung

Meines Erachtens ist hinsichtlich des *Zeitfaktors* zunächst zu prüfen, ob die während des Urlaubs ausgefallene Arbeitsstundenzahl konkret festgestellt werden kann. Ist dies der Fall, so ist diese Zahl maßgeblich. Kann die ausgefallene Arbeitsstundenzahl nicht ermittelt werden, so ist zu prüfen, ob anhand eines längeren Zeitraums geklärt werden kann, wie viel Arbeitsstunden während des Urlaubs geleistet worden wären bzw. hinsichtlich wie vieler Arbeitsstunden der Arbeitnehmer einen Anspruch auf Annahme seiner Leistung hatte. Kann auf diese Weise ebenfalls kein definitiver Wert errechnet werden, so muss eine Durchschnittsberechnung anhand eines längeren und geeigneten Bezugszeitraums vorgenommen werden. Es ist also zu berechnen, wie viele Arbeitsstunden durchschnittlich auf den Urlaubszeitraum entfallen wären. Diese Arbeitsstunden sind zu vergüten. Stellt sich am Ende des Bezugszeitraums heraus, dass der Arbeitgeber nicht das volle Arbeitsdeputat des Arbeitnehmers in Anspruch genommen hat, so greifen hinsichtlich des fehlenden Teiles die Regelungen des Annahmeverzuges ein. Ist das Arbeitsdeputat hingegen überschritten, so ist dies dem Arbeitnehmer in vollem Umfang zu vergüten, ggf. ist sogar ein Zuschlag zu zahlen.
Hinsichtlich des *Geldfaktors* kann die Vorschrift des § 11 Abs. 1 S. 1 BUrlG lediglich für kontinuierliche und regelmäßige Teilzeitarbeitsverhältnisse Anwendung finden. So stellt es keine Schwierigkeit dar, die Vorschrift bei täglich verminderter Arbeitszeit, bei Arbeitszeiten nur an einigen Tagen pro Woche oder bei Bezugszeiträumen von maximal einer Woche (Schichtarbeit, Jobsharing, Gleitzeit) anzuwenden. Bei längeren Bezugszeiträumen (Blockarbeitszeit oder Sabbatical) bzw. bei völlig unregelmäßigen Arbeitszeiten (KAPOVAZ) ist es indes erforderlich, auch hinsichtlich des Geldfaktors eine durchschnittliche Berechnung vorzunehmen, um zu einem stimmigen Ergebnis zu

---

[286] *BAGE* 18, 12, 18, 21.
[287] *Frölich* S. 170; *Meyer* S. 143; GK- TzA/*Mikosch* § 4 BeschFG Rn. 112; *Sowka/Köster* S. 58 für den Fall der KAPOVAZ.
[288] Vgl. *Deister* Rn. 268 für den Fall der KAPOVAZ.

gelangen. Dieser Durchschnittsverdienst ergibt sich insbesondere aus der vertraglichen Vereinbarung und aus der Abwicklung des Arbeitsverhältnisses in der Vergangenheit.

### 5. Urlaubsentgeltberechnung bei einem Wechsel von Vollzeit zu Teilzeit und umgekehrt

Bei einem Übergang von Teilzeit- zu Vollzeitarbeit oder zu einer erhöhten Teilzeitarbeit, ist der höhere Verdienst die Bemessungsgrundlage für das Urlaubsentgelt, § 11 Abs. 1 S. 2 BUrlG[289]. Denn unter einer „Verdiensterhöhung“ im Sinne des § 11 Abs. 1 S. 2 BUrlG lässt sich auch eine solche verstehen, die auf einer Erhöhung der Arbeitszeit beruht[290]. Zwar geht das Gesetz grundsätzlich davon aus, dass die Verdiensterhöhung aus einer Lohnerhöhung resultiert. Aber schon der Wortlaut fordert keine Beschränkung der Verdiensterhöhung auf eine Erhöhung je Zeiteinheit. Auch der Zusammenhang mit dem „durchschnittlichen Arbeitsverdienst“ in § 11 Abs. 1 S. 1 BUrlG zeigt, dass unter „Verdiensterhöhung“ die gesamte vom Arbeitgeber gezahlte Summe gemeint ist[291].
Es muss dahingehend differenziert werden, wann die Verdiensterhöhung eintritt. Tritt die Verdiensterhöhung während des Bezugszeitraums ein, so ist der gesamte Bezugszeitraum mit dem erhöhten Verdienst zu berücksichtigen[292]. Tritt die Verdiensterhöhung im Laufe des Urlaubs ein, so ist sie *hinsichtlich des Zeitfaktors* erst ab diesem Zeitpunkt zu berücksichtigen. Denn der Arbeitnehmer soll nicht dadurch besser stehen, weil er vor dem Zeitpunkt der Verdiensterhöhung seinen Urlaub angetreten hat[293]. Hinsichtlich der Berechnung des Geldfaktors treten keine Änderungen zur Grundregel des § 11 Abs. 1 S. 1 BUrlG auf[294]. Maßgeblich ist also die ursprüngliche Arbeitszeitform.

Bei einer Verdienstkürzung, die infolge der Verkürzung der Arbeitszeit eintritt, ist ebenfalls zu unterscheiden, ab wann die Verdienstkürzung ihre Wirkungen zeigt. Eine Verdienstkürzung infolge einer Reduzierung der Arbeitszeit ist in jedem Fall beachtenswert. Das ergibt sich aus einem Umkehrschluss mit § 11 Abs. 1 S. 3 BUrlG[295].

---

[289] *BAG* DB 1974, 488; *LAG Düsseldorf* DB 1969, 2092; *Dersch/Neumann* § 11 Rn. 14; Mager/Winterfeld/Göbel/Seelmann/*Göbel* Rn. 236; *Holland* S. 115; AR- Blattei/*Seiter* Teilzeitarbeit C VI 4 c; GK- TzA/*Lipke* § 2 BeschFG Rn. 190 nimmt für den Übergang von Vollzeit zu Teilzeit eine Verringerung des Urlaubsentgelts an; dafür dürfte aber die gesetzliche Grundlage fehlen.
[290] *Deister* Rn. 255; MünchHdb ArbR/*Leinemann* § 90 Rn. 23; *Schaub* § 102 Rn. 91; Schütz/Hauck/*Schütz* Rn. 738.
[291] *Busch* NZA 1996, 1246, 1249; *Dersch/Neumann* § 11 Rn. 14; *Holland* S. 115; *Langmaack* Rn. 320; *Leinemann/Linck* § 11 Rn. 79; *Natzel* § 11 Rn. 56; GK- BUrlG/*Stahlhacke* § 11 Rn. 49.
[292] *Holland* S. 115; *Natzel* § 11 Rn. 55.
[293] *Busch* NZA 1996, 1246, 1249; *Deister* Rn. 256; *Dersch/Neumann* § 11 Rn. 15; ErfK/*Dörner* § 11 BUrlG Rn. 35; **a. A.:** Schütz/Hauck/*Schütz* Rn. 737; GK- BUrlG/*Stahlhacke* § 11 Rn. 47.
[294] *Busch* NZA 1996, 1246, 1250.
[295] *Langmaack* Rn. 320; GK-TzA/*Lipke* § 2 BeschFG Rn. 190.

Tritt die Arbeitszeitverkürzung im Bezugszeitraum ein, so liegt kein Fall des § 11 Abs. 1 S. 3 BUrlG vor. Denn es wird lediglich die vereinbarte Arbeitsstundenzahl reduziert, es fällt aber keine Arbeit aus bzw. wird versäumt. Damit ist bei der Berechnung des Geldfaktors die Verdienstminderung ab ihrem Eintritt zu berücksichtigen. Denn aus einem Umkehrschluss aus § 11 Abs. 1 S. 3 BUrlG folgt, dass alle dort nicht aufgeführten Verdienstminderungen Berücksichtigung finden müssen. Hinsichtlich des Zeitfaktors ist die verkürzte Arbeitszeit während des Urlaubs maßgeblich[296].
Tritt die Arbeitszeitverkürzung erst während des Urlaubs ein, so bleibt es bezüglich des Geldfaktors bei der Berechnung nach § 11 Abs. 1 S. 1 BUrlG auf der Basis der umfangreicheren Arbeitszeit. Der Zeitfaktor berücksichtigt die Verringerung der Arbeitszeit ab dem Zeitpunkt, ab dem sie eintritt[297].

### III. Urlaubsgeld

Urlaubsgeld kann aufgrund einer besonderen individuellen oder kollektiven Vereinbarung bezahlt werden[298].
Wenn ein Arbeitgeber seinen Vollzeitarbeitnehmern Urlaubsgeld gewährt, stellt sich die Frage, ob und in welcher Höhe Teilzeitarbeitnehmer ebenfalls einen Anspruch haben. Für die rechtliche Beurteilung ist der Leistungszweck maßgeblich. Es müssen sich also aus dem Leistungszweck sachliche Gründe herleiten lassen, die es rechtfertigen, einem Teilzeitarbeitnehmer das Urlaubsgeld teilweise oder ganz zu versagen bzw. einen Anspruch ganz oder teilweise zu begründen[299]. Letztlich muss eine Auslegung der anspruchsbegründenden Norm vorgenommen werden[300].
Das Urlaubsgeld dient in der Regel dem Zweck, erhöhte Urlaubsaufwendungen auszugleichen[301]. Dieser Zweck besteht für Teilzeit- wie Vollzeitarbeitnehmer gleichermaßen[302]. Daher stellt das Urlaubsgeld in diesem Fall einen Zuschuss zum Urlaubsentgelt dar, sodass ein Anspruch auf Urlaubsgeld einen Anspruch auf Urlaubsentgelt voraussetzt. Da bei Teilzeitarbeitnehmern aber eine Reduzierung des Urlaubsanspruchs vorgenommen wird und damit ein geminderten Anspruch auf Urlaubsentgelt besteht, ergibt sich, dass auch ein Anspruch auf ein entsprechend gemindertes Urlaubsgeld besteht[303]. Zudem wird Urlaubsgeld seiner Natur nach nur für Urlaubstage gezahlt. Diese sind bei einem Teilzeitarbeitnehmer in der Regel geringer[304].

---

[296] *Busch* NZA 1996, 1246, 1250; *Deister* Rn. 232a; AR- Blattei/*Seiter* Teilzeitarbeit C VI 4 d.
[297] *Busch* NZA 1996, 1246, 1250.
[298] *Deister* Rn. 284; MünchHdb ArbR/*Leinemann* § 90 Rn. 45.
[299] *Deister* Rn. 287; *Lipke* AuR 1991, 76, 79; *Sowka/Köster* S. 59.
[300] Mager/Winterfeld/Göbel/Seelmann/*Göbel* Rn. 239.
[301] *BAG* DB 1974, 488; *Dersch/Neumann* § 11 Rn. 71; GK- TzA/*Lipke* § 2 BeschFG Rn. 194; GK- BUrlG/*Stahlhacke* § 11 Rn. 92.
[302] GK- TzA/*Lipke* § 2 BeschFG Rn. 194; AR- Blattei SD/*Mosler* 1560 Rn. 56.
[303] *BAG* DB 1976, 2214; im Ergebnis ebenso *Dersch/Neumann* § 11 Rn. 76; GK- BUrlG/*Stahlhacke* § 11 Rn. 98; **krit.:** *Seiter*, AR- Blattei Teilzeitarbeit Anm. Entsch. 8.
[304] *Deister* Rn. 288.

Das Urlaubsgeld kann auch Gratifikationscharakter haben, da es aus Anlass des Urlaubs gewährt wird[305]. Ob dies der Fall ist, muss durch Auslegung der Vereinbarung ermittelt werden[306]. Kumulativ oder alternativ zum Zweck der Abdeckung erhöhter Urlaubsaufwendungen kann daher das Urlaubsgeld auch der Bindung des Arbeitnehmers an den Betrieb oder der Belohnung der Betriebstreue dienen, was sich in der Regel durch sog. Rückzahlungsklauseln zeigt. Dieser Zweck greift auch bei einem Teilzeitarbeitnehmer ein, sodass dem Teilzeitarbeitnehmer das Urlaubsgeld jedenfalls nicht vollständig verweigert werden darf. Er hat einen Anspruch auf ein entsprechend seiner Arbeitszeit gemindertes Urlaubsgeld[307]. Eine Kürzung des Urlaubsgelds ist deshalb geboten, weil eine Gratifikation eine Gegenleistung für die Arbeitsleistung des Arbeitnehmers darstellt. Diese ist aber bei einem Teilzeitarbeitnehmer aufgrund dessen Arbeitsvertrags vermindert. Daher kann auch das Urlaubsgeld mit Gratifikationscharakter an den Umfang der geschuldeten Arbeitsleistung geknüpft werden[308].
In den Fällen, in denen der Arbeitgeber die Gewährung des Urlaubsgelds an die Höhe der regelmäßigen Vergütung anknüpft, darf das Urlaubsgeld des Teilzeitarbeitnehmers, der ja in der Regel weniger als ein Vollzeitarbeitnehmer verdient, gekürzt werden[309].
Streitig ist, ob dann, wenn der Arbeitgeber einen Pauschalbetrag als Urlaubsgeld gewährt, eine Kürzung bei den Teilzeitarbeitnehmern vorgenommen werden darf.
Nach einer Ansicht ist eine Kürzung des Urlaubsgelds unzulässig. Denn durch die Zahlung eines Pauschalbetrages zeige der Arbeitgeber, dass Qualität und Quantität der Arbeitsleistung gerade nicht zum Leistungszweck gemacht worden seien. Vielmehr erhielten auch Vollzeitarbeitnehmer trotz unterschiedlicher Lohnhöhe das volle Urlaubsgeld. Angeknüpft würde damit bei einer Kürzung des Urlaubsgeldes lediglich an die Dauer der Arbeitszeit, was nach § 4 Abs. 1 S. 1 TzBfG aber unzulässig sei[310].
Die besseren Argumente sprechen jedoch dafür, auch bei der Gewährung eines Pauschalbetrags eine Kürzung des Urlaubsgelds zuzulassen[311]. Denn durch das Urlaubsgeld soll in der Regel eine zur Arbeitsleistung äquivalente Zahlung erfolgen. Es wird damit an die Vergütungshöhe angeknüpft[312].

Aus den Ausführungen ergibt sich, dass ein Arbeitgeber, der seinen Arbeitnehmern ein Urlaubsgeld gewährt, Teilzeitarbeitnehmer von dieser Sonderleistung grundsätzlich

---

305 *BAG* DB 1974, 488; GK- BUrlG/*Stahlhacke* § 11 Rn. 92.
306 *Schaub* § 102 Rn. 98a.
307 *Ihlenfeld/Kleb* Rn. 99; GK- TzA/*Lipke* § 2 BeschFG Rn. 194; *Tautphäus* Rn. 175.
308 *Richardi* NZA 1992, 625, 630.
309 MünchHdb ArbR/*Schüren* § 162 Rn. 198; *Sowka/Köster* S. 59.
310 MünchHdb ArbR/*Schüren* § 162 Rn. 200; **a. A.**: *Wank* RdA 1985, 1, 16, der auf den Äquivalenzgedanken von Leistung und Gegenleistung abstellt.
311 TZA/*Buschmann* § 11 BUrlG Rn. 5; *Richardi* NZA 1992, 625, 630; *Sowka/Köster* S. 59.
312 *Sowka/Köster* S. 60, der einen Verstoß gegen § 4 Abs. 1 S. 1 TzBfG aber dann annimmt, wenn Vollzeitarbeitnehmer, die das gleiche Entgelt oder sogar weniger als Teilzeitkräfte erhalten, den vollen Pauschalbetrag ausbezahlt bekommen, die Teilzeitkräfte aber von der Leistung ausgeschlossen sind. Der Arbeitgeber zeige mit dieser Regelung, dass es ihm gerade nicht auf den Äquivalenzgedanken ankomme, sondern dass das entscheidende Abgrenzungskriterium das der verminderten Arbeitszeit sei, was nach § 4 Abs. 1 S. 1 TzBfG unzulässig sei.

nicht vollständig ausnehmen kann[313]. Das gilt nach der Rechtsprechung des BAG jedenfalls dann, wenn der Umfang der vereinbarten Arbeitszeit es in der Regel ausschließt, dass sich der Teilzeitarbeitnehmer in einem weiteren Arbeitsverhältnis eine gleichwertige Leistung ohne Kürzung verdienen kann[314]. Ob allerdings hinsichtlich der Frage des Bestehens eines Anspruchs auf das Vorhandensein eines weiteren Beschäftigungsverhältnisses abgestellt werden kann, erscheint indes sehr fraglich und systemfremd. Ein Urlaubsgeld in gleicher Höhe sowohl für Teilzeit- als auch für Vollzeitarbeitnehmer würde von letzteren in der Regel als unbillig empfunden.

Maßgeblich für die rechtliche Beurteilung und die Höhe des Urlaubsgelds ist das Entstehungsjahr[315]. Dies wird sich in der Regel aus dem zum Ausdruck gekommenen rechtsgeschäftlichen Parteiwillen ergeben[316]. Damit richtet sich auch bei in das nächste Kalenderjahr übertragenem Urlaub die rechtliche Beurteilung nach dem Vorjahr. Dessen rechtliche Vorgaben sind maßgeblich, sodass in dem Fall, in dem erst im Übertragungsjahr ein Urlaubsgeld eingeführt wird, kein Anspruch auf ein solches für den übertragenen Urlaub besteht[317]. Insofern liegt kein Gleichlauf mit dem Urlaubsentgelt vor, das sich in seiner rechtlichen Beurteilung nach den Umständen richtet, die für das Jahr gelten, in dem der Urlaub tatsächlich genommen wird[318]. Dies muss auch dann gelten, wenn von einer Vollzeit- zu einer Teilzeittätigkeit gewechselt wird und für Teilzeitarbeitnehmer entsprechend dem Leistungszweck kein Anspruch auf Urlaubsgeld bestand. Im Übrigen und soweit keine andere Regelung vorliegt, wird das Schicksal des Urlaubsentgelts aber geteilt[319].

## IV. Zusammenfassung

### 1. Urlaubsanspruch

Das BUrlG gilt für Teilzeitarbeitsverhältnisse ebenso wie für Vollzeitarbeitsverhältnisse und stellt für beide die gleichen Voraussetzungen auf. Ein Urlaubsanspruch hängt lediglich vom Bestand des Arbeitsverhältnisses und vom Ablauf der Wartepflicht ge-

---

[313] *BAGE* 66, 220, 226; *Holland* S. 87; Kempen/Zachert/*Zachert* TVG § 1 Rn. 194; *Leinemann/Linck* § 11 Rn. 92; *Sowka/Köster* S. 59; nimmt der Arbeitgeber die Teilzeitarbeitnehmer von der zusätzlichen Leistung doch aus, so liegt zwar ein Verstoß gegen § 4 Abs. 1 S. 1 TzBfG vor, es ist aber § 139 BGB aus Gründen des Arbeitnehmerschutzes nicht anzuwenden, sondern dem Arbeitnehmer ist ebenfalls die entsprechende Leistung zu gewähren, vgl. vgl. TZA/*Buschmann* § 11 BUrlG Rn. 3; *Lipke* AuR 1991, 76, 82.

[314] *BAGE* 66, 220, 227.

[315] *Dersch/Neumann* § 11 Rn. 74; *Neumann* S. 31; GK- BUrlG/*Stahlhacke* § 11 Rn. 96.

[316] *BAG* DB 1974, 488.

[317] *BAG* DB 1974, 488; *Deister* Rn. 285.

[318] *BAG* DB 1974, 488.

[319] *Deister* Rn. 285; *Dersch/Neumann* § 11 Rn. 76; *Neumann* S. 31; zur Problematik einer tariflichen Zuwendung bei einem Wechsel von Vollzeit- zu Teilzeitarbeit vgl. *BAGE* 92, 218 ff.

mäß § 4 BUrlG ab. Insbesondere kommt es nicht darauf an, ob und wie viel Arbeitsleistung erbracht worden ist, sodass insoweit auch nicht der Gedanke des Rechtsmissbrauchs vorgebracht werden kann. § 13 Abs. 1 S. 1 BUrlG stellt klar, dass das Urlaubsrecht nicht zu Lasten des Arbeitnehmers abdingbar ist. Eine Abgeltung des Urlaubs in Geld oder die Vereinbarung, dass das Arbeitsdeputat ohne Rücksicht auf den Urlaubsanspruch erbracht werden soll, ist daher unwirksam. Der Arbeitnehmer kann somit nicht auf die ohnehin arbeitsfreie Zeit verwiesen werden. Ein Erholungsbedürfnis ist keine Voraussetzung des Urlaubsanspruchs, sondern wird vielmehr abstrakt und unwiderleglich vermutet. Längere arbeitsfreie Zeiten, in denen sich der Arbeitnehmer unter Umständen sogar erholen kann, stehen dem Urlaubsanspruch nicht entgegen. Hat ein Arbeitnehmer mehrere Arbeitsverhältnisse, so steht ihm gegen jeden seiner Arbeitgeber ein voller Urlaubsanspruch zu, der nach Möglichkeit koordiniert werden sollte, um dem Zweck des Urlaubs - der Erholung - Genüge zu tun.
Von einem über den gesetzlichen Mindesturlaub hinausgehenden Urlaub kann ein Teilzeitarbeitnehmer im Gegensatz zu einem Vollzeitarbeitnehmer nicht ausgeschlossen werden, es sei denn, für den Ausschluss liegen sachliche Gründe vor, § 4 Abs. 1 S. 1 TzBfG. Grundsätzlich gelten für den Mehrurlaub die Regeln des BUrlG, solange nichts anderes vereinbart ist. Eine vom BUrlG abweichende Vereinbarung wäre aber durchaus wirksam, da die vertragschließenden Parteien die Voraussetzungen und die Ausgestaltung des von ihnen geschaffenen Urlaubsanspruchs aufgrund der Vertragsfreiheit regeln können. So kann der Anspruch auf Mehrurlaub an bestimmte Voraussetzungen, wie ein Erholungsbedürfnis oder tatsächlich erfolgte Arbeitsleistung gebunden sein, die hinsichtlich des gesetzlichen Mindesturlaubs unter Umständen unwirksam wären.
Die Urlaubsgewährung stellt eine vertragliche Nebenpflicht des Arbeitgebers dar und bedeutet die Freistellung des Arbeitnehmers von der Arbeit unter Fortzahlung des Arbeitsentgelts. Eine Freistellung kann nur an den Tagen erfolgen, an denen der Arbeitnehmer hätte arbeiten müssen. An ohnehin freien Tagen kann kein Urlaub gewährt werden. Bei flexiblen Arbeitsverhältnissen muss jedoch nicht erst eine Konkretisierung der Arbeitspflicht auf bestimmte Zeitpunkte erfolgen, um dann wieder eine Suspendierung vornehmen zu können. Es reicht vielmehr aus, den Arbeitnehmer für die Zeit des ihm zustehenden Urlaubs von der Arbeit freizustellen. Ein bereits entstandener Urlaubsanspruch erlischt nicht durch eine folgende Freistellungszeit, denn entsprechend der vertraglichen Vereinbarung sollen erworbene Rechte nicht verloren gehen, sondern erhalten bleiben. Die Gewährung des Urlaubs muss sich vielmehr der Freistellungszeit anschließen.
Der Urlaubsanspruch ist seinem Zweck gemäß an das Urlaubsjahr gebunden. Jedenfalls mit Ablauf des Übertragungszeitraums gemäß § 7 Abs. 3 S. 3 BUrlG erlischt der Urlaubsanspruch aufgrund Unmöglichkeit der Erfüllung. Hat eine Urlaubsgewährung jedoch aufgrund eines vom Arbeitgeber zu vertretenden Grundes nicht stattgefunden und hat der Arbeitnehmer den Arbeitgeber rechtzeitig in Verzug gesetzt, so besteht ein Ersatzurlaubsanspruch als Schadensersatz. Eine vertragliche Übertragung des Urlaubsanspruchs in das nächste Kalenderjahr ist möglich, da dies für den Arbeitnehmer günstiger als das Erlöschen ist. Kann insbesondere bei Blockarbeitszeiten oder Sabbaticals bis zum Ende des Jahres oder bis zum 31.03. des Folgejahres kein Urlaub wegen län-

gerer Freistellungszeiten gewährt werden, so ist eine weitergehende Übertragung des Urlaubs möglich und erforderlich. Denn ansonsten würde der Urlaubsanspruch allein aufgrund der Arbeitszeitgestaltung erlöschen, was jedoch nicht durch die geschlossene Vereinbarung beabsichtigt war.
Der volle Urlaubsanspruch entsteht nach sechsmonatigem Bestehen des Arbeitsverhältnisses, § 4 BUrlG. Maßgeblich ist insoweit der Zeitpunkt des vereinbarten Arbeitsbeginns. Eine verringerte Arbeitsleistung während der Wartezeit oder gar die vertragsgemäße Nichtleistung von Arbeit beeinflusst die Wartezeit nicht. Denn nach dem gesetzgeberischen Willen kommt es lediglich auf den sechsmonatigen Bestand des Arbeitsverhältnisses an. Insoweit kann auch nicht von einem rechtsmissbräuchlichen Verhalten gesprochen werden, da das Ergebnis zum einen dem Wortlaut des Gesetzes entspricht, zum anderen bei flexiblen Arbeitsverhältnissen ein vertragsgemäßes Verhalten vorliegt.
Wie die Dauer des Urlaubs bei flexibler Teilzeitarbeit zu berechnen ist, lässt das BUrlG offen. Grundsätzlich hat ein Teilzeitarbeitnehmer einen ebenso großen Urlaubsanspruch wie ein Vollzeitarbeitnehmer. Er muss sich jedoch die arbeitsfreien Tage auf seinen Urlaubsanspruch anrechnen lassen. Je nach Lage des Urlaubs kann bei unterschiedlichen Tagesarbeitszeiten die tatsächliche Arbeitsfreistellung differieren. Auch die Berechnung des als abgegolten zu betrachtenden Arbeitsdeputats ist problematisch. Um insoweit einen gerechten Ausgleich zu finden, werden verschiedene Lösungsvorschläge gemacht, die in einzelne Fallkonstellationen untergliedert werden können.
Arbeitet ein Arbeitnehmer täglich mit jeweils derselben, jedoch im Vergleich zu einem Vollzeitarbeitnehmer verkürzten Stundenzahl, so hat dieser den vollen Urlaubsanspruch, der ihn von seiner täglich verringerten Arbeitspflicht befreit. Bei gleich bleibenden wöchentlichen Arbeitstagen mit jeweils gleich bleibender Arbeitsstundenzahl wird der Urlaubsanspruch nach herrschender Meinung nach folgender Formel berechnet. (Arbeitstage des Teilzeitbeschäftigten pro Woche: Arbeitstage eines Vollzeitbeschäftigten) mal Urlaubstage eines Vollzeitbeschäftigten. Begründen lässt sich diese Berechnungsart damit, dass auf diese Weise entsprechend der Rechtsnatur des Urlaubs eine Freistellung von der tatsächlich zu erbringenden Arbeit erfolgt. In § 125 S. 1 2. HS. SGB IX hat sich im Übrigen der Gesetzgeber die genannte Berechnungsweise zu Eigen gemacht.
Bei gleich bleibender täglicher Arbeitsstundenzahl, aber einer unterschiedlichen Anzahl an wöchentlichen Arbeitstagen muss auf einen Zeitraum abgestellt werden, innerhalb dessen sich die Arbeitszeitverteilung wiederholt. Gegebenenfalls muss sogar auf die Jahresarbeitszeit abgestellt werden. In diesem Fall müssen die individuellen Arbeitstage durch die Jahreswerktage dividiert und dieser Quotient dann mit dem Urlaubsanspruch multipliziert werden.
Probleme werfen diejenigen Arbeitszeitgestaltungen auf, bei denen der Arbeitnehmer an den einzelnen Arbeitstagen in unterschiedlicher Länge tätig ist. Hinsichtlich der Frage, ob die Freistellung je nach Lage der Urlaubs unterschiedlich lang ausfallen darf und ob hierbei statt Urlaubstagen Stunden berücksichtigt werden dürfen, besteht keine Einigkeit. Ein Teil der Literatur vertritt in unterschiedlichen Ausgestaltungen die Auffassung, dass die Arbeitsstundenzahl zu berücksichtigen und eine Urlaubsdauerbe-

rechnung nach Stunden vorzunehmen sei. Dagegen spricht jedoch, dass § 3 Abs. 1 BUrlG eine Freistellung nach Tagen zwingend vorsieht. Etwas anderes würde eine unzulässige Abweichung zu Lasten des Arbeitnehmers darstellen. Hinsichtlich des durch den Urlaub als abgegolten zu sehenden Deputats ist – soweit keine konkreten Feststellungen möglich sind – eine Durchschnittsbetrachtung vorzunehmen und das Arbeitsdeputat um den durchschnittlich auf einen Urlaubstag entfallenden Wert zu kürzen.

Bei einem Wechsel von einer Vollzeittätigkeit zu einer Teilzeittätigkeit und umgekehrt werden hinsichtlich der Urlaubsberechnung verschiedene Auffassungen vertreten. Nach einer Meinung soll der Alturlaub in voller Höhe erhalten bleiben und zum Neuurlaub hinzutreten. Die besseren Argumente sprechen jedoch dafür, den Urlaubsanspruch vollständig neu zu berechnen, da es sich beim Urlaub um einen Freistellungsanspruch von der aktuell geschuldeten Arbeitsleistung handelt.

2. Urlaubsentgelt

Bei dem dem Arbeitnehmer während seines Urlaubs nach § 11 BUrlG zu zahlenden Urlaubsentgelt handelt es sich nicht um einen eigenständigen Anspruch, sondern um einen Lohnfortzahlungsanspruch. Denn beim Urlaub wird lediglich der Arbeitnehmer von seiner Arbeitspflicht suspendiert, während die übrigen Pflichten aus dem Arbeitsverhältnis – so auch die Pflicht des Arbeitgebers auf Zahlung des vereinbarten Entgelts – weiter bestehen. Die tarifdispositive, aber im Übrigen verbindliche Berechnungsregelung des § 11 BUrlG ordnet für den gesetzlichen Mindesturlaub das so genannte Referenzprinzip an. Hiervon kann zwar tarifvertraglich abgewichen werden, der Grundsatz des bezahlten Urlaubs muss jedoch erhalten bleiben.

Das Urlaubsentgelt stellt das Produkt aus einem Geld- und einem Zeitfaktor dar. Lediglich der Geldfaktor ist in § 11 BUrlG geregelt. Er legt fest, mit welchem Geldbetrag die im Urlaub ausgefallene Arbeitszeit zu vergüten ist. Der nicht geregelte Zeitfaktor bestimmt, wie viel an Arbeitszeit entsprechend des Geldfaktors zu vergüten ist. Maßgeblich sind die durch den Urlaub konkret ausfallenden Stunden.

Auch bei der Teilzeitarbeit berechnet sich das Urlaubsentgelt nach § 11 Abs. 1 S. 1 BUrlG. Bei täglicher, gleichmäßig verminderter Arbeit ergeben sich keine Besonderheiten. Bei nicht täglicher, im Übrigen aber gleichmäßiger Arbeit berechnet sich das Urlaubsentgelt in der Weise, dass der Verdienst der letzten dreizehn vor dem Urlaub liegenden Wochen durch die in diesem Zeitraum liegenden Arbeitstage dividiert und mit der Anzahl der Urlaubstage multipliziert wird.

Bei flexiblen Teilzeitarbeitsverhältnissen ist die Berechnungsmethode des § 11 BUrlG nur bedingt geeignet, da diese davon ausgeht, dass die Verhältnisse sich im Bezugs- und im Urlaubszeitraum entsprechen werden. Gerade bei größeren Arbeitsunterbrechungen oder bei ständig wechselndem Arbeitsumfang ist dies jedoch nicht der Fall, sodass – je nach Lage des Urlaubs – ein unterschiedlich hohes Urlaubsentgelt das Resultat sein kann. Für die Lösung dieses Problems existieren eine Reihe von unterschiedlichen Auffassungen. Nach der hier vertretenen Meinung sollte hinsichtlich des Zeitfaktors zunächst versucht werden, die tatsächlich ausgefallene Arbeitszeit zu bestimmen. Ist dies nicht möglich, so muss eine Durchschnittsbetrachtung unter Berücksichtigung eines längeren Zeitraums vorgenommen werden. Der Geldfaktor kann lediglich bei gleichmäßigen Arbeitsverhältnissen nach § 11 Abs. 1 S. 1 BUrlG berechnet werden. Bei unregelmäßigen Arbeitszeiten ist es dagegen ebenfalls erforderlich, auf eine Durchschnittsberechnung zurückzugreifen, um dem Grundsatz des bezahlten Urlaubs gerecht zu werden.

3. Urlaubsgeld

Ein Anspruch auf Urlaubsgeld beruht nicht auf dem Gesetz, sondern auf einer individuellen oder kollektiven Vereinbarung. Inwieweit ein Teilzeitarbeitnehmer Anspruch auf ein Vollzeitarbeitnehmern gewährtes Urlaubsgeld hat, richtet sich nach dem Leistungszweck. In der Regel können Teilzeitarbeitnehmer nicht von der Zahlung ausgenommen werden. Eine Kürzung erscheint jedoch entsprechend des jeweiligen Leistungszwecks denkbar.

## I. Entgeltfortzahlung im Krankheitsfall bei Teilzeitarbeit

Durch das Rechtsinstitut der Entgeltfortzahlung im Krankheitsfall soll zum einen der Arbeitnehmer während der Dauer seiner Erkrankung wirtschaftlich abgesichert und zum anderen die gesetzliche Krankenversicherung entlastet werden[1]. § 3 EFZG macht daher keinen Unterschied zwischen Vollzeit- und Teilzeitarbeitnehmern. Teilzeitarbeitnehmer haben ebenso und unter den gleichen Voraussetzungen wie Vollzeitarbeitnehmer einen Anspruch auf Entgeltfortzahlung im Krankheitsfall[2]. Denn es gilt auch in diesem Bereich der allgemeine arbeitsrechtliche Arbeitnehmerbegriff[3]. Den ursprünglich in § 1 Abs. 3 Nr. 2 LohnFG geregelten Ausschluss geringfügig Beschäftigter, der gegen Art. 119 Abs. 1 EGV a. F.[4] verstieß[5], gibt es nicht mehr. Auch diese Arbeitnehmer haben nun einen Anspruch auf Entgeltfortzahlung im Krankheitsfall[6]. Es besteht daher für Teilzeitarbeitnehmer keine Verpflichtung, die infolge Krankheit ausgefallene Arbeitszeit ohne ein weiteres Entgelt nachzuholen[7]. Eine Vereinbarung, aufgrund derer das Arbeitsdeputat in vollem Umfang erbracht werden muss, ohne dass Krankheitszeiten berücksichtigt werden, wäre grundsätzlich unzulässig. Denn im Fall der KAPOVAZ würde es schon an einer bestimmt festgelegten Arbeitszeit i. S. d. § 12 Abs. 1 S. 2 TzBfG fehlen, da die Fehlzeiten aufgrund Arbeitsunfähigkeit von vornherein nicht feststehen und nicht von der Arbeitszeit ausgenommen werden können[8]. Aber auch bei anderen Teilzeitarbeitsmodellen ist es erforderlich, dass der Arbeitnehmer ohne Einbuße an Entgelt von seiner Arbeit freigestellt wird und eine Anrechnung auf sein Arbeitsdeputat erfolgt. Ansonsten wäre er in unzulässiger Weise zu unbezahlter

---

[1] MünchHdb ArbR/*Boecken* § 82 Rn. 32.

[2] MünchHdb ArbR/*Boecken* § 83 Rn. 13; *Feichtinger* S. 51 f; Mager/Winterfeld/Göbel/Seelmann/*Göbel* Rn. 191; *Goos* S. 32; *Klevemann* AiB 1986, 103, 111; Kasseler Handbuch/*Linck* 4.2 Rn. 173; GK- TzA/*Lipke* § 2 BeschFG Rn. 147; *Schmitt*, Gitter-FS S. 847, 849; Staudinger/*Oetker* § 616 Rn. 35, 191; *Worzalla/Süllwald* § 3 Rn. 4.

[3] ErfK/*Dörner* § 1 EFZG Rn. 9; *Vossen* Rn. 49.

[4] Nunmehr Art. 141 Abs. 1 EGV.

[5] *EuGHE* 1989, 2743 ff; *BAGE* 68, 320, 323.

Im Rahmen der gesetzlichen Krankenversicherung ist jedoch zu beachten, dass geringfügig Beschäftigte i. S. d. 8 SGB IV nicht krankenversicherungspflichtig sind, § 7 SBG V. Es besteht auch eine Versicherungsfreiheit in der gesetzlichen Pflegeversicherung, § 20 Abs. 1 SGB XI, in der gesetzlichen Rentenversicherung, § 5 Abs. 2 Nr. 1 SGB VI und in der Arbeitslosenversicherung, § 27 Abs. 2 SGB III. Versicherungpflicht würde demgegenüber im Sozialversicherungsrecht mit Versichertsein identisch sein, vgl. TZA/*Stevens- Bartol* § 7 SGB IV Rn. 3. Schwer mit dem Verbot einer Geschlechterdiskriminierung zu vereinbaren hält TZA/*Stevens- Bartol* § 8 SGB IV Rn. 8 die Regelungen über die geringfügige Beschäftigung.

[6] *Diller* NJW 1994, 1690 f; ErfK/*Dörner* § 3 EFZG Rn. 3; Kaiser/Dunkl/Hold/Kleinsorge/*Dunkl* § 3 EFZG Rn. 5; AR-Blattei SD/*Feichtinger* 1000.3 Rn. 4; *Helml* Einl. Rn. 8; *Geyer/Knorr/Krasney* § 3 Rn. 5; *Schmitt*, Gitter-FS S. 847, 849; *Worzalla/Süllwald* § 3 Rn. 4.

[7] GK- TzA/*Lipke* § 2 BeschFG Rn. 149.

[8] GK- TzA/*Mikosch* § 4 BeschFG Rn. 101.

Nacharbeit der Krankheitstage verpflichtet und das Arbeitsdeputat würde erweitert[9]. Käme der Arbeitnehmer dieser unbezahlten Nacharbeit nicht nach, würde dies Abzüge auf dem Zeitkonto bzw. bei der Vergütung nach sich ziehen. Letztlich würde dies einen Ausschluss der Entgeltfortzahlung im Krankheitsfall bedeuten, der nach der gesetzlichen Regelung nicht zulässig ist[10].

## II. Rechtsnatur und Voraussetzungen der Entgeltfortzahlung im Krankheitsfall unter besonderer Berücksichtigung der flexiblen Teilzeitarbeit

Der Anspruch auf Entgeltfortzahlung im Krankheitsfall ergibt sich aus § 611 BGB in Verbindung mit dem Arbeitsvertrag. § 3 EFZG erhält lediglich diesen Anspruch aufrecht, stellt also keine Anspruchsgrundlage, sondern eine Ausnahme zu § 326 Abs. 1 S. 1 BGB dar[11].

Voraussetzung für einen Anspruch auf Entgeltfortzahlung im Krankheitsfall ist ein *vollwirksames Arbeitsverhältnis*[12]. Der Anspruch nach § 3 EFZG greift ab dem Zeitpunkt ein, zu dem der *Arbeitsbeginn* vereinbart ist, denn vorher besteht schon gar keine Arbeitspflicht, sodass es nicht zu einem Entgeltausfall infolge Krankheit kommen kann[13]. Erkrankt ein Arbeitnehmer also nach Abschluss des Arbeitsvertrags, aber vor dem Zeitpunkt des vereinbarten Beginns der Arbeitspflicht, so kann ein Anspruch auf Entgeltfortzahlung frühestens zur Zeit des vereinbarten Arbeitsbeginns entstehen[14]. Eine Arbeitsleistung muss nach der gesetzlichen Wertung des § 3 Abs. 3 EFZG nicht erfolgt sein[15]. Bedeutung hat dies für die Arbeitsmodelle mit diskontinuierlicher Arbeitsverpflichtung, wie zum Beispiel die Blockarbeitszeit, wenn zu Beginn des Arbeitsverhältnisses eine Freizeitperiode steht. Erst mit Beginn der Arbeitsphase kann die Entgeltfortzahlung einsetzen.

In diesem Zusammenhang muss die *Wartefrist des § 3 Abs. 3 EFZG*, die der Kostenentlastung der Arbeitgeber und der stärkeren Betonung von Leistung und Gegenleistung dient, beachtet werden[16]. Nach § 3 Abs. 3 EFZG muss das Arbeitsverhältnis

---

[9] *BAG* NZA 2002, 209, 210; *Meyer* S. 123, 127; *Schmitt*, Gitter-FS S. 847, 854; MünchHdb ArbR/*Schüren* § 162 Rn. 128.

[10] Kaiser/Dunkl/Hold/Kleinsorge/*Hold* § 4 EFZG Rn. 4; Soergel/*Kraft* § 616 Rn. 44; *Schulte-Mimberg/Sabel* S. 294 f; MüKo/*Schaub* § 616 Rn. 206; a. A. GK- TzA/*Mikosch* § 4 BeschFG Rn. 101.

[11] Erman/*Belling* § 616 Rn. 96; MünchHdb ArbR/*Boecken* § 82 Rn. 38 ff; ErfK/*Dörner* § 3 EFZG Rn. 100; Kaiser/Dunkl/Hold/Kleinsorge/*Dunkl* § 3 EFZG Rn. 153; *Feichtinger* S. 173; *Helml* § 12 Rn. 16; *Geyer/Knorr/Krasney* § 4 Rn. 8; Soergel/*Kraft* § 616 Rn. 44; *Schmitt* § 3 Rn. 158; *Schulte-Mimberg/Sabel* S. 45, 177; *Ströfer* DB 1984, 2406 f; a. A.: *Marienhagen/Künzl* § 3 Rn. 1a; *Worzalla/Süllwald* § 3 Rn. 1, jeweils hinsichtlich der alten Rechtslage.

[12] MünchHdb ArbR/*Boecken* § 83 Rn. 10.

[13] MünchHdb ArbR/*Boecken* § 83 Rn. 58; AR-Blattei SD/*Feichtinger* 1000.3 Rn. 24; *Gola* § 3 Anm. 3.1; *Müller/Berenz* § 3 Rn. 35; *Schmitt* § 3 Rn. 139; *Worzalla/Süllwald* § 3 Rn. 47.

[14] MünchHdb ArbR/*Boecken* § 84 Rn. 140.

[15] *Gola* § 3 Anm. 3.1; *Hanau* RdA 1997, 205, 207; *Schmitt* § 3 Rn. 139; *Vossen* Rn. 74.

[16] *Bocken* NZA 1999, 673, 677; ErfK/*Dörner* § 3 EFZG Rn. 5; Kaiser/Dunkl/Hold/Kleinsorge/*Dunkl* § 3 EFZG Rn. 105 b; *Heise/Lessenich/Merten* Rn. 197; *Müller/Berenz* § 3 Rn. 4; Staudinger/*Oetker* § 616 Rn. 279; MüKo/*Schaub* § 616 Rn. 37 a; der Arbeitnehmer hat bei einer Erkrankung während der

ununterbrochen andauern. Das ist bei einer rechtlichen Unterbrechung unstreitig nicht der Fall. Problematisch ist aber, ob eine tatsächliche Unterbrechung, wie beispielsweise bei Blockarbeitszeiten oder Sabbaticals, dem Ablauf der Frist schadet. Teilweise wird vertreten, dass es für eine Unterbrechung i. S. d. § 3 Abs. 3 EFZG ausreiche, wenn die Hauptleistungspflichten ruhen würden[17]. Dagegen spricht jedoch, dass das Ruhen nicht zu einer Beeinträchtigung des Bestandes des Arbeitsverhältnisses führt[18]. Hätte der Gesetzgeber auch tatsächliche Unterbrechungen als anspruchsschädlich betrachten wollen, so hätte er von einem „Beschäftigungsverhältnis" sprechen müssen[19]. Das tatsächliche Tätigwerden des Arbeitnehmers ist also nicht erforderlich. Es kommt vielmehr auf den rechtlichen Bestand des Arbeitsverhältnisses an[20]. Die Wartezeit läuft damit unabhängig von einer tatsächlichen Arbeitstätigkeit ab und wird mit dem vereinbarten Arbeitsbeginn in Gang gesetzt, § 187 Abs. 2 BGB[21]. Aber selbst diejenigen, die tatsächliche Arbeitsunterbrechungen für die Wartezeit des § 3 Abs. 3 EFZG als schädlich ansehen, akzeptieren aufgrund der Vertragsfreiheit eine Vereinbarung, welche die Nichtberücksichtigung der tatsächlichen Unterbrechung für die Wartefrist zum Inhalt hat[22]. Ob eine solche Vereinbarung getroffen wurde, ist jeweils im Einzelfall durch Auslegung festzustellen.

Hätte der Arbeitnehmer ohnehin nicht während seiner Krankheit gearbeitet und wäre er dazu auch nicht verpflichtet gewesen, fällt diese also in eine arbeitsfreie Zeit, so besteht kein Anspruch auf Entgeltfortzahlung im Krankheitsfall. Es muss ein *ausschließlicher Kausalzusammenhang* zwischen Krankheit und Arbeitsverhinderung bestehen[23]. Dies setzt zwei Kausalketten voraus, nämlich diejenige zwischen Krankheit und Ar-

---

Wartefrist einen Anspruch auf Krankengeld gemäß §§ 44 Abs. 1, 49 Abs. 1 Nr. 1 SGB V, es sei denn, ein derartiger Anspruch würde an § 7 Abs. 1 a SGB IV scheitern, vgl. *BSG* SozR 3-2500 § 186 SGB V Nr. 3; Kaiser/Dunkl/Hold/Kleinsorge/*Dunkl* § 3 EFZG Rn. 105 a; *Vossen* Rn. 62.

[17] *Heisse/Lessenich/Merten*: Rn. 205, 207; *Worzalla/Süllwald* § 3 Rn. 86; so grundsätzlich auch *Menten* S. 88.

[18] *Geyer/Knorr/Krasney* § 3 Rn. 172 c; Staudinger/*Oetker* § 616 Rn. 284 f; *Vossen* Rn. 67.

[19] MüKo/*Schaub* § 616 Rn. 37 b.

[20] *Bauer/Lingemann* BB 1996, Beil. 17, 8; *Bocken* NZA 1999, 673, 677; ErfK/*Dörner* § 3 EFZG Rn. 68; Kaiser/Dunkl/Hold/Kleinsorge/*Dunkl* § 3 EFZG Rn. 105 c, d; *Geyer/Knorr/Krasney* § 3 Rn. 172 c; *Gola* § 3 Anm. 7.1; Staudinger/*Oetker* § 616 Rn. 284; *Schliemann* AuR 1994, 317, 319; *Schwedes* BB 1996, Beil. 17, 2, 6; **a. A.**: *Buschmann* AuR 1996, 285, 290; *Sieg* BB 1996, Beil. 17, 18, 19.

[21] Kaiser/Dunkl/Hold/Kleinsorge/*Dunkl* § 3 EFZG Rn. 105 c; *Geyer/Knorr/Krasney* § 3 Rn. 172 b; *Heise/Lessenich/Merten* Rn. 203, 211; *Müller/Berenz* § 3 Rn. 6; Staudinger/*Oetker* § 616 Rn. 284, 286; *Vossen* Rn. 67; unklar, ob die Entgeltzahlung mit Vertragsabschluss oder mit dem vereinbarten Beginn der Arbeitstätigkeit anfängt: *Worzalla/Süllwald* § 3 Rn. 85.

[22] *Menten* S. 93.

[23] *BAG* NZA 2002, 610, 611; *Babl* S. 187; Erman/*Belling* § 616 Rn. 109; *Boecken* NZA 1999, 673, 676; MünchHdb ArbR/*Boecken* § 83 Rn. 58; *Dikomey* S. 151; ErfK/*Dörner* § 3 EFZG Rn. 28; Kaiser/Dunkl/Hold/Kleinsorge/*Dunkl* § 3 EFZG Rn. 48; *Faßhauer* NZA 1986, 453, 456; AR-Blattei SD/*Feichtinger* 1000.3 Rn. 47; *Feichtinger* S. 36; *Frölich* S. 149; *Helml* § 3 Rn. 31; *Geyer/Knorr/Krasney* § 3 Rn. 62; Mager/Winterfeld/Göbel/Seelmann/*Göbel* Rn. 191; *Gola* § 3 Anm. 3.2.1; *Heise/Lessenich/Merten* Rn. 181; *Marienhagen/Künzl* § 3 Rn. 13; RGRK/*Matthes* § 616 Rn. 106; *Menten* S. 70; *Meyer* S. 124; *Müller/Berenz* § 3 Rn. 29; *Natzel* NZA 1998, 1262, 1263; Staudinger/*Oetker* § 616 Rn. 229, 233; MüKo/*Schaub* § 616 Rn. 48; *Schmitt* § 3 Rn. 58; *Schulte-Mimberg/Sabel* S. 66; *Vossen* Rn. 96; *Worzalla/Süllwald* § 3 Rn. 20; *Zietsch* NZA 1997, 526, 528; *Ziepke* § 9 Anm. 34; **a. A.**: *von Maydell* DB 1973, Beil. Nr. 15, S. 1, 5; *Waldeyer* DB 1972, 679 f.

beitsunfähigkeit und zwischen Arbeitsunfähigkeit und Arbeitsverhinderung[24]. Andernfalls würde der Arbeitnehmer schon keinen Zahlungsausfall erleiden und § 3 EFZG würde nicht seiner Ausnahmefunktion im Hinblick auf § 326 Abs. 1 S. 1 BGB gerecht werden[25]. § 326 Abs. 1 S. 1 BGB ist nicht anwendbar, wenn aufgrund einer vertraglichen Vereinbarung keine Verpflichtung zur Arbeit bzw. zur Entgeltzahlung besteht. Wenn § 326 Abs. 1 S. 1 BGB nicht eingreift, kann auch § 3 EFZG als diesbezügliche Ausnahmevorschrift nicht zum Zuge kommen. Bei Vereinbarung der „überholenden Ursache" Freistellungszeit ist die während dieser eintretende Krankheit lediglich die „Reserveursache", die sich nicht auswirkt. Die Fürsorgepflicht des Arbeitgebers würde deutlich überschritten, wenn man dem von der Arbeit freigestellten Arbeitnehmer einen – ansonsten nicht bestehenden - Entgeltanspruch zubilligen wollte. Sind also die arbeitsvertraglichen Hauptpflichten suspendiert, so kann kein Anspruch auf Entgeltfortzahlung im Krankheitsfall entstehen. Denn die Krankheit ist in diesem Fall nicht der alleinige Grund für den Arbeitsausfall[26].
Nach teilweise vertretener Ansicht soll ein Anspruch nach § 3 EFZG aber dann bestehen, wenn die Freistellungszeit Erholungszwecken dient. Denn diese könnten nicht gewährleistet werden, wenn der Arbeitnehmer erkranke. Zur Begründung wird der Rechtsgedanke des § 9 BUrlG herangezogen und als Obergrenze für die Entgeltfortzahlungspflicht die gesetzliche Mindesturlaubsdauer nach § 3 Abs. 1 BUrlG angesetzt[27]. Meines Erachtens kann dieser Ansicht nicht gefolgt werden. Denn zum einen ist es häufig schwierig, festzustellen, ob die Freistellung Erholungszwecken dient[28]. Zum anderen ist es nicht einsichtig, auf welche Weise ein eventueller Erholungszweck eine nicht bestehende Kausalität fingieren soll. Wenn schon der gesunde Arbeitnehmer keinen Entgeltanspruch hat, muss dies auch für den arbeitsunfähigen Arbeitnehmer gelten. Die Krankheit vermag einem Arbeitnehmer, der ohne diese keinen Entgeltanspruch hätte, nicht zu einem solchen zu verhelfen[29]. Auf das Motiv der Freistellung kann es deshalb nicht ankommen[30]. Ein Entgeltfortzahlungsanspruch dient der Verhinderung des Wegfalls des Entgeltanspruchs. Wo ein solcher nicht besteht, können die

[24] MünchHdb ArbR/*Boecken* § 83 Rn. 56; Kaiser/Dunkl/Hold/Kleinsorge/*Dunkl* § 3 EFZG Rn. 29; *Gola* § 3 Anm. 3.3.2; *Helml* § 3 Rn. 26; *Müller/Berenz* § 3 Rn. 17; *Schliemann* AuR 1994, 317, 320; **kritisch:** *Ströfer* DB 1984, 2406 f.
Streitig ist, aufgrund welcher Vorschrift die Leistungspflicht des Arbeitnehmers bei Krankheit entfällt. Man wird insoweit auf § 275 Abs. 1 BGB – subjektive Unmöglichkeit – abstellen müssen, vgl. *Joussen* NZA 2001, 745, 747; **a. A.:** *Gotthardt/Greiner* DB 2002, 2106 ff m. w. N.
[25] Mager/Winterfeld/Göbel/Seelmann/*Göbel* Rn. 198; *Lindena*, Die Bank 1995, 324, 327.
[26] *Babl* S. 187; MünchHdb ArbR/*Bocken* § 83 Rn. 58; *Dikomey* S. 151; AR-Blattei SD/*Feichtinger* 1000.3 Rn. 47; *Gola* § 3 Anm. 3.2.1; Staudinger/*Oetker* § 616 Rn. 230; *Reinecke* DB 1991, 1168, 1171; *Schulte-Mimberg/Sabel* S. 76.
[27] *BAGE* 24, 95, 97; *BAG* DB 1974, 2114; *BAG* EzA § 1 LohnFG Nr. 27; *von Hoyningen-Huene* NJW 1981, 713, 719; *Marburger* BB 1978, 104, 107; *Müller/Berenz* § 3 Rn. 34; **a. A.:** *Meisel* SAE 1972, 262, 264; *Peterek* SAE 1972, 222f; *Trieschmann* Anm. AP Nr. 8 zu § 9 BUrlG; **kritisch:** *Marienhagen/Künzl* § 3 Rn. 19 b; **offen gelassen:** *Gola* § 3 Anm. 3.2.4.
[28] *Faßhauer* NZA 1986, 453, 455; dies gesteht auch *von Hoyningen-Huene* NJW 1981, 713, 719 zu; *Peterek* SAE 1972, 221 f.
[29] *Gola* § 3 Anm. 3.2.1.
[30] *Peterek* SAE 1972, 221 f.

Fortzahlungsansprüche auch nicht eingreifen[31]. Insbesondere gilt § 9 BUrlG nur für den gesetzlichen und bezahlten Mindesturlaub und regelt primär die Verpflichtung zur Entgeltfortzahlung. Der gesetzliche Urlaub wird bezahlt und durch bloße Suspendierung der Hauptleistungspflicht *des Arbeitnehmers* gewährt, während in der unbezahlten Freistellungsphase die Hauptleistungspflichten *beider* Vertragsparteien suspendiert sind[32]. Es fehlt damit an der vergleichbaren Interessenlage[33]. In der Regel wird die Auslegung der der Freistellung zugrunde liegenden Vereinbarung ohnehin ergeben, dass keine dem § 9 BUrlG entsprechende Regelung gewollt ist[34]. Das Lohnrisiko soll vielmehr in der Phase der Freistellung unter Berücksichtigung des Kausalitätserfordernisses und des Entgeltausfallprinzips beim Arbeitnehmer liegen[35], es sei denn, aus der der Freistellung zugrunde liegenden Vereinbarung ergibt sich etwas anderes[36]. Erkrankt der Arbeitnehmer zu einem Zeitpunkt, für den eine Freistellungsphase festgelegt worden ist, so ist der Arbeitgeber nicht nach § 242 BGB verpflichtet, diese Festlegung wieder rückgängig zu machen[37]. Nach anderer Ansicht soll aufgrund der fortbestehenden Fürsorgepflicht des Arbeitgebers eine Verpflichtung zur Rückgängigmachung der Freistellung bestehen. Der Arbeitgeber müsse sich dann so behandeln lassen, als habe der Arbeitnehmer seine Arbeit ordnungsgemäß angeboten. Dass er diese nicht erbringen könne, beruhe nun kausal auf der Erkrankung, sodass die Vorschrift des § 326 Abs. 1 S. 1 BGB grundsätzlich eingreifen könne und durch § 3 EFZG abgeändert werde[38]. Etwas anderes soll nach dieser Ansicht jedoch dann gelten, wenn dies für den Arbeitgeber, etwa infolge schon getroffener Dispositionen, unzumutbar sei oder die Erkrankung erst während der Freistellungsphase eintrete[39]. Gegen diese Ansicht spricht, dass es nicht nachvollziehbar ist, auf welche Weise eine Erkrankung des Arbeitnehmers eine schon erfolgte Konkretisierung der Freistellung beseitigen können soll. Auch der Arbeitgeber, der während der vereinbarten Freistellung unvorhergesehen einen zusätzlichen Auftrag bekommt, kann sich – abgesehen von Ausnahmefällen - nicht hinsichtlich seines Arbeitskräftebedarfs auf die Treuepflicht des Arbeitnehmers berufen. Ist eine Freistellungszeit einmal festgelegt, so sind beide Parteien daran gebunden und jeder muss uneingeschränkt Dispositionen treffen können, ohne deren Beeinträchtigung befürchten zu müssen. Eine unzulässige Berufung auf eine festgelegte und konkretisierte Freistellungszeit ist daher nur in ganz extremen Ausnahmefällen denkbar, zu denen eine Erkrankung des Arbeitnehmers aber nicht zu zählen ist.

---

[31] *Trieschmann* Anm. zu BAG AP Nr. 8 zu § 9 BUrlG.
[32] *Peterek* SAE 1972, 221 f.
[33] *Faßhauer* NZA 1986, 453, 455; *Herschel* DB 1981, 2431; *Herschel* Anm. zu BAG AP Nr. 53 zu § 1 LohnFG; *Ströfer* DB 1984, 2406, 2409.
[34] *BAGE* 43, 1, 5; *BAG* DB 1978, 499; *Helml* § 3 Rn. 33; *Trieschmann* Anm. BAG AP Nr. 8 zu § 9 BUrlG; **zweifelnd:** *Herschel* DB 1981, 2431; *Herschel* Anm. zu BAG AP Nr. 53 zu § 1 LohnFG.
[35] *BAGE* 43, 1, 4 ff; *Faßhauer* NZA 1986, 453, 455 f; *Helml* § 3 Rn. 33; **a. A.:** *Herschel* Anm. zu BAG AP Nr. 53 zu § 1 LohnFG.
[36] *Helml* § 3 Rn. 33.
[37] *BAGE* 43, 1, 5; *Trieschmann* Anm. AP Nr. 8 zu § 9 BUrlG; in diesem Sinne wohl auch *Gola* § 3 Anm. 3.2.4.
[38] *BAGE* 24, 95, 98; *Ströfer* DB 1984, 2406, 2408.
[39] *Faßhauer* NZA 1986, 453, 456; *Ströfer* DB 1984, 2406 ff.

Die Entgeltfortzahlung im Krankheitsfall beruht auf dem Grundsatz des *modifizierten Entgeltausfallprinzips*[40]. Das bedeutet, dass der Arbeitnehmer so zu stellen ist, wie er gestanden hätte, wenn er gearbeitet hätte, vgl. § 4 Abs. 1 EFZG[41]. Modifiziert wird das Entgeltausfallprinzip dadurch, dass in § 4 Abs. 1 EFZG auf die „regelmäßige" Arbeitszeit abgestellt wird und nach § 4 Abs. 1a S. 2 EFZG bei Leistungslohn der Durchschnittsverdienst bei regelmäßiger Arbeitszeit maßgeblich ist[42]. Hinsichtlich der regelmäßigen Arbeitszeit kommt es auf die individuelle Arbeitszeit des Arbeitnehmers an[43]. Regelmäßigkeit bedeutet, dass ein Geschehen nach einer festen Ordnung in gleichmäßigen Abständen und in gleichförmiger Aufeinanderfolge wiederkehrt, wobei auch eine Wiederholung mit Schwankungen und Ausnahmen ausreichend ist[44]. Ein Indiz dieser Regelmäßigkeit kann die Arbeitszeit in der Vergangenheit sein[45].
Unter den Begriff des fortzuzahlenden Arbeitsentgelts fallen alle Leistungen des Arbeitgebers, die als Gegenleistung für die Arbeit des Arbeitnehmers bestimmt sind[46]. Es setzt sich aus einem Zeit- und einem Geldfaktor zusammen[47]. Dies ergibt sich hinsichtlich des Entgeltfaktors daraus, dass an die arbeitsvertragliche Vergütung angeknüpft wird und hinsichtlich des Zeitfaktors, dass ein monokausaler Zusammenhang zwischen Arbeitsausfall und Krankheit bestehen muss und Entgeltfortzahlung nur während der Zeit geschuldet ist, zu der der Arbeitnehmer aufgrund seiner Erkrankung nicht seinen Arbeitspflichten nachkommen kann[48]. Maßgeblich ist das so genannte Bruttolohnprinzip[49].

---

[40] *Heise/Lessenich/Merten* Rn. 220; *Helml* § 4 Rn. 3; Kaiser/Dunkl/Hold/Kleinsorge/*Hold* § 4 EFZG Rn. 5; *Lindena*, Die Bank 1995, 324, 326; GK- TzA/*Lipke* § 2 BeschFG Rn. 148; *Marienhagen/Künzl* § 4 Rn. 3; *Schmitt* § 4 Rn. 1; *Schmitt*, Gitter-FS S. 847, 853; *Schulte-Mimberg/Sabel* S. 179; *Vossen* Rn. 525.

[41] *LAG Berlin* LAGE § 4 EFZG Nr. 1; AR-Blattei SD/*Feichtinger* 1000.3 Rn. 277; *Geyer/Knorr/Krasney* § 4 Rn. 34; Mager/Winterfeld/Göbel/Seelmann/*Göbel* Rn. 197; *Goos* S. 32 f; *Helml* § 4 Rn. 3; *Lindena*, Die Bank 1995, 324, 326; *Schmitt* § 4 Rn. 19.

[42] *LAG Berlin* LAGE § 4 EFZG Nr. 1; Erman/*Belling* § 616 Rn. 143; *Helml* § 4 Rn. 3; Kaiser/Dunkl/Hold/Kleinsorge/*Hold* § 4 EFZG Rn. 5; *Schmitt* § 4 Rn. 19; *Schmitt*, Gitter-FS S. 847, 854.

[43] MünchHdb ArbR/*Boecken* § 83 Rn. 33; AR-Blattei SD/*Feichtinger* 1000.3 Rn. 280; *Feichtinger* S. 72; *Geyer/Knorr/Krasney* § 4 Rn. 35; *Heise/Lessenich/Merten* Rn. 221; Kaiser/Dunkl/Hold/Kleinsorge/*Hold* § 4 EFZG Rn. 47; *Marienhagen/Künzl* § 4 Rn. 21; Staudinger/*Oetker* § 616 Rn. 405; MüKo/*Schaub* § 616 Rn. 122; *Schmitt* § 4 Rn. 22.

[44] *BAG* DB 1989, 2283; *Gola* § 4 Anm. 3.3.3; MüKo/*Schaub* § 616 Rn. 122; *Vossen* Rn. 561.

[45] *Geyer/Knorr/Krasney* § 4 Rn. 36.

[46] MünchHdb ArbR/*Boecken* § 83 Rn. 21; AR-Blattei SD/*Feichtinger* 1000.3 Rn. 298; *Geyer/Knorr/Krasney* § 4 Rn. 7; *Gola* § 4 Anm. 3.1.1; *Helml* § 4 Rn. 2; Kaiser/Dunkl/Hold/Kleinsorge/*Hold* § 4 EFZG Rn. 48; *Marienhagen/Künzl* § 4 Rn. 4; *Müller/Berenz* § 4 Rn. 14; Staudinger/*Oetker* § 616 Rn. 397; *Schmitt* § 4 Rn. 47; *Schulte-Mimberg/Sabel* S. 183; *Vossen* Rn. 527; *Worzalla/Süllwald* § 4 Rn. 23.

[47] ErfK/*Dörner* § 4 EFZG Rn. 6; *Müller/Berenz* § 4 Rn. 6; Staudinger/*Oetker* § 616 Rn. 396.

[48] Staudinger/*Oetker* § 616 Rn. 396.

[49] *BAG* DB 1978, 1652; ErfK/*Dörner* § 4 EFZG Rn. 16; Kaiser/Dunkl/Hold/Kleinsorge/*Dunkl* § 3 EFZG Rn. 154; AR-Blattei SD/*Feichtinger* 1000.3 Rn. 298; *Gola* § 4 Anm. 3.1.1; *Helml* § 4 Rn. 2; Kaiser/Dunkl/Hold/Kleinsorge/*Hold* § 4 EFZG Rn. 75; RGRK/*Matthes* § 616 Rn. 184; *Müller/Berenz* § 4 Rn. 1; Staudinger/*Oetker* § 616 Rn. 395; *Vossen* Rn. 528.

Aus dem Entgeltfortzahlungsprinzip ergibt sich des Weiteren, dass bei einem für die Zeit der Erkrankung vorgesehenen Wechsel von Teilzeitarbeit zu Vollzeitarbeit und umgekehrt das höhere bzw. das niedrigere fortzuzahlende Entgelt maßgeblich ist[50].

### III. Anzeige- und Nachweispflichten gemäß § 5 EFZG

#### 1. Anzeigepflicht

Nach § 5 Abs. 1 S. 1 EFZG besteht für den Arbeitnehmer die Pflicht, seine Arbeitsunfähigkeit dem Arbeitgeber unverzüglich mitzuteilen. Problematisch ist, ob auch ein Teilzeitarbeitnehmer am ersten Tag seiner Erkrankung eine Mitteilungspflicht trifft, selbst wenn er an diesem Tag gar nicht arbeiten muss. Das Problem stellt sich umso mehr, wenn der Arbeitnehmer aufgrund einer – unter Umständen eigenen – Prognose meint, an seinem nächsten individuellen Arbeitstag wieder arbeitsfähig zu sein.
Im Ergebnis wird man eine sofortige Mitteilungspflicht bejahen müssen. Denn für den Arbeitgeber ist es leichter, eine Ersatzkraft zu organisieren und entsprechende Dispositionen zu treffen, wenn er von der Erkrankung des Arbeitnehmers schon einige Zeit vor dessen Ausfall erfährt[51]. Ein solches Interesse des Arbeitgebers an einer rechtzeitigen Mitteilung besteht auch dann, wenn der Arbeitnehmer meint, bis zu seinem Arbeitstag wieder gesund zu sein[52]. Eine derartige Prognose ist nämlich durchaus mit Risiken belastet. Inwieweit der Arbeitgeber auf die ungewisse Situation reagiert, muss seiner Entscheidungsfreiheit überlassen bleiben. Die Nachteile und Belastungen, die dem Arbeitnehmer durch die frühzeitige Mittelungspflicht entstehen, können in diesem Zusammenhang das Interesse des Arbeitgebers nicht überwiegen[53]. Der Arbeitgeber hat auch deshalb ein Interesse, möglichst frühzeitig von der Arbeitsunfähigkeit des Arbeitnehmers zu erfahren, weil es sich um eine Fortsetzungserkrankung handeln könnte, bei der gemäß § 3 Abs. 1 EFZG eine zeitliche Beschränkung der Entgeltfortzahlung vorgesehen ist. Auch in dieser Hinsicht wird der Arbeitnehmer nicht übermäßig belastet. Denn für diesen besteht ohnehin aufgrund seiner Treuepflicht die Obliegenheit, dem Arbeitgeber mitzuteilen, dass es sich um eine Fortsetzungserkrankung handelt[54]. Letztlich besteht auch nur so für den Arbeitgeber die der flexiblen Teilzeit-

---

[50] *Gola* § 4 Anm. 3.3.1; Kaiser/Dunkl/Hold/Kleinsorge/*Hold* § 4 EFZG Rn. 48; *Müller/Berenz* § 4 Rn. 7; *Schulte-Mimberg/Sabel* S. 198.

[51] AR-Blattei SD/*Feichtinger* 1000.2 Rn. 6; Staudinger/*Oetker* § 616 Rn. 295; *Schmitt*, Gitter-FS S. 847, 849; Schmitt § 5 Rn. 8; *Vossen* Rn. 235.

[52] In diesem Sinne wohl *Worzalla/Süllwald* § 5 Rn. 12, die eine Anzeigepflicht ablehnen, wenn die Arbeitsunfähigkeit an einem individuellen Arbeitstag nicht mehr fortbestehen wird; ebenso MünchHdb ArbR/*Boecken* § 85 Rn. 13; *Gola* § 5 Anm. 3.1.

[53] AR-Blattei SD/*Feichtinger* 1000.2 Rn. 6; *Schmitt*, Gitter-FS S. 847, 850.

[54] *BAGE* 51, 308, 312 f; AR-Blattei SD/*Feichtinger* 1000.2 Rn. 18; *Geyer/Knorr/Krasney* § 3 Rn. 247; *Gola* § 3 Anm. 5.5, § 5 Anm. 3.3; RGRK/*Matthes* § 616 Rn. 177; *Müller/Berenz* § 3 Rn. 68; MüKo/*Schaub* § 616 Rn. 96; *Schmitt*, Gitter-FS S. 847, 850; *Schulte-Mimberg/Sabel* S. 201 f; **einschränkend:** Kaiser/Dunkl/Hold/Kleinsorge/*Kleinsorge* § 5 EFZG Rn. 11.

arbeit innewohnende Möglichkeit, den Arbeitnehmer erst nach Gesundung wieder zur Arbeit einzuteilen[55].
Eine Anzeigepflicht nach § 5 Abs. 1 S. 1 EFZG besteht damit unabhängig davon, ob der Arbeitgeber zur Fortzahlung des Entgelts verpflichtet ist oder nicht[56].

2. Nachweispflicht

Wenn die Arbeitsunfähigkeit länger als drei Kalendertage dauert, muss der Arbeitnehmer nach § 5 Abs. 1 S. 2 EFZG eine ärztliche Bescheinigung vorlegen. Es stellt sich die Frage, ob diese Regelung auch für Teilzeitarbeitnehmer Geltung erlangt, die nicht täglich bzw. unregelmäßig arbeiten. Nach § 5 Abs. 1 S. 2 EFZG muss die ärztliche Bescheinigung unter den dort genannten Voraussetzungen spätestens an dem folgenden Arbeitstag vorgelegt werden. Streitig ist, was unter einem Arbeitstag in diesem Sinne zu verstehen ist. Aus der Formulierung des § 5 Abs. 1 S. 2 EFZG ergibt sich, dass kein Kalendertag gemeint sein kann[57]. Teilweise wird darunter ein Werktag verstanden[58]. Nach anderer Ansicht ist darauf abzustellen, ob an dem konkreten Tag in dem betreffenden Betrieb gearbeitet wird[59]. Es kommt jedenfalls aber nicht darauf an, ob der erkrankte Arbeitnehmer selbst zur Arbeit verpflichtet gewesen wäre[60]. Denn die Nachweispflicht soll Dispositionen des Arbeitgebers erleichtern und Unsicherheiten beseitigen[61]. Es sollte durch das Abstellen auf einen „Arbeitstag" lediglich verhindert werden, dass der Arbeitnehmer sein Attest an einem Tag abgeben muss, an dem niemand im Betrieb ist[62]. Dafür lässt sich der Wortlaut des § 5 Abs. 1 S. 2 EFZG anführen, sodass es nicht darauf ankommt, ob der Arbeitnehmer einen Anspruch auf Entgeltfortzahlung im Krankheitsfall hat[63]. Denn auch dann, wenn für den Arbeitnehmer kein Anspruch auf Entgeltfortzahlung besteht, hat der Arbeitgeber im Hinblick auf seine Dispositionen ein berechtigtes Interesse daran, zu erfahren, wann der Arbeit-

---

[55] *Schmitt*, Gitter-FS S. 847, 850.
[56] AR-Blattei SD/*Feichtinger* 1000.2 Rn. 3; Kaiser/Dunkl/Hold/Kleinsorge/*Kleinsorge* § 5 EFZG Rn. 1; *Lepke* NZA 1995, 1084 f; Staudinger/*Oetker* § 616 Rn. 295; *Schmitt* § 5 Rn. 7; *Worzalla* NZA 1996, 61.
[57] *Hanau/Kramer* DB 1995, 94 f; *Kramer* BB 1996, 1662.
[58] *Schwedes* Stahlhacke-Festschrift S. 489, 499.
[59] AR-Blattei SD/*Feichtinger* 1000.2 Rn. 24; *Geyer/Knorr/Krasney* § 5 Rn. 26; *Gola* § 5 Anm. 4.2.2; *Gola* BB 1995, 2318 ff; *Hanau/Kramer* DB 1995, 94 f; *Kramer* BB 1996, 1662 f; *Lepke* NZA 1995, 1084, 1086; *Schliemann* AuR 1994, 313, 323; *Schmitt* § 5 Rn. 46; *Vossen* Rn. 262; *Worzalla/Süllwald* § 5 Rn. 55.
[60] AR-Blattei SD/*Feichtinger* 1000.2 Rn. 24; *Hanau/Kramer* DB 1995, 94 f; *Kramer* BB 1996, 1662 f; *Lepke* NZA 1995, 1084, 1086; Staudinger/*Oetker* § 616 Rn. 311; *Schliemann* AuR 1994, 313, 323; *Schmitt* § 5 Rn. 46; *Worzalla/Süllwald* § 5 Rn. 55; **a. A.** und damit auf eine individuelle zeitliche Lage der Arbeitsverpflichtung abstellend: *Berenz* DB 1995, 2166, 2170; *Diller* NJW 1994, 1690 f; Kaiser/Dunkl/Hold/Kleinsorge/*Kleinsorge* § 5 Rn. 17; *Müller/Berenz* § 5 Rn. 8.
[61] *BAG* DB 1986, 2443 f; AR-Blattei SD/*Feichtinger* 1000.2 Rn. 24; *Gola* § 5 Anm. 4.2.2; *Schliemann* AuR 1994, 313, 323.
[62] *Gola* § 5 Anm. 4.2.2; *Gola* BB 1995, 2318, 2320; *Schliemann* AuR 1994, 313, 323.
[63] *Schmitt* § 5 Rn. 32; *Müller/Berenz* § 5 Rn. 6; *Worzalla/Süllwald* § 5 Rn. 16.

nehmer wieder arbeitsfähig sein wird[64]. Der Anspruch auf Entgeltfortzahlung im Krankheitsfall ergibt sich letztlich aus der Fürsorgepflicht des Arbeitgebers. Dann muss aber auch für den Arbeitnehmer die Treuepflicht bestehen, dem Arbeitgeber die krankheitsbedingten Dispositionen zu erleichtern[65]. Es kann allerdings aufgrund der Nachweispflicht gemäß § 5 Abs. 1 S. 2 EFZG zu einer vermehrten Belastung der Krankenversicherungen kommen, wenn ohne Verpflichtung zum Nachweis kein Arzt aufgesucht worden wäre[66]. Deshalb ist es sinnvoll, im Arbeitsvertrag eine Regelung bezüglich der Nachweispflichten zu treffen. Möglich und zulässig wäre es beispielsweise, dass auf den Nachweis der Arbeitsunfähigkeit verzichtet wird, wenn es nicht zu einem Arbeitsausfall kommt, § 12 EFZG[67]. Zusätzlich würde sich eine Vereinbarung des Inhalts anbieten, dass der Arbeitnehmer schon vom ersten Krankheitstag an eine Arbeitsunfähigkeitsbescheinigung vorlegen muss, wenn die Krankheit gerade auf seine Arbeitstage fällt. Eine solche Regelung ist auch zulässig. Denn wenn nach § 5 Abs. 1 S. 3 EFZG der Arbeitgeber generell die Vorlage der Arbeitsunfähigkeitsbescheinigung ab dem ersten Krankheitstag verlangen kann[68], muss ihm dies auch dann möglich sein, wenn er diese nur für die individuellen Arbeitstage einfordert[69]. Ein Verstoß gegen den Gleichbehandlungsgrundsatz[70] ist dabei nicht zu erblicken, da die Unterscheidung hinsichtlich der verschiedenen Arbeitnehmergruppen auf sachlichen Gründen beruht[71]. Auch die Grenzen der Billigkeit[72] sind insoweit gewahrt[73]. Im Übrigen ist weder eine Begründung, noch ein sachlicher Grund für das Verlangen nach der vorzeitigen Vorlage des Attests erforderlich[74].

---

[64] *Gola* § 5 Anm. 4.1.1; a. A.: *Schmitt*, Gitter- FS S. 847, 852 f.

[65] *Gola* § 5 Anm. 4.1.1; *Herschel* Anm. zu BAG AP Nr. 53 zu § 1 LohnFG.

[66] *Boecken* NZA 1999, 673, 678; *Schmitt*, Gitter-FS S. 847, 852.

[67] AR-Blattei SD/*Feichtinger* 1000.2 Rn. 24 a; Kaiser/Dunkl/Hold/Kleinsorge/*Kleinsorge* § 5 Rn. 71; *Müller/Berenz* § 5 Rn. 19; Staudinger/*Oetker* § 616 Rn. 318; *Schmitt*, Gitter-FS S. 847, 853; *Vossen* Rn. 240.

[68] Erman/*Belling* § 616 Rn. 141; *Boecken* NZA 1999, 673, 679; *Diller* NJW 1994, 1690, 1692; *Helml* § 5 Rn. 6; *Müller/Berenz* § 5 Rn. 2, 14.

[69] NA/*Frey* B Rn. 157; *Schmitt*, Gitter-FS S. 847, 853; in diesem Sinne wohl auch *Müller/Berenz* § 5 Rn. 15.

[70] Vgl. dazu *Gola* § 5 Anm. 5.2; Kaiser/Dunkl/Hold/Kleinsorge/*Kleinsorge* § 5 EFZG Rn. 21; *Lepke* NZA 1995, 1084, 1086; *Vossen* Rn. 274; *Worzalla/Süllwald* § 5 Rn. 59.

[71] *Schmitt* § 5 Rn. 60.

[72] Vgl. dazu *Gola* § 5 Anm. 5.1; *Schliemann* AuR 1994, 317, 324; *Vossen* Rn. 273; *Worzalla* NZA 1996, 61, 65; *Worzalla/Süllwald* § 5 Rn. 59.

[73] *Boecken* NZA 1999, 673, 679; *Gola* BB 1995, 2318, 2320.

[74] *Boecken* NZA 1999, 673, 679; *Müller/Berenz* § 5 Rn. 14; *Worzalla/Süllwald* § 5 Rn. 59.

## IV. Berechnung des fortzuzahlenden Entgeltes

### 1. Feste Arbeitszeiten und festes Entgelt

Keine Probleme bei der Berechnung des aufgrund der Arbeitsunfähigkeit zu zahlenden Entgelts entstehen, wenn der Arbeitnehmer feste Arbeitszeiten hat und sein Entgelt ebenfalls einen festen Betrag ausmacht bzw. wenn die Höhe der Gehaltszahlung nicht vom Umfang der geleisteten Arbeit abhängt. In diesem Fall wird das Arbeitsentgelt einfach weiter bezahlt[75].
Eine besondere Berechnung muss aber dann erfolgen, wenn der 6- Wochen- Zeitraum der Entgeltfortzahlung während eines Bemessungszeitraums endet oder beginnt[76]. Es ist dann eine konkrete Berechnungsweise auf der Grundlage des Entgeltausfallprinzips vorzunehmen. Das Bruttoarbeitsentgelt pro Monat ist durch die in dem maßgeblichen Monat tatsächlich vorhandenen Arbeitstage, einschließlich der Feiertage zu teilen und das daraus resultierende Ergebnis mit der Anzahl der Krankheitstage zu multiplizieren[77]. Unbezahlte Freischichten und sonstige unbezahlte freie Tage dürfen dabei nicht in die Arbeitstage mit einbezogen werden[78]. Bei stundenweiser Bezahlung muss der maßgebliche Stundenlohn mit der Anzahl der ausfallenden Arbeitsstunden multipliziert werden[79].

### 2. Flexible Teilzeitarbeit

#### a. Problemstellung

Probleme bei flexiblen Teilzeitarbeitsmodellen bestehen hinsichtlich der Entgeltfortzahlung im Krankheitsfall zum einen, wenn der Arbeitnehmer diskontinuierlich beschäftigt wird, wenn also zwischen den Arbeitsphasen längere Freizeitperioden liegen und zum anderen, wenn die Lage der Arbeitszeit noch nicht bestimmt ist, wie beispielsweise bei der KAPOVAZ, wenn die Erkrankung des Arbeitnehmers in einen Zeitabschnitt fällt, der für den Arbeitseinsatz noch nicht verplant ist, beim Jobsharing, wenn die Jobsharer noch keine Einigung über den Arbeitsplan und die daraus resultierende Verteilung der Arbeitszeit der kommenden Abrechnungseinheit erzielt haben,

---

[75] *BAG* NZA 2002, 439, 441; AR-Blattei SD/*Feichtinger* 1000.3 Rn. 306; Kaiser/Dunkl/Hold/Kleinsorge/*Hold* § 4 EFZG Rn. 76; *Von Hoyningen-Huene* BB 1982, 1240, 1245; RGRK/*Matthes* § 616 Rn. 180; Schulte-Mimberg/Sabel S. 178; *Vossen* Rn. 562, 575.
[76] AR- Blattei SD/*Feichtinger* 1000.3 Rn. 306; *Gola* § 4 Anm. 3.3.2.
[77] *BAG* DB 1986, 130; MünchHdb ArbR/*Boecken* § 84 Rn. 41; AR-Blattei SD/*Feichtinger* 1000.3 Rn. 307; *Gola* § 4 Anm. 3.3.2; Kaiser/Dunkl/Hold/Kleinsorge/*Hold* § 4 EFZG Rn. 77; RGRK/*Matthes* § 616 Rn. 180; *Vossen* Rn. 576.
[78] ErfK/*Dörner* § 4 EFZG Rn. 12.
[79] *Gola* § 4 Anm. 3.3.2.

wenn Arbeitgeber und Arbeitnehmer noch nicht einverständlich eine konkrete Arbeitszeit bestimmt haben oder wenn der Arbeitnehmer in einem hochflexiblen Gleitzeitsystem seine Arbeitszeit noch nicht festgelegt hat[80].

Dem erkrankten Arbeitnehmer muss nach dem Entgeltausfallprinzip das Entgelt fortgezahlt werden, das er verdient hätte, wenn er nicht krank gewesen wäre[81]. Es kommt also auf die an dem konkreten Tag geschuldete Arbeitsleistung an[82]. Maßgeblich ist der hypothetische Kausalverlauf[83]. Insofern ergeben sich aber praktische Schwierigkeiten. Zentrales Problem ist die Feststellung der Kausalität zwischen Krankheit und Arbeitsausfall[84]. Denn es wird sich in vielen Fällen nicht klären lassen, ob, wann und in welchem Umfang der Arbeitnehmer während seiner Arbeitsunfähigkeit gearbeitet hätte[85]. Der Arbeitgeber wird zudem geneigt sein, den Arbeitseinsatz erst nach Beendigung der Arbeitsunfähigkeit festzulegen[86].

Grundsätzlich gelten hinsichtlich der Feststellung der Kausalität die allgemeinen Beweislastregeln. Der Arbeitnehmer hätte damit die Beweislast für die anspruchsbegründenden und –erhaltenden Tatsachen, während der Arbeitgeber die anspruchsverhindernden, -vernichtenden oder –hemmenden Tatsachen beweisen müsste[87]. Dem Arbeitnehmer würde also die Beweislast dahingehend obliegen, dass und in welchem Umfang er zur Arbeit eingeteilt worden wäre, wenn er nicht erkrankt wäre[88]. Wenn der Arbeitnehmer diesen Beweis aber nicht erbringen kann, werden die Krankheitstage grundsätzlich nicht auf das Arbeitsdeputat angerechnet, sodass er nach seiner Genesung das volle Deputat abarbeiten müsste, wenn er sich seinen gesamten Vergütungsanspruch erhalten will[89]. Der Arbeitnehmer wird aber in den meisten Fällen nicht in der Lage sein, den Beweis dafür zu erbringen, ob und in welchem Umfang er gearbeitet hätte. Damit wäre er einem Vollzeitarbeitnehmer gegenüber benachteiligt, bei dem sich der Arbeitgeber nicht der Entgeltfortzahlung im Krankheitsfall entziehen kann.

---

80 *Malzahn* AuR 1985, 386, 389; MünchHdb ArbR/*Schüren* § 162 Rn. 227 f; *Schüren* AuR 1996, 381, 385.

81 *Zietsch* NZA 1997, 526, 528.

82 *Holland* S. 11; RGRK/*Matthes* § 616 Rn. 182.

83 MünchHdb ArbR/*Boecken* § 84 Rn. 8; *Frölich* S. 153; AR- Blattei- SD/*Mosler* 1560 Rn. 324; *Schüren* AuR 1996, 381, 385; *Vossen* Rn. 96.

84 *Frölich* S. 149.

85 ErfK/*Dörner* § 4 EFZG Rn. 9 ff; vgl. auch *Schmitt* § 4 Rn. 32 ff.

86 *Ewald/Gussone* AiB 1984, 139 f; *Frölich* S. 150; *Schmitt* § 4 Rn. 35.

87 *BAG* DB 1985, 2694 f; Erman/*Belling* § 616 Rn. 86; Kaiser/Dunkl/Hold/Kleinsorge/*Dunkl* § 3 EFZG Rn. 179 ff.

88 Erman/*Belling* § 616 Rn. 159; Kaiser/Dunkl/Hold/Kleinsorge/*Dunkl* § 3 EFZG Rn. 186; AR-Blattei SD/*Feichtinger* 1000.3 Rn. 88; *Geyer/Knorr/Krasney* § 4 Rn. 44; *Meyer* S. 125; Staudinger/*Oetker* § 616 Rn. 489; *Vossen* Rn. 96.

89 *Meyer* S. 125.

### b. Unproblematische Fälle

Es gibt einige Fälle, in denen schon mittels der allgemeinen Beweislastregeln nachgewiesen werden kann, ob und in welchem Umfang die Arbeit aufgrund der Erkrankung des Arbeitnehmers ausgefallen ist:

Hat der Arbeitgeber das gesamte Arbeitsdeputat für den betreffenden Bezugszeitraum schon abgerufen, hat der Arbeitnehmer die Arbeitsleistung schon erbracht und erkrankt er danach, steht fest, dass die Arbeit nicht aufgrund der Erkrankung des Arbeitnehmers ausgefallen ist. Es kann vielmehr gar nicht zu einem Arbeitsausfall kommen, sodass kein Anspruch auf Entgeltfortzahlung besteht[90].

Ist die Arbeit bereits für einen bestimmten Zeitraum festgelegt und erkrankt der Arbeitnehmer während dessen, steht fest, dass und in welchem Umfang die Arbeit aufgrund der Krankheit ausgefallen ist, was zur Folge hat, dass ein Zahlungsanspruch besteht[91]. So ist es bei der KAPOVAZ, wenn der Arbeitnehmer schon abgerufen worden ist, beim Jobsharing, wenn ein Jobsharer innerhalb einer festgelegten Arbeitsplanperiode erkrankt oder wenn bei diskontinuierlicher Arbeit zwischen Arbeitgeber und Arbeitnehmer bereits eine Vereinbarung über die zeitliche Lage der Arbeit getroffen worden ist[92]. Eine Veränderung der schon festgelegten Arbeitspflichten in dem Zeitraum, für den die Entgeltfortzahlung fällig wird, ist grundsätzlich nicht zulässig.

Ist andererseits die Arbeitszeit des Arbeitnehmers festgelegt und erkrankt der Arbeitnehmer außerhalb dieses Zeitraums, so besteht kein Anspruch gemäß § 3 Abs. 1 EFZG[93]. Denn es fällt infolge Krankheit keine Arbeit aus.

Erkrankt der Arbeitnehmer während des gesamten Bemessungszeitraums, so steht fest, dass die Arbeit aufgrund der Erkrankung und nicht aus anderen Gründen ausgefallen ist. Eine Konkretisierung der Arbeitszeit durch den Arbeitgeber, den Arbeitnehmer oder beide ist nicht erforderlich[94].

Ebenso gestaltet sich die Sachlage, wenn der Arbeitnehmer bis zum Ende des Bemessungszeitraums erkrankt ist. Denn auch in diesem Fall steht fest, dass die Arbeit aufgrund der Erkrankung ausgefallen ist[95]. Die noch nicht geleistete und eventuell noch nicht festgelegte Arbeit konnte aufgrund der Arbeitsunfähigkeit des Arbeitnehmers nicht erbracht werden[96].

---

[90] *Frölich* S. 151; *Holland* S. 98; *Reuter* RdA 1981, 201, 206.

[91] MünchHdb ArbR/*Boecken* § 84 Rn. 39; NA/*Frey* B Rn. 157; *Geyer/Knorr/Krasney* § 4 Rn. 42; *Hanau* RdA 1987, 25, 29; *Malzahn* AuR 1985, 386, 389; *Marienhagen/Künzl* § 4 Rn. 30 b; *Meyer* S. 127;GK- TzA/*Mikosch* § 4 BeschFG Rn. 103; AR- Blattei- SD/*Mosler* 1560 Rn. 323; *Müller/Berenz* § 4 Rn. 15; MüKo/*Schaub* § 616 Rn. 124; *Schmitt*, Gitter-FS S. 847, 855; *Schmitt* § 4 Rn. 34; MünchHdb ArbR/*Schüren* § 162 Rn. 227; *Löwisch/Schüren* BB 1984, 925, 930; *Vossen* Rn. 569; *Worzalla/Süllwald* § 4 Rn. 19.

[92] *Schmitt*, Gitter-FS S. 847, 855; MünchHdb ArbR/*Schüren* §162 Rn. 227; *Zietsch* NZA 1997, 526, 528.

[93] *Schmitt* § 4 Rn. 34; *Schmitt*, Gitter-FS S. 847, 855; *Zietsch* NZA 1997, 526, 528.

[94] *Marienhagen/Künzl* § 4 Rn. 30 b; *Meyer* S. 127; *Schmitt* § 4 Rn. 33; *Schmitt*, Gitter-FS S. 847, 855.

[95] *Holland* S. 98; *Meyer* S. 127.

[96] *Frölich* S. 151.

Ein Entgeltfortzahlungsanspruch besteht des Weiteren nicht, wenn die Vorlauffrist des § 12 Abs. 2 TzBfG bei der KAPOVAZ nicht eingehalten worden ist. Denn in diesem Fall steht fest, dass der Arbeitsausfall nicht auf der Erkrankung des Arbeitnehmers beruht[97]. Der Arbeitnehmer hat jedoch – soweit kein weiterer wirksamer Abruf im Bezugszeitraum erfolgen kann - einen Anspruch aus § 615 BGB. Zwar ist § 12 Abs. 2 TzBfG abdingbar, sodass der Arbeitnehmer wirksam auf die Einhaltung der Ankündigungsfrist verzichten kann. Im Hinblick auf die Regelung des § 615 S. 2 BGB ist jedoch im Einzelfall zu prüfen, ob nicht ein derartiger Verzicht gegen das Verbot des Rechtsmissbrauchs verstößt.
Der Entgeltfortzahlungsanspruch entsteht spätestens zu dem Zeitpunkt, an dem die Arbeitsleistung letztmalig hätte abgerufen bzw. abgeleistet werden können[98].

### c. Problematische Fälle

Wie in den Fällen vorzugehen ist, in denen die allgemeinen Beweislastregeln nicht weiterhelfen, ist streitig. Ziel muss aber immer sein, dem Entgeltausfallprinzip so weit wie möglich gerecht zu werden[99].

#### aa. Anwendung der allgemeinen Beweislastregeln

Lässt sich nicht feststellen, ob der Arbeitnehmer während seiner Arbeitsunfähigkeit gearbeitet hätte, so wird nach teilweise vertretener Ansicht ein Entgeltfortzahlungsanspruch versagt[100]. Es werden also die allgemeinen Beweislastregeln angewandt. Bestehe die Erkrankung nicht während des gesamten Berechnungszeitraums, sondern nur während eines Teils, so könne der Arbeitgeber die Arbeitsleistung, die der Arbeitnehmer noch nicht erbracht habe, zu einem späteren Zeitpunkt einfordern. Ein rechtsmissbräuchliches Verhalten sei darin nicht zu sehen, denn im Zeitpunkt seiner Krankheit wäre dem Arbeitnehmer die Arbeitsleistung unmöglich[101]. Es bestehe damit kein Anspruch nach § 3 EFZG, wenn der Arbeitnehmer nach Beendigung seiner Erkrankung das Arbeitsdeputat noch erfüllen könne[102].
Dagegen spricht, dass dies zu einer unzulässigen Umgehung des EFZG führt, da der Arbeitnehmer letztlich gezwungen wird, die Arbeit, die während seiner Erkrankung ausgefallen ist, nach seiner Genesung nachzuarbeiten. Es kommt zu einer unzulässigen

---

[97] *Meyer* S. 126.
[98] *Hanau* RdA 1987, 25, 29.
[99] *BAG* DB 1981, 480; *Geyer/Knorr/Krasney* § 4 Rn. 48; *Helml* § 4 Rn. 6; *Schulte-Mimberg/Sabel* S. 182.
[100] Staudinger/*Oetker* § 616 Rn. 406; *Worzalla/Süllwald* § 4 Rn. 19.
[101] *Hanau* RdA 1987, 25, 29; *Marienhagen/Künzl* § 4 Rn. 30 b.
[102] *Marienhagen/Künzl* § 4 Rn. 30 b; Staudinger/*Oetker* § 616 Rn. 406; *Schmitt* § 4 Rn. 35; **a. A.:** *ArbG Elmshorn* BB 1994, 360.

Erweiterung des Arbeitsdeputats[103]. Dem Arbeitnehmer wäre faktisch der Anspruch auf Entgeltfortzahlung im Krankheitsfall genommen, obwohl § 3 EFZG zwingendes Recht ist, das nicht umgangen werden darf[104]. Die gesetzlichen Bestimmungen versuchen ein ausgewogenes Verhältnis hinsichtlich des Krankheitsrisikos zwischen Arbeitnehmer, Arbeitgeber und Krankenkassen herzustellen. Danach soll der Arbeitnehmer das Krankheitsrisiko nicht selbst tragen müssen[105]. Arbeitnehmer mit flexibler Arbeitszeitlage würden gegenüber solchen mit festen Arbeitszeiten benachteiligt[106]. Man kann auch aufgrund des Zwecks der Entgeltfortzahlung im Krankheitsfall nicht aus der Unmöglichkeit der Arbeitsleistung aufgrund Krankheit auf die Nichteinsetzbarkeit des Arbeitnehmers schließen. Denn die flexible Arbeitszeit gibt dem Arbeitgeber schon in gesteigertem Maße die Möglichkeit, den Arbeitseinsatz nach dem betrieblichen Bedarf auszurichten. Auf diese Weise kann er einen Teilbereich seines Betriebsrisikos auf den Arbeitnehmer verlagern[107]. Eine weitere Risikoverlagerung soll aber durch flexible Arbeitszeiten nicht erfolgen, insbesondere soll die Risikoverteilung im Krankheitsfall nicht ausgeschlossen sein[108].

bb. Modifikation der Beweislast

Teilweise wird vertreten, dass der Arbeitnehmer unter Abweichung von den Grundsätzen der Beweislast seiner Darlegungslast genüge, wenn er das Vorhandensein von Anhaltspunkten vortrage und beweise, aus denen sich ergebe, dass sich der Arbeitgeber bei der Ausübung seines Direktionsrechts nicht von sachlichen Gründen habe leiten lassen und willkürlich zu Lasten des erkrankten Arbeitnehmers gehandelt habe. Dann obliege es dem Arbeitgeber, nachzuweisen, dass er zumindest nach billigem Ermessen entschieden habe[109].
Ob dieser Vorschlag dem Arbeitnehmer Erleichterungen bringt, erscheint fraglich und kann meines Erachtens erst dann zum Zuge kommen, wenn auf andere Weise keine sachgerechte Lösung gefunden werden kann. Zudem ist es dem Arbeitgeber in der Regel nicht möglich, nachzuweisen, dass der Arbeitnehmer nicht gearbeitet hätte[110].

---

[103] *Meyer* S. 124.
[104] *Frölich* S. 150; *Holland* S. 99; *Klevemann* AiB 1986, 103, 111; *Meyer* S. 123; GK- TzA/*Mikosch* § 4 BeschFG Rn. 103 ff; AR- Blattei- SD/*Mosler* 1560 Rn. 323.
[105] *Frölich* S. 150.
[106] MünchHdb ArbR/*Schüren* § 166 Rn. 74.
[107] *Löwisch/Schüren* BB 1984, 925, 930; MünchHdb ArbR/*Schüren* § 166 Rn. 74.
[108] MünchHdb ArbR/*Schüren* § 166 Rn. 74.
[109] *LAG Frankfurt a. M.* BB 1975, 1637 f; *Geyer/Knorr/Krasney* § 4 Rn. 44.
[110] *Meyer* S. 126.

cc. Vergleich mit anderen Arbeitnehmern

Unter Umständen hilft schon die Betrachtung vergleichbarer Arbeitnehmer, um herauszufinden, in welchem Umfang der Arbeitnehmer während seiner Krankheit gearbeitet hätte[111].

dd. Pauschalabgeltung

Zur Lösung der Kausalitätsfrage wird weiterhin vorgeschlagen, dass der Anspruch auf Entgeltfortzahlung im Krankheitsfall pauschal abgegolten werden soll, indem pro Bemessungseinheit ein bestimmter Prozentsatz des Arbeitsdeputats als Zeitgutschrift gewährt wird[112]. Dagegen spricht jedoch, dass die Entgeltfortzahlung im Krankheitsfall Lohnersatzfunktion für die Zeiten hat, in denen der Arbeitnehmer aufgrund von Krankheit seine Arbeitskraft nicht verwerten kann. Durch eine pauschale Abgeltung der Entgeltfortzahlung würden solche Arbeitnehmer benachteiligt, die besonders häufig oder besonders lange erkrankt sind, bei denen die pauschale Abgeltung also nicht ausreicht, um dem Zweck der Entgeltfortzahlung gerecht zu werden[113]. Außerdem kämen solche Arbeitnehmer, die überhaupt nicht erkrankt sind, in den Genuss der „Entgeltfortzahlung", was wohl nicht im Sinne des Gedanken der gesetzlichen Regelung sein kann. Eine Pauschale würde damit der Lohnersatzfunktion der Entgeltfortzahlung im Krankheitsfall nicht entsprechen[114].

ee. Berücksichtigung der Vergangenheit

Unter Umständen kann die hypothetische Lage der Arbeitszeit aus der Vergangenheit gewonnen werden. In entsprechender Weise kann die Entgeltfortzahlung und die Anrechnung auf das Arbeitsdeputat erfolgen[115]. So kann beispielsweise auf eine betriebliche Praxis abgestellt werden. Wurde der Arbeitnehmer in der Vergangenheit nur an bestimmten Tagen und für eine bestimmte Zeitdauer beschäftigt, so lässt sich, soweit nicht besondere Umstände hinzutreten, feststellen, an welchen Tagen und in welchem Umfang der Arbeitnehmer seine Arbeit hätte leisten müssen[116]. Der Arbeitgeber ist in diesem Fall dafür beweispflichtig, dass dieser regelmäßige Ablauf der Festlegung der Arbeitszeit durchbrochen worden wäre. Kann er dies nicht, so steht dem Arbeitnehmer

---

[111] ErfK/*Dörner* § 4 EFZG Rn. 35; *Schmitt* § 4 Rn. 121.
[112] *Gola* § 4 Anm. 3.3.4; *Klevemann* AiB 1986, 103, 111; so wohl auch NA/*Frey* B Rn. 155.
[113] *Meyer* S. 125; *Frölich* S. 152.
[114] *Frölich* S. 152; *Holland* S. 100.
[115] MünchHdb ArbR/*Bocken* § 84 Rn. 39; *Meyer* S. 127; MünchHdb ArbR/*Schüren* § 166 Rn. 75; *Worzalla/Süllwald* § 4 Rn. 19.
[116] *Meyer* S. 127; *Frölich* S. 153.

ein Anspruch auf Entgeltfortzahlung für die entsprechenden Tage zu[117]. Nach anderer Ansicht soll lediglich von einem rechtsmissbräuchlichen Verhalten des Arbeitgebers auszugehen sein, wenn dieser den Arbeitnehmer erst nach dessen Erkrankung und nicht an den Tagen abrufe, an denen er dies bislang getan habe[118].
Aber auch in weniger eindeutigen Fällen kann die Vergangenheit als Indiz für die hypothetische Arbeitszeitlage herangezogen werden. So kann auf einen Referenzzeitraum vor Beginn der Erkrankung abgestellt werden, aus dem ein Durchschnittswert als wahrscheinliche Arbeitszeit zu ermitteln ist[119]. Der Referenzzeitraum muss umso länger sein, je seltener Arbeitseinsätze bzw. Zahlungen erfolgen[120]. Als Referenzzeitraum kann ein bestimmter Zeitabschnitt unmittelbar vor der Erkrankung des Arbeitnehmers herangezogen werden, aber auch beispielsweise der entsprechende Zeitraum des Vorjahres[121]. Auf diese Weise kann ein Durchschnittslohn ermittelt werden, der für die Entgeltfortzahlung maßgeblich ist[122]. Es muss die Gesamtstundenzahl in dem betreffenden Bezugszeitraum durch die Anzahl der Arbeitstage geteilt werden, um die tägliche durchschnittliche Arbeitsstundenzahl zu ermitteln[123].
Die Berücksichtigung vergangenen Verhaltens stellt aber immer lediglich einen nicht abschließenden Anhaltspunkt dar. Der Arbeitgeber hat daher die Möglichkeit, darzulegen und zu beweisen, dass der Arbeitnehmer während seiner Arbeitsunfähigkeit nicht zur Arbeit eingesetzt worden wäre. Dies ist eine notwendige Folge des Entgeltausfallprinzips[124].

### ff. Schätzung

Gegebenenfalls kommt eine Schätzung nach § 287 Abs. 2 ZPO in Betracht[125]. Eine Schätzung darf indes jedoch nur dann vorgenommen werden, wenn keine sinnvolle andere Möglichkeit besteht, die fiktiven Arbeitszeiten zu ermitteln.

---

[117] *Frölich* S. 153.
[118] *Schmitt* § 4 Rn. 36.
[119] MünchHdb ArbR/*Boecken* § 84 Rn. 36; ErfK/*Dörner* § 4 EFZG Rn. 35; *Geyer/Knorr/Krasney* § 4 Rn. 40; *Gola* § 4 Anm. 3.3.4; Kaiser/Dunkl/Hold/Kleinsorge/*Hold* § 4 Rn. 60, 64; RGRK/*Matthes* § 616 Rn. 183; *Müller/Berenz* § 4 Rn. 15; MüKo/*Schaub* § 616 Rn. 124; *Schmitt* § 4 Rn. 33; *Vossen* Rn. 569; *Worzalla/Süllwald* § 4 Rn. 19.
[120] *Feichtinger* S. 76; Staudinger/*Oetker* § 616 Rn. 402; *Schmitt* § 4 Rn. 120; ähnlich *Marienhagen/Künzl* § 4 Rn. 35.
[121] ErfK/*Dörner* § 4 EFZG Rn. 35.
[122] *Geyer/Knorr/Krasney* § 4 Rn. 12; *Marienhagen/Künzl* § 4 Rn. 32.
[123] *Vossen* Rn. 593; wird im Rahmen eines Freischichtensystems mittels eines Referenzzeitraums die hypothetisch ausgefallene Arbeitszeit ermittelt, so sind hinsichtlich des Divisors auch die Freischichttage einzubeziehen.
[124] ErfK/*Dörner* § 4 EFZG Rn. 14.
[125] *BAG* DB 1972, 442 hinsichtlich der Berechnung bei Feiertagen; ErfK/*Dörner* § 4 EFZG Rn. 35; *Feichtinger* S. 76; *Gola* § 4 Anm. 3.3.4; *Schmitt* § 4 Rn. 123.

gg. Durchschnittsprinzip

Lässt sich nicht auf andere Weise feststellen, ob und wie lange ein Arbeitnehmer gearbeitet hätte, so muss ein Durchschnittsprinzip angewandt werden, nach welchem dem Arbeitnehmer für jeden Tag der Arbeitsunfähigkeit ein Anspruch auf Entgeltfortzahlung zusteht[126]. Die Höhe des Anspruchs ergibt sich aus dem durchschnittlich auf einen Tag entfallenden Vergütungsanspruch[127]. Als abgegolten ist ein durchschnittlich auf einen Tag entfallender Wert an Stunden anzusehen[128]. Der Vergleichszeitraum ist dabei so zu bemessen, dass das Arbeitsverhältnis mit seinen Besonderheiten möglichst umfassend berücksichtigt wird und Zufallsergebnisse vermieden werden[129].
Eine Ansicht argumentiert, dass bei flexibler Arbeitszeit letztlich jeder Tag innerhalb des Bemessungszeitraums einen potenziellen Arbeitstag darstelle, denn die Lage der Arbeitszeit sei generell ungewiss[130]. Daher müsse hinsichtlich der Entgeltfortzahlung im Krankheitsfall von einem Arbeitsentgelt ausgegangen werden, das durchschnittlich auf einen Tag entfalle[131]. In dieser durchschnittlichen Höhe gelte auch das Arbeitsdeputat als erfüllt[132].
Richtigerweise muss die im Bemessungszeitraum schon geleistete Arbeit berücksichtigt werden. Es muss das zu Beginn der Krankheit verbleibende Arbeitsdeputat in einer durchschnittlichen Berechnung auf die einzelnen Arbeitstage verteilt werden. Dazu muss das in dem Bezugszeitraum *noch* zur Verfügung stehende Arbeitsdeputat durch die Anzahl der potenziellen Arbeitstage dividiert werden. Es müssen aber bei der Bestimmung dieser potenziellen Arbeitstage beispielsweise Normen wie § 12 Abs. 1 S. 4, Abs. 2 TzBfG Berücksichtigung finden. Der sich daraus ergebende Durchschnittswert ist auf jeden (potenziellen) Arbeitstag, der aufgrund der Arbeitsunfähigkeit des Arbeitnehmers ausfällt, anzurechnen[133]. Das Entgelt und die anzurechnenden Arbeitszeiten während des Krankheitszeitraums müssen von dem Arbeitsdeputat abgezogen werden, sodass das noch zu leistende Arbeitssoll verbleibt[134]. Auf diese Weise wird eine Kürzung des Arbeitsdeputats und eine Bemessung der Höhe der Entgeltfortzahlung vorgenommen[135].
Dem Arbeitgeber steht aber immer die Möglichkeit zu, darzulegen und zu beweisen, dass die Arbeitszeiten und somit auch der Verdienst in anderer Weise erfolgt wären[136].

---

[126] *BAG* NZA 2002, 439, 441; *Holland* S. 99; *Meyer* S. 126; *Pulte* S. 10; MünchHdb ArbR/*Schüren* § 166 Rn. 75.
[127] *Frölich* S. 153; Kaiser/Dunkl/Hold/Kleinsorge/*Hold* § 4 Rn. 62 f; GK- TzA/*Mikosch* § 4 BeschFG Rn. 104; AR- Blattei- SD/*Mosler* 1560 Rn. 324.
[128] *Holland* S. 99.
[129] *BAG* NZA 2002, 439, 442.
[130] GK- TzA/*Mikosch* § 4 BeschFG Rn. 104.
[131] *Holland* S. 99; GK- TzA/*Mikosch* § 4 BeschFG Rn. 103 f.
[132] *Holland* S. 99; GK- TzA/*Mikosch* § 4 BeschFG Rn. 104; *Schüren* AuR 1996, 381, 385, wenn die Arbeitszeit gewöhnlich regelmäßig verteilt wird.
[133] GK- TzA/*Mikosch* § 4 BeschFG Rn. 104; *Schüren* AuR 1996, 381, 385; MünchHdb ArbR/*Schüren* § 166 Rn. 75.
[134] *Sowka/Köster* S. 39 f.
[135] GK- TzA/*Mikosch* § 4 BeschFG Rn. 104.
[136] ErfK/*Dörner* § 4 EFZG Rn. 14.

3. Besonderheiten bei den verschiedenen Teilzeitarbeitsmodellen

a. Besonderheiten beim Jobsharing

Der Jobsharing- Arbeitnehmer hat einen Anspruch auf Entgeltfortzahlung im Krankheitsfall, wenn er sich in einer Arbeitsperiode befindet bzw. der Arbeitsplan schon festgelegt worden ist und die Krankheitstage auf Arbeitstage fallen[137]. Denn durch den Arbeitsplan wird bestimmt, wie viel an Arbeitszeit krankheitsbedingt ausfällt und infolgedessen vergütet werden muss[138].
Kann nicht auf andere Weise festgestellt werden, in welchem Umfang der Jobsharer hypothetisch gearbeitet hätte, so kommen die oben erörterten Ansichten zum Tragen. Im Zweifel richtet sich die Höhe der Entgeltfortzahlung nach der durchschnittlich auf den einzelnen Jobsharer entfallenden Arbeitszeit[139].
*Reuter* will dem Arbeitnehmer beim Jobpairing die Entgeltfortzahlung im Krankheitsfall verweigern. Denn da der Arbeitgeber nicht festlegen könne, wann der Arbeitnehmer seine Arbeitsverpflichtung erfüllen müsse, könne ihm auch nicht die Verantwortung aufgebürdet werden, wenn der Arbeitnehmer aufgrund Krankheit ausfalle[140]. Meines Erachtens muss beim Jobpairing sorgfältig geprüft werden, ob ein Arbeitsverhältnis vorliegt. Ist dies nicht der Fall, so kommt das Arbeitsrecht schon gar nicht zur Anwendung und die Vorschriften über die Entgeltfortzahlung im Krankheitsfall greifen nicht ein. Liegt jedoch ein Arbeitsverhältnis vor, so würde die Entgeltfortzahlung im Krankheitsfall nach der Ansicht von Reuter in unzulässiger Weise umgangen. Es reicht aus, den Arbeitgeber in extremen Fällen durch den Einwand des Rechtsmissbrauchs zu schützen.
Problematisch sind die Fälle, in denen der Jobsharer während seiner Arbeitsunfähigkeit – wäre er gesund gewesen – Mehrarbeit wegen einer Urlaubs- oder Krankheitsvertretung seines Jobsharing-Partners geleistet hätte. Man wird insoweit grundsätzlich darauf abstellen müssen, ob bei Eintritt der Arbeitsunfähigkeit für den Arbeitnehmer bereits eine Verpflichtung zur Leistung der Mehrarbeit bestand. Eine solche Verpflichtung kann durch eine entsprechende Vereinbarung nach § 13 Abs. 1 S. 2 TzBfG oder eine einseitige Leistungsbestimmung des Arbeitgebers, die sich im Rahmen des § 13 Abs. 1 S. 3 TzBfG hält, entstehen. Ist dies der Fall, so bemisst sich das fortzuzahlende Entgelt nach der regelmäßigen im Arbeitsplan festgelegten Arbeitszeit und den Vertretungsarbeitsstunden, die jedoch infolge Krankheit nicht geleistet werden konnten[141]. Gegebenenfalls kommt sogar noch ein Überstundenzuschlag in Betracht[142].

---

[137] *Marienhagen/Künzl* § 3 Rn. 25 b.
[138] *Zietsch* NZA 1997, 526, 528.
[139] MünchHdb ArbR/*Schüren* § 166 Rn. 125.
[140] *Reuter* RdA 1981, 201, 206.
[141] *Geyer/Knorr/Krasney* § 4 Rn. 41; *von Hoyningen-Huene* BB 1982, 1240, 1245; *Zietsch* NZA 1997, 526, 528; **a. A.:** *Danne* S. 78, der auf die betriebsorganisatorische Einheit abstellt.
[142] *Zietsch* NZA 1997, 526, 528.

Bestand für den Jobsharer (noch) keine Verpflichtung zur Vertretungsarbeit, so hat der zuletzt erkrankte Arbeitnehmer keinen Anspruch auf Bezahlung der Vertretungsmehrarbeit. Denn ansonsten könnte man nicht rechtfertigen, dass der zunächst erkrankte Arbeitnehmer nicht ebenfalls eine Vergütung für – aufgrund Krankheit ausgefallener – fiktiver Mehrarbeit erhält. Dies würde letztlich zu dem widersinnigen Ergebnis führen, dass der Arbeitgeber jedem Jobsharer das Entgelt eines Vollzeitarbeitnehmers zahlen müsste, obwohl sich ja gerade mehrere Arbeitnehmer einen Arbeitsplatz teilen[143].
Problematisch ist in diesem Zusammenhang auch, ob grundsätzlich ein Ausschluss der Vertretungsvergütung für wegen Krankheit tatsächlich nicht geleisteter Vertretungsarbeit möglich ist. Der generelle Ausschluss der Vertretungsvergütung *im Arbeitsvertrag* erscheint problematisch. Denn nach § 13 Abs. 1 S. 2, 3 TzBfG i. V. m. § 134 BGB kann nicht generell eine Vertretungspflicht vereinbart werden. Dann mutet aber auch eine generelle Ablehnung einer Vertretungsvergütung als unzulässig an. Dagegen soll eine Klausel, welche die Vertretungsvergütung ausschließt, im *Einzelvertretungsvertrag* zulässig sein. Denn die Vereinbarung einer Vertretungspflicht im Einzelfall sei ebenfalls nach § 13 Abs. 1 S. 2 TzBfG zulässig. Der Jobsharer werde aufgrund einer solchen Vereinbarung auch nicht in unbilliger Weise belastet, denn es verstoße nicht gegen Treu und Glauben, wenn die Entgeltfortzahlung für eine Arbeitszeit ausgeschlossen werde, die in tatsächlicher Hinsicht gar nicht erbracht wurde[144]. Gegen diese Ansicht spricht jedoch, dass auf diese Weise die Vorschriften der Entgeltfortzahlung im Krankheitsfall in unzulässiger Weise umgangen würden. Denn ist die Arbeitszeit verbindlich festgelegt, so handelt es sich für den betreffenden Zeitraum um die individuelle Arbeitszeit des Arbeitnehmers, die hinsichtlich der Entgeltfortzahlung im Krankheitsfall maßgeblich ist. Fällt diese infolge Krankheit aus, so muss das entsprechende Entgelt fortbezahlt werden.
Aufgrund der Regelung des § 4 Abs. 1 a S. 1 EFZG stellt sich – nach derzeitiger Gesetzeslage – die Problematik der Vertretungsvergütung im Krankheitsfall nicht, da sie gesetzlich ausgeschlossen ist. Sie wurde dennoch erörtert, um für den Fall einer eventuellen erneuten Gesetzesänderung einen Lösungsweg aufzuzeigen.

### b. Besonderheiten bei Jahresarbeitszeitverträgen und Blockarbeitszeiten

Bei Jahresarbeitszeitverträgen und Blockarbeitszeiten muss zwischen kontinuierlicher und diskontinuierlicher Bezahlung unterschieden werden. Erfolgt eine *kontinuierliche* Entgeltzahlung, also sowohl während der Arbeits-, als auch während der Freizeitperiode, so erhält der Arbeitnehmer, der in der Arbeitsperiode arbeitsunfähig erkrankt ist, während dieser Zeit Entgeltfortzahlung im Krankheitsfall. Die Höhe der Entgeltfortzahlung richtet sich nach der vereinbarten Arbeitszeit und dem vereinbarten Entgelt für den Zeitraum. Aber auch in der Freizeitperiode erhält er das vereinbarte Entgelt, obwohl er in der Arbeitsperiode die Arbeitsleistung aufgrund seiner Erkrankung nicht

---

[143] *Danne* S. 78; GK- TzA/*Danne* § 5 BeschFG Rn. 125; *Zietsch* NZA 1997, 526, 528; **so aber:** *Marienhagen/Künzl* § 3 Rn. 25 b.
[144] *Zietsch* NZA 1997, 526, 529.

erbracht hat[145]. Denn durch die Entgeltfortzahlung erfolgt ebenfalls eine Ansparung, sodass es sich insoweit um eine Entgeltfortzahlung aufgrund vertraglich vereinbarter Kontinuität handelt. Erst dann, wenn die Arbeitsunfähigkeit während der Arbeitsperiode den Zeitraum von 6 Wochen überschreitet, entfällt der Anspruch gemäß § 3 Abs. 1 S. 1 EFZG. Mangels Ansparmöglichkeit ist das Arbeitsentgelt für die auf das restliche Jahr zu verteilende Arbeitszeit gleichmäßig zu kürzen, sodass der Vergütungsanspruch in der kommenden Freizeitperiode sinkt[146]. Erkrankt der Arbeitnehmer bei kontinuierlicher Bezahlung während der Freizeitphase, so stellt sich das Problem der Entgeltfortzahlung im Krankheitsfall gar nicht. Denn es besteht zum einen schon keine Arbeitspflicht und zum anderen wird für die während der Arbeitsphase erbrachten Leistungen das Entgelt ausbezahlt[147]. Zu einem Entgeltausfall infolge Krankheit kann es nicht kommen.
Erkrankt der Arbeitnehmer bei *diskontinuierlicher* Bezahlung in der Arbeitsperiode, so hat er bis zu deren vereinbarten Ende einen Entgeltfortzahlungsanspruch. Bei einer Erkrankung während der Freizeitperiode besteht kein Anspruch auf Entgeltfortzahlung im Krankheitsfall[148]. Das gilt auch, wenn die Erkrankung von der Arbeitsperiode in die Freizeitperiode hinüberreicht. Denn der Arbeitnehmer erhält ohnehin kein Entgelt. Ein Entgeltausfall infolge Krankheit kann somit nicht eintreten.

### c. Besonderheiten bei der Gleitzeit

Bei der *einfachen Gleitzeit* ergeben sich keine Probleme, denn der Arbeitnehmer kann lediglich die Lage seiner Arbeitszeit am Tage, nicht aber deren Dauer beeinflussen. Es kann damit leicht festgestellt werden, in welcher Höhe ein Anspruch auf Entgeltfortzahlung besteht.
Bei der *qualifizierten Gleitzeit* richtet sich die Höhe der Entgeltfortzahlung nach der regelmäßigen Arbeitszeit, nicht danach, wie lange der Arbeitnehmer an dem speziellen Tag gearbeitet hätte. Dies ist deshalb gerechtfertigt, weil der Arbeitnehmer über seine tägliche Arbeitszeit selbst bestimmen kann[149]. Kann der Arbeitnehmer jedoch beweisen, dass er länger bzw. kann der Arbeitgeber beweisen, dass der Arbeitnehmer kürzer als die regelmäßige Arbeitszeit gearbeitet hätte, so geht diese konkrete Bestimmung vor.

---

145 *Babl* S. 187; GK- TzA/*Lipke* § 2 BeschFG Rn. 149; *Löwisch* RdA 1984, 197, 202.
146 *Babl* S. 187; MünchHdb ArbR/*Schüren* § 168 Rn. 32.
147 MünchHdb ArbR/*Boecken* § 83 Rn. 65; *Löwisch/Schüren* BB 1984, 925, 927; **a. A.**: *Förderreuther* PersF 1997, 42, 47, der offenbar von einem Entgeltfortzahlungsanspruch ausgeht.
148 *Babl* S. 187; *Goos* S. 33; *Löwisch* RdA 1984, 197, 202; *Natzel* NZA 1998, 1262, 1263; vgl. auch *BAGE* 43, 1 ff.
149 *Babl* S. 188.

d. Besonderheiten im Freischichtenmodell

Bei den Freischichtmodellen richtet sich nach h. M. die Höhe der Bezahlung nach der tatsächlich ausgefallenen Arbeitszeit[150], es sei denn, dass etwas anderes vereinbart ist[151]. Dies wird teilweise mit dem Argument kritisiert, dass es auf diese Weise zu einer nicht gerechtfertigten Bevorzugung von Arbeitnehmern, die in einem Freischichtmodell arbeiten, im Gegensatz zu denjenigen, deren Arbeitszeit regelmäßig verkürzt sei, käme, sodass eine Entgeltfortzahlung lediglich entsprechend der individuellen regelmäßigen Arbeitszeit erfolgen dürfe. Darauf, wie lange der Arbeitnehmer an dem speziellen Tag tatsächlich gearbeitet hätte, soll es nicht ankommen[152]. Von einer ungerechtfertigten Besserstellung von Arbeitnehmern, die in einem Freischichtmodell arbeiten, kann jedoch nach meiner Auffassung nicht gesprochen werden. Erkrankt nämlich der Arbeitnehmer während einer unbezahlten Freischicht, so kommt mangels ausgefallener Arbeitszeit auch keine Entgeltfortzahlung im Krankheitsfall in Betracht[153]. Denn durch das Rechtsinstitut der Entgeltfortzahlung im Krankheitsfall soll der Arbeitnehmer lediglich so gestellt werden, wie er stünde, wenn er gesund gewesen wäre[154]. In diesem Fall hätte er auch als Gesunder keinen Lohn erhalten. Der Arbeitnehmer soll aber andererseits während der Dauer seiner Krankheit nicht schlechter stehen als wenn er gesund gewesen wäre und gearbeitet hätte. Würde man dem Arbeitnehmer an einem Krankheitstag nur seine durchschnittliche Arbeitszeit vergüten, dann würde dies nicht eine vollumfängliche Absicherung des Lebensstandards darstellen. Um diesen zu erhalten, müsste der Arbeitnehmer Freischichten zur Arbeit nutzen. Das ist aber durch die Schaffung der Entgeltfortzahlung im Krankheitsfall gerade nicht gewollt[155]. Der Arbeitnehmer in einem Freischichtenmodell unterliegt zudem einer regelmäßigen Arbeitszeit i. S. d. § 4 Abs. 1 EFZG. Denn die Freischichten sind nach einem festen Schichtplan bzw. nach Vereinbarung festgelegt und treten damit mit einer gewissen Gleichförmigkeit auf[156].

Auch der Gleichbehandlungsgrundsatz ist nicht verletzt. Zum einen fehlt es nämlich schon an der Vergleichbarkeit der Gruppen, die sich in verschiedenen Arbeitszeitmodellen befinden. Zum anderen liegt auch keine willkürliche Schlechterstellung derjeni-

---

[150] *BAGE* 57, 74, 78 ff, 87; 59, 141, 147; 60, 14, 21; 60, 163, 168; MünchHdb ArbR/*Boecken* § 83 Rn. 64; *Däubler* TVG Rn. 699; *Gola* § 3 Anm. 3.2.5; *Marienhagen/Künzl* § 4 Rn. 30 c, 30 d; RGRK/*Matthes* § 616 Rn. 182; Staudinger/*Oetker* § 616 Rn. 409; *Schmitt* § 4 Rn. 29; *Schulte-Mimberg/Sabel* S. 181 f; *Vossen* Rn. 562 f; *Worzalla/Süllwald* § 4 Rn. 17; *Veit* NZA 1990, 249, f; Kempen/Zachert/*Zachert* TVG, § 1 Rn. 170; anders bei spezieller Formulierung im Tarifvertrag: *BAG* DB 1988, 2467 f.

[151] *Däubler* TVG Rn. 699; *Geyer/Knorr/Krasney* § 4 Rn. 38; Kaiser/Dunkl/Hold/Kleinsorge/*Hold* § 4 Rn. 80; Staudinger/*Oetker* § 616 Rn. 410; *Veit* NZA 1990, 249, 251.

[152] *Babl* S. 188; *Brunz* NZA 1986, Beil. 2, S. 3, 7 f.

[153] BAG NZA 1986, 716; *BAG* NZA 1989, 53 f; *BAG* DB 1989, 1777 f; MünchHdb ArbR/*Boecken* § 83 Rn. 64; Kaiser/Dunkl/Hold/Kleinsorge/*Dunkl* § 3 EFZG Rn. 60; AR-Blattei SD/*Feichtinger* 1000.3 Rn. 66; *Gola* § 3 Anm. 3.2.5, 4.2; *Marienhagen/Künzl* § 3 Rn. 18; Staudinger/*Oetker* § 616 Rn. 233, 410; *Schmitt* § 3 Rn. 73, § 4 Rn. 29; *Vossen* Rn. 564; *Worzalla/Süllwald* § 3 Rn. 32.

[154] *BAG* DB 1986, 177 f.

[155] *BAGE* 57, 74, 87; **a. A.:** *Brunz* NZA 1986, Beil. 2 S. 3, 7 f.

[156] *Veit* NZA 1990, 249, 250; *Vossen* Rn. 562.

gen Arbeitnehmer vor, deren Arbeitszeit regelmäßig verkürzt ist. Denn diese „Schlechterstellung" beruht auf dem gesetzgeberischen Willen, der in dem in § 4 EFZG festgelegten Entgeltausfallprinzip seinen Ausdruck gefunden hat[157].
War der Arbeitnehmer in der Freischicht krank, so hat er zudem nach der Rechtsprechung keinen Anspruch auf Nachgewährung der Freischicht, es sei denn, es ist etwas anderes geregelt[158]. Denn dem Arbeitnehmer soll lediglich eine Befreiung von der Arbeitspflicht in der Höhe gewährt werden, die über die tarifliche Arbeitszeit hinausgeht. Dieser Freizeitausgleich wird durch Festlegung des Freischichttages erfüllt. Wird der Arbeitnehmer nach dieser Festlegung arbeitsunfähig, so beseitigt dies nicht die Erfüllungswirkung[159]. Sinn und Zweck der Arbeitsbefreiung ist es nicht, dem Arbeitnehmer eine arbeitsfreie Zeit zu verschaffen, die er zu Erholungszwecken nutzen kann. Es handelt sich bei den Freischichtmodellen vielmehr lediglich um eine Arbeitszeitverlegung, die sich aus vorweggenommener Arbeitszeit und aus späterem Freizeitausgleich zusammensetzt[160]. Der Arbeitgeber trägt insbesondere nicht das Risiko, dass er seine Freizeit ungestört durch Krankheit als Freizeittag nutzen kann[161]. Auch bei einem Arbeitnehmer, der „überstundenfrei" nimmt, kommt niemand auf die Idee, dass diese Freizeit nachzugewähren ist, wenn der Arbeitnehmer während dieses Zeitraums erkrankt[162]. Eine solche Risikotragung des Arbeitgebers ergibt sich auch nicht aus dem Rechtsinstitut der Entgeltfortzahlung im Krankheitsfall. Denn danach soll lediglich das Entgeltrisiko durch den Arbeitsausfall beseitigt werden, indem der Arbeitsunfähige so gestellt wird, als wäre er gesund gewesen. Es soll dem Arbeitnehmer also lediglich die Vergütung gesichert, aber keine Ausnahme von dem Grundsatz gemacht werden, dass der Arbeitnehmer das Risiko trägt, seine Freizeit sinnvoll nutzen zu können. Denn dieses Risiko wird von § 3 EFZG nicht geschützt[163]. Auch der Rechtsgedanke des § 9 BUrlG ändert an dem vorliegenden Ergebnis nichts. § 9 BUrlG macht von dem Grundsatz eine Ausnahme, dass es dem Risikobereich des Arbeitnehmers zufällt, ob er seine Freizeit nutzen kann oder nicht. Diese Regelung ist Ausfluss des Sinns und Zwecks des Urlaubs, welcher der Erholung dient. Dieser Erholungszweck ist aber nicht gewährleistet, wenn der Arbeitnehmer während seines Urlaubs erkrankt. Der Freizeitausgleich im Rahmen der Freischichtmodelle hat jedoch nicht den Erholungszweck wie der Urlaub, denn es soll lediglich ein Ausgleich der über Tarif geleisteten Arbeit erfolgen und damit eine Überbeanspruchung des Arbeitnehmers vermieden werden[164].
Der Arbeitnehmer in einem Freischichtmodell ist damit einem solchen, der einer

---

[157] *Veit* NZA 1990, 249, 252 f.
[158] *BAGE* 66 338, 354; 68, 218, 221 ff; *BAG* DB 1988, 1402; *BAG* NZA 1986, 716; *Helml* § 3 Rn. 40; Kaiser/Dunkl/Hold/Kleinsorge/*Dunkl* § 3 EFZG Rn. 60; AR-Blattei SD/*Feichtinger* 1000.3 Rn. 67; *Feichtinger* S. 36; *Geyer/Knorr/Krasney* § 3 Rn. 81; *Gola* § 3 Anm. 3.2.5; Kaiser/Dunkl/Hold/Kleinsorge/*Hold* § 4 EFZG Rn. 80; *Veith* NZA 1990, 249, 255 ff; *Vossen* Rn. 109; a. A.: *Däubler*, Tarifvertragsrecht Rn. 702; so wohl auch Kempen/Zachert/*Zachert*, TVG, § 1 Rn. 170.
[159] *BAGE* 66, 338, 354; 68, 218, 221; *BAG* DB 1988, 1402; *Helml* § 3 Rn. 40.
[160] *BAGE* 49, 273, 277; 66, 338, 354; 68, 218, 221 ff; *BAG* NZA 1986, 716; *Gola* § 3 Anm. 3.2.5; *Veit* NZA 1990, 249, 257; a. A.: *Däubler* TVG Rn. 702.
[161] *BAGE* 49, 273, 277; 66, 338, 354; 68, 218, 221 ff; *BAG* DB 1988, 1402; *BAG* NZA 1986, 716; *Veit* NZA 1990, 249, 257.
[162] *BAG* DB 1988, 1402.
[163] *BAGE* 49, 273, 278 f; *Veit* NZA 1990, 249, 257.
[164] *BAGE* 49, 273, 280; *Veit* NZA 1990, 249, 257; a. A.: *Däubler* TVG Rn. 702.

gleichmäßig verkürzten Arbeitszeit unterliegt, hinsichtlich der Entgeltfortzahlung im Krankheitsfall nicht in ungerechtfertigter Weise besser gestellt.
Etwas anderes gilt, wenn pro Tag lediglich die durchschnittliche Arbeitszeit vergütet wird und bezahlte Freischichten gewährt werden. Der Arbeitnehmer hat bei einer Erkrankung an einem Arbeitstag lediglich einen Anspruch auf Entgeltfortzahlung in durchschnittlicher Höhe. Der Arbeitnehmer wird auf diese Weise so gestellt, als wäre er gesund gewesen. Ein ebenso hoher Anspruch besteht auch bei einer Erkrankung an einem Freischichttag[165].
In diesem Zusammenhang stellt sich jedoch die Frage, ob während der Erkrankung das Freizeitguthaben, das zu einem Anspruch auf einen Freischichttag führt, anwachsen kann. Letztlich geht es darum, ob dem Arbeitnehmer während seiner Erkrankung das konkret ausgefallene Arbeitsdeputat als Zeitguthaben angerechnet werden muss.
Es wird vertreten, dass dieses Problem nicht durch das EFZG gelöst werde. Denn dieses regele lediglich den Bereich der Vergütung bei Arbeitsunfähigkeit[166]. Das EFZG könne insoweit auch nicht analog angewandt werden. Denn bei dem Freizeitausgleich und bei der Vergütung handele es sich um nicht vergleichbare Sachverhalte[167]. Durch das EFZG werde nicht untersagt, dass die ausgefallene Arbeitszeit *gegen Vergütung* nachgeholt wird. Es dürfe lediglich nicht der Anspruch auf Entgeltfortzahlung durch unbezahlte Nacharbeit umgangen werden. Die Versagung des Anwachsens des Freizeitguthabens stelle aber letztlich nichts anderes als eine bezahlte Nacharbeit dar[168]. Aus diesem Grund will diese Ansicht die Frage der Vergütung und die des Freizeitausgleichs unterschiedlich lösen[169]. Denn es sei lediglich für den vergütungsrechtlichen Bereich durch das EFZG vorgesehen, dass der Arbeitnehmer so zu stellen sei, als wäre er gesund[170]. Solange der Anspruch auf Entgeltfortzahlung nicht berührt sei, ergäben sich keine Hinderungsgründe für eine Versagung der Zeitgutschrift[171]. Dies zeige auch der Grundgedanke der Freischichtmodelle. Grundsätzlich diene ein Freischichttag dazu, die Freizeit, die einem Arbeitnehmer dadurch verloren gegangen sei, dass er über seine individuelle regelmäßige Arbeitszeit hinaus gearbeitet habe, wieder auszugleichen. Bei einer Erkrankung habe der Arbeitnehmer aber gerade keine besonderen Freizeiteinbußen aufgrund seiner Arbeitszeit hinnehmen müssen[172]. Das Freizeitguthaben würde anwachsen, obwohl tatsächlich gar keine Arbeit geleistet worden ist[173]. Es sei somit zulässig, durch Vereinbarung auszuschließen, dass das Freizeitguthaben an Krankheitstagen anwächst[174].

---

165 *Geyer/Knorr/Krasney* § 3 Rn. 81; *Marienhagen/Künzl* § 4 Rn. 30 d; Staudinger/*Oetker* § 616 Rn. 410.
166 *BAGE* 57, 88, 94.
167 *Veit* NZA 1990, 249, 253.
168 *BAGE* 57, 88, 94.
169 *BAGE* 57, 88, 94 ff; 60, 154, 162; 66, 338, 353; Kaiser/Dunkl/Hold/Kleinsorge/*Hold* § 4 EFZG Rn. 80.
170 *Veit* NZA 1990, 249, 253.
171 *BAGE* 57, 88, 94.
172 *Babl* S. 188; *Veit* NZA 1990, 249, 254.
173 *Veit* NZA 1990, 249, 254.
174 *BAG* NZA 1994, 178 f; ErfK/*Dörner* § 4 EFZG Rn. 22; *Geyer/Knorr/Krasney* § 4 Rn. 38; *Kittner/Zwanziger/Schoof* § 38 Rn. 112.

Dieser Argumentation stehen jedoch gewichtige Zweifel gegenüber. Die Verneinung des Anwachsens des Freizeitguthabens führt zunächst einmal dazu, dass der Arbeitgeber aufgrund des Freischichtenmodells finanziell nicht unverhältnismäßig belastet wird. Denn er muss für einen Krankheitstag die individuelle Arbeitszeit vergüten, während sich der Freischichttag des Arbeitnehmers gleichzeitig weiter hinaus schiebt[175]. Dem stehen darüber hinaus unter Umständen organisatorische Probleme entgegen, wenn die Freischichttage in einem Betrieb für eine größere Gruppe von Arbeitnehmern gleichzeitig stattfinden[176]. Auch ein Gleichlauf von Entgelt und fiktiv erbrachtem Arbeitsdeputat spricht für ein Anwachsen des Freizeitguthabens. Letztlich fordert aber schon das gesetzlich festgelegte Entgeltausfallprinzip ein Anwachsen des Zeitguthabens. Hätte der Arbeitnehmer gearbeitet, so wäre die Gutschrift, die ebenfalls eine Form des Entgelts darstellt, erfolgt. Dieses Entgelt wird bei der verstetigten Entgeltzahlung lediglich nicht sofort ausbezahlt. Es sollen dem Arbeitnehmer durch diese Form der Entgeltzahlung aber lediglich gleichmäßige Einkünfte gesichert werden. Das Entgeltfortzahlungsprinzip fordert somit eine Zeitgutschrift für die konkret ausgefallenen Arbeitsstunden[177].

e. Besonderheiten bei der KAPOVAZ

Im Bereich der KAPOVAZ besteht das Problem, dass der Arbeitgeber versuchen wird, den Arbeitnehmer nicht zur Zeit seiner Erkrankung, sondern erst danach abzurufen. Kann der Arbeitgeber im noch verbleibenden Bezugsraum das restliche Arbeitsdeputat abrufen, besteht grundsätzlich kein Anspruch auf Entgeltfortzahlung[178]. Denn diese Möglichkeit macht ja gerade das Wesen der Abrufarbeit aus. In extremen Ausnahmefällen wird man allerdings den Abruf des Arbeitgebers als rechtsmissbräuchlich betrachten können, so wenn beispielsweise der Arbeitgeber den Arbeitnehmer bislang immer an bestimmten Wochentagen zur Arbeit herangezogen hat und nun von dieser Gewohnheit abweicht, ohne dass besondere Umstände vorliegen, die diese Handlungsweise erklären würden[179].
Im Fall einer Durchschnittsbetrachtung wird teilweise von einer wöchentlichen Arbeitszeit von zehn Stunden ausgegangen[180]. Dagegen spricht jedoch, dass auf diese Weise nicht die vertragliche Vereinbarung, sondern ein in § 12 Abs. 1 S. 3 TzBfG festgesetzter fiktiver Wert in den Mittelpunkt gestellt wird. Es verstößt aber gegen den Grundsatz der Privatautonomie, wenn man die Vereinbarung zwischen den Arbeitsvertragsparteien völlig außer Acht lässt.

---

[175] *Veit* NZA 1990, 249, 255.
[176] *Babl* S. 188.
[177] *BAG* NZA 2002, 683, 687; BB 2002, 1489, 1490.
[178] *Hanau* RdA 1987, 25, 29; Staudinger/*Oetker* § 616 Rn. 407; *Schmitt*, Gitter-FS S. 847, 856.
[179] *Schmitt*, Gitter-FS S. 847, 856.
[180] Kaiser/Dunkl/Hold/Kleinsorge/*Hold* § 4 EFZG Rn. 81; *Müller/Berenz* § 4 Rn. 15.

Der Anspruch auf Entgeltfortzahlung aufgrund einer Erkrankung des Arbeitnehmers besteht wegen derselben Erkrankung nur für die Dauer von 6 Wochen, § 3 Abs. 1 S. 1 EFZG. Diese Frist beginnt frühestens mit dem vereinbarten Arbeitsbeginn[181]. Es gelten insoweit die §§ 187 ff BGB[182]. Tritt die Arbeitsunfähigkeit innerhalb der Wartefrist des § 3 Abs. 3 EFZG ein, so wird die 6-Wochen-Frist dadurch nicht verkürzt, sondern sie beginnt erst mit Ablauf der Frist des § 3 Abs. 3 EFZG[183]. Die 6- Wochen- Frist wird nicht nach Arbeitstagen, sondern nach Wochen berechnet, unabhängig davon, wie viel Arbeitstage oder –stunden der Arbeitnehmer während der 6 Wochen zu erbringen hat. Es besteht also, insbesondere bei unregelmäßigen Arbeitszeiten, gerade kein Anspruch auf Entgeltfortzahlung im Krankheitsfall an 42 Tagen, sondern nur für die Arbeitstage, die innerhalb der 6- Wochen- Frist liegen[184]. Maßgeblich sind 42 *Kalendertage*[185]. Die Entgeltfortzahlung besteht damit längstens für 42 Tage und zwar unabhängig davon, ob der Arbeitnehmer zur Arbeitsleistung verpflichtet ist oder nicht[186]. Anders ausgedrückt werden hinsichtlich der Entgeltfortzahlung von 42 Tagen *alle* Tage, also Sonn- und Feiertage, aber auch arbeitsfreie Werktage oder Ausgleichstage einberechnet[187].

Keine Probleme ergeben sich insoweit bei täglich verkürzter Arbeitszeit, da es hier bei der Grundregel der Entgeltfortzahlung für 42 Tage bleibt[188].

Der 6- Wochen- Zeitraum beginnt grundsätzlich mit dem Tag, der dem der Erkrankung des Arbeitnehmers folgt, § 187 Abs. 1 BGB. Nach teilweise vertretener Ansicht soll diese Vorschrift auch dann stringent angewandt werden, wenn das Arbeitsverhältnis zur Zeit des Eintritts der Arbeitsunfähigkeit ruht. Denn das Arbeitsverhältnis als solches existiere weiter. Zudem müsse eine den Arbeitgeber belastende Ausnahmeregelung restriktiv ausgelegt werden[189]. Nach herrschender Meinung beginnt die 6-

---

[181] *Schmitt* § 3 Rn. 139.

[182] MünchHdb ArbR/*Boecken* § 84 Rn. 56 ff; ErfK/*Dörner* § 3 EFZG Rn. 71; *Feichtinger* S. 63; *Geyer/Knorr/Krasney* § 3 Rn. 189; *Gola* § 3 Anm. 4.1, 4.4; *Schmitt* § 3 Rn. 123 *Worzalla/Süllwald* § 3 Rn. 44, 52.

[183] *BAG* NZA 1999, 1273, 1275; *Bauer/Lingemann* BB 1996, Beil. 17, S. 8; Erman/*Belling* § 616 Rn. 125; *Boecken* NZA 1999, 673, 677; *Geyer/Knorr/Krasney* § 3 Rn. 172 c, 187; *Heise/Lessenich/Merten* Rn. 212; *Marienhagen/Künzl* § 3 Rn. 67 b; *Vossen* Rn. 70 f; *Worzalla/Süllwald* § 3 Rn. 90; **a. A.:** *LAG Niedersachsen* LAGE § 8 EFZG Nr. 1.

[184] Erman/*Belling* § 616 Rn. 128; ErfK/*Dörner* § 3 EFZG Rn. 72; GK- TzA/*Mikosch* § 4 BeschFG Rn. 105; *Schaub* § 98 Rn. 60; *Sowka/Köster* S. 38 f.

[185] AR-Blattei SD/*Feichtinger* 1000.3 Rn. 203; *Feichtinger* S. 63; *Geyer/Knorr/Krasney* § 3 Rn. 193; *Gola* § 3 Anm. 4.1; *Helml* § 3 Rn. 8; *Marienhagen/Künzl* § 3 Rn. 48; *Müller/Berenz* § 3 Rn. 58; Staudinger/*Oetker* § 616 Rn. 345; MüKo/*Schaub* § 616 Rn. 83; *Schaub* § 98 Rn. 60; *Schmitt* § 3 Rn. 143; *Vossen* Rn. 178; *Worzalla/Süllwald* § 3 Rn. 42 f.

[186] GK- TzA/*Lipke* § 2 BeschFG Rn. 149; RGRK/*Matthes* § 616 Rn. 151 f; *Worzalla/Süllwald* § 3 Rn. 42.

[187] *Holland* S. 96; *Müller/Berenz* § 3 Rn. 58.

[188] *Schüren/Kirsten* SAE 1990, 81 f.

[189] *Gola* § 3 Anm. 4.1; GK- TzA/*Lipke* § 2 BeschFG Rn. 148; *Marienhagen/Künzl* § 3 Rn. 46; *Schulte-Mimberg/Sabel* S. 149 f; *Sowka/Köster* S. 39.

Wochen-Frist in diesem Fall jedoch erst mit Ablauf des Tages, an dem das Ruhen endet und das Arbeitsverhältnis als aktives wieder auflebt[190]. Denn nur ab diesem Zeitpunkt ist der Arbeitnehmer an der Erbringung seiner Arbeitsleistung durch seine Erkrankung gehindert. Nach dem Gesetz wird dem Arbeitgeber eine soziale Belastung von 6 Wochen zugemutet[191]. Musste der Arbeitgeber aber während der Freistellungszeit dem Arbeitgeber keine Entgeltfortzahlung im Krankheitsfall leisten, so wird er nicht über Gebühr belastet, wenn die Berechnung der Sechs-Wochen-Frist erst mit Wiederaufleben des Arbeitsverhältnisses beginnt[192]. Dies ergibt sich auch aus Sinn und Zweck der Entgeltfortzahlung im Krankheitsfall. Diese soll dem Arbeitnehmer in Fällen unverschuldeter krankheitsbedingter Arbeitsunfähigkeit die finanzielle Lebensgrundlage erhalten. Ein Anspruch auf Entgeltfortzahlung kann demgemäß aber nur dann bestehen, wenn der Arbeitnehmer während seiner Krankheit grundsätzlich hätte arbeiten müssen und ein Entgelt erhalten hätte[193]. Der Anspruch auf Entgeltfortzahlung hängt also unmittelbar mit dem Entgeltzahlungsanspruch zusammen und ruht auch mit diesem. Sobald der Entgeltzahlungsanspruch wieder auflebt, gilt dies auch für den Entgeltfortzahlungsanspruch[194]. Tritt der Ruhenstatbestand während der Arbeitsunfähigkeit ein, so wird die 6-Wochen-Frist gehemmt und läuft nach der Beendigung des Ruhens weiter[195]. Ein Ruhen des Arbeitsverhältnisses in diesem Sinne liegt aber nicht vor, wenn lediglich keine Arbeitspflicht besteht. Das gleiche gilt, wenn der Arbeitnehmer jederzeit damit rechnen muss, seine Arbeit wieder aufzunehmen[196].
Besonderheiten hinsichtlich der 6- Wochen- Frist tauchen lediglich bei den Blockarbeitsverhältnissen auf. Insoweit muss zwischen den Formen der diskontinuierlichen und der kontinuierlichen Entgeltzahlung unterschieden werden[197]. Erkrankt der Arbeitnehmer bei *diskontinuierlicher* Entgeltzahlung in der Freizeitperiode, so ist die Dauer seiner Erkrankung nicht in die Frist von 42 Kalendertagen einzurechnen. Denn bei diskontinuierlicher Entgeltzahlung fehlt es grundsätzlich während der Freizeitperiode an der sozialen Absicherung durch Entgeltzahlung. Erst wenn diese mit dem Eintritt in die Arbeitsphase wieder zutage tritt, hat auch der die Existenz des Arbeitnehmers absichernde Entgeltfortzahlungsanspruch wieder seine Bedeutung, sodass die 42-

---

190 *BAGE* 10, 7, 11; 11,19, 21; EzA § 1 LohnFG Nr. 41; NZA 2002, 610, 611; Erman/*Belling* § 616 Rn. 129; *Dikomey* S. 159; ErfK/*Dörner* § 3 EFZG Rn. 74; Kaiser/Dunkl/Hold/Kleinsorge/*Dunkl* § 3 EFZG Rn. 110; *Geyer/Knorr/Krasney* § 3 Rn. 208; *Gola* § 3 Anm. 4.1; *Hofmann*, Hilger/Stumpf-FS S. 343, 352; *von Hoyningen-Huene* NJW 1981, 713, 721; RGRK/*Matthes* § 616 Rn. 149; *Müller/Berenz* § 3 Rn. 52; *Ottow* DB 1981, 1042; MüKo/*Schaub* § 616 Rn. 85; *Schliemann* AuR 1994, 317, 320 f; *Schulte-Mimberg/Sabel* S. 76, 150, 153; *Vossen* Rn. 187.

191 *Dikomey* S. 160; *Geyer/Knorr/Krasney* § 3 Rn. 208; *Schulte-Mimberg/Sabel* S. 77; *Worzalla/Süllwald* § 3 Rn. 48.

192 *Dikomey* S. 162; *von Hoyningen-Huene* NJW 1981, 713, 720 f.

193 *BAGE* 10, 7, 10; 11, 19, 21; *BAG* EzA § 1 LohnFG Nr. 41.

194 *Dikomey* S. 162.

195 *BAG* NZA 2002, 610, 611; *Dikomey* S. 158; Kaiser/Dunkl/Hold/Kleinsorge/*Dunkl* § 3 EFZG Rn. 111; *Geyer/Knorr/Krasney* § 3 Rn. 208; *von Hoyningen-Huene* NJW 1981, 713, 721; *Ottow* DB 1981, 1042; *Schulte-Mimberg/Sabel* S. 154; *Vossen* Rn. 189; wohl ebenso, aber terminologisch ungenau: *Worzalla/Süllwald* § 3 Rn. 44.

196 *Vossen* Rn. 190.

197 MünchHdb ArbR/*Schüren* § 162 Rn. 231 ff; *Schüren/Kirsten* SAE 1990, 81 f.

Tage-Frist beginnt[198]. Erhält der Arbeitnehmer mangels Arbeitsverpflichtung keinen Lohn, darf man ihn auch nicht entsprechend behandeln, denn ansonsten wäre der soziale Sicherungszweck der Entgeltfortzahlung nicht gewährleistet[199]. Anders verhält es sich bei *kontinuierlicher* Entgeltzahlung. Hier sind die Freizeittage nicht anders zu werten als sonstige arbeitsfreie Tage im „Normalarbeitsverhältnis". Diese arbeitsfreien Tage werden bei der Fristberechnung ebenfalls mitgezählt, denn die Kontinuität der Vergütung wird nicht unterbrochen. Das Arbeitsverhältnis ist gerade nicht suspendiert. Um die korrekte Berechnung der Dauer der Entgeltfortzahlung im Krankheitsfall bei kontinuierlicher Entgeltzahlung zu gewährleisten, ist es sinnvoll, dem Arbeitnehmer im Arbeitsvertrag die Pflicht aufzuerlegen, wenigstens bei solchen Krankheiten, die sich in die kommende Arbeitsphase erstrecken können, seine Arbeitsunfähigkeit sofort und auch in der Freizeitperiode anzuzeigen[200]. Bedeutung hat dies ebenfalls für den nach Ablauf des Entgeltfortzahlungsanspruchs entstehenden Anspruch auf Krankengeld[201].

Bei einer erneuten Arbeitsunfähigkeit greift die Regelung des § 3 Abs. 1 S. 2 EFZG ein. Problematisch ist dabei, ob hinsichtlich der krankheitsfreien Zeiten berücksichtigt werden muss, inwieweit der Arbeitnehmer während dieser Zeiten gearbeitet hat oder - wie häufig bei den flexiblen Arbeitszeiten - gerade nicht zur Arbeitsleistung verpflichtet war. Meines Erachtens kann es nicht darauf ankommen, ob der Arbeitnehmer tatsächlich gearbeitet hat oder nicht[202]. Maßgeblich ist vielmehr, ob der Arbeitnehmer arbeitsfähig war. Dass aufgrund der betrieblichen oder individuellen Arbeitszeitverteilung keine Arbeitsleistung erfolgte, hängt häufig vom Zufall ab und schadet daher nicht[203].

## VI. Rechtsmissbrauch

Dem Anspruch aus § 3 EFZG kann der Einwand des Rechtsmissbrauchs gemäß § 242 BGB entgegenstehen. Aufgrund der zwingenden Natur des § 3 EFZG kann dieser

---

[198] MünchHdb ArbR/*Schüren* § 162 Rn. 232; *Schüren/Kirsten* SAE 1990, 81 f.
[199] *BAGE* 62, 354, 358; *BAG* EzA § 1 LohnFG Nr. 41.
[200] *Schüren/Kirsten* SAE 1990, 81, 83.
[201] Für das Krankengeld sind insbesondere die § 47 Abs. 2, 3 SGB V, § 7 Abs. 1a SGB IV zu beachten. Das Krankengeld ist gem. § 47 SGB V von der Höhe des bezogenen Einkommens abhängig. Dies führt dazu, dass der Anspruch auf Krankengeld bei Teilzeitarbeitnehmern in der Regel geringer ausfallen wird, da diese aufgrund ihrer verminderten Arbeitszeit geringere Einkünfte haben. Sach- und Dienstleistungen richten sich dagegen nach dem Bedarf, sodass kein Unterschied zwischen Voll- und Teilzeitarbeitnehmern besteht, vgl. AR- Blattei SD/*Marschner* 1560.1 Rn. 20 ff. Ein Anspruch auf Krankengeld besteht auch dann, wenn die Arbeitsunfähigkeit in einer unbezahlten Freistellungszeit (bei Erhalt der Mitgliedschaft in der gesetzlichen Krankenversicherung) eintritt, vgl. *BSGE* 68, 11 ff.
[202] *BAGE* 40, 171, 175; Kaiser/Dunkl/Hold/Kleinsorge/*Dunkl* § 3 EFZG Rn. 143; Staudinger/*Oetker* § 616 Rn. 356; *Sowka/Köster* S. 40.
[203] *BAGE* 37, 172, 178; 43, 291, 294; *BAG* DB 1990, 178.

Einwand aber nur in extremen Ausnahmefällen eingreifen[204]. Neben den bei allen Arbeitsverhältnissen auftretenden Fallgruppen[205], erlangt bei der flexiblen Teilzeitarbeit vor allem der Gesichtspunkt der anderweitigen Beschäftigung besondere Bedeutung. Es kommt grundsätzlich nicht darauf an, wann und bei welcher Gelegenheit die zur Arbeitsunfähigkeit führende Krankheit entstanden ist[206]. Daher besteht grundsätzlich auch dann ein Anspruch auf Entgeltfortzahlung im Krankheitsfall, wenn die Krankheit aufgrund einer anderweitigen selbstständigen oder nichtselbstständigen Beschäftigung eingetreten ist[207]. Ohne Bedeutung ist, wie hoch das Einkommen aus der anderweitigen Beschäftigung ist und ob daraus überwiegend der Lebensunterhalt bestritten wird[208]. Der Einwand rechtsmissbräuchlichen Verhaltens kommt aber dann in Betracht, wenn es sich bei der anderweitigen Beschäftigung um eine gesetzlich[209] oder (tarif-) vertraglich verbotene Nebentätigkeit[210] sowie um eine besonders gefährliche oder Kräfte raubende Arbeit[211] handelt.

## VII. Abdingbarkeit

Gemäß § 4 Abs. 4 EFZG kann tarifvertraglich eine andere Bemessungsgrundlage als gesetzlich vorgesehen, festgelegt werden. Auf diese Weise soll den verschiedenen Branchen entsprechend Rechnung getragen werden[212]. Es muss allerdings immer darauf geachtet werden, dass die Substanz der Entgeltfortzahlung im Krankheitsfall, also die beabsichtigte wirtschaftliche Absicherung des Arbeitnehmers erhalten bleibt[213].

---

[204] *BAGE* 9, 163, 168; Kaiser/Dunkl/Hold/Kleinsorge/*Dunkl* § 3 EFZG Rn. 162; *Geyer/Knorr/Krasney* § 3 Rn. 174; *Helml* § 3 Rn. 68.

[205] Vgl. Kaiser/Dunkl/Hold/Kleinsorge/*Dunkl* § 3 EFZG Rn. 163 ff.

[206] *BAGE* 43, 348, 355; *BAG* DB 1976, 396; Kaiser/Dunkl/Hold/Kleinsorge/*Dunkl* § 3 EFZG Rn. 168; *Gola* § 3 Anm. 3.5.1; *Müller/Berenz* § 3 Rn. 48.
Auch Teilzeitarbeitnehmer unterfallen dem gesetzlichen Unfallversicherungsschutz nach dem SGB VII. Denn gem. § 2 Abs. 1 Nr. 1 SGB VII sind alle Arbeitnehmer – unabhängig vom Umfang ihrer Arbeitszeit – kraft Gesetz versichert. Vgl. zur gesetzlichen Unfallversicherung teilzeitbeschäftigter Arbeitnehmer AR- Blattei SD/*Maschner* 1560.1 Rn. 4, 5; TZA/*Stevens- Bartol* § 8 SGB IV Rn. 3.

[207] *BAGE* 38, 309, 311; 43, 348, 355; *BAG* DB 1976, 396; Kaiser/Dunkl/Hold/Kleinsorge/*Dunkl* § 3 EFZG Rn. 168; *Gola* § 3 Anm. 3.5.1; *Helml* § 3 Rn. 61, 62; *Müller/Berenz* § 3 Rn. 48; **a. A. noch:** *BAGE* 20, 250, 252 hinsichtlich einer selbständigen Tätigkeit.

[208] *BAG* DB 1976, 396; Kaiser/Dunkl/Hold/Kleinsorge/*Dunkl* § 3 EFZG Rn. 169; *Gola* § 3 Anm. 3.5.2; *Helml* § 3 Rn. 62; **a. A. noch:** *BAG* DB 1972, 1245.

[209] **A. A.:** *Helml* § 3 Rn. 62.

[210] *BAGE* 38, 309, 315; *BAG* DB 1976, 396; Kaiser/Dunkl/Hold/Kleinsorge/*Dunkl* § 3 EFZG Rn. 170; *Müller/Berenz* § 3 Rn. 49; um eine verbotene Tätigkeit in diesem Sinne handelt es sich nicht, wenn der Arbeitgeber sie zwar von seiner Genehmigung abhängig gemacht hat, diese aber hätte erteilen müssen, vgl. *BAGE* 43, 348, 354.

[211] *BAG* DB 1976, 396; Kaiser/Dunkl/Hold/Kleinsorge/*Dunkl* § 3 EFZG Rn. 171; *Müller/Berenz* § 3 Rn. 49; **kritisch:** *Gola* §3 Anm. 3.5.2.

[212] *Gola* § 4 Anm. 7.1.1; Kaiser/Dunkl/Hold/Kleinsorge/*Hold* § 4 Rn. 102; *Schmitt* § 4 Rn. 137; *Schulte-Mimberg/Sabel* S. 196.

[213] Kaiser/Dunkl/Hold/Kleinsorge/*Hold* § 4 Rn. 106; Staudinger/*Oetker* § 616 Rn. 474; *Vossen* Rn. 595.

Deshalb dürfen nicht regelmäßig anfallende Vergütungsbestandteile von der Entgeltfortzahlung ausgenommen werden[214]. Der Handlungsspielraum ist aber grundsätzlich groß[215]. Es ist daher möglich, eine andere Berechnungsmethode, beispielsweise ein Referenzprinzip einzuführen, das die Entgeltfortzahlung nach dem Durchschnitt eines bestimmten Zeitraums vor der Erkrankung des Arbeitnehmers bemisst[216]. Auch kann auf einen täglichen Durchschnittslohn bzw. auf eine tägliche Durchschnittsstundenzahl abgestellt werden[217]. Es kann also der Arbeitszeitfaktor anders als im Gesetz vorgesehen, tariflich vereinbart werden[218]. Die Arbeitsvertragsparteien können sich dann nicht darauf berufen, dass an dem Tag der Arbeitsunfähigkeit tatsächlich länger oder kürzer gearbeitet worden ist[219]. Möglich ist es des Weiteren, die Zusammensetzung des fortzuzahlenden Entgelts, also die Berechnungsgrundlage, das heißt die Zusammensetzung des Geld- und des Zeitfaktors, zu regeln, die einen Einfluss auf die Höhe des fortzuzahlenden Entgelts haben[220]. Es kann also auch geregelt werden, was unter dem fortzuzahlenden Entgelt zu verstehen ist[221]. Die abweichende Berechnungsmethode kann insbesondere auch nur für solche Arbeitnehmer eingeführt werden, bei denen sich das Entgeltausfallprinzip als besonders schwierig erweist[222].

## VIII. Zusammenfassung

Das EFZG gilt in gleichem Maße für Teilzeitarbeitnehmer wie für Vollzeitarbeitnehmer. Eine unbezahlte Nachholung der infolge Krankheit ausgefallenen Arbeitszeit ist mit dem EFZG und der darin angeordneten Unabdingbarkeit nicht vereinbar und damit unzulässig. Der Anspruch auf Entgeltfortzahlung im Krankheitsfall ergibt sich aus § 611 BGB in Verbindung mit dem Arbeitsvertrag. § 3 EFZG regelt lediglich die Aufrechterhaltung dieses Anspruchs und stellt somit eine Ausnahme zu § 326 Abs. 1 S. 1 BGB dar. Voraussetzung für den Anspruch auf Entgeltfortzahlung im Krankheitsfall

---

214 *Vossen* Rn. 595.

215 AR-Blattei SD/*Feichtinger* 1000.3 Rn. 395.

216 BAGE 71, 86, 91; *BAG* DB 1977, 262 f; NZA 2002, 387, 389; ErfK/*Dörner* § 4 EFZG Rn. 57; AR-Blattei SD/*Feichtinger* 1000.3 Rn. 395; *Gola* § 4 Anm. 7.1.1; *Helml* § 4 Rn. 28; Kaiser/Dunkl/Hold/Kleinsorge/*Hold* § 4 Rn. 106; *Müller/Berenz* § 4 Rn. 33 f, § 12 Rn. 3; Staudinger/*Oetker* § 616 Rn. 476; *Schulte-Mimberg/Sabel* S. 197; *Vossen* Rn. 589 f; **zweifelnd:** *Schliemann* AuR 1994, 317, 321 f; vgl. in diesem Zusammenhang zur Berechnung der Höhe des fortzuzahlenden Entgeltes bei Freischichtmodellen *BAG* NZA 1990, 897.

217 *BAG* DB 1989, 1777 f; MünchHdb ArbR/*Boecken* § 84 Rn. 13; *Geyer/Knorr/Krasney* § 4 Rn. 57; *Gola* § 4 Anm. 7.1.2; Kaiser/Dunkl/Hold/Kleinsorge/*Hold* § 4 Rn. 106.

218 Staudinger/*Oetker* § 616 Rn. 477.

219 MünchHdb ArbR/*Boecken* § 84 Rn. 13.

220 *BAG* NZA 2002, 387, 389; Erman/*Belling* § 616 Rn. 97; ErfK/*Dörner* § 4 EFZG Rn. 57 f; AR-Blattei SD/*Feichtinger* 1000.3 Rn. 394; *Geyer/Knorr/Krasney* § 4 Rn. 58; *Gola* § 4 Anm. 7.1.2; *Helml* § 4 Rn. 26, 28; Kaiser/Dunkl/Hold/Kleinsorge/*Hold* § 4 Rn. 105; *Marienhagen/Künzl* § 4 Rn. 43 b; *Müller/Berenz* § 4 Rn. 33; Staudinger/*Oetker* § 616 Rn. 478; *Schulte-Mimberg/Sabel* S. 197; *Vossen* Rn. 595 f; *Worzalla/Süllwald* § 4 Rn. 46; **a. A.:** *BAGE* 72, 297, 303.

221 *Müller/Berenz* § 4 Rn. 33; *Schulte-Mimberg/Sabel* S. 197.

222 *Marienhagen/Künzl* § 4 Rn. 43 a; *Müller/Berenz* § 4 Rn. 34; *Schmitt* § 4 Rn. 139.

ist ein vollwirksames Arbeitsverhältnis. Er entsteht jedoch erst mit dem Zeitpunkt, zu dem der Arbeitsbeginn vereinbart war. Darüber hinaus muss die Wartefrist des § 3 Abs. 3 EFZG eingehalten sein, bei der es nicht auf ein tatsächliches Tätigwerden des Arbeitnehmers, sondern nur auf den rechtlichen Bestand des Arbeitsverhältnisses ankommt. Diese Voraussetzung ist auch bei länger andauernden Freistellungszeiten aufgrund vertraglicher Vereinbarung eingehalten. Eine weitere Voraussetzung für den Anspruch auf Entgeltfortzahlung im Krankheitsfall ist der monokausale Zusammenhang zwischen Krankheit und Arbeitsausfall. Während einer Freistellungszeit kann somit kein Anspruch auf Entgeltfortzahlung im Krankheitsfall entstehen, da eine Arbeitsleistung schon aufgrund der vertraglichen Vereinbarung nicht stattfindet. Der Arbeitnehmer würde andernfalls einen ohne Krankheit nicht bestehenden Entgeltanspruch bekommen. Daran ändert sich auch nichts, wenn die Freistellungszeit Erholungszwecken dient. Eine Verpflichtung des Arbeitgebers zur Rückgängigmachung der Freistellung – wie sie teilweise vertreten wird – ist zum einen in aller Regel vertraglich nicht gewollt und im Übrigen für den Arbeitgeber völlig unzumutbar.
Hinsichtlich der unverzüglichen Anzeigepflicht nach § 5 Abs. 1 S. 1 EFZG gibt es bei flexibler Teilzeitarbeit auch dann keine Besonderheiten, wenn die Erkrankung an einem arbeitsfreien Tag eintritt. Die Nachweispflicht nach § 5 Abs. 1 S. 2 EFZG besteht ebenfalls in gleichem Maße wie in einem Normalarbeitsverhältnis. Insofern ist bei flexiblen Teilzeitarbeitsverhältnissen jedoch eine Vereinbarung des Inhalts ratsam, aufgrund dessen der Arbeitnehmer seiner Nachweispflicht nicht nachkommen muss, wenn es zum Beispiel in einer Freistellungszeit nicht zu einem Arbeitsausfall infolge Krankheit kommen kann, während bei einem Arbeitsausfall bereits ab dem ersten Tag ein Nachweis erbracht werden muss.
Die Entgeltfortzahlung im Krankheitsfall erfolgt bei festen Arbeitszeiten und festem Entgelt durch schlichte Weiterzahlung des Gehalts. Denn nach dem modifizierten Entgeltausfallprinzip des § 4 EFZG ist dem Arbeitnehmer das Entgelt zu zahlen, das er nach hypothetischem Kausalverlauf erhalten hätte, wenn er gesund und arbeitsfähig gewesen wäre. Bei flexiblen Teilzeitarbeitsmodellen lässt sich zum Teil nur schwer feststellen, was der Arbeitnehmer während seiner Krankheit verdient hätte, wenn diese beispielsweise während einer längeren Freistellungsphase oder in einer Zeit, in der die Arbeitszeit noch nicht festgelegt war, eintritt. Zentrales Problem ist die Feststellung der Kausalität zwischen Krankheit und Arbeitsausfall, für die der Arbeitnehmer die Beweislast trägt. Diese Kausalität wird er in der Regel nicht nachweisen können, sodass es zu Benachteiligungen von Teilzeitarbeitnehmern im Gegensatz zu Vollzeitarbeitnehmern kommen kann. Um diese Problematik zu lösen, werden eine Vielzahl von verschiedenen Meinungen vertreten. Richtigerweise wird man zur Feststellung, ob der Arbeitnehmer an dem Krankheitstag gearbeitet hätte – soweit keine konkreten Feststellungen getroffen werden können – auf die Praktizierung des Arbeitsverhältnisses in der Vergangenheit bzw. auf eine Durchschnittsbetrachtung abstellen müssen.
Entgeltfortzahlung erfolgt lediglich für 42 Kalendertage, unabhängig davon, wie viel Arbeitstage in diesen Zeitraum fallen. Die Frist beginnt grundsätzlich an dem Tag, der auf denjenigen folgt, an dem die Erkrankung eingetreten ist. Etwas anderes gilt bei länger dauernden Freistellungszeiten, bei denen es nicht zu einem Arbeitsausfall infol-

ge Krankheit kommen kann. In diesem Fall beginnt die 6- Wochen- Frist mit dem Ende der Freistellungszeit.

§ 8 Feiertage

## I. Entgeltfortzahlung an Feiertagen und Teilzeitarbeit

Das Beschäftigungsverbot des § 9 Abs. 1 ArbZG führt in der Regel dazu, dass die Arbeit an einem Feiertag ausfallen muss[1]. § 2 EFZG regelt als Anspruchsgrundlage die Entgeltfortzahlung an Feiertagen und gilt sowohl für Vollzeit- als auch für Teilzeitarbeitnehmer[2]. Denn nach dem eindeutigen Wortlaut des § 2 Abs. 1 EFZG gilt diese Vorschrift für sämtliche Arbeitnehmer. Ein flexibles Arbeitszeitmodell steht dem Anspruch auf Feiertagsvergütung nicht entgegen[3]. Auch geringfügig Beschäftigte sind vom Genuss der Feiertagsvergütung nicht ausgenommen[4]. Teilzeitarbeitnehmer sind daher nicht zur unbezahlten Vor- oder Nacharbeit der am Feiertag ausgefallenen Arbeit verpflichtet[5]. Denn die Vorschriften der Feiertagsvergütung sind unabdingbar und sollen dem Arbeitnehmer unabhängig von Vor- oder Nacharbeiten das Entgelt an einem Feiertag sichern[6]. Eine Vereinbarung zur bezahlten Vor- oder Nacharbeit kann demgegenüber unproblematisch getroffen werden[7]. Ordnet der Arbeitgeber eine Vor- oder Nacharbeit der am Feiertag ausfallenden Arbeit an oder ist eine solche (tarif-) vertraglich vorgesehen, so muss zu der Feiertagsvergütung auch die Zeit vergütet werden, während der zusätzlich gearbeitet worden ist[8].
Der Anspruch besteht ab dem Zeitpunkt des vertraglich festgelegten Arbeitsbeginns, da ansonsten die Arbeit wegen des Feiertags überhaupt nicht ausfallen könnte[9].

---

[1] *BAGE* 42, 324, 326; *Vossen* Rn. 773; Kasseler Handbuch/*Vossen* 2.2 Rn. 538.

[2] *BAGE* 8, 76, 78; MünchHdb ArbR/*Boewer* § 81 Rn. 9; TZA/*Buschmann* § 2 EFZG Rn. 1; ErfK/*Dörner* § 2 EFZG Rn. 9; *Geyer/Knorr/Krasney* § 2 Rn. 4; *Gola* § 2 Anm. 3.2.1; *Holland* S. 107; Kaiser/Dunkl/Hold/Kleinsorge/*Kleinsorge* § 2 EFZG Rn. 10; GK- TzA/*Lipke* § 2 BeschFG Rn. 161; *Marienhagen/Künzl* § 2 Rn. 9a; *Müller/Berenz* § 2 Rn. 7; *Schaub* § 104 Rn. 4; *Schmitt* § 2 Rn. 15; *Vossen* Rn. 759, 761; Kasseler Handbuch/*Vossen* 2.2 Rn. 527; *Worzalla/Süllwald* § 2 EFZG Rn. 6.

[3] *BAGE* 42, 324; 83, 283, 287; *Geyer/Knorr Krasney* § 2 Rn. 21; *Goos* S. 32; *Helml* § 2 Rn. 6; *Klevemann* AiB 1986, 103, 111; AR- Blattei- SD/*Mosler* 1560 Rn. 321; *Worzalla/Süllwald* § 2 EFZG Rn. 6.

[4] *Gola* § 2 Anm. 3.2.1.

[5] *BAGE* 83, 283, 287 f; *BAG* DB 1966, 1318 f; NA/*Frey* B Rn. 51; Mager/Winterfeld/Göbel/Seelmann/*Göbel* Rn. 201; *Lindena*, Die Bank 1995, 324, 327; GK- TzA/*Lipke* § 2 BeschFG Rn. 163; AR-Blattei/*Seiter* Teilzeitarbeit C III 4 c; *Vossen* Rn. 840.

[6] *Färber/Klischan* Rn. 36, 63; *Löwisch* RdA 1984, 197, 202; *Vossen* Rn. 840.

[7] BAGE 83, 283, 287 f; Mager/Winterfeld/Göbel/Seelmann/*Göbel* Rn. 201; *Gola* § 2 Anm. 3.3.5; *Helml* § 2 Rn. 22; *Holland* S. 108; Kaiser/Dunkl/Hold/Kleinsorge/*Kleinsorge* § 2 EFZG Rn. 35; AR-Blattei/*Seiter* Teilzeitarbeit C III 4 c.

[8] *BAGE* 83, 283, 287 f; NA/*Frey* B Rn. 52; *Geyer/Knorr/Krasney* § 2 Rn. 21; *Langmaack* Rn. 270; GK- TzA/*Lipke* § 2 BeschFG Rn. 163; *Marienhagen/Künzl* § 2 Rn. 19 b; *Schaub* § 104 Rn. 4; AR-Blattei/*Seiter* Teilzeitarbeit C III 4 c; *Sowka/Köster* S. 44; *Worzalla/Süllwald* § 2 EFZG Rn. 31 a, 39; zu der Frage, ob für den zusätzlichen Arbeitstag ein Feiertagszuschlag gezahlt werden muss, vgl. *Schaub* § 104 Rn. 6.

[9] MünchHdb ArbR/*Boewer* § 81 Rn. 10; *Geyer/Knorr/Krasney* § 2 Rn. 4; *Gola* § 2 Anm. 3.2.1; *Marienhagen/Künzl* § 2 Rn. 9b; *Müller/Berenz* § 2 Rn. 7; *Vossen* Rn. 760.

II. Höhe des Entgeltfortzahlungsanspruchs an Feiertagen

Die Höhe der Entgeltfortzahlung an Feiertagen richtet sich gemäß § 2 Abs. 1 EFZG nach dem Entgeltausfallprinzip[10]. Dem Arbeitnehmer ist also das Entgelt zu zahlen, das er verdient hätte, wenn kein Feiertag gewesen wäre[11]. Alle Leistungen mit Entgeltcharakter, die der Arbeitnehmer als Gegenleistung erhält, sind insoweit erfasst [12]. Der Arbeitnehmer soll nämlich durch den Feiertag in seiner Bezahlung weder besser noch schlechter stehen[13]. Maßgeblich ist insoweit die individuelle Arbeitszeit des Arbeitnehmers[14]. Ohne Arbeits- und Verdienstausfall kann der Arbeitnehmer daher auch keine Feiertagsvergütung nach § 2 EFZG verlangen[15]. Lässt sich nachweisen, dass an dem ausgefallenen Arbeitstag Überstunden geleistet worden wären, so ist aufgrund des Lohnausfallprinzips auch hierfür eine Vergütung zu zahlen[16].
Die Arbeitszeitdauer, die der Arbeitnehmer an dem Feiertag erbracht hätte, ist abgegolten. Dies gilt auch dann, wenn die Arbeit an einem anderen Tag – bezahlt - nachgeholt wird[17].

III. Erfordernis des monokausalen Zusammenhangs

1. Grundsatz

Ein Anspruch gem. § 2 EFZG besteht nur dann, wenn bei hypothetischer Betrachtungsweise ein monokausaler Zusammenhang vorliegt, wenn also die Arbeit *allein und unmittelbar* wegen des Feiertags und nicht aus einem anderen Grund ausfällt[18]. Vor-

---

[10] *BAG* DB 1992, 1939; *Färber/Klischan* Rn. 101; *Helml* § 2 Rn. 1, 21; *Geyer/Knorr/Krasney* § 2 Rn. 31; Kaiser/Dunkl/Hold/Kleinsorge/*Kleinsorge* § 2 EFZG Rn. 28; *Marienhagen/Künzl* § 2 Rn. 10; *Müller/Berenz* § 2 Rn. 2; *Vossen* Rn. 807; Kasseler Handbuch/*Vossen* 2.2 Rn. 564; insoweit plädiert *Klischan* DB 1987, 331, 332 f de lege ferenda für eine vergangenheitsbezogene Betrachtungsweise.
[11] *BAG* DB 1989, 1878; MünchHdb ArbR/*Boewer* § 81 Rn. 21; *Holland* S. 1; *Klischan* DB 1987, 331, 332; GK- TzA/*Lipke* § 2 BeschFG Rn. 161; *Schmitt* § 2 Rn. 68; *Vossen* Rn. 807.
[12] Kaiser/Dunkl/Hold/Kleinsorge/*Kleinsorge* § 2 EFZG Rn. 28; *Vossen* Rn. 527, 810; *Worzalla/Süllwald* § 2 EFZG Rn. 32; zu der Frage, was im Einzelnen zum „Arbeitsentgelt" i. S. d. § 2 Abs. 1 EFZG zu zählen ist, vgl. *Schmitt* § 2 Rn. 68 ff.
[13] *Geyer/Knorr/Krasney* § 2 Rn. 31; Kaiser/Dunkl/Hold/Kleinsorge/*Kleinsorge* § 2 EFZG Rn. 28; *Marienhagen/Künzl* § 2 Rn. 10; Kasseler Handbuch/*Vossen* 2.2 Rn. 564.
[14] *BAGE* 83, 283, 286; *BAG* DB 1992, 1939; *Schmitt* § 2 Rn. 52; *Vossen* Rn. 816.
[15] *Klischan* DB 1987, 331, 332.
[16] *Färber/Klischan* Rn. 105; *Gola* § 2 Anm. 3.4; *Helml* § 2 Rn. 7; *Meyer* S. 134; *Müller/Berenz* § 2 Rn. 15; Staudinger/*Richardi* § 611 Rn. 692; *Schmitt* § 2 Rn. 53; **kritisch:** *Klischan* DB 1987, 331, 332; *Vossen* Rn. 818.
[17] *Hanau* RdA 1987, 25, 29.
[18] *BAGE* 83, 283, 286; 84, 216, 219; *BAG* DB 1989, 1878; *BAG* DB 2001, 1889; *Babl* S. 118; MünchHdb ArbR/*Boewer* § 81 Rn. 10; *Danne* S. 80; ErfK/*Dörner* § 2 EFZG Rn. 17; *Färber/Klischan* Rn. 58; *Frölich* S. 157; *Geyer/Knorr/Krasney* § 2 Rn. 13;Mager/Winterfeld/Göbel/Seelmann/*Göbel* Rn. 199; *Gola* § 2 Anm. 3.3.1; *Helml* § 2 Rn. 1 f; Kaiser/Dunkl/Hold/Kleinsorge/*Kleinsorge* § 2 EFZG

aussetzung für einen Anspruch nach § 2 Abs. 1 EFZG ist daher, dass der Arbeitnehmer an dem konkreten Tag, wäre kein Feiertag gewesen, zur Arbeit verpflichtet gewesen wäre und nunmehr aufgrund des Feiertags eine Vermögenseinbuße erleidet[19]. Fällt umgekehrt aber der Feiertag auf einen nach der individuellen oder kollektiven Arbeitszeitgestaltung ohnehin arbeitsfreien Tag, so besteht kein Anspruch gem. § 2 EFZG[20]. Keine Feiertagsentlohnung erfolgt deswegen beispielsweise in einem Freischichtenmodell oder in einem rollierenden Arbeitszeitmodell, wenn ein Ausgleichstag mit einem Feiertag zusammentrifft. Denn der Feiertag ist nicht die alleinige Ursache für den Arbeitsausfall[21]. Etwas anderes gilt jedoch dann, wenn der ohnehin freie Tag gerade wegen des Feiertags durch den Dienstplan auf diesen gelegt worden ist[22]. Eine Entgeltfortzahlung wegen eines Feiertags hat daher dann zu erfolgen, wenn ein bestimmter Dienstplan besteht, der ein Schema enthält, das unabhängig von Feiertagen ausgestaltet ist und für den Feiertag eine Arbeitsverpflichtung vorgesehen ist. Ein Anspruch gemäß § 2 EFZG kommt aber dann nicht in Betracht, wenn der Arbeitnehmer dienstplanmäßig an dem Feiertag ohnehin frei gehabt hätte[23].
Auch bei einem ruhenden Arbeitsverhältnis, bei unbezahltem Urlaub oder in einer Freistellungsphase besteht kein Anspruch nach § 2 EFZG, da es am Erfordernis des monokausalen Zusammenhangs fehlt[24].

### 2. Beweislast

Die Beweislast dafür, dass der Arbeitnehmer an dem Feiertag gearbeitet hätte, hat derjenige, der sich auf diese Tatsache beruft. In der Praxis wird dies in der Regel der Arbeitnehmer sein, da es sich um eine anspruchsbegründende Voraussetzung handelt. Der Arbeitgeber hat hingegen die anspruchsausschließenden Tatsachen darzulegen und zu beweisen, also beispielsweise dass der Feiertag nicht die alleinige Ursache für den

---

Rn. 11; *Klischan* DB 1987, 331; GK- TzA/*Lipke* § 2 BeschFG Rn. 161; *Marienhagen/Künzl* § 2 Rn. 5; *Meyer* S. 132; *Müller/Berenz* § 2 Rn. 4; *Schaub* § 104 Rn. 2; *Schmitt* § 2 Rn. 27; *Sowka/Köster* S. 44; *Vossen* Rn. 774; Kasseler Handbuch/*Vossen* 2.2 Rn. 539; *Worzalla/Süllwald* § 2 EFZG Rn. 13.

[19] *BAGE* 83, 283, 286; MünchHdb ArbR/*Boewer* § 81 Rn. 10; NA/*Frey* B Rn. 158; *Goos* S. 32; AR-Blattei/*Seiter* Teilzeitarbeit C III 4 c.

[20] MünchHdb ArbR/*Boewer* § 81 Rn. 10; *Färber/Klischan* Rn. 64; *Frölich* S. 157; *Gola* § 2 Anm. 3.3.6; *Goos* S. 32; *Helml* § 2 Rn. 2; *von Hoyningen-Huene* NJW 1981, 713, 720; *Klischan* DB 1987, 331; *Langmaack* Rn. 269; *Lindena*, Die Bank 1995, 324, 327; GK- TzA/*Lipke* § 2 BeschFG Rn. 162; *Marienhagen/Künzl* § 2 Rn. 5; *Meyer* S. 132; AR- Blattei/*Seiter* Teilzeitarbeit C III 4 a; *Sowka/Köster* S. 44.

[21] ErfK/*Dörner* § 2 EFZG Rn. 22; *Gola* § 2 Anm. 3.3.6; Kaiser/Dunkl/Hold/Kleinsorge/*Kleinsorge* § 2 EFZG Rn. 26; *Marienhagen/Künzl* § 2 Rn. 7g; Staudinger/*Richardi* § 611 Rn. 695; *Schmitt* § 2 Rn. 37 f, 57; *Vossen* Rn. 784; Kasseler Handbuch/*Vossen* 2.2 Rn. 542, 572; *Ziepke* § 4 Anm. 65 XII B.

[22] *BAGE* 84, 216, 219; *Marienhagen/Künzl* § 2 Rn. 5.

[23] *BAGE* 44, 160, 162; 83, 283, 287; 84, 216, 219; *Färber/Klischan* Rn. 64; *Gola* § 2 Anm. 3.3.1; *Helml* § 2 Rn. 5; *Marienhagen/Künzl* § 2 Rn. 5; *Vossen* Rn. 784.

[24] MünchHdb ArbR/*Boewer* § 81 Rn. 12; *Gola* § 2 Anm. 3.3.1; *Marienhagen/Künzl* § 2 Rn. 7 h; Kasseler Handbuch/*Vossen* 2.2 Rn. 545; *Vossen* Rn. 787.

Arbeitsausfall war[25]. Insofern können in einem flexiblen Teilzeitmodell Beweisschwierigkeiten dahingehend auftauchen, ob und in welchem Umfang der Arbeitnehmer an dem Feiertag gearbeitet hätte und ob die Arbeit wegen des Feiertags ausgefallen ist oder deswegen, weil er ohnehin nicht zur Arbeit verpflichtet gewesen wäre[26]. Ein positiver Nachweis wird dem Arbeitnehmer in aller Regel nicht gelingen. Aber auch der Arbeitgeber wird nicht nachweisen können, dass er den Arbeitnehmer an dem Feiertag nicht abgerufen hätte[27].

### 3. Unproblematische Fälle

Probleme ergeben sich nicht, wenn der Arbeitnehmer kontinuierlich bezahlt wird, ohne dass es dabei auf die Anzahl der geleisteten Stunden ankommt. Denn der Arbeitnehmer hat in dieser Konstellation keinen Verdienstausfall[28]. Der Anspruch des Arbeitnehmers aus § 2 EFZG ist durch die festen Zahlungen als abgegolten zu betrachten[29]. In der Regel wird der vereinbarte Lohn einfach weiterhin bezahlt[30].
Keine Probleme mit dem Nachweis des monokausalen Zusammenhangs ergeben sich auch, wenn die Arbeitszeit des Arbeitnehmers schon konkretisiert ist und somit feststeht, ob der Arbeitnehmer an dem Feiertag grundsätzlich gearbeitet hätte[31].

### 4. Problematische Fälle

#### a. Anwendung der allgemeinen Beweislastregeln

Nach teilweise vertretener Auffassung besteht kein Entgeltfortzahlungsanspruch, wenn der Zusammenhang zwischen Ausfall der Arbeit und Feiertag nicht nachgewiesen werden kann. Denn gerade im Bereich der flexiblen Arbeitszeitformen sei eine fehlende Vergütung an Feiertagen vorhersehbar und für den Arbeitnehmer ohne weiteres er-

---

[25] MünchHdb ArbR/*Boewer* § 81 Rn. 30; *Hanau* RdA 1987, 25, 29; Helml § 2 Rn. 34; Kaiser/Dunkl/Hold/Kleinsorge/*Kleinsorge* § 2 EFZG Rn. 25; *Marienhagen/Künzl* § 2 Rn. 6, 32; *Vossen* Rn. 792; Kasseler Handbuch/*Vossen* 2.2 Rn. 580.
[26] *Babl* S. 121; *Siebel* BB 1987, 2222, 2227.
[27] *Meyer* S. 133; Kasseler Handbuch/*Vossen* 2.2 Rn. 581.
[28] *BAG* DB 1966, 1318; *Färber/Klischan* Rn. 103; *Gola* § 2 Anm. 2.1; *Helml* § 2 Rn. 22; Kaiser/Dunkl/Hold/Kleinsorge/*Kleinsorge* § 2 EFZG Rn. 29; *Marienhagen/Künzl* § 2 Rn. 11; *Müller/Berenz* § 2 Rn. 12; *Schaub* § 104 Rn. 8; *Vossen* Rn. 759; Kasseler Handbuch/*Vossen* 2.2 Rn. 525; *Ziepke* § 4 Anm. 65 XII A.
[29] MünchHdb ArbR/*Boewer* § 81 Rn. 21; ErfK/*Dörner* § 2 EFZG Rn. 31; *Färber/Klischan* Rn. 103; *Müller/Berenz* § 2 Rn. 12; *Schaub* § 104 Rn. 8; *Vossen* Rn. 759; Kasseler Handbuch/*Vossen* 2.2 Rn. 525.
[30] *Färber/Klischan* Rn. 40; *Vossen* Rn. 830; *Worzalla/Süllwald* § 2 EFZG Rn. 5, 32.
[31] NA/*Frey* B Rn. 51; *Frölich* S. 157; GK- TzA/*Lipke* § 2 BeschFG Rn. 162.

kennbar[32]. Der Sinn und Zweck flexibler Teilzeitmodelle bestehe darin, eine Vergütung an einem Feiertag und damit letztlich für nicht geleistete Arbeit nicht zahlen zu müssen[33]. Eine übermäßige körperliche oder geistige Belastung der Arbeitnehmer sei dadurch nicht zu befürchten, da auf diese Weise eine verstärkte Heranziehung zur Arbeit, die sonst als Ausgleich für den Feiertag vorgenommen werden müsste, nicht erforderlich sei[34]. Die Einteilung des Arbeitnehmers gerade an solchen Tagen, die keine Feiertage sind, sei damit nicht zu beanstanden[35]. Durch das Erfordernis des monokausalen Zusammenhangs würden Arbeitnehmer mit flexibler Teilzeitarbeit nicht benachteiligt, denn dies entspräche der gesetzlichen Regelung und dem Willen des Gesetzgebers. Etwas anderes könne nur dann gelten, wenn die Arbeitseinteilung durch den Arbeitgeber gegen § 315 BGB oder gegen § 138 BGB verstoße[36]. Diese Voraussetzungen würden aber nur in seltenen Fällen erfüllt sein, denn die Einteilung der Arbeitnehmer zur Arbeit an einem Werktag und nicht an einem Feiertag werde häufig eine Anpassung an das Nachfrageverhalten der Kunden sein[37].

Gegen diese Auffassung spricht jedoch, dass die Entgeltfortzahlung an Feiertagen als unabdingbares Rechtsinstitut ausgestaltet ist, das auch Umgehungshandlungen nach § 134 BGB untersagt. Der Arbeitgeber darf die Entgeltfortzahlung nach § 2 EFZG nicht dadurch vermeiden, dass er den Betrieb ohne sachlichen Grund und entgegen der Übung für den Feiertag schließt, die Arbeitszeit verlegt oder den Arbeitnehmer nur an Nicht- Feiertagen einteilt[38]. Es kommt damit nicht darauf an, ob der Arbeitnehmer zur Arbeit abgerufen worden ist und ob dann die Arbeit aufgrund des Feiertags ausgefallen ist, sondern darauf, ob der Arbeitnehmer abgerufen worden wäre, wenn kein Feiertag gewesen wäre[39]. Denn insofern besteht ebenfalls die monokausale Beziehung zwischen Feiertag und Arbeitsausfall[40].

### b. Pauschalabgeltung

Teilweise wird vorgeschlagen bei flexibler Arbeitszeit im Arbeitsvertrag oder im Tarifvertrag pauschal eine finanzielle Abgeltung der Feiertagsentlohnung vorzunehmen. Der entsprechend der Teilzeitarbeit verminderte Umfang an Feiertagen bzw. an ausgefallenen Arbeitsstunden sei zusätzlich zu vergüten. Eine Kürzung des Arbeitsdeputats

---

[32] *Langmaack* Rn. 427; GK- TzA/*Mikosch* § 4 BeschFG Rn. 108.
[33] *Babl* S. 121.
[34] *Langmaack* Rn. 427; GK- TzA/*Mikosch* § 4 BeschFG Rn. 108.
[35] *Babl* S. 121; *Langmaack* Rn. 427; *Schmitt* § 2 Rn. 62 ff.
[36] *Babl* S. 118.
[37] *Schmitt* § 2 Rn. 63.
[38] *Langmaack* Rn. 270; *Lindena*, Die Bank 1995, 324, 327; GK- TzA/*Lipke* § 2 BeschFG Rn. 163; *Löwisch* RdA 1984, 197, 202; AR- Blattei- SD/*Mosler* 1560 Rn. 322; *Sowka/Köster* S. 44.
[39] *BAGE* 42, 324, 327; MünchHdb ArbR/*Boewer* § 81 Rn. 10; TZA/*Buschmann* § 2 EFZG Rn. 2; *Frölich* S. 157; *Hanau* RdA 1987, 25, 29; *Marienhagen/Künzl* § 2 Rn. 6.
[40] *Meyer* S. 133.

an einem Feiertag komme dann nicht mehr in Frage[41]. Die Pauschale müsse zu dem Feiertag zeitnah gewährt werden[42] und dürfe für den Arbeitnehmer auch nicht ungünstiger sein als die gesetzliche Regelung, vgl. § 12 EFZG[43]. Es müsse zudem von vornherein erkennbar sein, dass und in welcher Höhe der Zuschlag der Feiertagsvergütung diene[44]. Zwar würde es zu einer Ausweitung des Arbeitsdeputats kommen, da der Arbeitnehmer trotz Feiertag sein volles Arbeitsdeputat erbringen müsse. Dies widerspreche aber insbesondere nicht § 12 Abs. 1 S. 2 TzBfG, da die Anzahl an Feiertagen und somit das Arbeitsdeputat feststehe[45].
Ähnlich ist der Vorschlag, das auf Feiertage durchschnittlich entfallende Arbeitsdeputat vom Gesamtdeputat abzuziehen und die Vergütung insgesamt nicht zu kürzen[46].
Wurde bei Vertragsabschluss das Problem der Feiertagsvergütung bereits erkannt, spricht nach meinem Dafürhalten nichts gegen eine pauschale Abgeltung. Die Situation ist hier anders als bei der Arbeitsunfähigkeit, da die Anzahl der Feiertage im Jahr im Gegensatz zu den Krankheitstagen feststeht. Liegt jedoch keine ausdrückliche Vereinbarung vor, so wird man durch Vertragsauslegung wohl nicht zu diesem Ergebnis kommen.

### c. Vermutungswirkung der Vergangenheit

Eine andere Ansicht will sich an der Arbeitsverpflichtung des Arbeitnehmers in der Vergangenheit orientieren. Wenn der Arbeitnehmer in der Vergangenheit üblicherweise an einem bestimmten Wochentag zur Arbeit eingeteilt worden sei, so bestehe die Vermutung, dass dies auch an dem entsprechenden Wochentag, der auf einen Feiertag fällt, der Fall gewesen wäre[47]. Bestreite dies der Arbeitgeber, so müsse er darlegen und beweisen, dass die Arbeit des Arbeitnehmers gerade nicht an dem Feiertag abgerufen worden wäre und der normale Geschehensablauf durchbrochen sei. Die Beweispflicht

---

[41] *BAG* DB 1966, 1318 f; DB 1974, 193 f; DB 1984, 1885 f; MünchHdb ArbR/*Boewer* § 81 Rn. 25; *Geyer/Knorr/Krasney* § 2 Rn. 37; *Gola* § 2 Anm. 3.4; Kaiser/Dunkl/Hold/Kleinsorge/*Kleinsorge* § 2 Rn. 36; *Klevemann* AiB 1986, 103, 111; *Marienhagen/Künzl* § 2 Rn. 19 a; Staudinger/*Richardi* § 611 Rn. 692; *Sowka/Köster* S. 45; *Then* in Gutmann S. 73, 86; *Vossen* Rn. 842; Kasseler Handbuch/*Vossen* 2.2 Rn. 597; **kritisch** zur pauschalen Abgeltung der Feiertagsvergütung Kaiser/Dunkl/Hold/Kleinsorge/*Hold* § 12 EFZG Rn. 8.
[42] *BAG* DB 1974, 193 f; DB 1984, 1885 f; *Geyer/Knorr/Krasney* § 2 Rn. 37; *Helml* § 2 Rn. 31; *Marienhagen/Künzl* § 2 Rn. 19 a; *Vossen* Rn. 842; Kasseler Handbuch/*Vossen* 2.2 Rn. 587; **a. A.:** *Holland* S. 108, der eine Durchschnittsabgeltung aufgrund einer einzigen pauschalen Zahlung pro Jahr zulässt.
[43] MünchHdb ArbR/*Boewer* § 81 Rn. 25; *Geyer/Knorr/Krasney* § 2 Rn. 37; *Schaub* § 104 Rn. 14; *Vossen* Rn. 842; Kasseler Handbuch/*Vossen* 2.2 Rn. 597.
[44] MünchHdb ArbR/*Boewer* § 81 Rn. 25; *Geyer/Knorr/Krasney* § 2 Rn. 37; *Helml* § 2 Rn. 31; Kaiser/Dunkl/Hold/Kleinsorge/*Kleinsorge* § 2 EFZG Rn. 36; *Schaub* § 104 Rn. 14; *Vossen* Rn. 842; Kasseler Handbuch/*Vossen* 2.2 Rn. 597.
[45] *BAG* DB 1974, 193 f; DB 1984, 1885 f; *Meyer* S. 134.
[46] MünchHdb ArbR/*Schüren* § 166 Rn. 69.
[47] TZA/*Buschmann* § 2 EFZG Rn. 4; *Frölich* S. 158; Kaiser/Dunkl/Hold/Kleinsorge/*Kleinsorge* § 2 EFZG Rn. 25; *Marienhagen/Künzl* § 2 Rn. 6; Staudinger/*Richardi* § 611 Rn. 699.

gehe auf ihn über[48]. Wenn jedoch bislang an einem bestimmten Wochentag noch nie gearbeitet wurde, so bestehe kein Anspruch aus § 2 EFZG, denn die Arbeit falle nach der Vermutungswirkung nicht wegen des Feiertags aus. Der Arbeitnehmer habe des Weiteren keinen durch eine vergangenheitsbezogene Vermutung gestützten Anspruch auf Feiertagsvergütung, wenn er bisher unregelmäßig zur Arbeit eingeteilt worden sei. Etwas anderes gelte nur dann, wenn der Arbeitnehmer beweisen könne, dass er an dem Feiertag zur Arbeit herangezogen worden wäre, so beispielsweise als Ersatz für einen arbeitsunfähigen Arbeitskollegen[49].
Die Berücksichtigung der Arbeitstätigkeit in der Vergangenheit kann als Indiz herangezogen werden. Lässt sich jedoch auf andere Weise feststellen, ob und in welchem Umfang der Arbeitnehmer grundsätzlich an dem Feiertag tätig geworden wäre, muss diese Feststellung vorgehen.

d. Stundenmäßige Berechnung

Teilweise wird vertreten, dass sich die Arbeits- im Verhältnis zu den Feiertagsstunden bei einem flexiblen wie bei einem unflexiblen Arbeitszeitmodell entsprechen müssen. Es müsse festgestellt werden, wie viel Stunden bei gleichmäßiger Arbeitszeit jeweils auf Arbeitstage und auf Feiertage entfallen. Das sich daraus ergebende Verhältnis müsse mit dem bei flexiblen Arbeitszeitformen übereinstimmen. Betrage somit bei gleichmäßiger Verteilung der Arbeitszeit dieses Verhältnis X, so müsse dies auch bei ungleichmäßiger Verteilung der Arbeitszeit der Fall sein[50]. Zur Erreichung dieses Ziels müsse zwischen kalenderab- und –unabhängiger Arbeitszeiteinteilung unterschieden werden. Werde die Arbeitszeit kalenderunabhängig eingeteilt, so müsse ein infolge des Feiertags ausfallender Arbeitstag mit der konkret ausfallenden Arbeitszeit verbucht werden. Ein Ausgleich ergebe sich, wenn ein Feiertag auf einen ohnehin freien Tag falle, für den wegen des Entgeltausfallprinzips kein Feiertagslohnanspruch bestehe. Bei kalenderabhängiger Arbeitszeiteinteilung gelte nur die durchschnittliche individuelle Arbeitszeit als am Feiertag ausgefallen. Denn ein Feiertag falle niemals auf einen freien Tag, sodass die „Netto- Arbeitszeit“ der durchschnittlichen Arbeitszeit entspräche[51].
Diese Ansicht ist bei Schichtarbeitszeiten sicherlich praktikabel. Bei anderen Arbeitszeitmodellen, wie beispielsweise der KAPOVAZ wird das Problem des monokausalen Zusammenhangs jedoch nicht gelöst.

---

[48] *BAGE* 42, 324, 327; TZA/*Buschmann* § 2 EFZG Rn. 4; *Frölich* S. 158; Kaiser/Dunkl/Hold/Kleinsorge/*Kleinsorge* § 2 EFZG Rn. 25; *Vossen* Rn. 826; Kasseler Handbuch/*Vossen* 2.2 Rn. 581.
[49] TZA/*Buschmann* § 2 EFZG Rn. 4.
[50] *Siebel* BB 1987, 2222, 2226.
[51] *Siebel* BB 1987, 2222, 2228.

e. Schätzung/Referenzprinzip

Lässt sich nicht ermitteln, welcher Verdienstausfall dem Arbeitnehmer durch den Feiertag entstanden ist, so wird eine Schätzung gemäß § 287 Abs. 2 ZPO analog vorgeschlagen[52]. Man müsse insofern für eine bestimmte Bezugsperiode den Durchschnittsverdienst heranziehen[53]. Diese müsse so bemessen sein, dass zufällige Ergebnisse vermieden werden und ein repräsentatives Ergebnis erreicht werde[54]. Branchenspezifische Eigenarten seien in diesem Zusammenhang zu berücksichtigen[55]. Dies widerspräche nicht dem Entgeltausfallprinzip des § 2 EFZG, sondern ermittele lediglich den hypothetischen Geschehensablauf und damit das Entgelt, das dem Arbeitnehmer aufgrund des Feiertags entgangen sei[56].
Lässt sich auf andere Weise nicht feststellen, was als Feiertagsvergütung zu zahlen ist, erscheint eine Schätzung als durchaus vertretbar.

f. Durchschnittsbetrachtung

Eine weitere Ansicht will eine Durchschnittsbetrachtung anstellen und dem Arbeitnehmer, wenn sich nicht nachweisen lässt, ob und in welchem Umfang er an dem Feiertag gearbeitet hätte, das durchschnittlich auf einen Arbeitstag entfallende Entgelt und die durchschnittlich auf einen Arbeitstag entfallende Arbeitszeit als gutzuschreibendes Arbeitsdeputat zubilligen[57]. Denn der nicht abdingbare Anspruch auf Feiertagsvergütung müsse auch Arbeitnehmern mit flexibler Teilzeit zustehen[58]. Es würde gegen § 4 Abs. 1 S. 1 TzBfG verstoßen, wenn ein Arbeitnehmer in einem flexiblen Arbeitszeitmodell die volle Beweislast dafür tragen müsste, dass er an dem Feiertag gearbeitet hätte. Denn da dieser Beweis praktisch nicht geführt werden könne, würde der Anspruch auf Feiertagslohnzahlung ausgehöhlt[59].
Teilweise wird auch eine Durchschnittsberechnung entsprechend § 11 Abs. 2 EFZG befürwortet[60].

---

[52] *BAG* DB 1972, 442; *Färber/Klischan* Rn. 112; *Helml* § 2 Rn. 24; Kaiser/Dunkl/Hold/Kleinsorge/*Kleinsorge* § 2 EFZG Rn. 30; *Vossen* Rn. 832.
[53] *BAGE* 23, 248, 254; *BAG* DB 1972, 442; MünchHdb ArbR/*Boewer* § 81 Rn. 22; *Däubler* Rn. 1970; *Färber/Klischan* Rn. 111; *Gola* § 2 Anm. 3.4; *Helml* § 2 Rn. 24; Kaiser/Dunkl/Hold/Kleinsorge/*Kleinsorge* § 2 EFZG Rn. 30; Staudinger/*Richardi* § 611 Rn. 692; *Vossen* Rn. 832; Kasseler Handbuch/*Vossen* 2.2 Rn. 587; *Worzalla/Süllwald* § 2 EFZG Rn. 37.
[54] MünchHdb ArbR/*Boewer* § 81 Rn. 22; *Helml* § 2 Rn. 24; Kaiser/Dunkl/Hold/Kleinsorge/*Kleinsorge* § 2 EFZG Rn. 30; *Vossen* Rn. 833; Kasseler Handbuch/*Vossen* 2.2 Rn. 591.
[55] Kaiser/Dunkl/Hold/Kleinsorge/*Kleinsorge* § 2 EFZG Rn. 30; *Vossen* Rn. 833.
[56] *BAG* DB 1975, 1948; Kaiser/Dunkl/Hold/Kleinsorge/*Kleinsorge* § 2 EFZG Rn. 30; Kasseler Handbuch/*Vossen* 2.2 Rn. 587.
[57] *Frölich* S. 158; *Holland* S. 85; *Meyer* S. 134; GK- TzA/*Mikosch* § 4 BeschFG Rn. 109; *Schüren* AuR 1996, 381, 385; *Sowka/Köster* S. 44.
[58] *Frölich* S. 158.
[59] *Meyer* S. 134.
[60] AR- Blattei- SD/*Mosler* 1560 Rn. 322.

Wird die Arbeitszeit in besonderem Maße vom Arbeitnehmer beeinflusst, so soll ebenfalls eine Durchschnittsbetrachtung geboten sein, damit keine Beweisprobleme auftreten[61].

Lässt sich nicht auf andere Weise feststellen, ob und inwieweit die Arbeitszeit aufgrund des Feiertags ausgefallen ist, wird die Durchschnittsbetrachtung im Ergebnis die am meisten geeignete Berechnungsmethode sein.

## IV. Besonderheiten bei den einzelnen Teilzeitarbeitsmodellen

Finden tägliche Arbeitseinsätze statt, wie beispielsweise bei der Gleitzeit, bei Formen der Schichtarbeit oder des Jobsharings, lässt sich die Monokausalität unproblematisch feststellen.

Streitig ist bei den *Freischichtmodellen* bzw. bei *rollierenden Systemen*, in welcher Höhe die Bezahlung der Feiertage erfolgen muss. Nach einer Ansicht soll sich die Höhe der Bezahlung nach der regelmäßigen wöchentlichen Arbeitszeit richten[62]. Dem Arbeitnehmer dürfe nämlich allein durch die Lage der Arbeitszeit weder ein Vor- noch ein Nachteil erwachsen. Dem stünde schon der arbeitsrechtliche Gleichbehandlungsgrundsatz entgegen. Die Lage der Arbeitszeit stelle insoweit keinen sachlichen Grund für eine Unterscheidung dar. Es käme aber gerade zu dieser ungerechtfertigten Ungleichbehandlung, wenn man den Feiertagslohn nach der tatsächlich ausgefallenen Arbeitszeit berechnen würde. Denn dann hätten diejenigen Arbeitnehmer, die sich in einem Freischichtmodell befinden einen höheren Feiertagslohn als diejenigen, bei denen die Arbeitszeit linear verkürzt sei, obwohl beide Arbeitnehmergruppen der gleichen Wochenarbeitszeit unterlägen[63]. Gegen diese Ansicht spricht, dass sich § 2 EFZG einzig daran orientiert, welche Arbeitszeit infolge des Feiertags ausgefallen ist[64]. Dass aufgrund einer Vereinbarung gegebenenfalls ein Freizeitausgleich für einen Bruchteil der am Feiertag „gutgeschriebenen" Arbeitsstunden erfolgt, hat keine Bedeutung für die Entgeltfortzahlung an Feiertagen[65]. Man muss daher hinsichtlich der Höhe der Bezahlung der Feiertage auf die individuelle Arbeitszeit abstellen[66] Wäre der Arbeitnehmer an dem Feiertag in erhöhtem Maße tätig gewesen, dann muss dies nach dem kla-

---

[61] TZA/*Buschmann* § 2 EFZG Rn. 5; *Schüren* AuR 1996, 381, 385.

[62] *Babl* S 119 f; *Buchner* BB 1988, 1245 ff; *Klischan* DB 1987, 331, 332; *Ziepke* § 4 Anm. 65 XII B 1, 2 für die Freischichtmodelle, bei denen die Arbeitnehmer ihre Ausgleichstage selbst festlegen können; anders soll dies sein, wenn die Ausgleichstage einem festgelegten Schema folgen.

[63] *Babl* S. 119 f; *von Pappenheim* DB 1986, 2599, 2600; *Ziepke* § 4 Anm. 65 XII B 2, 3.

[64] *BAGE* 56, 375, 383; 57, 74, 83; 60, 300, 302; *Däubler*, TVG Rn. 699; ErfK/*Dörner* § 2 EFZG Rn. 38; *Helml* § 2 Rn. 30; *Schaub* § 104 Rn. 11; *Schmitt* § 2 Rn. 58.

[65] *BAGE* 56, 375, 384; 57, 74, 83; 60, 300, 303 f.

[66] *BAGE* 56, 375, 378; 57, 74, 78; 59, 141, 147; 60, 14, 19; 60, 163, 168; MünchHdb ArbR/*Boewer* § 81 Rn. 22; *Färber/Klischan* Rn. 66; *Helml* § 2 Rn. 30; *Holland* S. 11; Kaiser/Dunkl/Hold/Kleinsorge/*Kleinsorge* § 2 EFZG Rn. 26; *Marienhagen/Künzl* § 2 Rn. 7g, 18; Staudinger/*Richardi* § 611 Rn. 695; *Vossen* Rn. 817; Kasseler Handbuch/*Vossen* 2.2 Rn. 572; Kempen/Zachert/*Zachert* TVG, § 1 Rn. 170; anders bei spezieller Formulierung im Tarifvertrag: *BAG* DB 1988, 2467 f.

ren Wortlaut des § 2 Abs. 1 EFZG auch für die Höhe der Entgeltfortzahlung Bedeutung haben. Zwar erhält der Arbeitnehmer im Freischichtenmodell auf diese Weise eine höhere Feiertagsvergütung als ein Arbeitnehmer mit regelmäßigen Arbeitszeiten. Fällt jedoch der Feiertag mit einem Freischichttag zusammen, so kommt er überhaupt nicht in den Genuss der Feiertagsvergütung. Eine derartige Konstellation wird bei einem Arbeitnehmer mit regelmäßigen Arbeitszeiten nicht auftreten.
Problematisch ist bei den Freischichtmodellen weiterhin, ob an einem Feiertag ausgleichsfähige Freizeitguthaben anwachsen können. Nach einer Ansicht kommt es vorrangig auf die von den Tarifvertragsparteien oder den Betriebspartnern getroffene Regelung an, die zulässigerweise dahingehend ausgestaltet sein könnte, dass kein Freizeitausgleich für Tage erfolge, an denen tatsächlich nicht gearbeitet wurde[67]. Fehle es an einer derartigen Regelung, so würde das Freizeitguthaben nicht anwachsen[68]. Denn an Tagen, an denen nicht gearbeitet werde, könne auch keine Arbeit vorgeholt werden[69]. Gegen diese Ansicht spricht zum einen, dass durch die Versagung des Anwachsens des Freizeitguthabens der Arbeitnehmer – will er sich seinen Freizeittag erhalten - zur bezahlten Nacharbeit gezwungen wäre und damit in vergütungsrechtlicher Hinsicht – was § 2 EFZG aber gerade vermeiden will – besser stünde[70]. Im Übrigen haben die im Kapitel über die Arbeitsunfähigkeit gemachten Ausführungen, vor allem im Hinblick auf das Entgeltausfallprinzip, auch hier ihre Gültigkeit.

Bei *Jobsharing- Arbeitsverhältnissen* kommt nur der Arbeitnehmer in den Genuss der Entgeltfortzahlung gem. § 2 EFZG, der entsprechend dem Arbeitsplan an dem Feiertag gearbeitet hätte[71]. Hätten beide Arbeitnehmer zu jeweils einem Bruchteil des Tages gearbeitet, so erhält jeder Feiertagsentlohnung für den seinem Bruchteil entsprechenden Anteil[72].

Bei den *Blockarbeitszeiten* oder *Sabbaticals* kann es sich ergeben, dass in der Arbeitsperiode besonders viele bzw. besonders wenige Feiertage liegen. Dies stellt aber keinen - im Verhältnis zu anderen Arbeitnehmern - Vor- oder Nachteil dar. Denn die Arbeitszeit muss in der Regel zwischen Arbeitgeber und Arbeitnehmer vereinbart werden, wobei über eine längere Zeit hinsichtlich der Feiertage ein angemessener Ausgleich geschaffen wird[73].

Für die KAPOVAZ und das Jobsharing bei noch nicht festgelegtem Arbeitsplan sind die unter Nr. 4 erörterten Lösungsmöglichkeiten anwendbar, um zu einer Feststellung der hypothetischen Kausalität zu kommen.

---

[67] *BAGE* 57, 88, 92; *BAG* DB 1988, 1401; Kaiser/Dunkl/Hold/Kleinsorge/*Kleinsorge* § 2 EFZG Rn. 26; *Schaub* § 104 Rn. 11.
[68] *Babl* S. 120; MünchHdb ArbR/*Boewer* § 81 Rn. 22; *Marienhagen/Künzl* § 2 Rn. 18; a. A. *von Pappenheim* DB 1986, 2599, 2600.
[69] *Klischan* DB 1987, 331, 332.
[70] *BAGE* 56, 375, 386; 57, 74, 86.
[71] GK- TzA/*Danne* § 5 BeschFG Rn. 128.
[72] *Marienhagen/Künzl* § 2 Rn. 7a; *Schmitt* § 2 Rn. 61.
[73] *Babl* S. 120.

## V. § 2 Abs. 3 EFZG („Bummelparagraph")

Nach § 2 Abs. 3 EFZG hat ein Arbeitnehmer keinen Anspruch auf Feiertagsvergütung, wenn er am letzten Arbeitstag vor oder am ersten Arbeitstag nach dem Feiertag unentschuldigt der Arbeit fernbleibt. Bei flexibler Teilzeitarbeit ergeben sich insoweit Besonderheiten. Fällt nämlich ein Feiertag auf einen Arbeitstag des Arbeitnehmers, so besteht auch dann ein Anspruch auf Entgeltfortzahlung, wenn absprachegemäß keine Arbeitsleistung am Arbeitstag vor oder nach dem Feiertag zu erbringen war[74]. Denn das Nichterscheinen des Arbeitnehmers stellt kein unentschuldigtes Fehlverhalten, sondern ein vertragsgerechtes Verhalten dar[75]. § 2 Abs. 3 EFZG erfordert aber immer eine objektive Vertragsverletzung[76]. Anders verhält es sich demgegenüber, wenn der Arbeitnehmer an *seinem* letzten Arbeitstag vor dem Feiertag oder an *seinem* ersten Arbeitstag nach dem Feiertag unentschuldigt fehlt[77]. In diesem Fall greift die Regelung des § 2 Abs. 3 EFZG ihrem Sinn und Zweck nach ein. Denn § 2 Abs. 3 EFZG will einer eigenmächtigen Verlängerung von arbeitsfreien Zeiten im Zusammenhang mit gesetzlichen Feiertagen entgegensteuern[78].

## VI. Zusammenfassung

Auch Teilzeitarbeitnehmer in einem flexiblen Arbeitsmodell haben einen Anspruch auf Lohnfortzahlung an Feiertagen nach dem Entgeltausfallprinzip, wenn die Arbeit monokausal aufgrund des Feiertags entfällt. Wäre der Arbeitnehmer ohnehin nicht zur Arbeit verpflichtet gewesen, entsteht also keine Entgelteinbuße aufgrund des Feiertags, so besteht auch kein Anspruch nach § 2 Abs. 1 EFZG. Grundsätzlich ist der Arbeitnehmer nach den allgemeinen Regeln dafür beweispflichtig, dass er an dem Feiertag gearbeitet hätte. Bei feststehenden Arbeitszeiten ergeben sich insoweit keine Probleme. Lässt sich jedoch – wie bei flexibler Teilzeitarbeit häufig – nicht konkret feststellen, ob für den Arbeitnehmer eine Arbeitspflicht an dem Feiertag bestand, werden verschiedene Lösungsmöglichkeiten vertreten. Diese reichen von der strikten Anwendung der allgemeinen Beweislastregeln über eine pauschale Abgeltung, eine vergangenheitsbezogene Betrachtungsweise, Schätzung, Durchschnittsbetrachtung bis zur exakten – am Gleichheitsgedanken orientierten - stundenmäßigen Berechnung. Eine

---

[74] *Danne* S. 80; GK- TzA/*Lipke* § 2 BeschFG Rn. 162.

[75] *Danne* S. 80; GK- TzA/*Danne* § 5 BeschFG Rn. 128; *Schmitt* § 2 Rn. 124.

[76] *Färber/Klischan* Rn. 149; *Gola* § 2 Anm. 5.2; *Helml* § 2 Rn. 19; Kaiser/Dunkl/Hold/Kleinsorge/*Kleinsorge* § 2 EFZG Rn. 44; *Müller/Berenz* § 2 Rn. 18.

[77] MünchHdb ArbR/*Boewer* § 81 Rn. 26; GK- TzA/*Danne* § 5 BeschFG Rn. 128; ErfK/*Dörmer* § 2 EFZG Rn. 46; *Färber/Klischan* Rn. 131; *Langmaack* Rn. 269; GK- TzA/*Lipke* § 2 BeschFG Rn. 162; *Marienhagen/Künzl* § 2 Rn. 22; *Schmitt* § 2 Rn. 113; *Vossen* Rn. 794; Kasseler Handbuch/*Vossen* 2.2 Rn. 552.

[78] *BAGE* 38, 251, 254; GK- TzA/*Danne* § 5 BeschFG Rn. 128; *Färber/Klischan* Rn. 131; *Klischan* DB 1987, 331, 333; GK- TzA/*Lipke* § 2 BeschFG Rn. 162; *Müller/Berenz* § 2 Rn. 18; *Schmitt* § 2 Rn. 109; *Vossen* Rn. 793; Kasseler Handbuch/*Vossen* 2.2 Rn. 551.

pauschale Lösung wird bei der Vielfalt der Arbeitszeitgestaltungen nicht möglich sein. Als Ziel muss es jedoch gelten, ein Ergebnis zu finden, das der hypothetischen Kausalität am nächsten kommt.

## I. Eingeschränkter Anwendungsbereich des § 615 S. 1 BGB bei flexibler Teilzeitarbeit

Die Vorschrift des § 615 S. 1 BGB gilt in gleicher Weise für Vollzeit- wie für Teilzeitarbeitnehmer[1]. § 615 S. 1 BGB trägt dem absoluten Fixschuldcharakter der Arbeitsleistung Rechnung, auf Grund dessen die Nachleistung der Arbeit eine andere als die geschuldete darstellt. Folge ist, dass die Leistungspflicht des Arbeitnehmers mit Zeitablauf unmöglich wird und entfällt[2]. § 615 S. 1 BGB erhält dem Arbeitnehmer jedoch seinen Anspruch auf die vereinbarte Bruttovergütung[3]. Seiner Rechtsnatur nach handelt es sich bei dem Anspruch gemäß § 615 S. 1 BGB um den ursprünglichen Erfüllungsanspruch[4]. Fortzuzahlen sind alle Leistungen mit Entgeltcharakter[5]. Der Höhe nach richtet sich der Anspruch gemäß § 615 S. 1 BGB nach dem Entgeltausfallprinzip. Der Arbeitnehmer ist also so zu stellen, als hätte er gearbeitet[6].
Grundsätzlich hat der Arbeitgeber das Risiko zu tragen, dass er den Arbeitnehmer nicht beschäftigen kann. Auch wenn ihm dies aus betriebstechnischen Gründen nicht möglich ist, muss er dem Arbeitnehmer nach § 615 S. 1 BGB das vereinbarte Entgelt zahlen[7]. Es kommt dabei nicht darauf an, ob der Arbeitgeber die Leistung des Arbeitnehmers nicht annehmen will oder kann. Maßgeblich ist lediglich, dass der Erfüllungseintritt verhindert wird, indem dem Arbeitnehmer kein funktionsfähiger Arbeitsplatz eingerichtet wird, ihm keine Arbeit zugewiesen wird und kein Sondertatbestand (Arbeitskampfrisiko) vorliegt[8].
Gerade bei den flexiblen Arbeitszeitformen, insbesondere bei der Arbeit auf Abruf, ist es dem Arbeitgeber aber möglich, die Entgeltzahlung für Zeiten, in denen er aus betriebstechnischen Gründen die Arbeit nicht verwerten kann, zu vermeiden, indem er die Arbeit zu diesen Zeiten nicht abruft[9]. Sinn und Zweck der Einführung flexibler Arbeitszeiten, insbesondere flexibler Teilzeitarbeit ist es ja, dass der Arbeitgeber seine Arbeitnehmer in Zeiten, in denen er diese nicht beschäftigen kann auch nicht beschäftigen muss und auf diese Weise Personalkosten sparen kann[10]. § 615 S. BGB wird aber

---

[1] TZA/*Buschmann* § 615 BGB Rn. 1; *Frölich* S. 154; *Sowka/Köster* S. 45.
[2] MünchHdb ArbR/*Boewer* § 78 Rn. 1; *Henssler* RdA 2002. 129, 132.
[3] MünchHdb ArbR/*Boewer* § 78 Rn. 45; Bader/Bram/Dörner/Wenzel/*Dörner* § 11 Rn. 21; ErfK/*Preis* § 615 BGB Rn. 1, 76; MüKo/*Schaub* § 615 Rn. 45.
[4] MünchHdb ArbR/*Boewer* § 78 Rn. 2; *Herschel/Löwisch* § 11 Rn. 5; *v.Hoyningen-Huene/Linck* § 11 Rn. 20; ErfK/*Preis* § 615 BGB Rn. 1; MüKo/*Schaub* § 615 Rn. 45; KR/*Spilger* § 11 KSchG Rn. 29; **einschränkend:** Bader/Bram/Dörner/Wenzel/*Dörner* § 11 Rn. 1.
[5] MünchHdb ArbR/*Boewer* § 78 Rn. 47.
[6] MünchHdb ArbR/*Boewer* § 78 Rn. 46; ErfK/*Preis* § 615 BGB Rn. 76; MüKo/*Schaub* § 615 Rn. 45.
[7] *Babl* S. 116; *Löwisch* RdA 1984, 197, 202; ErfK/*Preis* § 615 BGB Rn. 134.
[8] MünchHdb ArbR/*Boewer* § 78 Rn. 31; ErfK/*Preis* § 615 BGB Rn. 55.
[9] *Babl* S. 116; *Holland* S. 12; *Löwisch* RdA 1984, 197, 202.
[10] *Babl* S. 116.

weder durch flexible Arbeitszeitformen abbedungen, noch sinnlos[11]. Lediglich der Anwendungsbereich wird geringer[12].

§ 615 S. 1 BGB wird auch bei der amorphen Arbeitszeit stark eingeschränkt. Denn hierbei steht die Erfüllung der Arbeitsverpflichtung – der Erfolg – im Mittelpunkt des Vertragsverhältnisses. Eine Unmöglichkeit der Arbeitsleistung, wie sie § 615 S. 1 BGB voraussetzt, ist kaum denkbar[13].

Zu einer „Umgehung" des § 615 S. 1 BGB kann es nur dann und solange kommen, wie die Arbeitszeit des Arbeitnehmers noch nicht konkretisiert ist. Das ist beispielsweise der Fall, wenn der Abruf des Arbeitnehmers durch den Arbeitgeber - wenn es nach der arbeitsvertraglichen Vereinbarung auf dessen Bestimmung ankommt - noch nicht erfolgt ist. Denn mit dem Abruf wird die Arbeitspflicht des Arbeitnehmers konkretisiert. An diese Festlegung ist der Arbeitnehmer, aber auch der Arbeitgeber gebunden. Bei dem Abruf durch den Arbeitgeber handelt es sich nämlich um ein einseitiges, empfangsbedürftiges Gestaltungsrecht, dessen Folgen nur durch eine einvernehmliche Vereinbarung wieder geändert werden können. Insbesondere ist ein Widerruf seitens der Arbeitgebers nicht möglich. Eine Konkretisierung ist ebenfalls erfolgt, wenn die Jobsharer untereinander schon einen Arbeitsplan aufgestellt oder wenn die Arbeitsvertragsparteien eine Vereinbarung über die Zeit der Arbeitsleistung getroffen haben. Wenn also die Arbeitspflicht des Arbeitnehmers festgelegt worden ist und der Arbeitgeber dann feststellt, dass er nun doch nicht dessen Arbeitsleistung benötigt, so ergeht es ihm nicht anders als einem Arbeitgeber eines „Normalarbeitsverhältnisses", der die Arbeitsleistung seines Arbeitnehmers nicht abnehmen kann oder will. Dieser wie jener Arbeitgeber schuldet gem. § 615 S. 1 BGB Verzugslohn[14]. Denn es gibt keine Norm, die es dem Arbeitgeber erlauben würde, ohne Verpflichtung zur Entgeltzahlung auf die Tätigkeit des Arbeitnehmers zu verzichten.

## II. Besondere Situationen des Annahmeverzugs bei flexibler Teilzeitarbeit

Bei flexiblen Teilzeitarbeitsverhältnissen können in besonderen Konstellationen Fälle des Annahmeverzugs auftreten:

### 1. Unvollständige Inanspruchnahme des Arbeitsdeputats

Der Arbeitgeber gerät dann in Annahmeverzug, wenn er innerhalb des Bemessungszeitraums die Arbeitsleistung entsprechend des Arbeitsdeputats nicht oder nicht in

---

[11] A. A.: *Reichold* NZA 1998, 393, 398 ff; *Reichold*, Wiese-FS, S. 407, 422; *Reuter* RdA 1981, 201.
[12] *Babl* S. 116; *Frölich* S. 155.
[13] *Reichold* NZA 1998, 393, 398; *Reichold*, Wiese- Festschrift S. 407, 421.
[14] *Frölich* S. 139.

vollem Umfang in Anspruch nimmt[15]. Der Arbeitnehmer muss nicht noch einmal gesondert seine Arbeitsleistung anbieten. Vielmehr stellt der Abruf der Arbeit durch den Arbeitgeber eine kalendermäßig bestimmte Mitwirkungshandlung i. S. d. § 296 BGB dar, wenn die Festlegung der Arbeitszeit dem Arbeitgeber obliegt[16]. Daher muss der Arbeitnehmer den Arbeitgeber auch nicht auf den Ablauf des Bemessungszeitraums hinweisen, wenn das Arbeitsdeputat noch nicht vollständig abgerufen worden ist, es sei denn, es besteht ein für den Arbeitnehmer erkennbares Versehen des Arbeitgebers, § 242 BGB[17].

Anders verhält es sich aber, wenn sich der Arbeitnehmer entgegen dem Arbeitsvertrag weigert, mit seinem Arbeitspartner oder mit dem Arbeitgeber eine Vereinbarung über die zeitliche Lage der Arbeit zu treffen. In diesen Fällen liegt es nicht im Risikobereich des Arbeitgebers, wenn das Arbeitsdeputat nicht erfüllt werden kann. Nur in extremen Ausnahmefällen – eventuell bei einem erkennbaren und gravierenden Rechtsirrtum des Arbeitnehmers - wird man vom Arbeitgeber verlangen dürfen, dass er die Erfüllung des Arbeitsvertrages einklagt, da auch im „Normalarbeitsverhältnis“ vom Arbeitgeber nicht gefordert wird, dass er den Arbeitnehmer auf Erfüllung verklagt, wenn er infolge dessen die Entgeltzahlung verweigern will. Vielmehr kommt der Grundsatz „ohne Arbeit kein Lohn“ zur Geltung. Es kann insofern keinen Unterschied machen, ob der Arbeitnehmer seine geschuldete Arbeitsleistung als solche nicht erbringt oder sich weigert, überhaupt an der zeitlichen Festlegung der Arbeitsverpflichtung mitzuwirken. Häufig wird man in diesen Fällen dem Arbeitgeber aber auch ein Leistungsbestimmungsrecht zubilligen können.

Kein Annahmeverzug kommt jedoch in Betracht, wenn ein persönlicher Verhinderungsgrund am Ende des Bezugszeitraums eintritt, der nicht die Voraussetzungen des § 616 BGB erfüllt. Kann die Arbeitsleistung des Arbeitnehmers aus diesem Grund nicht erfolgen, so hat der Arbeitnehmer nur einen Anspruch auf entsprechend vermindertes Entgelt[18].

### 2. § 12 Abs. 2 TzBfG

Annahmeverzug tritt auch in dem Fall ein, in dem der Arbeitgeber am Ende des Bemessungszeitraums aufgrund der Vorschrift des § 12 Abs. 2 TzBfG die Arbeitsleistung des Arbeitnehmers nicht mehr abrufen kann[19]. Insbesondere muss der Arbeitnehmer nicht auf die Frist des § 12 Abs. 2 TzBfG verzichten – was im konkreten Einzelfall, aber nicht schon im Arbeitsvertrag möglich wäre[20] -, nur damit das Arbeitsdeputat im

---

[15] NA/*Frey* B Rn. 149; *Frölich* S. 140; *Holland* S. 15; *Meyer* S. 136; GK- TzA/*Mikosch* § 4 BeschFG Rn. 88; *Ring* § 12 Rn. 8.

[16] *Frölich* S. 140; *Meyer* S. 136; GK- TzA/*Mikosch* § 4 BeschFG Rn. 88.

[17] GK- TzA/*Mikosch* § 4 BeschFG Rn. 88.

[18] GK- TzA/*Mikosch* § 4 BeschFG Rn. 88.

[19] *Meyer* S. 136.

[20] Mager/Winterfeld/Göbel/Seelmann/*Göbel* Rn. 293; *Goos* S. 54; *Holland* S. 17; *Klevemann* AiB 1986, 103, 111.

Bezugszeitraum noch erfüllt werden kann[21]. Der Arbeitnehmer hat dann ein Leistungsverweigerungsrecht[22] und gem. § 615 S. 1 BGB einen Anspruch auf die Vergütung, die dem vollständigen Arbeitsdeputat entspricht[23].

### 3. § 12 Abs. 1 S. 4 TzBfG

Eine weitere Möglichkeit, dass Annahmeverzug eintritt, kann sich aufgrund der Vorschrift des § 12 Abs. 1 S. 4 TzBfG ergeben. Das Gesetz selbst trifft keine Regelung für den Fall, in dem der Arbeitgeber den Arbeitnehmer für eine Zeit abruft, die kürzer ist als in § 12 Abs. 1 S. 4 TzBfG vorgeschrieben. Grundsätzlich ist ein solcher Abruf für den Arbeitnehmer unverbindlich, er braucht ihm nicht nachzukommen[24]. Eine Verweigerung der Arbeitsleistung unter Berufung auf § 12 Abs. 1 S. 4 TzBfG muss der Arbeitnehmer unverzüglich, jedoch unter Einschluss einer angemessenen Überlegungsfrist, erklären, damit sich der Arbeitgeber entsprechend einstellen kann[25]. Kommt der Arbeitnehmer dem Arbeitsabruf dennoch nach, so darf der Arbeitgeber nach der gesetzlichen Wertung keinen Abruf unter Verstoß gegen § 12 Abs. 1 S. 4 TzBfG vornehmen und gerät hinsichtlich der für die Mindestbeschäftigungsdauer fehlenden Zeit in Annahmeverzug, sodass der Arbeitnehmer einen Anspruch auf Bezahlung von mindestens drei Stunden hat[26]. Das Arbeitsdeputat gilt in Höhe von 3 Stunden als erfüllt[27]. Es ist nicht erforderlich, dass der Arbeitnehmer spätestens bei Arbeitsende erklärt, mindestens 3 Stunden arbeiten zu wollen. Denn es handelt sich um eine nach dem Kalender bestimmte Handlung des Arbeitgebers i. S. d. § 296 BGB, die Arbeitszeit so zu gestalten, dass sie mindestens 3 Stunden beträgt[28]. Nach einer Ansicht kommt jedoch dann, wenn der Arbeitnehmer den Arbeitseinsatz wahrnimmt, der gegen die abdingbare Vorschrift des § 12 Abs. 1 S. 4 TzBfG verstößt, konkludent eine vertragliche Vereinbarung zustande, aufgrund derer sich der Arbeitnehmer mit einer kürzeren Mindestbeschäftigungszeit einverstanden erklärt. Dies soll dann der Fall sein, wenn kein Widerspruch gegen die Dauer der Arbeitszeit erhoben worden ist. Man könne erwarten, dass dann, wenn der Arbeitnehmer mit der Dauer der Arbeitszeit nicht

---

[21] *Frölich* S. 140; *Malzahn* AuR 1985, 386, 389; GK- TzA/*Mikosch* § 4 BeschFG Rn. 88.
[22] *Däubler* Rn. 1968; *Holland* S. 17.
[23] *Düttmann/Hinrichs/Kehrmann/Oberhofer* AiB 1985, 63, 72; *Frölich* S. 140; *Holland* S. 17; *Ihlenfeld/Kles* Rn. 59; *Klevemann* DB 1987, 2096, 2099; *Löwisch* BB 1985, 1200, 1204; *Lorenz/Schwedes* DB 1985, 1077, 1080; GK- TzA/*Mikosch* § 4 BeschFG Rn. 88.
[24] *Düttmann/Hinrichs/Kehrmann/Oberhofer* AiB 1985, 63, 72; *Frölich* S. 141; GK- TzA/*Mikosch* § 4 BeschFG Rn. 92.
[25] *Klevemann* DB 1987, 2096, 2101; GK- TzA/*Mikosch* § 4 BeschFG Rn. 92.
[26] *Däubler* Rn. 1969; *Düttmann/Hinrichs/Kehrmann/Oberhofer* AiB 1985, 67, 72; NA/*Frey* B Rn. 143; *Frölich* S. 141; Mager/Winterfeld/Göbel/Seelmann/*Göbel* Rn. 295; *Goos* S. 55; *Ihlenfeld/Kles* Rn. 58; *Link/Fink* AuA 2001, 155, 158; *Lorenz* NZA 1985, 473, 475; *Lorenz/Schwedes* DB 1985, 1077, 1080; *Malzahn* AuR 1985, 386, 389 f; *Wlotzke* NZA 1984, 217, 219; Meyer S. 137; *Rosenfelder* S. 55; so wohl auch Heinze NZA 1997, 681, 686.
[27] *Rosenfelder* S. 55.
[28] GK- TzA/*Mikosch* § 4 BeschFG Rn. 91; *Rosenfelder* S. 55.

einverstanden sei, aber dennoch arbeite, er dies dem Arbeitgeber gegenüber mitteile[29]. Die tatsächliche Arbeitsaufnahme wird in der Regel aber nicht diese Bedeutung haben. Denn zum einen kann die Arbeitsaufnahme verschiedene Gründe haben, wie beispielsweise Unkenntnis der gesetzlichen Lage, Befürchtung negativer Folgen und die Hoffnung, dass der Arbeitgeber das Entgelt für drei Stunden schon bezahlen werde. Zum anderen würde diese Ansicht auch dem Zweck des § 12 Abs. 1 S. 4 TzBfG widersprechen. Denn der Arbeitgeber würde nicht Gefahr laufen, den Mindesteinsatz bezahlen zu müssen, solange der Arbeitnehmer nicht widerspricht[30]. Zu beachten ist allerdings, dass § 12 Abs. 1 S. 4 TzBfG als abdingbare Regelung ausgestaltet worden ist. Es kann also schon im Arbeitsvertrag, aber auch nachträglich, ein geringerer täglicher Arbeitseinsatz als in § 12 Abs. 1 S. 4 TzBfG vorgesehen, vereinbart werden[31]. Eine derartige Vereinbarung ist bis zur Grenze des § 138 BGB zulässig[32]. Denn durch die Vorschrift des § 12 Abs. 1 S. 4 TzBfG sollen nur berechtigte Erwartungen geschützt werden. Von berechtigten Erwartungen kann aber dann nicht mehr gesprochen werden, wenn sich der Arbeitnehmer mit einer geringeren Arbeitsstundenzahl als in § 12 Abs. 1 S. 4 TzBfG vorgesehen, einverstanden erklärt[33].

### 4. Unwirksamer Abruf

Problematisch ist, welche Folge ein Abruf hat, der gegen gesetzliche Normen verstößt. Es wird vertreten, dass aufgrund eines fehlerhaften Abrufs die Leistungserbringung für den Arbeitnehmer unmöglich werde, da das Leistungsbestimmungsrecht des Arbeitgebers mit seiner rechtsgestaltenden Ausübung verbraucht sei. Der Arbeitnehmer habe einen Entgeltanspruch gem. § 326 Abs. 2 S. 1 BGB[34]. Gegen diese Ansicht spricht jedoch, dass kein Fall der nachträglichen Unmöglichkeit vorliegt. Denn es besteht keine gesetzliche Norm, die dem Arbeitgeber untersagt, den Arbeitnehmer erneut – wirksam – abzurufen[35]. Zum Annahmeverzug kommt es erst dann, wenn innerhalb des Bezugszeitraums überhaupt kein wirksamer Abruf getätigt worden ist bzw. das Arbeitsdeputat im Bezugszeitraum nicht mehr erfüllt werden kann[36].

---

[29] GK- TzA/*Mikosch* § 4 BeschFG Rn. 91.
[30] *Meyer* S. 137 f.
[31] *Düttmann/Hinrichs/Kehrmann/Oberhofer* AiB 1985, 63, 72; *Frölich* S. 119; Mager/Winterfeld/Göbel/Seelmann/*Göbel* Rn. 296; *Goos* S. 55; *Klevemann* AiB 1986, 103, 110; Löwisch BB 1985, 1200, 1204; GK- TzA/*Mikosch* § 4 BeschFG Rn. 81; **krit.:** *Klevemann* AuR 1987, 296.
[32] GK- TzA/*Mikosch* § 4 BeschFG Rn. 81; nach *Klevemann* AiB 1986, 103, 110 wird regelmäßig ein Billigkeitsverstoß bei einer Abbedingung im Arbeitsvertrag vorliegen.
[33] NA/*Frey* B Rn. 144 f; Mager/Winterfeld/Göbel/Seelmann/*Göbel* Rn. 296; *Goos* S. 55.
[34] *Klevemann* DB 1987, 2096, 2102 f.
[35] *Frölich* S. 141 f; *Hanau* RdA 1987, 25, 28; GK- TzA/*Mikosch* § 4 BeschFG Rn. 89; *Rosenfelder* S. 54.
[36] *Düttmann/Hinrichs/Kehrmann/Oberhofer* AiB 1985, 63, 72; *Frölich* S. 141; GK- TzA/*Mikosch* § 4 BeschFG Rn. 89; *Rosenfelder* S. 54.

5. Unwirksame Kündigung

Die Vorschrift des § 615 S. 1 BGB kommt in der Praxis häufig dann zur Geltung, wenn eine arbeitgeberseitige Kündigung rechtsunwirksam ist oder wenn eine außerordentliche fristlose Kündigung in eine ordentliche Kündigung umgedeutet werden muss. Nimmt der Arbeitgeber in diesem Fall die Leistung des Arbeitnehmers nicht an, so muss er ihm nach § 615 S. 1 BGB Verzugslohn zahlen[37]. Ist nicht feststellbar, ob der Arbeitnehmer während des Annahmeverzugs überhaupt gearbeitet hätte und wie viel er verdient hätte, so kann auf einen Referenzzeitraum abgestellt werden oder eine Schätzung nach § 287 Abs. 2 ZPO vorgenommen werden. Dabei können auch vergleichbare Arbeitnehmer berücksichtigt werden[38]. Ist dies alles nicht möglich, so erscheint eine Durchschnittsbetrachtung geboten.
Gem. § 11 Nr. 1 KSchG, der in seinem Anwendungsbereich eine Sonderregelung zu § 615 S. 2 BGB darstellt[39], muss sich der Arbeitnehmer auf den Anspruch nach § 615 BGB das anrechnen lassen, was er durch anderweitige Arbeit verdient hat. Für den Teilzeitarbeitnehmer gilt insofern eine Besonderheit. Denn dieser muss sich nicht jeden Verdienst anrechnen lassen, den er im Verzugszeitraum erzielt hat, sondern nur denjenigen, der kausal durch das Freiwerden der Arbeitskraft ermöglicht worden ist[40]. Der Arbeitnehmer soll nämlich aus dem Annahmeverzug weder einen Vor-, noch einen Nachteil ziehen, sondern er soll lediglich so stehen, wie er bei vertragsgemäßem Ablauf des Arbeitsverhältnisses gestanden hätte[41]. Bei mehreren Arbeitsverhältnissen kommt es zur Bestimmung der Kausalität also darauf an, ob diese auch nebeneinander durchgeführt worden wären[42]. Es geht somit um den Teil der Arbeitskraft des Arbeitnehmers, den er grundsätzlich dem Arbeitgeber zur Verfügung stellen muss[43]. Indizien dafür können sowohl objektive, als auch subjektive Umstände sein[44].
Von § 615 BGB und damit auch von § 615 S. 2 BGB kann zum Nachteil des Arbeitnehmers – im Gegensatz zu § 11 KSchG – individual- und kollektivvertraglich abge-

[37] TZA/*Buschmann* § 615 BGB Rn. 2; GK- TzA/*Mikosch* § 4 BeschFG Rn. 98.
[38] MünchHdb ArbR/*Boewer* § 78 Rn. 46; ErfK/*Preis* § 615 BGB Rn. 77.
[39] *BAG* DB 1991, 496 f; MünchHdb ArbR/*Boewer* § 78 Rn. 55; Bader/Bram/Dörner/Wenzel/*Dörner* § 11 Rn. 1; *Herschel/Löwisch* § 11 Rn. 1; ErfK/*Preis* § 615 BGB Rn. 88; Staudinger/*Richardi* § 615 Rn. 134; MüKo/*Schaub* § 615 Rn. 61; KR/*Spilger* § 11 KSchG Rn. 31.
[40] *BAG* DB 1991, 496 f; Erman/*Belling* § 615 Rn. 42; MünchHdb ArbR/*Boewer* § 78 Rn. 58; TZA/*Buschmann* § 615 BGB Rn. 2; Bader/Bram/Dörner/Wenzel/*Dörner* § 11 Rn. 29; *Herschel/Löwisch* § 11 Rn. 6; *v. Hoyningen-Huene/Linck* KSchG § 11 Rn. 11; Kasseler Handbuch/*Linck* 4.2 Rn. 114; *Pfeifer*, Das Arbeitsrecht der Gegenwart 1992, 139, 151; ErfK/*Preis* § 615 BGB Rn. 94; Staudinger/*Richardi* § 615 Rn. 140; MüKo/*Schaub* § 615 Rn. 63; KR/*Spilger* § 11 KSchG Rn. 34; *Wertheimer* EWiR 1991, 397.
[41] *BAG* DB 1991, 496, 498; Bader/Bram/Dörner/Wenzel/*Dörner* § 11 Rn. 2; ErfK/*Preis* § 615 BGB Rn. 85; Staudinger/*Richardi* § 615 Rn. 133; KR/*Spilger* § 11 KSchG Rn. 31.
[42] *BAG* DB 1975, 212 f; *BAG* DB 1991, 496 f; *Ackmann* SAE 1991, 222 f; MünchHdb ArbR/*Boewer* § 78 Rn. 58; *Gumpert* BB 1964, 1300; *Herschel/Löwisch* § 11 Rn. 6; ErfK/*Preis* § 615 BGB Rn. 95; Staudinger/*Richardi* § 615 Rn. 146; MüKo/*Schaub* § 615 Rn. 65.
[43] *BAGE* 5, 217, 219; *BAG* DB 1975, 212 f; *Herschel/Löwisch* § 11 Rn. 6; KR/*Spilger* § 11 KSchG Rn. 34.
[44] *BAG* DB 1991, 496, 498; KR/*Spilger* § 11 Rn. 34.

wichen werden, also beispielsweise dahingehend, dass jeglicher, nicht nur der kausale Verdienst anzurechnen wäre[45].

6. Unterbleiben eines Arbeitsabrufs trotz Arbeitskräftebedarf

Nicht mehr akzeptiert werden kann die Ansicht, die meint, dass sogar dann, wenn der Arbeitgeber trotz eines objektiv feststellbaren Arbeitskräftebedarfs den Arbeitnehmer nicht abruft, Annahmeverzug eintreten soll[46]. Denn ein Arbeitsbedarf wird zum einen in der Regel gar nicht feststellbar und überprüfbar sein[47]. Zum anderen muss es dem Arbeitgeber freistehen, wann er den Arbeitnehmer abruft und er muss die Möglichkeit haben, einen späteren, möglicherweise auftretenden und dringenderen Bedarf abzuwarten[48]. Wenn sich ein solcher Bedarf dann doch nicht einstellt und der Arbeitgeber den Arbeitnehmer nicht mehr einsetzt, entsteht diesem kein Schaden, denn er erhält Annahmeverzugslohn gem. § 615 BGB[49]. Der Arbeitgeber hätte ansonsten nicht die Möglichkeit, das Arbeitszeitmodell flexibel zu handhaben, obwohl es zu diesem Zweck gerade geschaffen und vereinbart worden ist[50].

III. Betriebs- und Wirtschaftsrisiko

Grundsätzlich trägt der Arbeitgeber das Risiko, dass er den Arbeitnehmer nicht beschäftigen kann. Er muss dem Arbeitnehmer in einem solchen Fall das vereinbarte Arbeitsentgelt zahlen, § 615 S. 3 BGB. Das gilt auch für den Bereich der flexiblen Teilzeitarbeit. Hier kann allerdings der Arbeitgeber eine fehlende Beschäftigungsmöglichkeit schon von vornherein berücksichtigen und den Arbeitnehmer zu den entsprechenden Zeiten nicht einteilen. Dies ist ja auch gerade Sinn und Zweck flexibler Teilzeitmodelle, denn durch diese sollen Phasen vermieden werden können, in denen der Arbeitgeber den Arbeitnehmer beschäftigen muss, obwohl, aus welchen Gründen auch immer, keine Arbeit zur Verfügung steht bzw. diese aus betriebsbedingten Gründen nicht erbracht werden kann. Ist aber einmal die Arbeitszeit festgelegt worden, so gilt die Betriebsrisikolehre uneingeschränkt. Kann demnach der Arbeitgeber seine Arbeitnehmer aufgrund einer Betriebsstörung nicht beschäftigen, so muss er dennoch die Arbeitszeit vergüten und die Arbeitszeit auf das Arbeitsdeputat anrechnen[51]. Der Arbeitnehmer kann sich individualvertraglich aber nach Eintritt des Betriebsrisikoereignisses

---

[45] *BAGE* 15, 258 f; *BAG* DB 1991, 496; MünchHdb ArbR/*Boewer* § 78 Rn. 5, 57; ErfK/*Preis* § 615 BGB Rn. 8, 90; Staudinger/*Richardi* § 615 Rn. 135; MüKo/*Schaub* § 615 Rn. 51, 60; KR/*Spilger* § 11 KSchG Rn. 29.
[46] So aber NA/*Frey* B Rn. 110.
[47] GK- TzA/*Mikosch* § 4 BeschFG Rn. 30.
[48] *Frölich* S. 143; *Meyer* S. 136; GK- TzA/*Mikosch* § 4 BeschFG Rn. 31.
[49] *Meyer* S. 136 f; GK- TzA/*Mikosch* § 4 BeschFG Rn. 31.
[50] GK- TzA/*Mikosch* § 4 BeschFG Rn. 31.
[51] *Meyer* S. 135.

mit der Abbedingung dieses Grundsatzes einverstanden erklären. Durch Tarifvertrag kann auch schon von Anfang an das Betriebsrisiko abbedungen werden[52].

## IV. Zusammenfassung

Die Arbeitsleistung des Arbeitnehmers stellt eine Fixschuld dar, die mit Zeitablauf unmöglich wird. Auch ein Teilzeitarbeitnehmer hat einen Anspruch auf Zahlung des Entgelts bei Annahmeverzug des Arbeitgebers bzw. bei Eintritt des Betriebsrisikos, § 615 S. 1, 3 BGB. Die praktische Relevanz dieses Anspruchs ist jedoch bei flexibler Teilzeitarbeit geringer, da der Arbeitgeber den Arbeitnehmer – soweit möglich – nur dann einsetzen wird, wenn er ihn auch beschäftigen kann. Ist jedoch die Arbeitszeit einmal festgelegt, so ergeben sich keine Unterschiede zum Normalarbeitsverhältnis. Insbesondere kann sich nunmehr der Arbeitgeber nicht mehr darauf berufen, den Arbeitnehmer nicht beschäftigen zu können oder zu wollen, ohne dass der Anspruch aus § 615 S. 1, 3 BGB entsteht.

Es reicht für einen Anspruch aus § 615 BGB nicht aus, dass der Arbeitgeber den Arbeitnehmer trotz objektiv vorhandenem Arbeitskräftebedarfs nicht einsetzt. Der Arbeitnehmer ist vielmehr dadurch geschützt, dass bei unvollständigem Abruf des Arbeitsdeputats ein Anspruch nach § 615 BGB entsteht.

Wird die Mindestarbeitsdauer des § 12 Abs. 1 S. 4 TzBfG nicht eingehalten, so hat der Arbeitnehmer für die Zeit der Minderbeschäftigung einen Anspruch aus § 615 BGB.

---

[52] MünchHdb ArbR/*Boewer* § 78 Rn. 7; für eine individual-, als auch kollektivvertragliche Abdingbarkeit der Betriebsrisikolehre: *BAG* 04.07.1958, AP § 615 BGB Betriebsrisiko Nr. 5 m. zust. Anm. *Hueck*; BAGE 42, 94, 99; Erman/*Belling* § 615 Rn. 73; ErfK/*Preis* § 615 BGB Rn. 138.

## I. Voraussetzungen des § 616 BGB

Auch die Vorschrift des § 616 BGB wird bei flexibler Teilzeitarbeit nicht sinnlos. Ein persönlicher Verhinderungsgrund im Sinne des § 616 S. 1 BGB tritt aber naturgemäß seltener auf, je flexibler die Arbeitszeit gestaltet ist und je weniger der Arbeitnehmer in zeitlicher Hinsicht an seinen Arbeitsplatz gebunden ist[1]. Denn fällt der persönliche Verhinderungsgrund in die ohnehin freie Zeit, so besteht kein Anspruch aus § 616 BGB[2]. Ein Korrektiv für die Fremdbestimmung der Arbeitszeitverteilung und für die umfassende zeitliche Bindung ist bei flexibler Teilzeitarbeit in nur geringerem Maße erforderlich[3]. Im Übrigen ist der Anspruch aus § 616 BGB aber nicht geschmälert[4]. Aus dem genannten Sinn und Zweck des § 616 BGB ergibt sich, dass die eingeschränkte Anwendbarkeit dieser Vorschrift weder ein unangemessener Nachteil noch ein Verstoß gegen § 4 Abs. 1 S. 1 TzBfG ist[5].
Voraussetzung für einen Anspruch des Arbeitnehmers aus § 616 BGB ist ein subjektives Leistungshindernis, wofür, ebenso wie für die Erforderlichkeit der Dienstbefreiung der Arbeitnehmer darlegungs- und beweispflichtig ist[6]. Es liegt vor, wenn dem Arbeitnehmer die Erbringung der Arbeitsleistung aus einem in seiner persönlichen Sphäre liegenden Grund unzumutbar ist[7]. Das subjektive Leistungshindernis muss die alleinige Ursache für die Arbeitsverhinderung sein[8]. Auch hierfür ist der Arbeitnehmer darlegungs- und beweispflichtig[9]. Von einem derartigen Leistungshindernis kann nicht gesprochen werden, wenn nur eine von mehreren Arbeitsverpflichtungen erfüllt werden kann oder wenn die Arbeitsverhinderung auf die Weise entsteht, dass in einem weiteren Arbeitsverhältnis Mehrarbeit, sei es auch unvorhergesehen, geleistet werden muss[10]. Der Verhinderungsgrund muss des Weiteren ohne Verschulden des Arbeitnehmers eingetreten sein, wofür der Arbeitgeber darlegungs- und beweispflichtig ist[11]. Bei dem Anspruch nach § 616 BGB handelt es sich um einen Erfüllungsanspruch, der auf die Bruttovergütung gerichtet ist. Der Arbeitnehmer ist nach dem Entgeltausfallprinzip so zu stellen, wie er gestanden wäre, wenn er gearbeitet hätte[12]. Teilweise

---

[1] *Babl* S. 116; *Däubler* Rn. 1971; *Frölich* S. 155; Mager/Winterfeld/Göbel/Seelmann/*Göbel* Rn. 184; *Goos* S. 30; *Holland* S. 101; *Löwisch* RdA 1984, 197, 202; a. A.: *Reichold* NZA 1998, 393, 398 ff; *Reichold*, Wiese-FS S. 407, 422; *Reuter* RdA 1981, 201.
[2] *Danne* S. 35, 108; GK- TzA/*Danne* § 5 BeschFG Rn. 172; *Goos* S. 31.
[3] Mager/Winterfeld/Göbel/Seelmann/*Göbel* Rn. 184; *Goos* S. 31; *Schüren* AuR 1996, 381, 385.
[4] *Klevemann* AiB 1986, 103, 111.
[5] *Babl* S. 116; ; *Löwisch* RdA 1984, 197, 202; a. A.: *Schwerdtner* NZA 1985, 577, 583.
[6] *Danne* S. 79; GK- TzA/*Danne* § 5 BeschFG Rn. 127.
[7] MünchHdb ArbR/*Boewer* § 80 Rn. 2.
[8] MünchHdb ArbR/*Boewer* § 80 Rn. 11; *Frölich* S. 155; Soergel/*Kraft* § 616 Rn. 8.
[9] MünchHdb ArbR/*Boewer* § 80 Rn. 25.
[10] GK- TzA/*Lipke* § 2 BeschFG Rn. 156; AR- Blattei- SD/*Mosler* 1560 Rn. 219.
[11] *Danne* S. 79; GK- TzA/*Danne* § 5 BeschFG Rn. 127.
[12] MünchHdb ArbR/*Boewer* § 80 Rn. 22; Soergel/*Kraft* § 616 Rn. 29 f.

wird eine Pauschalabgeltung[13], teilweise eine Durchschnittsvergütung[14] bei Arbeitnehmern in einem flexiblen Teilzeitarbeitsmodell vorgeschlagen. Für die Höhe des geltend gemachten Anspruchs ist jedenfalls wiederum der Arbeitnehmer darlegungs- und beweispflichtig[15].

## II. § 616 BGB bei flexibler Teilzeitarbeit

Der Teilzeitarbeitnehmer hat nur in Ausnahmefällen einen Anspruch auf Entgeltfortzahlung gem. § 616 S. 1 BGB, nämlich dann, wenn sich der Termin durch den Arbeitnehmer naturgemäß nicht verschieben oder zeitlich beeinflussen lässt[16]. Bei vorhersehbaren und planbaren Arbeitsverhinderungen, wie beispielsweise Arztbesuchen und Behördengängen muss schon ein Vollzeitarbeitnehmer, soweit als möglich, diese in die arbeitsfreie Zeit legen. Gerade Teilzeitarbeitnehmern ist es, in Anbetracht ihres höheren Freizeitanteils, zumutbar und in der Regel möglich, derartige Verhinderungen nicht in die Arbeitszeit zu legen[17]. Hierzu besteht aufgrund der Treuepflicht des Arbeitnehmers eine Verpflichtung[18]. Der Arbeitnehmer muss auch auf Dritte, beispielsweise den Arzt einwirken, damit ein Fehlen während der Arbeitszeit vermieden werden kann[19]. Insofern können insbesondere für KAPOVAZ- Arbeitnehmer besondere Schwierigkeiten auftreten, denn ihnen ist ihre Arbeitszeit i. d. R. im Voraus nicht bekannt, sodass sie bei längerfristig planbaren Verhinderungsgründen nicht auf betriebliche Belange Rücksicht nehmen können. In der Praxis wird es sich deshalb häufig so verhalten, dass eine Überschneidung von Arbeitszeit und persönlichem Verhinderungsgrund erst dann feststellbar ist, wenn der Arbeitnehmer zur Arbeit abgerufen wird. In einer solchen Situation wird daher teilweise dem Arbeitgeber die Möglichkeit zur Änderung seines Abrufs zugestanden und deshalb vom Arbeitnehmer verlangt, dass er den Arbeitgeber unverzüglich auf seinen Verhinderungsgrund hinweist[20]. Dagegen spricht jedoch, dass der Abruf der Arbeit durch den Arbeitgeber rechtsgestaltende Wirkung hat, die einseitig durch den Arbeitgeber nicht mehr abänderbar ist. Es muss aber eine Verpflichtung des Arbeitnehmers bestehen, den Arbeitgeber so bald wie möglich von dem Verhinderungsgrund zu informieren, damit dieser die Arbeits-

---

[13] *Klevemann* AiB 1986, 103, 111.
[14] *Däubler* Rn. 1971.
[15] MünchHdb ArbR/*Boewer* § 80 Rn. 25.
[16] Mager/Winterfeld/Göbel/Seelmann/*Göbel* Rn. 188; *Goos* S. 31; *Holland* S. 101; Bsp.: Todesfälle eines nahen Angehörigen, Geburt des eigenen Kindes, eigene Hochzeit oder diejenige eines nahen Angehörigen, Unfall, Prüfung, Umzug, öffentlich- rechtliche Verpflichtungen wie Musterung oder Laienrichteramt; vgl. GK- TzA/*Lipke* § 2 BeschFG Rn. 158.
[17] *Danne* S. 79; Mager/Winterfeld/Göbel/Seelmann/*Göbel* Rn. 186; *Goos* S. 31; *Holland* S. 101; *Klevemann* AiB 1984, 90, 93; Kasseler Handbuch/*Linck* 4.2 Rn. 199; *Meyer* S. 130; *Schüren* AuR 1996, 381, 385.
[18] *Babl* S. 116; *Frölich* S. 155; GK- TzA/*Lipke* § 2 BeschFG Rn. 159; MünchHdb ArbR/*Schüren* § 162 Rn. 239; *Sowka/Köster* S. 45.
[19] *BAGE* 50, 376, 379; Mager/Winterfeld/Göbel/Seelmann/*Göbel* Rn. 186; *Holland* S. 101; GK- TzA/*Lipke* § 2 BeschFG Rn. 159.
[20] *Meyer* S. 130; GK- TzA/*Mikosch* § 4 BeschFG Rn. 107.

verhinderung des Arbeitnehmers bei seinen Planungen berücksichtigen kann. Unterlässt der Arbeitnehmer diese Unterrichtung in pflichtwidriger Weise, so fehlt es an der Unverschuldetheit des Verhinderungsgrundes i. S. d. § 616 BGB, sodass kein Entgeltfortzahlungsanspruch besteht[21].
Auch im Bereich des Jobsharings besteht die Verpflichtung, möglichst die arbeitsfreie Zeit für den Verhinderungsgrund in Anspruch zu nehmen. Dies ist durch die alternierende Arbeitsplatzbesetzung möglich. Bei Erstellung des Arbeitszeitplans muss also der Jobsharer schon die persönlichen Verhinderungsgründe berücksichtigen[22]. Streitig ist, ob dann, wenn der Arbeitszeitplan bereits festgelegt ist, der Arbeitnehmer auf eine Änderung seiner Arbeitszeitlage hinwirken muss. Nach einer Ansicht besteht eine derartige Verpflichtung. Sei dem Arbeitnehmer eine Änderung nicht möglich, dann bestehe ein Anspruch aus § 616 BGB. Hinsichtlich der Darlegungs- und Beweislast müsse der Jobsharing- Arbeitnehmer also aufzeigen, warum die Leistungsverhinderung nicht durch die flexible Arbeitszeit aufgefangen werden konnte[23]. Nach anderer Ansicht besteht keine Verpflichtung, den verbindlichen Arbeitszeitplan abzuändern, wenn ein persönlicher Verhinderungsgrund i. S. d. § 616 S. 1 BGB auftritt. Dem ist zuzustimmen. Denn dies würde zu einer Verpflichtung zu Vor- und Nacharbeit führen, wovon § 616 BGB aber gerade befreien will[24]. Aufgrund der Abdingbarkeit des § 616 BGB kann allerdings eine Verpflichtung des Arbeitnehmers zur Änderung der Arbeitszeitplanung vereinbart werden. Eine solche Verpflichtung darf sich aber nicht nur auf Teilzeitarbeitnehmer erstrecken, da ansonsten ein Verstoß gegen den Gleichbehandlungsgrundsatz vorläge[25].
Wenn der Arbeitnehmer in mehreren Arbeitsverhältnissen beschäftigt ist, die ungefähr den Umfang eines Vollzeitarbeitsverhältnisses ausmachen, so kann er in deutlich geringerem Maße seine persönlichen Angelegenheiten außerhalb der Arbeitszeit erledigen[26]. In einem solchen Fall gebietet es die Treuepflicht des Arbeitnehmers, einen zeitlich beeinflussbaren Termin so zu legen, dass sich die Verhinderungen auf die verschiedenen Teilzeitarbeitsverhältnisse in angemessener Weise verteilen[27].

### III. Vermeidungsmöglichkeit des § 616 BGB bei flexibler Teilzeitarbeit

Der Arbeitnehmer hat aufgrund des Treueverhältnisses die Pflicht, den Arbeitgeber so früh wie möglich von dem Verhinderungsgrund in Kenntnis zu setzen[28]. Dies führt zu der Frage, ob der Arbeitgeber von einer Einteilung des Arbeitnehmers zur Arbeit absehen kann, wenn er Kenntnis von einem Verhinderungsgrund i. S. d. § 616 BGB hat.

---

[21] MünchHdb ArbR/*Schüren* § 166 Rn. 127 f.
[22] *Danne* S. 79; GK- TzA/*Danne* § 5 BeschFG Rn. 127; MünchHdb ArbR/*Schüren* § 162 Rn. 239, § 166 Rn. 127.
[23] *Danne* S. 79; GK- TzA/*Danne* § 5 BeschFG Rn. 127.
[24] MünchHdb ArbR/*Schüren* § 166 Rn. 128.
[25] MünchHdb ArbR/*Schüren* § 162 Rn. 42 f.
[26] GK- TzA/*Lipke* § 2 BeschFG Rn. 157; AR- Blattei- SD/*Mosler* 1560 Rn. 218.
[27] GK- TzA/*Lipke* § 2 BeschFG Rn. 157; *Sowka/Köster* S. 46.
[28] *Frölich* S. 155; GK- TzA/*Mikosch* § 4 BeschFG Rn. 107; MünchHdb ArbR/*Schüren* § 166 Rn. 67.

Eindeutig ist der Fall, in dem der Arbeitgeber den Arbeitnehmer bereits zur Arbeit eingeteilt hat. Er kann diese Bestimmung nicht mehr ändern, wenn er von dem persönlichen Verhinderungsgrund des Arbeitnehmers erfährt[29]. Denn mit dem Abruf der Arbeit ist die Arbeitszeit konkretisiert. Eine einseitige arbeitgeberseitige Abänderung oder ein Widerruf sind nicht möglich[30]. Der Entgeltfortzahlungsanspruch des Arbeitnehmers würde entgegen Treu und Glauben verhindert[31]. Das gleiche gilt, wenn die Arbeitszeit aufgrund einer Vereinbarung zwischen Arbeitgeber und Arbeitnehmer bzw. den Jobsharern festgelegt ist. In dieser Konstellation bestehen für den Arbeitnehmer auch keine Schwierigkeiten, im Hinblick auf die Kausalität und die Höhe des zu zahlenden Entgeltes seiner Darlegungs- und Beweislast nachzukommen[32]. Es stellt sich damit auch nicht die Frage einer durchschnittlichen Betrachtungsweise[33].
Ist noch keine Konkretisierung der Arbeitszeit erfolgt, so besteht Streit hinsichtlich der Handlungsmöglichkeiten des Arbeitgebers. Es wird vertreten, dass ein Verstoß gegen § 4 Abs. 1 S. 1 TzBfG vorliegen würde, wenn der Arbeitgeber von einer Einteilung des Arbeitnehmers zur Arbeit absehen würde, sobald er Kenntnis vom Verhinderungsgrund hätte[34]. Diese Ansicht ist abzulehnen. Dem Arbeitgeber muss das Recht zugestanden werden, den Arbeitnehmer dann nicht zur Arbeit einzuteilen, wenn er Kenntnis von dem persönlichen Verhinderungsgrund hat[35]. Liegt nämlich zwar ein Verhinderungsgrund, aber kein solcher i. S. d. § 616 BGB vor, so ist der Arbeitgeber dennoch gem. § 315 BGB verpflichtet, auf die Belange des Arbeitnehmers Rücksicht zu nehmen. Es muss eine Abwägung zwischen den Belangen des Arbeitgebers und denen des Arbeitnehmers erfolgen[36]. Dies wird in der Regel dazu führen, dass der Arbeitgeber den Arbeitnehmer nicht zur Arbeit heranziehen darf, da dies sonst nicht billigem Ermessen im Sinne des § 315 Abs. 1 BGB entsprechen würde. Dem würde es aber erst recht entgegenstehen, wenn der Arbeitgeber verpflichtet sein sollte, den Arbeitnehmer zur Arbeit heranzuziehen, obwohl die Voraussetzungen des § 616 S. 1 BGB vorliegen. Außerdem ist ja gerade durch die Einführung flexibler Arbeitszeiten beabsichtigt, derartige Ausfallzeiten der Arbeitnehmer zu verringern. Für den Arbeitnehmer ergibt sich kein unangemessener Nachteil, da die Norm des § 616 S. 1 BGB einen Ausgleich für die zeitlich umfassende Bindung des Arbeitnehmers an seinen Arbeitsplatz schaffen will, die bei einem Teilzeitarbeitnehmer gerade nicht vorliegt[37].
Abzulehnen ist auch die Ansicht, die dem Arbeitgeber bei einem für den Arbeitnehmer *nicht beeinflussbaren* Verhinderungsgrund die Möglichkeit nehmen will, auf eine Einteilung des Arbeitnehmers zu verzichten. Nach dieser Ansicht müsste bei Vollzeitarbeitnehmern in einem solchen Fall immer eine Arbeitsbefreiung nach § 616 S. 1

---

[29] GK- TzA/*Mikosch* § 4 BeschFG Rn. 107; Münch Hdb ArbR/*Schüren* § 166 Rn. 77; *Sowka/Köster* S. 46.
[30] *Frölich* S. 155.
[31] GK- TzA/*Mikosch* § 4 BeschFG Rn. 107.
[32] MünchHdb ArbR/*Boewer* § 80 Rn. 25.
[33] A. A.: *Meyer* S. 131.
[34] *Schwerdtner* NZA 1985, 557, 583.
[35] *Frölich* S. 156; *Hanau* RdA 1987, 25, 29; *Löwisch/Schüren* BB 1984, 925, 930; GK- TzA/*Mikosch* § 4 BeschFG Rn. 107; MünchHdb ArbR/*Schüren* § 165 Rn. 67; § 166 Rn. 76; a. A.: *Meyer* S. 130 f.
[36] GK- TzA/*Mikosch* § 4 BeschFG Rn. 87.
[37] *Babl* S. 116; *Frölich* S. 156; *Löwisch* RdA 1984, 197, 202.

BGB erfolgen, so beispielsweise bei Geburten, Todesfällen, öffentlich- rechtlichen Verpflichtungen oder Familienfeiern. In dieser Konstellation würde es der Vorschrift des § 4 Abs. 1 S. 1 TzBfG widersprechen, wenn der Arbeitgeber die Möglichkeit hätte, die Arbeitszeit des Arbeitnehmers so festzulegen, dass es zu keinen Überschneidungen käme[38]. Denn ansonsten müsste das volle Arbeitsdeputat neben dem Verhinderungsgrund erbracht werden. Dies würde aber eine unzumutbare Belastung darstellen, insbesondere unter Berücksichtigung der Tatsache, dass ein Großteil der Teilzeitarbeitnehmer Frauen seien, die neben ihrer Berufstätigkeit auch noch einen Haushalt zu versorgen hätten. Das bedeute, dass gerade Teilzeitarbeitnehmerinnen auf einen Anspruch gem. § 616 S. 1 BGB in besonderem Maße angewiesen seien[39].
Meines Erachtens stellt diese Argumentation die Rechtslage auf den Kopf. Denn die Norm des § 616 S. 1 BGB, die auf ein Vollzeitarbeitsverhältnis zugeschnitten ist, kann bei einem Teilzeitarbeitsverhältnis, bei dem Sinn und Zweck der Vorschrift nicht in vollem Umfang eingreifen, nicht erst recht oder in besonderem Maße gelten. Gerade die Freizeit ist für die Wahrnehmung persönlicher Angelegenheiten da. Darauf, inwieweit eine weitere Belastung im Privatleben besteht, kann es schon aus Gründen der Rechtssicherheit nicht ankommen[40]. Zunächst müssen private Tätigkeiten eingeschränkt werden, bevor die Arbeitszeit für persönliche Verhinderungsgründe in Anspruch genommen wird. Im Übrigen hat auch ein Vollzeitarbeitnehmer keinen Anspruch nach § 616 S. 1 BGB, wenn ein Verhinderungsgrund auf einen freien Tag fällt. Das gleiche muss für einen Teilzeitarbeitnehmer gelten. Die größere Wahrscheinlichkeit bei einem Teilzeitarbeitnehmer, dass ein persönlicher Verhinderungsgrund auf einen freien Tag fällt, stellt keine unangemessene Benachteiligung dar, sondern ergibt sich aus dem Wesen der Teilzeitarbeit. Ein Anspruch nach § 616 S. 1 BGB kann nur dann bestehen, wenn der Arbeitnehmer ansonsten gehindert wäre, an einem für ihn persönlich wichtigem Termin teilzunehmen. Das ist bei einem Teilzeitarbeitnehmer an dessen ohnehin freien Tag aber nicht der Fall.

## IV. Abdingbarkeit des § 616 BGB

Grundsätzlich kann die Vorschrift des § 616 BGB durch Tarifvertrag oder durch Einzelarbeitsvertrag abbedungen werden[41]. Im Rahmen dieser Dispositivität darf aber keine sachlich ungerechtfertigte unterschiedliche Behandlung zwischen Teilzeit- und Vollzeitarbeitnehmern stattfinden. Eine Differenzierung, die daran anknüpft, ob ein Arbeitnehmer in Vollzeit oder in Teilzeit arbeitet, verstößt gegen § 4 Abs. 1 S. 1

[38] *Meyer* S. 130; so *Schüren* AuR 1996, 381, 385 hinsichtlich *tarifvertraglicher* Ansprüche auf Freistellung bei persönlichen Anlässen.
[39] *Meyer* S. 131.
[40] *BAGE* 38, 300, 308.
[41] *BAGE* 32, 32 f; 38, 300, 303; 50, 376, 379; MünchHdb ArbR/*Boewer* § 80 Rn. 8; ErfK/*Dörner* § 616 BGB Rn. 19; Soergel/*Kraft* § 616 Rn. 4; zu beachten ist aber in diesem Zusammenhang, dass für eine völlige Abbedingung aufgrund eines Einzelarbeitsvertrags ein sachlich rechtfertigender Grund verlangt wird, der nicht in der Teilzeitarbeit als solcher gefunden werden kann, vgl. GK- TzA/*Lipke* § 2 BeschFG Rn. 160.

TzBfG, Art. 3 GG im Wege der mittlebaren Drittwirkung und gegen das Verbot der mittelbaren Diskriminierung[42]. Denn dieser Umstand stellt keinen sachlichen Grund für eine derartige Unterscheidung dar[43]. Dies soll jedenfalls bei einer Vereinbarung durch Einzelarbeitsvertrag gelten. Werden in Tarifverträgen Freistellungsmöglichkeiten geregelt, so sollen Teilzeitarbeitnehmer aufgrund der Regelungsmacht der Tarifpartner ausgeschlossen werden können. Auch der im Anwendungsbereich des Tarifvertrags subsidiäre § 616 BGB soll dann nicht mehr eingreifen können[44].

## V. Zusammenfassung

Die Vorschrift des § 616 BGB behält auch bei flexibler Teilzeitarbeit ihre Berechtigung. Sie wird jedoch in geringerem Maße zur Anwendung kommen, da sie einen Ausgleich für die umfassende Bindung des Arbeitnehmers an seinen Arbeitsplatz darstellt und bei flexibler Teilzeitarbeit die Fremdbestimmung der Arbeitszeitverteilung verringert ist. Ebenso wie ein Vollzeitarbeitnehmer hat ein Teilzeitarbeitnehmer die Pflicht, Arbeitsverhinderungen in die arbeitsfreie Zeit zu legen bzw. den Arbeitgeber sobald wie möglich von dem Verhinderungsgrund zu informieren, sodass dieser noch von einer Einteilung des Arbeitnehmers absehen kann.

---

[42] TZA/*Buschmann* § 616 BGB Rn. 4; *Meyer* S. 132; **a. A.:** *BAGE* 38, 300, 304 ff; *Sowka/Köster* S. 46.

[43] TZA/*Buschmann* § 616 BGB Rn. 6; Kasseler Handbuch/*Linck* 4.2 Rn. 200; GK- TzA/*Lipke* § 2 BeschFG Rn. 160.

[44] *BAGE* 38, 300, 304 ff; 45, 165, 171; GK- TzA/*Lipke* § 2 BeschFG Rn. 160; **krit.** im Hinblick auf Art. 3 Abs. 1 GG: Kasseler Handbuch/*Linck* 4.2 Rn. 201.

## I. Brauchtumstage

Häufig kommt es vor, dass der Arbeitgeber an sog. Brauchtumstagen oder sog. Vorfeiertagen wie Heiligabend, Silvester, Rosenmontag oder Faschingsdienstag ab 12 Uhr eine Freistellung von der Arbeit unter Fortzahlung des Entgelts gewährt. Ein Freistellungsanspruch bzw. ein Zahlungsanspruch für Teilzeitbeschäftigte, deren Arbeitszeit spätestens um 12 Uhr endet, besteht nicht. Dies stellt zwar im Vergleich zu den vollzeitbeschäftigten Arbeitnehmern eine Ungleichbehandlung dar. Diese ist aber sachlich gerechtfertigt, da sie auf der Lage der Arbeitszeit beruht[1]. Es wird insoweit nicht an die Dauer, sondern an die Lage der Arbeitszeit angeknüpft[2]. Würde auch den nur vormittags beschäftigten Arbeitnehmern eine bezahlte Freistellung gewährt, so würde die Freistellung ihren streng zeit- und anlassbezogenen Leistungszweck verlieren, da der Zweck der Freistellung nur an dem betreffenden Nachmittag erfüllt werden kann[3]. Aus diesem Grunde liegt auch keine mittelbare Diskriminierung aufgrund des Geschlechts oder ein Verstoß gegen § 4 Abs. 1 S. 1 TzBfG, § 612 Abs. 3 BGB, Art. 141 EGV, Art. 3 Abs. 2, 3 GG vor[4]. Es kommt vielmehr lediglich darauf an, ob der Arbeitnehmer zu der entsprechenden Zeit gearbeitet hätte. Daraus folgt, dass Arbeitnehmer, die nur am Nachmittag arbeiten, in vollem Umfang in den Genuss der Freistellung und Lohnfortzahlung kommen[5].

Gestattet der Arbeitgeber den Vollzeitarbeitnehmern, einen halben Urlaubstag mit dem Ziel zu nehmen, an einem solchen Tag überhaupt nicht arbeiten zu müssen, während Teilzeitarbeitnehmer – wie gewöhnlich – einen ganzen Urlaubstag nehmen müssen, so liegt eine nach § 4 Abs. 1 S. 1 TzBfG unzulässige Ungleichbehandlung vor[6]. Denn die Gewährung halber Urlaubstage ist grundsätzlich unzulässig. Unabhängig davon, wie lang die tägliche Arbeitszeit ist, muss jeweils ein Urlaubstag für die Freistellung von einem Arbeitstag aufgewandt werden[7]. Wenn der Arbeitgeber von diesem urlaubsrechtlichen Grundsatz abweicht, muss er dies sowohl hinsichtlich der Vollzeitarbeitnehmer, wie auch hinsichtlich der Teilzeitarbeitnehmer tun. Denn ein die Unterscheidung rechtfertigender Grund besteht nicht[8].

---

[1] *BAGE* 73, 166, 173; Kasseler Handbuch/*Linck* 4.2 Rn. 158; *Lindena*, Die Bank 1995, 324, 326; Kittner/Zwanziger/*Mayer* § 140 Rn. 69; *Schaub* § 165 Rn. 12; *Wank* SAE 1994, 195 f; Kempen/Zachert/*Zachert* § 1 TVG Rn. 194.

[2] Kasseler Handbuch/*Künzl* 2.1 Rn. 851; Kasseler Handbuch/*Linck* 4.2 Rn. 159.

[3] *BAGE* 73, 166, 173; *Wank* SAE 1994, 195 ff.

[4] TZA/*Buschmann* § 616 BGB Rn. 5; *Sowka/Köster* S. 46.

[5] Kempen/Zachert/*Kempen* TVG, Grundlagen Rn. 177; Kasseler Handbuch/*Linck* 4.2 Rn. 159; *Lindena*, Die Bank 1995, 324, 326; *Wank* SAE 1994, 195, 197.

[6] Kasseler Handbuch/*Linck* 4.2 Rn. 160.

[7] Kasseler Handbuch/*Linck* 4.2 Rn. 161.

[8] Kasseler Handbuch/Linck 4.2 Rn. 162; **a. A.:** *BAGE* 73, 166, 173.

## II. Stillzeiten

Das Mutterschutzgesetz gilt auch für Teilzeitarbeitsverhältnisse[9]. Gem. § 7 Abs. 1 i. V. m. Abs. 2 MuSchG hat eine stillende Mutter Anspruch auf Freistellung zum Stillen, ohne einen Verdienstausfall zu erleiden. Teilzeitarbeitnehmerinnen mit einer kurzen täglichen Arbeitszeit müssen jedoch, soweit zumutbar, aufgrund ihrer Treuepflicht das Stillen in die arbeitsfreie Zeit legen[10]. Kommt dem eine Teilzeitarbeitnehmerin nicht nach, sodass keine nennenswerte Arbeitszeit erbracht wird, besteht keine Entgeltfortzahlungspflicht des Arbeitgebers gem. § 7 Abs. 2 MuSchG[11].

---

[9] GK- TzA/*Lipke* § 2 BeschFG Rn. 332.

[10] *Bulla/Buchner* § 7 Rn. 18; *Heilmann* § 7 Rn. 16; GK- TzA/*Lipke* § 2 BeschFG Rn. 334; *Zmarzlik/Zipperer/Viethen* § 7 MuSchG Rn. 7.

[11] *BAG* DB 1986, 129 f; GK- TzA/*Lipke* § 2 BeschFG Rn. 334; *Meisel/Sowka* § 7 MuSchG Rn. 11.

Teil III: Besonderheiten des Rechtsverhältnisses während der Freistellungszeiten

## § 12 Rechtliche Qualifikation der Freistellungszeit

Im „Normalarbeitsverhältnis" liegen zwischen den Arbeitstagen, insbesondere bei der Fünftagewoche einzelne arbeitsfreie Tage. Im Rahmen der Blockarbeitsverhältnisse haben sich jedoch in der arbeitsrechtlichen Praxis längere, gegebenenfalls sogar monatelange arbeitsfreie Phasen herausgebildet. Diese sollen Gegenstand der Betrachtung des dritten Teils dieser Arbeit sein. Problematisch ist, wie das Rechtsverhältnis während der Freistellungszeiten zu qualifizieren ist.
Insoweit ist zwischen den Formen kontinuierlicher und diskontinuierlicher Bezahlung zu unterscheiden.

### I. Diskontinuierliche Bezahlung

Wird der Arbeitnehmer nur während seiner Arbeitsphasen, nicht aber während der Freistellungsphasen vergütet, handelt es sich bei letzteren um ein ruhendes Arbeitsverhältnis[1].
Von einem ruhenden Arbeitsverhältnis spricht man dann, wenn die beiderseitigen Hauptleistungspflichten, nämlich die Pflichten zur Leistung der Arbeit und zur Zahlung der Vergütung, aufgehoben sind, das arbeitsvertragliche Grundverhältnis als solches „dem Bande nach" aber weiterhin besteht[2]. Arbeitsvertragliche Nebenpflichten, wie beispielsweise Schweigepflichten oder Wettbewerbsverbote[3] bleiben bestehen, können aber der Natur der Ruhensvereinbarung entsprechend modifiziert werden[4]. Der Begriff des Ruhens erfordert es nicht, dass der Arbeitnehmer seine Arbeitskraft anderweitig einsetzt oder dass die Suspendierung der Hauptleistungspflichten besonders und überdurchschnittlich lang andauert. Es kommt lediglich darauf an, dass die Hauptpflichten aus dem Arbeitsvertrag nicht durchsetzbar sind[5]. Erforderlich ist für den Begriff des Ruhens aber auch, dass der Arbeitnehmer nach Ablauf der Ruhensphase einen Anspruch auf Wiederbeschäftigung hat[6]. Es soll also durch eine Ruhensvereinbarung nicht die Aufhebung des Arbeitsverhältnisses bewirkt werden. Vielmehr gehört

[1] So *Veit* NZA 1990, 249, 256.
[2] *BAGE* 62, 35, 40; *Dikomey* S. 3, 45; Kaiser/Dunkl/Hold/Kleinsorge/*Dunkl* § 3 EFZG Rn. 113; *Faßhauer* NZA 1986, 453 f; *von Hoyningen-Huene* NJW 1981, 713 f; *Veit* NZA 1990, 249, 256; *van Venrooy* SAE 1989, 106 ff; *Winterfeld* SAE 1989, 256 f.
[3] Insoweit muss durch eine im Einzelfall vorgenommene Auslegung festgestellt werden, ob das Wettbewerbsverbot auch während der Freistellungszeit fortbestehen soll bzw. ob die §§ 74 ff HGB entsprechend angewandt werden müssen, vgl. *Dikomey* S. 109.
[4] *BAGE* 62, 35, 40; *Dikomey* S. 48; *Faßhauer* NZA 1986, 453 f; *von Hoyningen-Huene* NJW 1981, 713 f; *van Venrooy* SAE 1989, 106 ff.
[5] *BAGE* 62, 35, 40.
[6] *Winterfeld* SAE 1989, 256, 258.

es zum Inhalt einer Ruhensvereinbarung, dass das Arbeitsverhältnis zu einem späteren Zeitpunkt wieder aktiv fortgesetzt werden soll. Eine Aufhebung des bestehenden Arbeitsverhältnisses und ein aufschiebend bedingter Abschluss eines neuen Arbeitsvertrages ist gerade nicht gewollt, da ansonsten bestimmte Rechte und Pflichten, beispielsweise die Dauer der Betriebszugehörigkeit verloren gehen würden bzw. jedenfalls unterbrochen würden[7].

Es kommt nicht darauf an, warum das Arbeitsverhältnis ruht oder wie es dazu gekommen ist. Das Ruhen kann also Folge einer gesetzlichen Anordnung oder einer vertraglichen Vereinbarung sein[8]. Die Vertragsfreiheit gestattet es den Arbeitsvertragsparteien, ihr Arbeitsverhältnis nach ihren Bedürfnissen auszurichten, § 311 BGB[9]. Dementsprechend beinhaltet die Vertragsfreiheit auch, das Arbeitsverhältnis für eine gewisse Zeit als ein ruhendes auszugestalten[10]. Eine solche Regelung ist schon im Arbeitsvertrag, aber auch als spätere Änderungsvereinbarung möglich[11]. Es ist auch zulässig, eine Vereinbarung zu treffen, nach der eine Vertragspartei innerhalb eines vorgesehenen Rahmens einseitig den Zeitpunkt und die Länge der Freistellung festlegen kann, die einer Vertragspartei also ein entsprechendes Gestaltungsrecht einräumt[12].

Während der Freistellungsphase hat der Arbeitnehmer grundsätzlich nach der Regel „ohne Arbeit kein Lohn", §§ 614, 326 Abs. 1 BGB, keinen Anspruch auf eine Vergütung, es sei denn es ist etwas anderes vereinbart, §§ 133, 157 BGB[13]. Dass diese Rechtsfolge, also Suspendierung beider Hauptleistungspflichten, ausdrücklich vereinbart ist, ist zwar aus Gründen der Klarheit wünschenswert, aber nicht unbedingt erforderlich[14].

## II. Kontinuierliche Bezahlung

Problematisch ist, wie man das Rechtsverhältnis qualifizieren will, das während der Freistellungszeiten eines Arbeitnehmers besteht, wenn dieser seine Arbeitsverpflichtungen schon erfüllt hat.

Man könnte auch hier von einem ruhenden Rechtsverhältnis sprechen. Dagegen spricht jedoch das allgemeine Verständnis vom Ruhen eines Rechtsverhältnisses. Ein Rechtsverhältnis ruht nämlich dann, wenn die beiderseitigen Vertragsverpflichtungen völlig suspendiert sind. Das ist aber dann nicht der Fall, wenn der Arbeitnehmer seine

---

[7] *Dikomey* S. 44 ff.

[8] *Winterfeld* SAE 1989, 256 ff.

[9] Zu evtl. denkbaren Einschränkungen insbesondere durch das TVG und das BetrVG vgl. *Dikomey* S. 50 ff.

[10] MünchHdb ArbR/*Blomeyer* § 49 Rn. 4; *Faßhauer* NZA 1986, 453; *von Hoyningen-Huene* NJW 1981, 713 f; *van Venrooy* SAE 1989, 106 ff; *Winterfeld* SAE 1989, 256, 258.

[11] MünchHdb ArbR/*Blomeyer* § 49 Rn. 4, 27; *Faßhauer* NZA 1986, 453 f; *von Hoyningen-Huene* NJW 1981, 713 f.

[12] MünchHdb ArbR/*Blomeyer* § 49 Rn. 4; *Dikomey* S. 38.

[13] MünchHdb ArbR/*Blomeyer* § 49 Rn. 23.

[14] **Anders:** *Dikomey* S. 9 f, die von einer generellen Vereinbarung der Suspendierung beider Hauptleistungspflichten ausgeht.

Verpflichtung zur Arbeitsleistung schon erfüllt hat[15]. Ein Ruhen liegt auch dann nicht vor, wenn der Arbeitnehmer über seine Zeit nicht frei verfügen kann, sondern jederzeit damit rechnen muss, wieder zur Arbeit herangezogen zu werden[16]. Denn in diesem Fall ist der Arbeitnehmer nicht vollständig von seiner Arbeitspflicht befreit[17]. Es liegt auch nicht lediglich ein Abwicklungsverhältnis vor, in dem der Arbeitnehmer sein Gehalt ausbezahlt bekommt, auf das er mit seiner Arbeitsleistung eine Anwartschaft erlangt hat. Denn das Arbeitsverhältnis besteht im gegenseitigen Verhältnis weiter, auch wenn der Arbeitnehmer im Moment nicht zur Arbeitsleistung verpflichtet ist[18].
Es handelt sich vielmehr um ein Arbeitsverhältnis, bei dem die Arbeitnehmerseite schon ihre Vertragspflicht erbracht hat und diejenige der Arbeitgeberseite noch aussteht. Es finden deshalb die allgemeinen Regeln des Arbeitsrechts auch in der Freistellungsphase Anwendung. Etwas anderes kann nur dann gelten, wenn sich aus der Natur der Freistellung eine Abweichung ergibt[19].

## III. Zusammenfassung

Ist bei einem Arbeitsverhältnis mit längeren Freistellungszeiten eine diskontinuierliche Bezahlung vereinbart, so ist die Freistellungszeit als ruhendes Arbeitsverhältnis zu qualifizieren. Denn es sind die beiderseitigen Hauptleistungspflichten suspendiert, während das Arbeitsverhältnis „dem Bande nach" weiter besteht. Bei kontinuierlicher Bezahlung hingegen stellt sich die Freistellungszeit als eine Phase dar, in welcher der Arbeitnehmer nicht zur Arbeit verpflichtet ist, weil er seine Pflicht aus dem Vertrag bereits erbracht hat, wohingegen die Leistung des Arbeitgebers noch erfüllt werden muss.

---

[15] Natzel NZA 1998, 1262
[16] *Geyer/Knorr/Krasney* § 3 Rn. 204; MüKo/*Schaub* § 616 Rn. 85; *Ziepke* § 9 Anm. 34.
[17] *Ziepke* § 9 Anm. 34.
[18] Natzel NZA 1998, 1262.
[19] Natzel NZA 1998, 1262.

## § 13 Leistungen des Arbeitgebers

### I. Problemstellung

Häufig gewährt der Arbeitgeber eine Weihnachts- Urlaubs- oder Jubiläumsgratifikation, Sonderzuwendungen, ein 13. Monatsgehalt, Jahresleistungs-, Anwesenheits- und Treueprämien oder ähnliche Leistungen[1]. Problematisch ist, ob solche Leistungen zum einen ebenfalls Teilzeitkräften und zum anderen solchen in der Freistellungsphase gewährt werden müssen.
Anwartschaften, die ein Arbeitnehmer bereits vor der Freistellungszeit erworben hat, bleiben in vollem Umfang bestehen. Denn es sollen ja gerade die Rechte und Pflichten aus dem Arbeitsverhältnis erhalten bleiben[2].

### II. Leistungszweck

Freiwillige Sozialleistungen des Arbeitgebers stellen keine Schenkungen, sondern Leistungen, die ihren Rechtsgrund im Arbeitsverhältnis haben, dar[3]. Um die Frage beantworten zu können, ob auch Teilzeitarbeitnehmer einen Anspruch auf eine arbeitgeberseitige Leistung haben, ist die anspruchsbegründende Norm auszulegen[4], soweit nicht schon in der Zusage oder Vereinbarung der Zweck ausdrücklich festgelegt worden ist[5]. Bei der Auslegung der anspruchsbegründenden Norm müssen § 4 Abs. 1 S. 1 TzBfG und der arbeitsrechtliche Gleichbehandlungsgrundsatz beachtet werden[6]. Diese verlangen jedoch nicht eine völlige Gleichbehandlung von Vollzeit- und Teilzeitarbeitnehmern, sondern schützen lediglich vor einer sachwidrigen Ungleichbehandlung[7]. Der eine Unterscheidung rechtfertigende Grund bleibt damit der individuellen und kollektiven Regelungsautonomie überlassen, die sich in der Festlegung eines Leistungszwecks ausdrückt. Maßgeblich ist also der Leistungszweck für die Feststellung, ob eine Unterscheidung rechtlich zulässig ist oder nicht[8]. Innerhalb dieses Rahmens muss jedoch das Gleichbehandlungsgebot beachtet werden[9]. Der Leistungszweck ist unter Berücksichtigung der Anspruchsvoraussetzungen, der Ausschließungs- und Kürzungsregelungen zu ermitteln. Auf die Motivation für die Gewährung der Leistung kommt

---

[1] GK- TzA/*Lipke* § 2 BeschFG Rn. 210; *Sowka/Köster* S. 29.
[2] *Dikomey* S. 90.
[3] GK- TzA/*Danne* § 5 BeschFG Rn. 116; *Freitag* NZA 2002, 294; MüKo/*Müller- Glöge* § 611 Rn. 353.
[4] *Danne* S. 75; GK- TzA/*Danne* § 5 BeschFG Rn. 116; *Meyer* S. 118.
[5] *Dikomey* S. 114 f; *Natzel* NZA 1998, 1262, 1263.
[6] *Babl* S. 117; *Dikomey* S. 115; *Pfeifer* SAE 1999, 271, 282; *Wank* RdA 1985, 1, 13f.
[7] GK- TzA/*Danne* § 5 BeschFG Rn. 119; *Pfeifer* SAE 1999, 271, 282.
[8] *BAGE* 66, 220, 226; 80, 173, 180; 88, 92, 96; *Danne* S. 75; *Lipke* AuR 1991, 76, 79; *Pfeifer* SAE 1999, 271, 282, 289; AR- Blattei/*Seiter* Teilzeitarbeit C V 2 a; *Sowka/Köster* S. 28 f.
[9] *Wank* RdA 1985, 1, 14.

es nicht an, soweit sie nicht im Leistungsversprechen zum Ausdruck gekommen ist[10]. Darüber hinaus ist der innere Zusammenhang zwischen Leistungszweck und Umfang der Arbeitsleistung maßgeblich[11]. Entscheidend ist nicht der Zweck, den der Arbeitgeber der Leistung nur äußerlich gegeben hat, sondern vielmehr die objektive Funktion der Leistung[12].

Personalpolitische Gründe können eine Unterscheidung zwischen Vollzeit- und Teilzeitarbeitnehmern rechtfertigen. So können Teilzeitarbeitnehmer von sozialen Leistungen deshalb ausgenommen werden, weil der Arbeitgeber aus betriebswirtschaftlichen Gründen in seinem Betrieb einen Anreiz für eine Vollbeschäftigung bieten will[13]. Die Nebenberuflichkeit allein kann nicht als Differenzierungskriterium herangezogen werden[14], wohl aber kann die soziale Absicherung durch einen Hauptberuf ein rechtfertigender Grund für eine Differenzierung sein.

Kein Anspruch auf eine arbeitgeberseitige Leistung besteht, wenn durch die Gewährung der Leistung an Teilzeitarbeitnehmer der Zweck der Leistung verfehlt würde. Das ist insbesondere dann der Fall, wenn eine Leistung zeit- und anlassbezogen gewährt wird, sofern der teilzeitbeschäftigte Arbeitnehmer die anspruchsbegründenden Voraussetzungen nicht erfüllt[15]. Denn es wird keine Unterscheidung aufgrund der Teilzeit, sondern aufgrund der Lage der Arbeitszeit vorgenommen[16]. Außerdem besteht jedenfalls ein sachlicher Grund für eine Ungleichbehandlung insofern, als dass eine Änderung des Leistungszwecks verhindert werden muss[17].

## III. Ausgestaltung des Leistungszwecks

Der Arbeitgeber kann die Sonderleistung als Entgelt für geleistete Arbeit oder als Belohnung der Betriebstreue ausgestalten. Er kann auch beide Ziele kumulativ mittels einer sog. Gratifikation mit Mischcharakter verfolgen. Außerdem kann ein Anreiz zum Verbleiben in dem Arbeitsverhältnis bezweckt sein[18]. Grundsätzlich können diese Zwecke auch bei Teilzeitarbeitnehmern verfolgt werden[19]. Insbesondere darf die geringere Arbeitszeit nur quantitativ, nicht aber qualitativ anders abgegolten werden[20].

---

[10] *Pfeifer* SAE 1999, 271, 281.

[11] GK TzA/*Lipke* § 2 BeschFG Rn. 91; *Pfeifer* SAE 1999, 271, 281; so wohl auch GK- TzA/*Danne* § 5 BeschFG Rn. 117, der eine mögliche Ausnahme von der grundsätzlichen Einbeziehung der Teilzeitarbeitnehmer in die Anspruchsberechtigung in dem Zusammenhang zwischen Arbeitszeitdauer und Gewährung der Sozialleistung sieht.

[12] GK- TzA/*Lipke* § 2 BeschFG Rn. 198, 206.

[13] GK- TzA/*Lipke* § 2 BeschFG Rn. 205; *EuGH* DB 1986, 1525 f; **krit.:** *Buschmann* AiB 1986, 153 ff; *Schaub* § 44 Rn. 47.

[14] *BAGE* 66, 314, 318 f.

[15] *Pfeifer* SAE 1999, 271, 286.

[16] *BAGE* 73, 166, 177; *Pfeifer* SAE 1999, 271, 286; *Wank* SAE 1994, 195, 196.

[17] *Pfeifer* SAE 1999, 271, 287.

[18] GK- TzA/*Lipke* § 2 BeschFG Rn. 210.

[19] GK- TzA/*Lipke* § 2 BeschFG Rn. 210; AR- Blattei/*Seiter* Teilzeitarbeit C V 1 b dd; *Wank* RdA 1985, 1, 15.

[20] *BAG* DB 2000, 2431, 2432.

Daher ist in der Regel kein völliger Ausschluss des Teilzeitarbeitnehmers von der Leistung möglich, allerdings ist eine anteilige und quotenmäßige Berücksichtigung pro rata temporis zulässig[21]. Hinsichtlich der Frage, ob und inwieweit ein Teilzeitarbeitnehmer Anspruch auf eine Sonderleistung hat, muss zwischen den einzelnen Ausgestaltungen differenziert werden.
Soll die Sonderzuwendung *Entgelt für geleistete Arbeit* sein, so steht diese auch Teilzeitarbeitnehmern, die eine Arbeitsleistung erbracht haben, zu. Denn es handelt sich dabei um nichts anderes als um „normales" Entgelt, das sonst in regelmäßiger Form ausbezahlt wird. Dies gilt insbesondere dann, wenn die Dauer der Arbeitszeit keine Bedeutung für die Höhe der arbeitgeberseitigen Leistung hat[22]. Eine Regelung, die Teilzeitarbeitnehmer von der Sonderzahlung ausschließen würde, würde gegen § 4 Abs. 1 S. 1 TzBfG verstoßen und wäre daher gem. § 134 BGB unwirksam[23]. Der Anspruch des Teilzeitarbeitnehmers auf die Leistung würde sich dann auf § 4 Abs. 1 S. 1 TzBfG direkt bzw. auf § 612 Abs. 2 BGB stützen[24]. Eine an das Gehalt angeknüpfte Jahressonderzuwendung bemisst sich bei einem Wechsel von Vollzeitarbeit zu Teilzeitarbeit im laufenden Leistungsjahr unter Berücksichtigung der Vollarbeits- Vorzeiten[25]. Auch eine Freistellungszeit kann sich anspruchsmindernd auswirken, wenn eine ununterbrochene Arbeitsleistung innerhalb eines bestimmten Zeitraumes vorausgesetzt wird. Hat der Arbeitnehmer also während des Bemessungszeitraums nicht oder nur teilweise gearbeitet, so hat er keinen oder lediglich einen reduzierten Anspruch auf die Zuwendung[26]. Etwas anderes gilt jedoch in diesem Zusammenhang, wenn der freigestellte Arbeitnehmer bereits seine geschuldete Arbeitsleistung erbracht hat. Ein vollständiger Ausschluss von der Leistung wird dann nicht mehr möglich sein. Allerdings muss berücksichtigt werden, dass der Arbeitnehmer nur in Teilzeit arbeitet. Aus diesem Grund ist, entsprechend dem Teilleistungsprinzip, auch der Anspruch auf die Leistung anteilig im Hinblick auf den Umfang der Arbeitsverpflichtung, zu reduzieren[27]. Dadurch erwächst dem Teilzeitarbeitnehmer kein sachlich nicht gerechtfertigter Nachteil. Bei flexiblen Arbeitszeiten muss für die Berechnung der Höhe der arbeitgeberseitigen Leistung die durchschnittliche Arbeitszeit als Richtpunkt angesetzt werden[28]. Davon ist in der Regel auch dann auszugehen, wenn sich die Leistung des Ar-

---

[21] *BAG* DB 2000, 2431, 2432; GK- TzA/*Lipke* § 2 BeschFG Rn. 211; *Thüsing* ZfA 2002, 249, 261.
[22] *Viethen*, NZA 2001, Sonderbeilage, S. 3, 7.
[23] Nach *EuGH* NZA 1999, 1151, 1152 stellt der Ausschluss geringfügig Beschäftigter von einer Jahressonderzuwendung eine verbotene mittelbare Diskriminierung dar, da vom Ausschluss deutlich mehr Frauen als Männer betroffen sind.
[24] *Sowka/Köster* S. 29; der Ausschluss vorübergehend beschäftigter Arbeitnehmer soll aber bei einer derartigen Sonderzuwendung möglich sein, wenn sowohl Vollzeit- als auch Teilzeitarbeitnehmer betroffen sind. Denn es würde insofern nicht an die Teilzeittätigkeit angeknüpft, vgl. *Sowka/Köster* S. 29. M. E. ist dies nicht unproblematisch, da es sich ja um einen normalen Entgeltbestandteil handelt. Allenfalls könnte man eine Rechtfertigung aufgrund einer Verwaltungsvereinfachung annehmen.
[25] *Grobys* DB 2001, 758, 761: es ist jedoch auch zulässig, dass die Höhe der Leistung sich nach dem Einkommen zur Zeit der Fälligkeit richtet. In diesem Fall erfolgt keine Anrechnung der Vorzeiten in Vollzeitarbeit, da dem Arbeitnehmer nichts genommen wird, was er bereits erdient hätte.
[26] *Dikomey* S. 114; *Lindena*, Die Bank 1995, 324, 325 f; GK- TzA/*Lipke* § 2 BeschFG Rn. 91; Kittner/Zwanziger/*Mayer* § 140 Rn. 62; *Wank* RdA 1985, 1, 16.
[27] *Natzel* NZA 1998, 1262, 1263; *Sowka/Köster* S. 28; *Thüsing* ZfA 2002, 249, 268.
[28] *Babl* S. 118.

beitgebers als ein Pauschalbetrag darstellt und nicht am Arbeitsentgelt orientiert ist[29]. Bei Jahresarbeitszeitverträgen wird man auf die durchschnittliche Arbeitszeit pro Jahr, bei der KAPOVAZ auf Vergleichszeiträume abstellen müssen[30]. Auch bei Sabbaticals ist eine Durchschnittsbetrachtung geboten[31].
Kommt es andererseits bei der Zuwendung ihrem Zweck gemäß auf die *Belohnung der Betriebstreue* des Arbeitnehmers an, so wird in der Regel auf den Bestand des Arbeitsverhältnisses abgestellt. Da Freistellungszeiten keinen Einfluss auf den Bestand des Arbeitsverhältnisses haben, hat auch ein freigestellter Arbeitnehmer einen Anspruch auf die Zuwendung in vollem Umfang[32]. Um die Belohnung der Betriebstreue handelt es sich in der Regel bei solchen Zuwendungen, die Arbeitnehmern gewährt werden, die schon eine bestimmte Zeit dem Betrieb angehören, zu einem bestimmten Stichtag Arbeitnehmer sind oder zu einem bestimmten Stichtag in einem ungekündigten Arbeitsverhältnis stehen[33].
Bei einer *Sonderzahlung mit Mischcharakter* stellt die Teilzeittätigkeit kein sachlich gerechtfertigtes Differenzierungskriterium dar, um teilzeitbeschäftigte Arbeitnehmer von einer derartigen Sonderzahlung auszuschließen. Denn auch diese Arbeitnehmer zeigen durch ihre Arbeit Betriebstreue[34]. Liegt der Schwerpunkt der Leistung aber im Entgeltbereich, so kommt eine Reduzierung des Anspruchs für Teilzeitarbeitnehmer in Betracht.

## IV. Rückzahlungsklauseln

Im Fall von Rückzahlungsklauseln ist die Bagatellgrenze[35], bei denen der Arbeitgeber schon bei Vollzeitarbeitnehmern keine Rückzahlung verlangen kann, für Teilzeitarbeitnehmer nicht proportional herabsetzbar[36]. Dies wird teilweise mit dem Argument kritisiert, dass dies eine ungerechtfertigte Begünstigung des Teilzeitarbeitnehmers darstellen würde und eine Festlegung der Bagatellgrenze weniger an einem Fixbetrag als an einem Prozentsatz des Monatsgehalts festzumachen wäre[37]. Gegen diese Ansicht spricht jedoch, dass bei Bagatellbeträgen die Rückzahlungsverpflichtung deshalb verneint wird, weil diese schnell verbraucht sind und deren Rückzahlung für den Arbeitnehmer daher unzumutbar wäre. Dieser Gedanke greift aber auch bei Teilzeitarbeitnehmern ein. Im Übrigen wird unter Vollzeitarbeitnehmern hinsichtlich der Rückzahlungsverpflichtung kein Unterschied bezüglich der Höhe des Einkommens gemacht.

---

[29] *Sowka/Köster* S. 30.
[30] *Babl* S. 118.
[31] A. A.: *Babl* S. 118, die auf ein normales Arbeitsjahr und nicht auf ein Urlaubsjahr abstellen will.
[32] *BAGE* 66, 314, 318; *Dikomey* S. 114; *Lindena*, Die Bank 1995, 324, 326; *Wank* RdA 1985, 1, 16.
[33] *Dikomey* S. 114.
[34] TZA/*Dieball* § 4 TzBfG Rn. 19; *Sowka/Köster* S. 30.
[35] Diese soll bei 100 Euro liegen, vgl. *Danne* S. 76; GK- TzA/*Danne* § 5 BeschFG Rn. 120; *Freitag* NZA 2002, 294; GK- TzA/*Lipke* § 2 BeschFG Rn. 213.
[36] *Sowka/Köster* S. 31; a. A.: AR- Blattei/*Seiter* Teilzeitarbeit C V 3, der auf die fehlende Bindungswirkung an den Betrieb durch Kleinstgratifikationen abstellt.
[37] GK- TzA/*Lipke* § 2 BeschFG Rn. 213.

Dann muss dies aber auch für den Vergleich zwischen Vollzeit- und Teilzeitarbeitnehmern gelten[38].

V. Einzelne Leistungen des Arbeitgebers[39]:

Von der Zurverfügungstellung von *Werksmietwohnungen* können Teilzeitarbeitnehmer in der Regel ausgeschlossen werden. Dies ergibt sich aus Kapazitätserwägungen. Denn aufgrund der Knappheit von Werksmietwohnungen sollen diese vornehmlich an Arbeitnehmer vergeben werden, die ihre gesamte Arbeitskraft dem Arbeitgeber zur Verfügung stellen[40]. Teilzeitarbeitnehmer haben mehr zur Verfügung stehende Zeit, um zur Arbeit zu kommen. Insofern ist es gerechtfertigt, vorrangig Vollzeitarbeitnehmer in den Genuss von Werksmietwohnungen kommen zu lassen, da sich diese Wohnungen in der Regel in der Nähe des Betriebes befinden[41].
Etwas anderes gilt aber dann, wenn der Arbeitgeber einen *Mietzuschuss* zahlt. Wegen der Vorschrift des § 4 Abs. 1 S. 1 TzBfG besteht für Teilzeitarbeitnehmer jedenfalls ein anteiliger Anspruch auf den Mietzuschuss. Ein voller Anspruch besteht sogar dann, wenn der Arbeitgeber zu erkennen gibt, dass seine Leistung nicht ein Äquivalent zur Leistung des Arbeitnehmers darstellen soll. Indiz hierfür kann die Gewährung eines Pauschalbetrags sein[42].
Ein *Fahrtkostenzuschuss* steht Teilzeitarbeitnehmern grundsätzlich in gleichem Umfang wie Vollzeitarbeitnehmern zu. Es muss aber berücksichtigt werden, wenn der Teilzeitarbeitnehmer nicht täglich arbeitet, sodass er lediglich einen anteiligen Anspruch auf den Fahrtkostenzuschuss hat[43]. Daraus ergibt sich des Weiteren, dass während der Freistellungsphase kein Anspruch auf Fahrtkostenzuschuss besteht, da keine arbeitsbedingten Fahrtkosten entstehen.
Die Zulassung zur Teilnahme an einer *Kantinenmahlzeit* oder die Gewährung eines *Essenszuschusses* soll in der Regel einen Ausgleich dafür darstellen, dass der Arbeitnehmer aus berufsbedingten Gründen nicht zu Hause eine Mahlzeit einnehmen kann. Dies rechtfertigt die Herausnahme von Teilzeitbeschäftigten von diesen Leistungen, wenn diese nur vormittags, nachmittags oder nur stundenweise beschäftigt sind[44]. Ein Zuschuss während der Freistellungsphase kommt nicht in Betracht.
Bei der Zurverfügungstellung von *firmeneigenen Einrichtungen*, wie beispielsweise Betriebskindergärten, wird man aus Kapazitätsgründen Vollzeitarbeitnehmer vorran-

---

38 *Danne* S. 76; GK- TzA/*Danne* § 5 BeschFG Rn. 120.
39 Einen guten Überblick über die einzelnen sozialen Leistungen gibt GK- TzA/*Lipke* § 2 BeschFG Rn. 208.
40 *Sowka/Köster* S. 31; *Wank* RdA 1985, 1, 16.
41 GK- TzA/*Lipke* § 2 BeschFG Rn. 200.
42 *Sowka/Köster* S. 32.
43 *Danne* S. 75; GK- TzA/*Lipke* § 2 BeschFG Rn. 207; AR- Blattei/*Seiter* Teilzeitarbeit C V 1 b cc *Sowka/Köster* S. 32.
44 *Danne* S. 75; *Grobys* DB 2001, 758, 760; GK- TzA/*Lipke* § 2 BeschFG Rn. 206; AR- Blattei/*Seiter* Teilzeitarbeit C V 1 b aa *Sowka/Köster* S. 32; *Wank* RdA 1985, 1, 16.

gig berücksichtigen müssen[45]. Insbesondere stellt sich für Teilzeitarbeitnehmer nicht das Problem, eine durchgehende Ganztagsbetreuung für ihre Kinder finden zu müssen[46]. Nimmt der Arbeitgeber bei ausreichenden Kapazitäten Teilzeitarbeitnehmer nicht von der Nutzung eines Betriebskindergartens aus, so stellt sich die Frage, was während der Freistellungsphase zu gelten hat. Denn die Kinder sind auf eine feste Integration in die Gruppe angewiesen. Das Problem lässt sich aber dadurch lösen, dass die Arbeitnehmer während der Freistellungsphase ein angemessenes Entgelt für die Nutzung der Einrichtungen bezahlen.

Gewährt der Arbeitgeber Leistungen zu einem bestimmten *privaten Anlass*, wie beispielsweise aus Anlass eines Krankheits-, Geburts- und Todesfalles, so kommt es für die Frage, in welchem Umfang der Teilzeitarbeitnehmer davon profitieren kann, auf die Ausgestaltung der Anspruchsgrundlage an[47]. Wird die Leistung in einem bestimmten Prozentsatz der entstandenen oder definierten Aufwendungen gewährt, so lässt diese Regelung erkennen, dass allein auf den Bedarf abgestellt wird und nicht auf die Höhe der Vergütung oder den Umfang der Arbeitsleistung des Arbeitnehmers. Da der Bedarf sowohl bei Teilzeit- als auch bei Vollzeitarbeitnehmern der gleiche ist, ist eine Verweigerung oder Kürzung der Leistung nicht gerechtfertigt[48]. Etwas anderes gilt aber dann, wenn die anspruchsbegründende Norm für einen teilzeitbeschäftigten Arbeitnehmer nur eine anteilige Leistung gewährt. Denn in dieser Fallkonstellation ergibt die Auslegung, dass nicht eine Bedarfsdeckung hinsichtlich einer Aufwendung, die grundsätzlich aus dem Einkommen zu bestreiten ist, erfolgen, sondern lediglich ein anlassbezogener Zuschuss zu der laufenden Vergütung in dem Umfang, wie der Arbeitnehmer seine Arbeitskraft zur Verfügung stellt, gewährt werden soll. Die Reduzierung der Leistung, die an die Teilzeitarbeitnehmer gewährt werden soll, ist somit rechtlich zulässig[49].

Bei der Gewährung einer *Jubiläumszuwendung* wird nicht auf die tatsächliche Beschäftigung, sondern auf den rechtlichen Bestand des Arbeitsverhältnisses abgestellt[50]. Denn eine Jubiläumszuwendung stellt eine einmalige Leistung des Arbeitgebers dar, mit der die Betriebstreue des Arbeitnehmers belohnt werden soll. Die Betriebstreue ist aber nicht von dem Verdienst des Arbeitnehmer oder von der Art, Wertigkeit oder dem Umfang der Arbeitszeit abhängig, sondern einzig vom Bestand des Arbeitsverhältnisses. Teilzeitarbeitnehmer erbringen aber die gleiche Treue zum Betrieb, sodass eine Ungleichbehandlung in dieser Hinsicht sachlich nicht gerechtfertigt ist[51]. Auch der freigestellte Arbeitnehmer muss daher die Leistung in voller Höhe erhalten.

---

[45] *Sowka/Köster* S. 33; *Wank* RdA 1985, 1, 16; **einschränkend:** *Preis/Gotthardt* DB 2000, 2065, 2066, die bei unteilbaren Leistungen Teilzeitarbeitnehmern grundsätzlich einen vollumfänglichen Anspruch geben wollen.

[46] *Lipke* NZA 1990, 758, 765.

[47] *Pfeifer* SAE 1999, 271, 282.

[48] *BAGE* 73, 262, 266; 88, 92, 98; TZA/*Dieball* § 4 TzBfG Rn. 19; *Grobys* DB 2001, 758, 760; *Pfeifer* SAE 1999, 271, 283; *Preis* S. 365, der Teilzeitarbeitnehmern generell einen vollumfänglichen Anspruch zubilligt.

[49] *BAGE* 88, 92, 97, 100; TZA/*Dieball* § 4 TzBfG Rn. 19; *Pfeifer* SAE 1999, 271, 283.

[50] *Babl* S. 117.

[51] *BAG* NZA 1996, 938 f; *Grobys* DB 2001, 758, 760; *Ihlenfeld/Kles* Rn. 99; Kittner/Zwanziger/*Mayer* § 140 Rn. 64; *Pfeifer* SAE 1999, 271, 284; *Ring* § 4 Rn. 22; Kasseler Handbuch/*Weber* 3.5 Rn. 94.

## VI. Zusammenfassung

Gewährt der Arbeitgeber Leistungen, so ist für die Frage, ob (freigestellte) Teilzeitarbeitnehmer ebenfalls einen Anspruch auf diese haben, der Leistungszweck in seiner objektiven Funktion maßgeblich. Der Leistungszweck kann sich als Entgelt für geleistete Arbeit, als Belohnung der Betriebstreue oder als beide Ziele kumulativ darstellen. Ein Teilzeitarbeitnehmer wird grundsätzlich aufgrund des Leistungszwecks einen – wenn auch eventuell verringerten – Anspruch auf die arbeitgeberseitige Leistung haben. Eine andersartige Regelung wäre in der Regel nach § 4 Abs. 1 S. 1 TzBfG i. V. m. § 134 BGB unwirksam.

## § 14 Auswirkungen von Freistellungsphasen für Leistungen nach dem MuSchG und dem BErzGG

### I. Leistungen nach dem MuSchG

Gem. § 1 Nr. 1 MuSchG findet das Mutterschutzgesetz auf alle Frauen Anwendung, die in einem Arbeitsverhältnis stehen. Damit sind auch Teilzeitarbeitnehmerinnen vom Mutterschutzgesetz umfasst, unabhängig davon, ob sie als geringfügig Beschäftigte einzustufen sind oder nicht[1].

Nach § 3 Abs. 2 MuSchG dürfen werdende Mütter grundsätzlich in den letzten sechs Wochen vor der Entbindung nicht beschäftigt werden. Denkbar ist, dass diese Schutzfrist in den Zeitraum eines Sabbaticals fällt. In diesem Fall darf die Dauer der Schutzfrist nicht mit dem Sabbatical verrechnet werden. Denn ansonsten würde die werdende Mutter in einem flexiblen Teilzeitarbeitsverhältnis gegenüber einer solchen in einem „Normalarbeitsverhältnis" benachteiligt[2]

Für die Zeit der Schutzfrist des § 3 Abs. 2 MuSchG würde grundsätzlich die Regelung des § 614 BGB – ohne Arbeit kein Lohn – eingreifen[3]. Gemäß § 13 Abs. 1, 2 MuSchG i. V. m. § 200 RVO hat die Arbeitnehmerin jedoch gegen ihre Krankenversicherung einen Anspruch auf Mutterschaftsgeld und gegen ihren Arbeitgeber einen Anspruch auf Zuschuss zum Mutterschaftsgeld gemäß § 14 MuSchG. Da sich der Anspruch der Arbeitnehmerin gegen den Arbeitgeber auf Zuschuss zum Mutterschaftsgeld nach dem durchschnittlichen kalendertäglichen Entgelt richtet, das bei Teilzeitarbeitnehmerinnen in der Regel niedriger sein wird als bei Vollzeitkräften, ist ein Anreiz für den Arbeitgeber zur Schaffung von Teilzeitarbeitsplätzen bereitet[4].

Es muss für die Lösung der Frage, ob ein Anspruch auf Mutterschaftsgeld besteht zwischen diskontinuierlicher und kontinuierlicher Entgeltzahlung unterschieden werden. Denn gemäß § 200 Abs. 4 RVO ruht der Anspruch auf Mutterschaftsgeld, wenn die Arbeitnehmerin während der Schutzfrist Arbeitsentgelt erhält. Zu beachten ist in diesem Zusammenhang, dass die Ruhenswirkung nur insoweit eintritt, als Arbeitsentgelt tatsächlich ausbezahlt wird. Das bloße Bestehen eines Anspruchs reicht zur Herbeiführung der Ruhenswirkung nicht aus[5].

Wird das Arbeitsentgelt *kontinuierlich* ausbezahlt und fällt die Schonfrist in die Freizeitperiode, entsteht der Arbeitnehmerin kein Verdienstausfall[6]. Ihr wird das Gehalt weiterhin ausbezahlt, sodass der Anspruch auf Mutterschaftsgeld gemäß § 200 Abs. 4 RVO in dieser Höhe ruht. Etwas anderes würde nur dann gelten, wenn das gezahlte

---

[1] *Bulla/Buchner* § 1 Rn. 29; MünchHdbArbR/*Heenen* § 225 Rn. 11; *Heilmann* § 1 Rn. 10; *Gröninger/Thomas* § 1 MuSchG Rn. 9; *Meisel/Sowka* § 1 MuSchG Rn. 10; *Sowka/Köster* S. 60; *Zmarzlik/Zipperer/Viethen* § 1 MuSchG Rn. 6.
[2] *Babl* S. 144 f, die insoweit den Gedanken des § 9 BUrlG heranziehen will.
[3] *Gröninger/Thomas* § 13 MuSchG Rn. 4.
[4] *Löwisch* RdA 1984, 197, 205.
[5] *Bulla/Buchner* § 13 Rn. 169; *Gröninger/Thomas* § 13 MuSchG Rn. 109; *Meisel/Sowka* § 200 RVO Rn. 106; *Zmarzlik/Zipperer/Viethen* § 200 RVO Rn. 155.
[6] *Babl* S. 145; *Löwisch* RdA 1984, 197, 206; *Schüren* BB 1984, 1235, 1239.

Entgelt geringer als der Anspruch auf Mutterschaftsgeld wäre. Die Arbeitnehmerin hätte dann gegen die Krankenversicherung einen Anspruch auf die sich ergebende Differenz zum Mutterschaftsgeld[7]. Anders liegt es, wenn die Schonfrist in die Arbeitsperiode fällt. Denn dann würde die Arbeitnehmerin grundsätzlich einen Verdienstausfall erleiden, sodass sie Anspruch auf Mutterschaftsgeld und auf Zuschuss zum Mutterschaftsgeld hat[8]. Der Anspruch auf Zuschuss zum Mutterschaftsgeld geht grundsätzlich bis zur Höhe der Halbtagsvergütung, da in der Arbeitsperiode nur die Hälfte des Entgeltanspruchs ausbezahlt wird. Unter Hinweis auf § 14 Abs. 1 S. 5 MuSchG wird jedoch auch ein Anspruch auf Zuschuss zum vollen Gehalt vertreten[9].
Bei *diskontinuierlicher* Bezahlung hat die Arbeitnehmerin einen Anspruch auf Zahlung von Mutterschaftsgeld und Zuschuss zum Mutterschaftsgeld, wenn die Schonfrist in die Arbeitsperiode fällt[10]. Denn sie hat insoweit einen Arbeits- und Verdienstausfall. Fällt die Schutzfrist dagegen in die Freizeitperiode, so hat die Arbeitnehmerin ebenfalls keinen Anspruch auf Mutterschaftsgeld und auf den gekoppelten Zuschuss zum Mutterschaftsgeld. Denn diese haben Lohnersatzfunktion und können deshalb nicht eingreifen, wenn die Arbeitnehmerin während ihrer Arbeitsphase schon den vollen Anspruch auf das Arbeitsentgelt erlangt hat, also kein Lohnverlust eintritt[11].
Bei flexiblen Teilzeitarbeitsmodellen führt die Berechnungsweise der § 14 Abs. 1 MuSchG, § 200 Abs. 2 RVO häufig nicht zu einem sachgerechten Ergebnis. Denn der Zeitraum der letzten 13 Wochen bzw. 3 Monate wird nicht den Lebensstandard der Arbeitnehmerin widerspiegeln. Außerdem hätte der Arbeitgeber Einfluss auf die Höhe der Ansprüche, indem er die Arbeitspflicht der Arbeitnehmerin entsprechend platziert. Zunächst ist die Regelung des § 14 Abs. 1 S. 5 MuSchG, die besonders für flexible Arbeitszeitformen ihre Bedeutung hat, heranzuziehen[12]. Darüber hinaus wird vorgeschlagen, auf das Arbeitsentgelt entsprechend des Arbeitsdeputats abzustellen, jedoch Überstunden zu berücksichtigen, die im Bezugszeitraum geleistet worden sind[13]. Des Weiteren soll auf einen repräsentativen Vergleichszeitraum zurück gegriffen werden[14]. Letztlich handelt es sich um eine dem Recht der Urlaubsentgeltzahlung vergleichbare Problemstellung, sodass auf die dortigen Ausführungen Bezug genommen werden kann.
Ist die Arbeitnehmerin bei mehreren Arbeitgebern beschäftigt, so ist für die Berechnung des Mutterschaftsgelds nach § 13 MuSchG und des Zuschusses zum Mutterschaftsgeld nach § 14 MuSchG das Einkommen aus allen Arbeitsverhältnissen zusammen zu rechnen. Übersteigt infolge dessen das durchschnittliche kalendertägliche

---

[7] *Bulla/Buchner* § 13 Rn. 164; *Heilmann* § 8b Rn. 21; *Schüren* BB 1984, 1235, 1239; *Zmarzlik/Zipperer/Viethen* § 200 RVO Rn. 153.
[8] *Babl* S. 145; *Löwisch* RdA 1984, 197, 206; *Schüren* BB 1984, 1235, 1239.
[9] *Löwisch* RdA 1984, 197, 206; *Schüren* BB 1984, 1235, 1239.
[10] *Babl* S. 147; *Löwisch* RdA 1984, 197, 206; *Schüren* BB 1984, 1235, 1239.
[11] *Babl* S. 147; *Löwisch* RdA 1984, 197, 206; *Meisel/Sowka* § 200 RVO Rn. 4; *Schüren* BB 1984, 1235, 1239.
[12] *Babl* S. 146; *Bulla/Buchner* § 13 Rn. 130; *Meisel/Sowka* § 14 MuSchG Rn. 11; *Zmarzlik/Zipperer/Viethen* § 14 MuSchG Rn. 50, § 200 RVO Rn. 67.
[13] *Meyer* S. 144.
[14] *Zmarzlik/Zipperer/Viethen* § 14 MuSchG Rn. 50; § 200 RVO Rn. 49; **stark einschränkend:** *Bulla/Buchner* § 13 Rn. 130, § 14 Rn. 66.

Arbeitsentgelt 13 Euro, vgl. § 14 Abs. 1 S. 1 MuSchG, so müssen alle Arbeitnehmer den Zuschuss in dem Verhältnis zahlen, in dem die Nettobezüge zueinander stehen. Der Arbeitgeber, bei dem kalendertäglich weniger als 13 Euro erzielt wird, und der, isoliert betrachtet, keinen Zuschuss zum Mutterschaftsgeld hätte zahlen müssen, ist danach verpflichtet, eine anteilige Leistung zu erbringen[15]. Denn durch den Zuschuss zum Mutterschaftsgeld soll der Lebensstandard der Arbeitnehmerin erhalten bleiben. Dieses Ziel könnte jedoch nicht erreicht werden, wenn sich ein Arbeitgeber darauf berufen könnte, dass das bei ihm erzielte durchschnittliche kalendertägliche Arbeitsentgelt geringer als das Mutterschaftsgeld ist[16].

Das Mutterschaftsgeld und der Zuschuss zum Mutterschaftsgeld werden nach dem eindeutigen Wortlaut der gesetzlichen Vorschriften für jeden Kalendertag gezahlt, auch wenn die Arbeitnehmerin nicht täglich zur Arbeitsleistung verpflichtet ist[17]. Bei der Ermittlung des durchschnittlichen arbeitstäglichen Entgelts ist jeder Kalendertag ohne Rücksicht auf individuelle Arbeitszeiten miteinzuberechnen[18]. Unbezahlte Freischichten werden ebenfalls in die Berechnung miteinbezogen[19]. Arbeitstage, an denen die Arbeitnehmerin nur für einige Stunden gearbeitet hat, sind als volle Tage und nicht nur stundenweise zu berücksichtigen[20].

## II. Leistungen nach dem BErzGG

Ein Anspruch auf Erziehungsgeld nach dem Bundeserziehungsgeldgesetz besteht, wenn neben weiteren Voraussetzungen keine volle Erwerbtätigkeit ausgeübt wird, vgl. § 1 Abs. 1 Nr. 4 BErzGG. Unter Erwerbtätigkeit ist jede in Gewinnabsicht auf Erzielung eines wirtschaftlichen Erfolgs gerichtete selbstständige oder unselbstständige Tätigkeit zu verstehen[21]. Nach § 2 Abs. 1 BErzGG liegt eine nicht volle Erwerbstätigkeit vor, wenn die wöchentliche Arbeitszeit 30 Stunden nicht übersteigt. Nach der gesetzgeberischen Vorstellung soll diese Zeit für die Betreuung und Erziehung des Kindes unschädlich sein[22].

Bestehen bei mehreren Arbeitgebern Arbeitsverhältnisse, müssen die Arbeitszeiten aller Arbeitsverhältnisse zusammen gerechnet werden[23]. Denn § 2 Abs. 1 Nr. 1 BErzGG stellt auf die gesamte wöchentliche Arbeitszeit ab[24]. Der Arbeitnehmer ist

---

[15] *BAGE* 54, 361, 364; *Heilmann* § 14 Rn. 19, 20; *Gröninger/Thomas* § 14 MuSchG Rn. 6; GK-TzA/*Lipke* § 2 BeschFG Rn. 338; *Meisel/Sowka* § 14 MuSchG Rn. 16 ff; *Sowka/Köster* S. 61; *Zmarzlik/Zipperer/Viethen* § 14 MuSchG Rn. 62 ff

[16] *Meisel/Sowka* § 14 MuSchG Rn. 166; *Zmarzlik/Zipperer/Viethen* § 14 MuSchG Rn. 62.

[17] *Zmarzlik/Zipperer/Viethen* § 14 MuSchG Rn. 51.

[18] *Bulla/Buchner* § 13 Rn. 122; *Meisel/Sowka* § 14 MuSchG Rn. 10, § 200 RVO Rn. 67.

[19] *Gröninger/Thomas* § 13 MuSchG Rn. 81.

[20] *Bulla/Buchner* § 13 Rn. 123, § 14 Rn. 68; *Meisel/Sowka* § 200 RVO Rn. 68.

[21] MünchHdbArbR/*Heenen* § 228 Rn. 16; *Hönsch* Rn. 49; *Zmarzlik/Zipperer/Viethen* § 1 BErzGG Rn. 44, § 2 BErzGG Rn. 4.

[22] *Meisel/Sowka* § 2 BErzGG Rn. 1; *Sowka/Köster* S. 63.

[23] *Hönsch* Rn. 546; GK- TzA/*Lipke* § 2 BeschFG Rn. 345; *Meisel/Sowka* § 2 BErzGG Rn. 8; *Sowka/Köster* S. 63; *Zmarzlik/Zipperer/Viethen* § 2 BErzGG Rn. 3.

[24] *Sowka/Köster* S. 63; *Meisel/Sowka* § 2 BErzGG Rn. 8.

aber nicht verpflichtet, in jedem seiner Arbeitsverhältnisse Erziehungsurlaub in Anspruch zu nehmen. Er kann vielmehr auch nur in einem Arbeitsverhältnis Erziehungsurlaub in vollem Umfang und in dem anderen überhaupt nicht nehmen. Insofern ist dann auch nicht die Zustimmung des Arbeitgebers, bei dem Erziehungsurlaub in Anspruch genommen wird, nach § 15 Abs. 4 S. 2 BErzGG erforderlich, da sich das Zustimmungserfordernis lediglich auf neu aufgenommene Teilzeitarbeitsverhältnisse bezieht[25].

Wird die Wochenarbeitszeitgrenze gelegentlich überschritten, so soll dies unschädlich sein, wenn im Arbeitsvertrag eine regelmäßige Arbeitszeit von weniger als 30 Stunden pro Woche vereinbart ist[26]. Von einer gelegentlichen Überschreitung kann man sprechen, wenn die Arbeitszeitabweichung nicht regelmäßig wiederkehrend auftritt und nicht vorhersehbar ist[27]. Dies kommt den Bedürfnissen in der Praxis zwar sehr nahe, führt jedoch dazu, dass die Erziehungstätigkeit in Mitleidenschaft gezogen wird.

Bei unregelmäßigen Arbeitszeiten muss nach teilweise vertretener Meinung eine durchschnittliche Betrachtung erfolgen[28]. In diesem Zusammenhang sind insbesondere bei Blockarbeitsverhältnissen die Grenzen der §§ 1 Abs. 1 Nr. 4, 2 Abs. 1 BErzGG zu berücksichtigen. Denn betrachtet man lediglich die Arbeitsperiode, so würde häufig kein Anspruch auf Erziehungsgeld bestehen. Stellt man dagegen eine Durchschnittsberechnung für das gesamte Jahr an, so wird im Regelfall die wöchentliche Arbeitszeit von 30 Stunden nicht überschritten, sodass grundsätzlich ein Anspruch auf Erziehungsgeld bestünde. Mit dem Hinweis, dass Arbeitnehmer in einem Blockarbeitsmodell aufgrund der Verteilung der Arbeitszeit in sachlich ungerechtfertigter Weise benachteiligt würden, wird die Einhaltung der Grenzen der §§ 1 Abs. 1 Nr. 4, 2 Abs. 2 BErzGG bejaht, wenn durchschnittlich nicht mehr als 30 Stunden pro Woche gearbeitet werden[29]. Beachtet werden muss jedoch, dass dies dem Gesetzeszweck, nämlich der Gewährleistung einer angemessenen Betreuung und Erziehung entgegen steht[30] und dass der Pflege der Kinder, auch in gesellschaftspolitischer Hinsicht ein hoher Stellenwert zukommt. Insbesondere wird Erziehungsgeld dafür gezahlt, damit der Sorgeberechtigte selbst die Erziehung übernehmen kann, § 1 Abs. 1 Nr. 3 BErzGG. Das ist aber in den Arbeitsphasen nicht mehr gewährleistet, sodass die Geldleistung ihr Ziel verfehlen würde.

Erhält ein Arbeitnehmer während seines Sabbaticals weiterhin sein Entgelt, so steht dies dem Anspruch auf Erziehungsgeld nach dem BErzGG nicht entgegen. Denn es handelt sich zum einen nicht um eine Leistung i. S. d. § 2 Abs. 2 BErzGG und zum anderen übt der Erziehungsgeldberechtigte auch keine Erwerbstätigkeit i. S. d. § 1

---

[25] MünchHdb ArbR/*Heenen* § 229 Rn. 8; *Zmarzlik/Zipperer/Viethen* § 15 BErzGG Rn. 41.

[26] *Hönsch* Rn. 54 a; GK- TzA/*Lipke* § 2 BeschFG Rn. 344; *Meisel/Sowka* § 2 BErzGG Rn. 2; *Zmarzlik/Zipperer/Viethen* § 2 BErzGG Rn. 13.

[27] *Zmarzlik/Zipperer/Viethen* § 2 BErzGG Rn. 13.

[28] Streitig ist, ob die Durchschnittsbetrachtung vergangenheitsbezogen, so *Babl* S. 151; GK-TzA/*Lipke* § 2 BeschFG Rn. 345 oder zukunftsbezogen sein muss, so *Zmarzlik/Zipperer/Viethen* § 2 BErzGG Rn. 12.

[29] *Babl* S. 150.

[30] *Meisel/Sowka* § 2 BErzGG Rn. 3.

Abs. 1 Nr. 4 BErzGG aus. Zu beachten sind in diesem Zusammenhang allerdings die Einkommensgrenzen des § 5 Abs. 2, 3 BErzGG[31].

### III. Zusammenfassung

Auch Teilzeitarbeitnehmerinnen unterfallen dem MuSchG. Während der letzten sechs Wochen vor der Entbindung besteht gemäß § 3 Abs. 2 MuSchG ein Beschäftigungsverbot, das mit einer Freistellungszeit nicht verrechnet werden darf. Für diese Schutzfrist hat die Arbeitnehmerin gegen ihre Krankenversicherung einen Anspruch auf Mutterschaftsgeld und gegen ihren Arbeitgeber einen Anspruch auf Zuschuss zum Mutterschaftsgeld. Der Anspruch auf Mutterschaftsgeld ruht jedoch nach § 200 Abs. 4 RVO, wenn die Arbeitnehmerin während der Schutzfrist Arbeitsentgelt erhält. Daraus ergibt sich, dass der Anspruch auf Mutterschaftsgeld bei Blockarbeitszeiten nur dann besteht, wenn die Schutzfrist in die Arbeitsperiode fällt. Denn insoweit würde grundsätzlich die Vorschrift des § 614 BGB eingreifen. In der Freizeitperiode kommt es dagegen weder bei kontinuierlicher noch bei diskontinuierlicher Bezahlung zu einem Verdienstausfall infolge des Beschäftigungsverbots. Der Zuschuss zum Mutterschaftsgeld wird nach § 14 MuSchG berechnet, wobei bei flexiblen Teilzeitarbeitsverhältnissen auch die Grundsätze gelten, die bei der Berechnung des Urlaubsentgelts bereits ausgeführt wurden.
Dem Anspruch auf Erziehungsgeld nach dem BErzGG steht eine Teilzeittätigkeit bis zur Dauer von 30 Stunden pro Woche nicht entgegen. Auch eine gelegentliche Überschreitung schadet nicht. Etwas anderes gilt aber, wenn sich Arbeitsperioden mit Freizeitperioden abwechseln und die Arbeitszeit in Ersterer die 30- Stunden- Grenze dauerhaft überschreitet. Denn die Erziehungstätigkeit wäre in erheblichem Maße beeinträchtigt. Wird einem Arbeitnehmer während einer Freistellungszeit diskontinuierlich Entgelt ausbezahlt, so ist dies – im Rahmen des § 5 Abs. 2, 3 BErzGG – unschädlich.

---

[31] *Babl* S. 148.

## I. Anwendbarkeit des KSchG

Auch Teilzeitarbeitnehmer fallen unter den persönlichen Geltungsbereich des KSchG. Denn diese sind ebenfalls Arbeitnehmer im Sinne des KSchG. Hätte der Gesetzgeber Teilzeitarbeitnehmer nicht erfassen wollen, so hätte er dies ausdrücklich regeln müssen. Auch für Teilzeitarbeitnehmer hat der Staat jedoch mit Rücksicht auf Art. 12 GG eine in den Kündigungsschutzvorschriften konkretisierte Schutzpflicht im Hinblick auf den möglichen Verlust des Arbeitsplatzes. Im KSchG wird daher keine Unterscheidung nach dem Umfang der Arbeitszeit getroffen[1]. Zwar sieht § 23 Abs. 1 S. 2, 3 KSchG eine Regelung hinsichtlich Teilzeitarbeitnehmern vor, diese bezieht sich aber nur auf die Anwendbarkeit des KSchG im Hinblick auf den Betrieb, nicht auf die persönliche Anwendbarkeit des KSchG für den einzelnen Arbeitnehmer[2]. Zu einer (mittelbaren) Diskriminierung von Frauen führt dies jedoch nicht. Denn es wird keine Unterscheidung zwischen Vollzeit- und Teilzeitarbeitnehmern vorgenommen, sondern lediglich zwischen Arbeitnehmern differenziert, die in einem Kleinbetrieb, auf den das KSchG nicht anwendbar ist, tätig sind, und solchen, die in einem Betrieb tätig sind, auf den das KSchG anwendbar ist[3]. Wenn also ein Betrieb als Kleinbetrieb i. S. d. § 23 Abs. 1 S. 2 KSchG zu qualifizieren ist, dann sind davon nicht nur die Teilzeitarbeitnehmer betroffen, sondern sämtliche Arbeitnehmer dieses Betriebes. Umgekehrt findet der Kündigungsschutz bei betrieblicher Anwendbarkeit des KSchG auch auf Teilzeitarbeitnehmer Anwendung[4]. Eine mittelbare Diskriminierung kann allenfalls dann ist Betracht kommen, wenn in einem Kleinbetrieb wesentlich mehr Frauen als Männer beschäftigt wären, was pauschal jedoch nicht bejaht werden kann[5]. Letztlich dürfte aber selbst dann, wenn man eine mittelbare Diskriminierung durch die Norm des § 23 Abs. 1 S. 2, 3 KSchG annehmen wollte, von einem die Unterscheidung rechtfertigenden Grund auszugehen sein. Denn Sinn und Zweck der Vorschrift ist es, gerade kleinere Betriebe finanziell zu entlasten[6].

---

[1] *BAGE* 54, 248, 253; GK- TzA/*Becker* § 2 BeschFG Rn. 242; GK- TzA/*Danne* § 5 BeschFG Rn. 137; HK-KSchG/*Dorndorf* § 1 KSchG Rn. 53; KR/*Etzel* § 1 KSchG Rn. 74; Mager/Winterfeld/Göbel/Seelmann/*Göbel* Rn. 240; *Holland* S. 59; Kempen/Zachert/*Kempen*, TVG, Grundlagen Rn. 189; APS/*Preis*, Grundlagen F. Rn. 27; *Sowka/Köster* S. 73; Kasseler Handbuch/*Weber* 3.5 Rn. 115.

[2] GK- TzA/*Becker* § 2 BeschFG Rn. 242; TZA/*Buschmann* § 1 KSchG Rn. 1; *Sowka* DB 1992, 2030, 2031; kritisch zu der gesetzlichen Regelung im Hinblick auf den verloren gehenden Kündigungsschutz der Vollzeitarbeitnehmer *Babl* S. 156; Mager/Winterfeld/Göbel/Seelmann/*Göbel* Rn. 492.

[3] *EuGHE* 1993 I, 6185, 6222; AR- Blattei- SD/*Mosler* 1560 Rn. 257; **a. A.:** *ArbG Reutlingen* BB 1991, 1642.

[4] Backmeister/Trittin/*Backmeister* § 23 KSchG Rn. 5; GK- TzA/*Lipke* § 2 BeschFG Rn. 243; AR-Blattei- SD/*Mosler* 1560 Rn. 253; für die Erhebung einer Kündigungsschutzklage ist daher auch nicht eine bestimmte Mindeststundenzahl erforderlich, vgl. Holland S. 59.

[5] AR- Blattei- SD/*Mosler* 1560 Rn. 257; *Sowka/Köster* S. 7.

[6] *EuGHE* 1993 I, 6185, 6220; TZA/*Dieball* Europäisches Recht Rn. 58; AR- Blattei- SD/*Mosler* 1560 Rn. 257; *Sowka* DB 1994, 1873 1877; **krit.:** *Däubler* AiB 1994, 191, 192.

Bei flexiblen Arbeitszeitformen muss für die Einordnung in die Regelung des § 23 Abs. 1 S. 3 KSchG auf die durchschnittliche jährliche Arbeitszeit abgestellt werden[7]. Bei Sabbaticals kommt es auf eine Gesamtbetrachtung von Urlaubs- und Arbeitsjahr an. Denn ansonsten könnte es zu dem merkwürdigen Ergebnis kommen, dass der Betrieb in einem Jahr, in dem sich mehrere Arbeitnehmer im Sabbatical befinden, aus dem Anwendungsbereich des KSchG herausfällt[8].
Der Kündigungsschutz des KSchG kommt einem Arbeitnehmer, der in mehreren Arbeitsverhältnissen steht, nicht nur einmal zugute. Vielmehr genießt er in jedem Arbeitsverhältnis den allgemeinen Kündigungsschutz[9]. Diese Mehrfachbeschäftigung kann jedoch im Rahmen der Interessenabwägung zu einer geringeren sozialen Schutzbedürftigkeit führen[10].
Ein Arbeitnehmer unterfällt gemäß § 1 Abs. 1 KSchG nach sechsmonatigem Bestehen seines Arbeitsverhältnisses in persönlicher Hinsicht dem Kündigungsschutz nach dem KSchG. Nach herrschender Meinung kommt es insoweit nicht darauf an, ob und wie viel der Arbeitnehmer tatsächlich gearbeitet hat, sondern lediglich darauf, dass das Arbeitsverhältnis in rechtlicher Hinsicht bestanden hat[11]. Dies soll auch bei der Teilzeitarbeit gelten. Es soll also dieselbe Berechnung der sechsmonatigen Wartezeit wie bei Vollzeitbeschäftigten erfolgen[12]. Maßgeblich sei der rechtliche Beginn des Arbeitsverhältnisses, also der Zeitpunkt der beabsichtigten Arbeitsaufnahme[13], wobei es auf Umfang und Lage der Arbeitszeit nicht ankomme. Auch längere Unterbrechungen würden nicht schaden, solange das Arbeitsverhältnis als solches fortbestehe[14]. Es komme nicht einmal darauf an, ob der Arbeitnehmer überhaupt schon einmal tätig geworden sei[15]. Denn lediglich der quantitative Unterschied in dem Umfang der Arbeitsleistung rechtfertige nicht die Verlängerung der Wartezeit nach § 1 Abs. 1 KSchG. Die unterschiedliche Arbeitsleistung würde schon durch die geringere Entgeltzahlung gewürdigt[16].
Dem steht eine andere Ansicht kritisch gegenüber[17]. Denn die Frist von 6 Monaten sei auf ein Vollzeitarbeitsverhältnis zugeschnitten und diene primär der Erprobung des

---

7 *Babl* S. 156; GK- TzA/*Mikosch* § 4 BeschFG Rn. 124; APS/*Moll* § 23 KSchG Rn. 32; KR/*Weigand* § 23 KSchG Rn. 35.
8 *Babl* S. 156.
9 GK- TzA/*Becker* § 2 BeschFG Rn. 244; TZA/*Buschmann* § 1 KSchG Rn. 1; HK-KSchG/*Dorndorf* § 1 KSchG Rn. 53; KR/*Etzel* § 1 KSchG Rn. 74; *Kittner/Trittin* § 1 KSchG Rn. 9; APS/*Preis*, Grundlagen F. Rn. 28; **a. A.:** *Adomeit* SAE 1988, 74 f; *Hahn* DB 1988, 1015 ff.
10 *BAGE* 54, 248, 254; KR/*Etzel* § 1 KSchG Rn. 74; **differenzierend:** GK- TzA/*Becker* § 2 BeschFG Rn. 244.
11 *Babl* S. 157; GK- TzA/*Becker* § 2 BeschFG Rn. 249; *Danne* S. 88; GK- TzA/*Danne* § 5 BeschFG Rn. 137; KR/*Etzel* § 1 KSchG Rn. 114; Mager/Winterfeld/Göbel/Seelmann/*Göbel* Rn. 240; GK-TzA/*Mikosch* § 4 BeschFG Rn. 123; AR- Blattei- SD/*Mosler* 1560 Rn. 254; KR/*Pfeifer* § 611 a BGB Rn. 81; AR- Blattei/*Seiter* Teilzeitarbeit C VII 3 a; *Sowka/Köster* S. 73.
12 TZA/*Buschmann* § 1 KSchG Rn. 2; GK- TzA/*Danne* § 5 BeschFG Rn. 137.
13 GK- TzA/*Danne* § 5 BeschFG Rn. 137; HK-KSchG/*Dorndorf* § 1 KSchG Rn. 94; *Meyer* S. 146; GK- TzA/*Mikosch* § 4 BeschFG Rn. 123.
14 GK- TzA/*Becker* § 2 BeschFG Rn. 249.
15 *Danne* S. 88; GK- TzA/*Danne* § 5 BeschFG Rn. 137.
16 Kempen/Zachert/*Kempen* TVG, Grundlagen Rn. 168.
17 *Dikomey* S. 91 f; *Löwisch* RdA 1984, 197, 204; nach *Menten* S. 67 soll eine einzelfallabhängige Prüfung vorgenommen werden, ob die tatsächliche Arbeitsunterbrechung unschädlich ist oder nicht.

Arbeitnehmers[18]. Gerade diese Erprobungsmöglichkeit sei aber bei Teilzeitarbeitnehmern geringer. Insbesondere im Bereich der Jahresarbeitszeitverträge, bei denen über eine längere Zeit keine Arbeitsverpflichtung für den Arbeitnehmer bestehe, sei dieses Problem besonders akut, da der Zweck des § 1 Abs. 1 KSchG gefährdet, wenn nicht sogar vereitelt würde[19]. Wenn Arbeitgeber und Arbeitnehmer eine längere arbeitsfreie Phase vereinbaren, so beruhe dies auf einem Interessen- und Lastenausgleich. Würde jedoch der Arbeitgeber an der Vorschrift des § 1 Abs. 1 KSchG festgehalten, so würde es sich nicht mehr um einen angemessenen Lastenausgleich, sondern um eine einseitige Verlagerung der Lasten auf Seiten des Arbeitgebers handeln[20]. Dem Gesetzeszweck werde eine Anwendung der allgemeinen Wartezeit auf Teilzeitarbeitnehmer daher nicht gerecht[21]. Deshalb müsse eine teleologische Reduktion des § 1 Abs. 1 KSchG vorgenommen werden, mit der Folge, dass Zeiten, in denen der Arbeitnehmer nicht oder jedenfalls für längere Zeit nicht gearbeitet hat, nicht in die Frist des § 1 Abs. 1 KSchG einzuberechnen seien[22]. Entscheidend müsse vielmehr eine durchschnittliche wöchentliche Arbeitszeit sein. Diese Berechnungsweise würde dann auch für die Arbeitgeberseite einen Anreiz bieten, vermehrt Teilzeitkräfte einzustellen sowie neue Arbeitszeitformen und -modelle zu erproben. Insbesondere wäre es für den Arbeitgeber zur Vermeidung des Kündigungsschutzes nach dem KSchG, nicht mehr erforderlich, einen befristeten Arbeitsvertrag abzuschließen. Dem Arbeitnehmer bliebe aber der Schutz besonderer Kündigungsschutzvorschriften, wie beispielsweise § 9 MuSchG erhalten[23].
Eine vermittelnde Ansicht will auf den Zweck der Sechsmonatsfrist abstellen, die es dem Arbeitgeber ermöglichen soll, die Eignung des Arbeitnehmers für seinen Arbeitsplatz zu überprüfen. Es käme auf die Umstände des Einzelfalls an, ob sich der Arbeitgeber, auch wenn der Arbeitnehmer über längere Zeiten tatsächlich nicht arbeitet, ein Bild über diesen machen kann. Insoweit soll zwischen qualifizierten und weniger qualifizierten Arbeitsplätzen zu unterscheiden sein, wobei der Arbeitgeber bei weniger qualifizierten Arbeitsplätzen eher an die Frist des § 1 Abs. 1 KSchG gebunden sein soll als bei besonders qualifizierten Tätigkeiten[24].
Die besseren Argumente sprechen jedoch dafür, zwischen den einzelnen Teilzeitarbeitsformen zu unterscheiden. Wird der Arbeitnehmer regelmäßig, jedoch in vermindertem Umfang tätig, so ist keine Abweichung vom Wortlaut des § 1 Abs. 1 KSchG veranlasst. Denn dieser Arbeitnehmer wird in der Regel lediglich mit einem begrenzten Aufgabenbereich betraut sein. Hinsichtlich dieses begrenzten Arbeitsbereiches ist es dem Arbeitgeber aber möglich, innerhalb der Frist des § 1 Abs. 1 KSchG festzustellen, ob sich der Arbeitnehmer für die konkrete Tätigkeit eignet. Sind jedoch längere Freistellungsphasen vereinbart, so kann der Arbeitgeber nicht feststellen, ob sich der Arbeitnehmer bewährt. Um den Arbeitgeber, der flexible Teilzeitarbeitsplätze geschaf-

---

[18] *Babl* S. 157.
[19] *Löwisch* RdA 1984, 197, 204; *Menten* S. 65 f.
[20] *Dikomey* S. 91 f.
[21] *Babl* S. 157; *Dikomey* S. 91 f.
[22] *Dikomey* S. 92.
[23] *Babl* S. 158; *Löwisch* RdA 1984, 197, 204.
[24] *Menten* S. 118 f.

fen hat, nicht zu benachteiligen, müssen längere Freistellungszeiten aus der Frist des § 1 Abs. 1 KSchG herausgerechnet werden. Es wäre Aufgabe des Gesetzgebers, aus Gründen der Rechtsklarheit festzulegen, was der Arbeitgeber- bzw. der Arbeitnehmerseite zugemutet werden kann. Ein Verzicht des Arbeitgebers auf den Schutz des § 1 Abs. 1 KSchG bei Vereinbarung einer längeren Freistellungsphase kann jedenfalls nur dann angenommen werden, wenn tatsächliche Anhaltspunkte dafür vorliegen[25].
Bei einem Wechsel von einem Vollzeit- in ein Teilzeitarbeitsverhältnis und umgekehrt, wird die Wartezeit aus dem vorangegangenen Arbeitszeitverhältnis angerechnet[26]. Insbesondere wird die Teilzeitarbeit nicht nur anteilig berücksichtigt[27].

## II. Kündigungsgründe

Ein generelles Kündigungsverbot besteht während der Freistellungsphase nicht. Hierfür fehlt es an einer gesetzlichen Grundlage und in aller Regel auch an einer vertraglichen Vereinbarung. Der Arbeitgeber ist lediglich insoweit in seinem Kündigungsrecht eingeschränkt, als er Umstände, die zum Abschluss der Ruhensvereinbarung geführt haben, nicht als Kündigungsgründe heranführen darf[28].

### 1. Personenbedingte Kündigung

Für eine Kündigung aus personenbedingten Gründen gelten bei der Teilzeitarbeit die allgemeinen Grundsätze[29]. In diesem Bereich geht es vor allem um persönliche Eigenschaften und Fähigkeiten des Arbeitnehmers, aufgrund deren sich zeigt, dass er für seinen Arbeitsplatz aus gesundheitlichen, beruflichen, fachlichen oder geistigen Gründen nicht geeignet ist und dies auch in Zukunft nicht sein wird[30].
Eine Kündigung aus personenbedingten Gründen scheidet nach teilweise vertretener Ansicht während der Freistellungsphase aufgrund des Wesens dieses Kündigungsgrundes aus. Denn es komme innerhalb dieser Phase nicht darauf an, ob der Arbeitnehmer geeignet und fähig sei, die Arbeitsleistung zu erbringen[31]. Nach anderer und richtiger Ansicht sind jedoch auch personenbedingte Kündigungsgründe, die während der Freistellungsphase eintreten, geeignet, eine arbeitgeberseitige Kündigung zu rechtfertigen. Denn ansonsten stünde ein Arbeitnehmer während der Freistellungsphase besser als ein Arbeitnehmer während eines aktiven Arbeitsverhältnisses. Dies ist aber

---

[25] So auch *Menten* S. 121 ff.
[26] GK- TzA/*Becker* § 2 BeschFG Rn. 250; KR/*Etzel* § 1 KSchG Rn. 115.
[27] TZA/*Buschmann* § 1 KSchG Rn. 2; so *Sowka/Köster* S. 73 für geringfügig Beschäftigte.
[28] *Dikomey* S. 222.
[29] TZA/*Buschmann* § 1 KSchG Rn. 4.
[30] Backmeister/Trittin/*Backmeister* § 1 KSchG Rn. 131; GK- TzA/*Becker* § 2 BeschFG Rn. 253; HaKo/*Gallner* § 1 Rn. 429 ff; *v. Hoyningen-Huene/Linck* § 1 Rn. 176 ff; GK- TzA/*Mikosch* § 4 BeschFG Rn. 126.
[31] *Natzel* NZA 1998, 1262.

durch die bloße Freistellung nicht beabsichtigt[32]. Insbesondere ist das Arbeitsverhältnis, das sich in einer Freistellungsphase befindet, darauf gerichtet, zu einem bestimmten Zeitpunkt wieder aufgenommen zu werden. Spätestens dann ist es aber erforderlich, dass der Arbeitnehmer für seine Tätigkeit geeignet ist. Es kann dem Arbeitgeber nicht zugemutet werden, abzuwarten, bis der Arbeitnehmer seine Unfähigkeit unter Beweis stellen kann.

Die Teilzeittätigkeit als solche stellt keinen in der Person des Arbeitnehmers liegenden Kündigungsgrund dar[33].

Auch eine anderweitige wirtschaftliche und soziale Absicherung aufgrund eines anderen Arbeitsverhältnisses, also die geringere soziale Schutzbedürftigkeit, vermag keinen personenbedingten Kündigungsgrund zu begründen. Denn das Arbeitsverhältnis wird durch diesen Umstand nicht gestört[34] Eine Berücksichtigung kann insoweit lediglich im Rahmen der Interessenabwägung erfolgen[35].

Will der Arbeitgeber einem Teilzeitarbeitnehmer wegen einer lang anhaltenden Krankheit kündigen, so können sich Unterschiede zur Kündigung eines Vollzeitarbeitnehmers ergeben. Denn ein Teilzeitarbeitnehmer ist durch Überstunden der Kollegen leichter zu ersetzen und es entstehen geringere betriebliche Störungen. Die wirtschaftliche Belastung des Arbeitgebers mit Entgeltfortzahlungskosten ist hinsichtlich eines Teilzeitarbeitnehmers auch nicht so hoch wie bei einem Vollzeitarbeitnehmer, sodass einem Teilzeitarbeitnehmer tendenziell erst zu einem späteren Zeitpunkt gekündigt werden darf als einem Vollzeitarbeitnehmer[36].

Stehen gesundheitliche Probleme eines Arbeitnehmers dem flexiblen Einsatz seiner Arbeitstätigkeit entgegen, so muss im Rahmen der Interessenabwägung geprüft werden, ob es dem Arbeitgeber nicht zumutbar ist, dem Arbeitnehmer eine starre Form der Teilzeittätigkeit anzubieten[37].

### 2. Verhaltensbedingte Kündigung

Eine Kündigung aus verhaltensbedingten Gründen richtet sich in einem Teilzeitarbeitsverhältnis nach den allgemeinen Grundsätzen[38]. Es kommt als Kündigungsgrund primär ein arbeitsvertraglicher (Neben-) Pflichtenverstoß in Betracht, der bei Teilzeitarbeit nicht anders als bei Vollzeitarbeit beurteilt werden darf[39]. Der Pflichtenverstoß muss schuldhaft erfolgen und es muss eine negative Prognose hinsichtlich des zukünftigen Verhaltens des Arbeitnehmers bestehen. Schließlich ist eine umfassende Interessenabwägung vorzunehmen[40].

---

[32] *Dikomey* S. 211.
[33] *Holland* S. 66.
[34] *BAGE* 54, 248, 256; GK- TzA/*Becker* § 2 BeschFG Rn. 255; AR- Blattei- SD/*Mosler* 1560 Rn. 258.
[35] GK- TzA/*Becker* § 2 BeschFG Rn. 255.
[36] GK- TzA/*Becker* § 2 BeschFG Rn. 254.
[37] *Meyer* S. 147; GK- TzA/*Mikosch* § 4 BeschFG Rn. 126.
[38] GK- TzA/*Becker* § 2 BeschFG Rn. 256; TZA/*Buschmann* § 1 KSchG Rn. 3; *Dikomey* S. 211.
[39] TZA/*Buschmann* § 1 KSchG Rn. 3.
[40] HaKo/*Fiebig* § 1 Rn. 164 ff; Kittner/Däubler/Zwanziger/*Däubler* § 1 KSchG Rn. 154 ff.

Eine verhaltensbedingte Kündigung während der Freistellungsphase ist grundsätzlich möglich, wird jedoch naturgemäß seltener auftreten. Einen verhaltensbedingten Kündigungsgrund stellt es dar, wenn der Arbeitnehmer eine vertragliche Nebenpflicht verletzt, deren Beachtung auch während der Freistellung geboten ist[41]. Auch dann, wenn ein außerdienstliches Verhalten bei einem aktiven Arbeitsverhältnis eine verhaltensbedingte Kündigung rechtfertigen würde, ist dies ebenso bei einem freigestellten Arbeitnehmer der Fall[42]. Denn es ist grundsätzlich nicht erforderlich, dass es zu einer erheblichen Störung der Arbeitsorganisation oder des Betriebsfriedens kommt. Die Vertragsstörung liegt in der Nichterfüllung der Pflichten des Arbeitnehmers. Ob es zu Betriebsablaufstörungen gekommen ist, ist allerdings im Rahmen der Interessenabwägung zu berücksichtigen[43].
Nach einer in der Literatur vertretenen Meinung soll ein verhaltensbedingter Kündigungsgrund in der Freistellungsphase jedoch nur eingeschränkte Wirkung entfalten können. Denn im Rahmen der Interessenabwägung sei zu beachten, dass der Arbeitnehmer seine Arbeitsleistung schon erbracht habe und seine Integration in die Arbeitsorganisation nicht mehr zu erfolgen brauche[44]. Richtig an dieser Ansicht ist, dass eine konkrete Einzelfallbetrachtung vorgenommen werden muss. Es dürfen jedoch nicht die berechtigten Interessen des Arbeitgebers vernachlässigt werden, die grundsätzlich ebenso wie bei einem Vollzeitarbeitsverhältnis zu gewichten sind. Insbesondere darf nicht übersehen werden, dass ein Arbeitsverhältnis in der Freistellungsphase auf Reaktivierung gerichtet ist. Wenn aber der Arbeitnehmer durch sein Verhalten in der Freistellungsphase das Vertrauensverhältnis beeinträchtigt bzw. die negative Prognose auf weiteres künftiges Fehlverhalten bestätigt und auf diese Weise eine Belastung des Arbeitsverhältnisses für die Zukunft bewirkt, so muss dies Wirkung auf das zu aktivierende Arbeitsverhältnis haben können.
Unabhängig vom Vorliegen einer Freistellungszeit ergeben sich im Bereich der flexiblen Teilzeitarbeit weitere erwähnenswerte Probleme im Kündigungsrecht. So kann das Nichterscheinen zur Arbeit ein verhaltensbedingter Kündigungsgrund sein. Ruft also der Arbeitgeber den KAPOVAZ- Arbeitnehmer wirksam ab und erscheint dieser (mehrmals) nicht zur Arbeit, so besteht ebenso wie bei einem Vollzeitarbeitsverhältnis ein verhaltensbedingter Kündigungsgrund. Ebenso ist grundsätzlich eine Abmahnung vor Ausspruch der Kündigung erforderlich. Im Rahmen der Interessenabwägung wird man aber zu berücksichtigen haben, ob der Arbeitnehmer einem Rechtsirrtum unterlegen war, also beispielsweise angenommen hatte, dass der Abruf unwirksam war[45].
Einen verhaltensbedingten Grund stellt es nicht dar, wenn der Arbeitnehmer das vertragsändernde Angebot des Arbeitgebers auf Änderung von Lage und Dauer der Arbeitszeit ablehnt[46]. Denn der Teilzeitarbeitnehmer handelt insoweit nicht pflichtwidrig.

---

[41] *Dikomey* S. 211; *Natzel* NZA 1998, 1262, 1263.
[42] *Dikomey* S. 211.
[43] HaKo/*Fiebig* § 1 Rn. 176, 293; *Helml* § 5 Rn. 26; **a. A.**: Backmeister/Trittin/*Backmeister* § 1 KSchG Rn. 249; APS/*Dörner* § 1 KSchG Rn. 327; Kittner/Däubler/Zwanziger/*Däubler* § 1 KSchG Rn. 204 a, der eine konkrete Berührung des Arbeitsverhältnisses durch die Pflichtverletzung fordert.
[44] *Natzel* NZA 1998, 1262, 1263.
[45] *Meyer* S. 147 f; GK- TzA/*Mikosch* § 4 BeschFG Rn. 127; Kasseler Handbuch/*Weber* 3.5 Rn. 120.
[46] *BAGE* 25, 213, 219; GK- TzA/*Becker* § 2 BeschFG Rn. 257; AR- Blattei- SD/*Mosler* 1560 Rn. 259.

Auch die Verletzung einer arbeitsvertraglichen Nebenpflicht liegt nicht vor[47]. Demgemäß stellt es auch keinen verhaltensbedingten Kündigungsgrund dar, wenn sich ein Arbeitnehmer weigert, eine Teilzeitarbeit oder eine flexible Arbeitszeitform einzugehen. Dies schließt natürlich nicht die Möglichkeit des Arbeitgebers zur Änderungskündigung aus, § 11 S. 2 TzBfG[48]. Eine derartige Änderungskündigung wird sich in der Regel nicht auf die Weigerung des Arbeitnehmers, in eine andere Arbeitszeitform zu wechseln, stützen, sondern auf eine betriebliche Organisationsentscheidung, die lediglich auf ihre offensichtliche Sachwidrigkeit, Unvernünftigkeit oder Willkür überprüft werden kann[49]. In § 11 TzBfG hat der Gesetzgeber nunmehr noch einmal klargestellt, dass die Weigerung, von einer Arbeitszeitform in die andere zu wechseln keinen Kündigungsgrund darstellt. Diese Regelung hat für die unter das KSchG fallenden Arbeitsverhältnisse lediglich klarstellende Funktion, während sie im Übrigen konstitutive Wirkung hat[50]. Etwas anderes gilt dann, wenn der Arbeitgeber aufgrund des Arbeitsvertrages berechtigt ist, Lage und Dauer der Arbeitszeit zu verändern. Weigert sich der Arbeitnehmer in diesem Fall, der Direktion des Arbeitgebers Folge zu leisten, so stellt dies einen arbeitsvertraglichen Pflichtenverstoß und damit einen verhaltensbedingten Kündigungsgrund dar.

### 3. Betriebsbedingte Kündigung

#### a. Betriebsbedingte Kündigungsgründe

Ein Teilzeitarbeitnehmer kann grundsätzlich unter den gleichen Voraussetzungen wie ein Vollzeitarbeitnehmer aus betriebsbedingten Gründen gekündigt werden[51]. Beim Jobsharing müssen für jeden Jobsharer die Voraussetzungen der betriebsbedingten Kündigung vorliegen. Eine betriebsbedingte Kündigung kommt insoweit auch in Betracht als der andere Jobsharer aus personenbedingten oder verhaltensbedingten Gründen gekündigt wurde. Denn eine wechselseitige Zurechnung dieser Kündigungsgründe erfolgt nicht. Die betriebsbedingte Kündigung des verbleibenden Jobsharer ist damit aber nicht ausgeschlossen. Stellt sich im arbeitsgerichtlichen Prozess jedoch heraus, dass die der personen- oder verhaltensbedingte Kündigung des Jobsharing-Partners unwirksam ist, so wird auch die betriebsbedingte Kündigung unwirksam[52].

---

[47] GK- TzA/*Becker* § 2 BeschFG Rn. 257, 284.
[48] GK- TzA/*Mikosch* § 4 BeschFG Rn. 131; *Rolfs* RdA 2001, 129, 131.
[49] *Rolfs* RdA 2001, 129, 132, 132.
[50] *Viethen* NZA 2001, Sonderbeilage, S. 3, 6; die Geltendmachung der Unwirksamkeit einer insoweit ausgesprochenen Kündigung stellt einen „anderen" Grund i. S. d. § 13 Abs. 3 KSchG dar und ist somit nicht an die vierwöchige Ausschlussfrist des § 4 KSchG gebunden, vgl. *Ihlenfeld/Kleb* Rn. 118; *Kliemt* NZA 2001, 63, 69; *Lindemann/Simon* BB 2001, 146, 151; *Link/Fink* AuA 2001, 155, 156; *Richardi/Annuß* BB 2000, 2201, 2203; *Rolfs* RdA 2001, 129, 131.
[51] GK- TzA/*Becker* § 2 BeschFG Rn. 258; TZA/*Buschmann* § 1 KSchG Rn. 5; *Dikomey* S. 211.
[52] *Danne* S. 87 ff.

Nach einer in der Literatur vertretenen Ansicht soll die Möglichkeit der betriebsbedingten Kündigung während der Freistellungsphase eingeschränkt sein. Denn Voraussetzung einer betriebsbedingten Kündigung ist es, dass betriebliche Gründe der Weiterbeschäftigung des Arbeitnehmers im Betrieb entgegenstehen. Das soll aber in der Freistellungsphase nicht der Fall sein. Denn da der Arbeitnehmer während dieser Zeit im Betrieb nicht beschäftigt werde, könne kein Grund für die Beendigung seines Arbeitsverhältnisses aus betrieblichen Gründen geltend gemacht werden[53]. Nach anderer und richtiger Ansicht kommt auch eine betriebsbedingte Kündigung während der Freistellungsphase in Betracht, selbst dann, wenn die zugrunde liegenden Gründe erst während der Freistellungsphase auftreten. Denn ansonsten stünde der freigestellte Arbeitnehmer besser als derjenige in einem aktiven Arbeitsverhältnis. Dies ist aber gerade nicht durch die Vereinbarung einer Freistellungsphase beabsichtigt[54]. Insbesondere ist das Arbeitsverhältnis in der Freistellungsphase auf Reaktivierung gerichtet. Es kommt also darauf an, ob zu diesem Zeitpunkt betriebliche Gründe der Weiterbeschäftigung entgegenstehen.
Es müssen dringende betriebliche Erfordernisse der Weiterbeschäftigung des Arbeitnehmers im Betrieb entgegenstehen. Das ist je nach vertraglicher Vereinbarung nicht der Fall, wenn lediglich kein Bedarf mehr für die Flexibilisierung besteht und der Arbeitgeber die vertragliche Möglichkeit hat, den Arbeitnehmer in einer regelmäßigen Arbeitszeit zu beschäftigen. Der Arbeitgeber ist dann nämlich nicht verpflichtet, die Flexibilisierungsmöglichkeiten zu nutzen[55].
Nicht als eine Kündigung rechtfertigende Gründe können solche Umstände angeführt werden, die zwingend mit der Teilzeitarbeit verbunden sind, wie beispielsweise erhöhte Verwaltungskosten. Denn dies würde letztlich eine Anknüpfung an die Teilzeitarbeit als solche und damit einen Verstoß gegen § 4 Abs. 1 S. 1 TzBfG darstellen[56].
Ein nur beschränkt gerichtlich überprüfbarer betrieblicher Kündigungsgrund ist es, wenn der Arbeitgeber alle oder eine Gruppe von Teilzeitarbeitnehmern aus unternehmerischen Gründen entlässt. Eine gerichtliche Überprüfung erfolgt nur daraufhin, ob eine Unternehmerentscheidung vorliegt sowie auf deren offenbare Unsachlichkeit, Unvernünftigkeit oder Willkür. Überprüft wird des Weiteren, ob die Unternehmerentscheidung gesetzeswidrig ist, ob sie also beispielsweise gegen § 4 Abs. 1 S. 1 TzBfG verstößt oder ob der Grundsatz der Verhältnismäßigkeit beachtet wurde[57]. Kann der Arbeitgeber wirtschaftliche, arbeitsorganisatorische oder arbeitstechnische Gründe vorbringen, die die Unternehmerentscheidung stützen, so sind die Gerichte an die Folgen gebunden, die sich dann in einem Wegfall von Teilzeitarbeitsplätzen zeigen werden[58]. Denn es obliegt dem Arbeitgeber, darüber zu entscheiden, ob die Arbeitszeitstruktur im Betrieb neu gefasst wird und ob bestimmte Arbeiten nur durch Voll-

[53] *Natzel* NZA 1998, 1262, 1263.
[54] *Dikomey* S. 211.
[55] *Meyer* S. 148; GK- TzA/*Mikosch* § 4 BeschFG Rn. 128; **a. A.**: offenbar *Frey* NA Teil B Rn. 166.
[56] *Reinfelder/Zwanziger* DB 1996, 677, 678.
[57] *Isenhardt*, Hanau- Festschrift S. 221, 237 f.
[58] GK- TzA/*Becker* § 2 BeschFG Rn. 258; *Holland* S. 66; *Pfeifer* SAE 1999, 271, 293; *Reinfelder/Zwanziger* DB 1996, 677.

zeit- oder Teilzeitarbeitnehmer verrichtet werden[59]. Für eine Interessenabwägung besteht dann kein Raum[60]. Damit kann der Arbeitgeber über die Stärke der Belegschaft und über die Verteilung der Arbeitszeit auf die Belegschaft entscheiden[61]. Legt der Arbeitgeber dagegen nicht derartige Gründe für die Beseitigung der Teilzeitarbeitsplätze dar, so ist von einer willkürlichen Unternehmerentscheidung auszugehen. Für die jeweiligen Arbeitnehmer würden Nachteile entstehen, die nicht gerechtfertigt sind[62].

Diese – gefestigte – Rechtsprechung wird nach Inkrafttreten der §§ 8, 9 TzBfG für nicht mehr vertretbar gehalten, da diese Vorschriften zeigen würden, dass auch gegen den Willen des Arbeitgebers eine Veränderung der individuellen Arbeitszeiten möglich wäre. Der Gedanke einer vorgelagerten unternehmerischen Entscheidung sei nicht mehr denkbar[63]. Dagegen spricht jedoch, dass §§ 8, 9 TzBfG auf arbeitgeberseitige, betriebsbedingte Kündigungen schon ihrem Wortlaut nach nicht anwendbar sind. Darüber hinaus wird auch in §§ 8 Abs. 4, 9 TzBfG auf betriebliche Belange Rücksicht genommen, sodass es bei der bisherigen Rechtsprechung verbleiben kann[64].

b. Sozialauswahl

Es muss eine *Sozialauswahl* zwischen vergleichbaren Arbeitnehmern durchgeführt werden, § 1 Abs. 3 KSchG. Vergleichbar sind grundsätzlich solche Arbeitnehmer, die hinsichtlich ihres Arbeitsplatzes austauschbar sind[65]. Berücksichtigung müssen daher insbesondere die berufliche und fachliche Qualifikation sowie die betriebliche Aufgabenstellung finden[66]. Nach einer kurzen Einarbeitungsphase muss der Arbeitnehmer die vergleichbare Tätigkeit übernehmen können. Des Weiteren ist Voraussetzung, dass keine Vertragsänderung erforderlich ist[67]. Denn der Arbeitgeber muss schon aufgrund seines Direktionsrechts die Dauer und Lage der Arbeitszeit der Arbeitnehmer anpassen können[68].

Streitig ist in diesem Zusammenhang, ob Arbeitnehmer mit unterschiedlicher Arbeitszeit vergleichbar sind. Nach einer Ansicht sollen insoweit die Einzelfallumstände aufgrund einer Gesamtabwägung entscheidend sein[69]. Nach einer anderen Ansicht kommt

---

[59] *BAGE* 90, 236, 243; *Isenhardt*, Hanau- Festschrift S. 221, 237; *Pfeifer* SAE 1999, 271, 293 f; nach *Link/Fink* 2001, 155, 156 soll die Entscheidungsfreiheit des Unternehmers aber nunmehr durch §§ 1, 6, 8, 9, 11 TzBfG eingeschränkt sein.
[60] *Hergenröder* ZfA 2002, 355, 378.
[61] *Isenhardt*, Hanau- Festschrift S. 221, 236.
[62] *Reinfelder/Zwanziger* DB 1996, 677, 678.
[63] TZA/*Buschmann* § 1 KSchG Rn. 9a.
[64] *Thüsing* ZfA 2002,. 249, 272.
[65] *BAGE* 90, 236, 240; GK- TzA/*Becker* § 2 BeschFG Rn. 264; GK- TzA/*Danne* § 5 BeschFG Rn. 136; *von Hoyningen-Huene/Linck* § 1 KSchG Rn. 444; *Sowka/Köster* S. 74.
[66] *BAGE* 90, 236, 240; GK- TzA/*Becker* § 2 BeschFG Rn. 264.
[67] *BAGE* 90, 236, 240; *Reinfelder/Zwanziger* DB 1996, 677, 680.
[68] *Bauer/Klein* BB 1999, 1162; KR/*Etzel* § 1 KSchG Rn. 635.
[69] GK- TzA/*Danne* § 5 BeschFG Rn. 136.

es hinsichtlich der Vergleichbarkeit nicht auf die Dauer der Arbeitszeit an[70]. Denn dies verbiete § 4 Abs. 1 S. 1 TzBfG ja gerade[71]. Vergleichbare Teilzeitbeschäftigte müssten also in die soziale Auswahl einbezogen werden, wenn es darum gehe, einem Vollzeitbeschäftigten zu kündigen[72]. Auch Teilzeitarbeitnehmer mit festen und mit flexiblen Arbeitszeiten seien grundsätzlich vergleichbar, solange keine Vertragsänderung erforderlich sei[73]. Nach richtiger Auffassung sind Arbeitnehmer mit unterschiedlicher Wochenarbeitszeit grundsätzlich nicht vergleichbar[74]. Denn es wäre eine Vertragsänderung erforderlich, die abhängig wäre von der Entscheidung des zu kündigenden Arbeitnehmers. Letztlich würde es sich um einen unzulässigen Vertrag zu Lasten Dritter handeln[75]. Berücksichtigung muss jedoch der unternehmerische Wille finden. Von Vergleichbarkeit kann allenfalls dann gesprochen werden, wenn von Seiten des Arbeitgebers lediglich die Anzahl der Arbeitsstunden, also das Stundenkontingent insgesamt gekürzt werden soll und die Verteilung auf die einzelnen Arbeitnehmer nicht entscheidend ist. Eine Vergleichbarkeit kommt aber dann nicht mehr in Betracht, wenn es dem Arbeitgeber um eine andere Arbeitszeitgestaltung geht, für die er organisatorische Gründe anführen kann[76]. Es kann also nicht beanstandet werden, wenn der Arbeitgeber bei Wegfall des betrieblichen Beschäftigungsbedürfnisses im Umfang einer Teilzeittätigkeit nicht einem vergleichbaren Vollzeitarbeitnehmer, sondern einem Teilzeitarbeitnehmer kündigt[77]. Das Gleiche gilt, wenn das Beschäftigungsbedürfnis für eine Vollzeitkraft wegfällt und der Arbeitgeber zwei Teilzeitarbeitnehmern kündigt[78].
Zu einer Sozialauswahl im eigentlichen Sinne wird man mangels Vergleichbarkeit häufig schon gar nicht kommen. Insoweit wird vertreten, dass Teilzeitarbeitnehmer generell weniger schutzbedürftig seien, sodass die Sozialauswahl zu Lasten der Teilzeitarbeitnehmer ausfallen müsste[79]. Nach richtiger Ansicht stellt die Teilzeittätigkeit als solche kein zulässiges Kriterium bei der Sozialauswahl dar. Denn dies würde einen Verstoß gegen § 4 Abs. 1 S. 1 TzBfG beinhalten[80]. Es besteht grundsätzlich keine Vermutung dafür, dass ein Teilzeitarbeitnehmer aufgrund seiner geringeren Arbeitszeit

---

[70] *LAG Köln* 20.08.1993, LAGE § 1 KSchG Soziale Auswahl Nr. 8; *Holland* S. 31 f; *Kittner/Trittin* § 1 KSchG Rn. 457; Kasseler Handbuch/*Weber* 3.5 Rn. 127; so offensichtlich auch *Meyer* S. 149; **a. A.:** *Rühle* DB 1994, 834 ff.

[71] GK- TzA/*Becker* § 2 BeschFG Rn. 265.

[72] TZA/*Buschmann* § 1 KSchG Rn. 6; GK- TzA/*Danne* § 5 BeschFG Rn. 136; *v. Hoyningen- Huene/Linck* KSchG § 1 Rn. 443; *Sowka/Köster* S. 74.

[73] GK- TzA/*Mikosch* § 4 BeschFG Rn. 129.

[74] *BAGE* 90, 236, 242; *BAG* DB 2000, 228; Backmeister/Trittin/*Backmeister* § 2 KSchG Rn. 65; *Bauer/Klein* BB 1999, 1162, 1166; TZA/*Dieball* Europäisches Recht Rn. 59; diese Auffassung ist mit Europarecht in Einklang zu bringen, vgl. *EuGH* NZA 2000, 1155 ff.

[75] *BAGE* 90, 236, 241.

[76] *BAGE* 90, 236, 241; *BAG* DB 2000, 228; APS/*Kiel* § 1 KSchG Rn. 681 ff; AR- Blattei SD/*Mosler* 1560 Rn. 265; Pfeifer SAE 1999, 271, 294; *Reinfelder/Zwanziger* DB 1996, 677, 680; Kasseler Handbuch/*Weber* 3.5 Rn. 127.

[77] *Lipke* AuR 1991, 76, 84; *Sowka/Köster* S. 74.

[78] *Sowka/Köster* S. 75.

[79] *Isele* RdA 1964, 201, 203; *Reuter* RdA 1981, 201, 203; so wohl auch *Goos* S. 35.

[80] GK- TzA/*Becker* § 2 BeschFG Rn. 251, 265; GK- TzA/*Danne* § 5 BeschFG Rn. 136; *von Hoyningen-Huene/Linck* § 1 KSchG Rn. 443; *Reinfelder/Zwanziger* DB 1996, 677, 678; *Sowka/Köster* S. 74; Kasseler Handbuch/*Weber* 3.5 Rn. 126.

und seiner geringeren Vergütung ein geringeres Interesse an dem Bestand seines Arbeitsverhältnisses hat. Denn häufig ist ein Teilzeitarbeitnehmer ebenso wie ein Vollzeitarbeitnehmer auf das Arbeitsverhältnis angewiesen[81]. Eine generelle Schlechterstellung des Teilzeitarbeitnehmers bei der Sozialauswahl kommt daher nicht in Betracht[82]. Aber auch ein erhöhter Schutz in kündigungsrechtlicher Hinsicht wird dem Arbeitnehmer während der Freistellungsphase nicht zuteil. Denn ansonsten würde er besser stehen als während eines aktiven Arbeitsverhältnisses[83]. Etwas anderes gilt aber dann, wenn ein sachlicher Grund für eine Differenzierung vorliegt[84]. Zugunsten eines Teilzeitarbeitnehmers kann somit im Rahmen der Sozialauswahl beispielsweise Berücksichtigung finden, dass es aufgrund der geringeren Nachfrage nach Teilzeitkräften schwieriger sein wird, eine neue Anstellung zu finden[85].
Problematisch ist in diesem Zusammenhang, ob bei der Sozialauswahl das Einkommen des Ehegatten berücksichtigt werden darf oder ob sich dahinter eine mittelbare Frauendiskriminierung verbirgt. In vielen Fällen ist es so, dass der Ehemann, nicht aber die Ehefrau, über ein Einkommen verfügt, das die Familie existenziell absichert. Das würde bedeuten, dass in einer größeren Anzahl von Fällen eher Frauen als Männern gekündigt werden könnte. Auf der anderen Seite würde aber nicht an eine Teilzeit- oder Vollzeittätigkeit angeknüpft, sondern lediglich an die geringere Schutzbedürftigkeit, die aus der Höhe des Einkommens des Ehegatten resultiert[86]. Teilweise wird die Berücksichtigung des Einkommens des Ehegatten als regelmäßiger Verstoß gegen § 4 Abs. 1 S. 1 TzBfG betrachtet[87].

Demgegenüber ist jedoch eine Einzelfallbetrachtung vorzuziehen[88]. *Allein* an die „Doppelverdienereigenschaft“ und an die „Verheirateteneigenschaft“ anzuknüpfen, dürfte schon mit dem grundgesetzlichen Schutz der Ehe nach Art. 6 Abs. 1 GG nicht zu vereinbaren sein[89]. In vielen Fällen werden die Ehegatten zudem auf das Einkommen aus der Teilzeittätigkeit angewiesen sein, insbesondere wenn dieses fester Bestandteil der Finanzplanung ist oder wenn der Ehegatte ein besonders niedriges Einkommen hat[90]. Es lässt sich daher insoweit nicht allgemein feststellen, dass ein Teilzeitarbeitnehmer weniger auf seinen Arbeitsplatz angewiesen wäre als ein Vollzeitarbeitnehmer[91]. Einen Verstoß gegen § 4 Abs. 1 S. 1 TzBfG würde es aber in jedem Fall darstellen, wenn *nur* bei Teilzeitarbeitnehmern berücksichtigt würde, ob der Ehegatte bzw. ein anderer Familienangehöriger über ein existenzsicherndes Einkommen verfügt[92].

---

[81] GK- TzA/*Becker* § 2 BeschFG Rn. 251; KR/*Pfeifer* § 611 a BGB Rn. 85.
[82] GK- TzA/*Danne* § 5 BeschFG Rn. 136; AR- Blattei/*Seiter* Teilzeitarbeit C VII 3 b.
[83] *Dikomey* S. 211.
[84] GK- TzA/*Becker* § 2 BeschFG Rn. 266.
[85] *Danne* S. 87; GK- TzA/*Danne* § 5 BeschFG Rn. 136; MünchHdb ArbR/*Schüren* § 162 Rn. 293.
[86] AR- Blattei- SD/*Mosler* 1560 Rn. 268; MünchHdb ArbR/*Schüren* § 162 Rn. 294.
[87] *Holland* S. 67; *Lipke* AuR 1996, 76, 84; *Meyer* S. 148.
[88] So auch Mager/Winterfeld/Göbel/Seelmann/*Göbel* Rn. 242; Kasseler Handbuch/*Weber* 3.5 Rn. 128.
[89] *Holland* S. 67; KR/*Pfeifer* § 611 a BGB Rn. 89, der einen Verstoß gegen § 611 a BGB erkennt.
[90] *Holland* S. 67; *Meyer* S. 149.
[91] *Meyer* S. 149.
[92] GK- TzA/*Becker* § 2 BeschFG Rn. 273.

Weiterhin ist bei der Sozialauswahl der Grundsatz der Gleichbehandlung zu beachten. Insbesondere dürfen keine geschlechtsspezifischen Benachteiligungen erfolgen. Gerade dann, wenn vorrangig Teilzeitbeschäftigte entlassen werden sollen, ist eine mögliche mittelbare Diskriminierung besonders zu prüfen[93]. Eine solche kommt dann in Betracht, wenn bestimmte Sozialdaten berücksichtigt werden, die vorwiegend bei einer Geschlechtergruppe vorliegen[94].
Ein wichtiges Kriterium im Rahmen der Sozialauswahl ist die Dauer der Betriebszugehörigkeit. Diese richtet sich – wie bei einem Vollzeitarbeitsverhältnis - nach dem Bestand des Arbeitsverhältnisses und nicht nach dem Umfang der Arbeitsleistung[95].

c. Vorrang der Änderungskündigung

Es gilt auch im Bereich der Teilzeitarbeit der Vorrang der Änderungskündigung[96]. Es muss also dem Arbeitnehmer zunächst angeboten werden, seine Teilzeittätigkeit auf eine Vollzeittätigkeit auszudehnen und umgekehrt. Dies ergibt sich aus dem Grundsatz der Verhältnismäßigkeit[97]. Etwas anderes gilt nur dann, wenn feststeht, dass der Arbeitnehmer dieses Angebot auch angesichts einer bevorstehenden Kündigung nicht annehmen wird[98]. Der Arbeitgeber ist aber nicht verpflichtet, der gesamten Belegschaft oder größeren Gruppen von Arbeitnehmern gegenüber eine Änderungskündigung auf Umwandlung des Vollzeitarbeitsverhältnisses in ein Teilzeitarbeitsverhältnis auszusprechen, nur damit überhaupt keine Beendigungskündigungen erfolgen müssen[99]. Dem würden zum einen häufig schon tarifliche Arbeitszeitvorschriften entgegen stehen. Zum anderen wären Arbeitsverhältnisse betroffen, die in keinem Zusammenhang mit den Beendigungskündigungen stehen und deren Inhaltsschutz dadurch verloren gehen würde. Außerdem könnte die unternehmerische Entscheidungsfreiheit entgegenstehen[100]. Einem Teilzeitarbeitnehmer kann also dann gekündigt werden, wenn der Arbeitgeber aufgrund eines gesteigerten Arbeitsbedarfs sich dazu entschließt, nur noch Vollzeitarbeitnehmer zu beschäftigen und der Arbeitnehmer das Änderungsangebot auf eine Vollzeittätigkeit abgelehnt hat[101]. Der Arbeitgeber ist nicht verpflichtet, einen freien Vollzeitarbeitsplatz in mehrere Teilzeitarbeitsplätze aufzuteilen, damit ein

---

[93] *Meyer* S. 149 f.
[94] GK- TzA/*Becker* § 2 BeschFG Rn. 274.
[95] GK- TzA/*Becker* § 2 BeschFG Rn. 269; KR/*Pfeifer* § 611 a BGB Rn. 81.
[96] Inwieweit ein Mitbestimmungsrecht des Betriebsrats besteht, insbesondere, ob es sich um eine mitbestimmungspflichtige Versetzung i. S. d. § 95 Abs. 3 BetrVG handelt, vgl. *Frölich* S. 185 ff; GK-TzA/*Mikosch* § 4 BeschFG Rn. 148.
[97] *LAG Berlin* LAGE § 2 KSchG Nr. 20; GK- TzA/*Becker* § 2 BeschFG Rn. 259; TZA/*Buschmann* § 1 KSchG Rn. 10; *Meyer* S. 148; AR- Blattei- SD/*Mosler* 1560 Rn. 262, 263; *Sowka/Köster* S. 73.
[98] *BAGE* 47, 26, 38; *LAG Berlin* LAGE § 2 KSchG Nr. 20; TZA/*Buschmann* § 1 KSchG Rn. 11.
[99] GK- TzA/*Becker* § 2 BeschFG Rn. 260; AR- Blattei- SD/*Mosler* 1560 Rn. 264; *Sowka/Köster* S. 74.
[100] GK- TzA/*Becker* § 2 BeschFG Rn. 260; *Sowka/Köster* S. 74.
[101] *Meyer* S. 148.

Teilzeitarbeitnehmer, dessen Arbeitsplatz weggefallen ist, weiter beschäftigt werden kann[102].

Teilweise wird vertreten, dass eine Änderungskündigung durch den Arbeitgeber mit dem Ziel der Einführung einer flexiblen Arbeitszeit nicht sozial gerechtfertigt sei[103]. Insoweit kommt es meines Erachtens jedoch entscheidend auf die Einzelfallumstände an. Bei einer Änderungskündigung hinsichtlich Dauer und / oder Lage der Arbeitszeit sind daher die Interessen des Arbeitnehmers gegen diejenigen des Arbeitgebers abzuwägen. Seitens des Arbeitgebers kommen personen-, verhaltens- und betriebsbedingte Gründe in Betracht[104]. Seitens des Arbeitnehmers ist zu berücksichtigen, ob dieser schutzwerte Gründe für die Beibehaltung seiner Arbeitszeitgestaltung hat, insbesondere aufgrund von familiären Verpflichtungen[105]. Bei einer Änderungskündigung, die auf eine Absenkung der Arbeitszeit abzielt, die unterhalb der Sozialversicherungspflicht liegt, besteht in der Regel ein schutzwertes Interesse des Arbeitnehmers an der Beibehaltung seiner Sozialversicherungspflicht[106].

### III. Kündigungsschutzvorschriften außerhalb des KSchG

Neben dem allgemeinen Kündigungsschutz genießt ein Teilzeitarbeitnehmer, ebenso wie ein Arbeitnehmer, der in einem Vollzeitarbeitsverhältnis arbeitet, den Schutz von besonderen Kündigungsvorschriften, wie beispielsweise §§ 85 ff SGB IX, § 9 MuSchG, § 18 BErzGG[107], § 2 ArbPlSchG und § 15 KSchG[108].

Auch § 4 Abs. 1 S. 1 TzBfG kommt als Unwirksamkeitsgrund in Betracht. Eine Kündigung, die gegen § 4 Abs. 1 S. 1 TzBfG verstößt, ist nach § 134 BGB nichtig. Diese Unwirksamkeit der Kündigung stellt einen „anderen" Unwirksamkeitsgrund i. S. d. § 13 Abs. 3 KSchG dar und ist deshalb auch nicht an die Dreiwochenfrist des § 4 S. 1 KSchG gebunden[109].

Streitig ist, ob § 13 Abs. 2 S. 1 TzBfG einen eigenständigen, von der Anwendbarkeit des KSchG unabhängigen Unwirksamkeitsgrund darstellt oder ob es sich lediglich um die Konkretisierung der sozialen Rechtfertigung nach § 1 Abs. 2 KSchG handelt[110]. Gegen die letztgenannte Ansicht spricht, dass eine derartige Einschränkung einer ausdrücklichen gesetzlichen Normierung bedurft hätte. Es ist sachlich nicht gerechtfertigt,

---

[102] GK- TzA/*Becker* § 2 BeschFG Rn. 262.

[103] *LAG Brandenburg* LAGE § 2 KSchG Nr. 22; TZA/*Buschmann* § 2 KSchG Rn. 8.

[104] GK- TzA/*Becker* § 2 BeschFG Rn. 280.

[105] GK- TzA/*Becker* § 2 BeschFG Rn. 286.

[106] *ArbG Bochum* AuR 1986, 156; GK- TzA/*Becker* § 2 BeschFG Rn. 287; **a. A.:** *Reinfelder/Zwanziger* DB 1996, 677, 681.

[107] Zum Streitpunkt, ob sich der Kündigungsschutz nach § 18 Abs. 2 Nr. 1 BErzGG nur auf den bisherigen Inhalt des Arbeitsverhältnisses oder auf den geänderten Inhalt bezieht, vgl. *Sowka/Köster* S. 76 f.

[108] GK- TzA/*Becker* § 2 BeschFG Rn. 297; TZA/*Buschmann* § 13 KSchG Rn. 1; *Sowka/Köster* S. 72, 76 f.

[109] *BAGE* 90, 236, 243; GK-TzA/*Becker* § 2 Rn. 241; TZA/*Buschmann* § 13 KSchG Rn. 2; KR/*Friedrich* § 13 KSchG Rn. 216 c; *Link/Fink* AuA 2001, 155, 158.

[110] So *Löwisch* BB 1985, 1200, 1204; *Lorenz* NZA 1985, 473, 475; offengelassen: *Schwerdtner* NZA 1985, 577, 582.

die Anwendbarkeit des § 13 Abs. 2 S. 1 TzBfG von der Anwendbarkeit des KSchG abhängig zu machen und an die materielle Ausschlussfrist des § 4 KSchG zu binden[111].
Beim Jobsharing kommt nur derjenige Jobsharing- Partner in den Genuss des besonderen Kündigungsschutzes, bei dem die gesetzlichen Voraussetzungen vorliegen[112]. Probleme tauchen dann auf, wenn der Jobsharing- Partner, der nicht dem besonderen Kündigungsschutz unterliegt, aus dem Jobsharing- System ausscheidet und der besonders geschützte Kollege deshalb nicht weiterhin im Bereich des Jobsharing beschäftigt werden kann. In einem solchen Fall wird die Zustimmung der zuständigen Behörde zur nach § 13 Abs. 2 S. 2 TzBfG zulässigen Änderungskündigung auf einen nicht flexiblen Teilzeitarbeitsplatz in der Regel erteilt werden, vgl. § 9 Abs. 3 MuSchG, § 88 SGB IX[113]. Liegt dagegen ein Fall des Jobpairing vor, sodass eine Kündigung nur allen Teammitgliedern gegenüber erfolgen kann, so greift – bei Anwendbarkeit des Arbeitsrechts - der besondere Kündigungsschutz für alle Teammitglieder ein[114].
Hinsichtlich des Kündigungsschutzes nach § 18 Abs. 2 Nr. 2 BErzGG weiß der Arbeitgeber bei Teilzeitarbeitnehmern, die keinen Erziehungsurlaub nehmen, in der Regel nicht, ob der besondere Kündigungsschutz besteht[115]. Insofern wird er auch kein Zustimmungsverfahren bei der zuständigen Landesbehörde durchführen. Daher ist erforderlich, dass der Arbeitnehmer sich auf den besonderen Kündigungsschutz aus § 18 Abs. 2 Nr. 2 BErzGG beruft. Dies muss, wegen der Vergleichbarkeit der Interessenlage, innerhalb von 2 Wochen nach Zugang der Kündigung erfolgen, § 9 Abs. 1 S. 1 MuSchG analog[116].

### IV. Außerordentliche Kündigung gemäß § 626 BGB

Während der Freistellungsphase kann eine außerordentliche Kündigung ausgesprochen werden, wenn eine solche auch in einem aktiven Arbeitsverhältnis gerechtfertigt wäre. Das ist nach § 626 Abs. 1 BGB dann der Fall, wenn eine Interessenabwägung im konkreten Einzelfall ergibt, dass die Fortsetzung des Arbeitsverhältnisses für eine der Arbeitsvertragsparteien bis zum Ablauf der Kündigungsfrist nicht zumutbar ist. Diese Voraussetzung kann beispielsweise bei der Verletzung der weiterhin bestehenden Pflichten aus dem Arbeitsverhältnis wie Wettbewerbsverboten oder Geheimhaltungs-

---

[111] TZA/*Buschmann* § 13 KSchG Rn. 4; *Danne* S. 89; GK- TzA/*Danne* § 5 BeschFG Rn. 139; *v. Hoyningen- Huene* NJW 1985, 1801, 1805; *Kittner/Trittin* § 5 BeschFG Rn. 4; APS/*Preis* § 5 BeschFG Rn. 6.
[112] *Danne* S. 89; GK- TzA/*Danne* § 5 BeschFG Rn. 148; KR/*Etzel* § 103 BetrVG Rn. 13 a.
[113] *Danne* S. 89; GK- TzA/*Danne* § 5 BeschFG Rn. 148.
[114] KR/*Etzel* § 103 BetrVG Rn. 13 a.
[115] Dies wird u. a. von *Sowka* NZA 2000, 1185, 1190 als problematisch angesehen. Dieser fordert in BB 2001, 935 eine äußerst restriktive Interpretation des Kündigungsschutzes, um den Fällen gerecht zu werden, bei denen der Gesetzeszweck eingreift und tatsächlich Elternzeit genommen wurde.
[116] GK- TzA/*Becker* § 2 BeschFG Rn. 302; *Kittner/Trittin* § 18 BerzGG Rn. 18; KR/*Pfeifer* § 18 BerzGG Rn. 20 mit Überblick über den Meinungsstand; APS/*Rolfs* § 18 BerzGG Rn. 7; *Zmarzlik* AuR 1986, 103, 108; a. A.: MünchHdb ArbR/*Heenen* § 229 Rn. 26.

pflichten erfüllt sein[117]. Aber auch dann, wenn der Arbeitnehmer trotz Abmahnung mehrmals und schuldhaft einem Arbeitsabruf nicht gefolgt ist, kann eine fristlose Kündigung gerechtfertigt sein[118]. Es ist weder eine Erleichterung noch eine Erschwerung des außerordentlichen Kündigungsrechts während der Freistellungsphase geboten, durch das Gesetz vorgesehen oder durch die vertragliche Vereinbarung beabsichtigt. Denn ansonsten stünde der Arbeitnehmer besser als in einem aktiven Arbeitsverhältnis[119].

## V. Kündigungsfristen und Unkündbarkeitsvereinbarungen

Hinsichtlich der Dauer der verlängerten Kündigungsfristen gem. § 622 Abs. 2 BGB ergeben sich bei einer Teilzeittätigkeit keine Unterschiede zu einem Vollzeitarbeitsverhältnis. Insbesondere kommt es allein auf den rechtlichen Bestand des Arbeitsverhältnisses an und nicht auf die tatsächliche Beschäftigung. Daraus ergibt sich, dass *tatsächliche* Unterbrechungen des Arbeitsverhältnisses keine Auswirkung auf die Berechnung des Bestands des Arbeitsverhältnisses haben[120]. Dies ergibt sich aus dem Sinn und Zweck der Vorschrift des § 622 Abs. 2 BGB. Das Vertrauen der Arbeitsvertragsparteien in den Fortbestand des Arbeitsverhältnisses wird im Laufe der Zeit immer größer und wird auch nicht durch längere arbeitsfreie Zeiten beeinträchtigt. Denn das Arbeitsverhältnis soll gerade fortbestehen und nicht beendet werden. Zudem wird es für den Arbeitnehmer mit zunehmendem Alter immer schwieriger, einen neuen Arbeitsplatz zu finden. Dies gilt unabhängig davon, ob im gegenwärtigen Arbeitsverhältnis längere Freistellungszeiten bestehen oder nicht[121]. Auch die durch verlängerte Kündigungsfristen belohnte Betriebstreue bemisst sich nicht nach dem Umfang der geleisteten Arbeit, sondern nach dem rechtlichen Bestand des Arbeitsverhältnisses[122]. Außerdem besteht auch während der arbeitsfreien Phase die Fürsorgepflicht des Arbeitgebers weiter. § 622 Abs. 2 BGB stellt aber gerade eine gesetzliche Ausprägung dieser Fürsorgepflicht dar[123]. Bei *rechtlichen* Unterbrechungen gelten dagegen die allgemeinen Grundsätze[124].
Die vorgenannte Argumente haben bei Unkündbarkeitsvereinbarungen, die an die Dauer des Bestandes des Arbeitsverhältnisses anknüpfen, gleichermaßen ihre Bedeutung[125].

---

[117] *Dikomey* S. 213.
[118] *Meyer* S. 150.
[119] *Dikomey* S. 213 f.
[120] GK- TzA/*Becker* § 2 BeschFG Rn. 237; *Dikomey* S. 93; KR/*Pfeifer* § 611 a BGB Rn. 81; AR-Blattei/*Seiter* Teilzeitarbeit C VII 1; *Sowka/Köster* S. 77.
[121] *Dikomey* S. 93.
[122] *Pfeifer* SAE 1999, 271, 292.
[123] *Dikomey* S. 93 f.
[124] GK- TzA/*Becker* § 2 BeschFG Rn. 237.
[125] GK- TzA/*Becker* § 2 BeschFG Rn. 240; *Pfeifer* SAE 1999, 271, 292; *Sowka/Köster* S. 77.

VI. Zusammenfassung

Das KSchG ist ebenso wie für Vollzeitarbeitnehmer auf Teilzeitarbeitnehmer anwendbar. In persönlicher Hinsicht muss das Arbeitsverhältnis nach § 1 Abs. 1 KSchG sechs Monate bestanden haben. Bei regelmäßiger, aber verminderter Arbeitstätigkeit ergibt sich keine Besonderheit. Liegen jedoch in dem 6- Monats- Zeitraum längere Freistellungsphasen, so müssen diese aus der Frist des § 1 Abs. 1 KSchG herausgerechnet werden. Denn der Arbeitgeber hat ansonsten nicht die Möglichkeit, den Arbeitnehmer auf seine Geeignetheit für den Arbeitsplatz zu überprüfen.
Während der Freistellungsphase kann der Arbeitgeber grundsätzlich ebenso wie in einem Normalarbeitsverhältnis aus personen-, verhaltens- und betriebsbedingten Gründen kündigen. Personenbedingte Kündigungsgründe, die sich zwar noch nicht in der Freistellungsphase, aber mit Eintritt in die Arbeitsphase auswirken, rechtfertigen eine Kündigung bereits in der Freistellungsphase. Eine verhaltensbedingte Kündigung ist auch in der Freistellungsphase bei einer schuldhaften vertraglichen (Neben-) Pflichtverletzung möglich, die das zu aktivierende Arbeitsverhältnis beeinträchtigt. Eine Kündigung aus betriebsbedingten Gründen kann grundsätzlich auch während einer Freistellungszeit erfolgen, wenn dringende betriebliche Gründe einer Weiterbeschäftigung des Arbeitnehmers im Betrieb entgegenstehen. Des Weiteren muss nach § 1 Abs. 3 KSchG eine Sozialauswahl zwischen vergleichbaren Arbeitnehmern durchgeführt werden. Vergleichbar sind solche Arbeitnehmer, die hinsichtlich des Arbeitsplatzes austauschbar sind und bei denen keine Vertragsänderung erforderlich ist. Eine Vertragsänderung wird jedoch bei Arbeitnehmern mit unterschiedlichen Arbeitszeiten regelmäßig erfolgen müssen, sodass grundsätzlich keine Vergleichbarkeit von Vollzeitarbeitnehmern und Teilzeitarbeitnehmern besteht. Kommt man ausnahmsweise zu einer Vergleichbarkeit und damit zu einer Sozialauswahl, so darf insoweit nicht an das Kriterium der Teilzeitarbeit als solches angeknüpft werden. Auch geschlechtsspezifische Benachteiligungen dürfen nicht erfolgen. Schließlich muss noch geprüft werden, ob eine Kündigung in vollem Umfang durch eine Änderungskündigung vermieden werden kann. Ob eine solche, insbesondere wenn es um die Einführung flexibler Arbeitszeiten geht, sozial gerechtfertigt ist, ist anhand der Einzelfallumstände festzustellen.
Kündigungsschutzvorschriften außerhalb des KSchG greifen bei flexibler Teilzeitarbeit und während der Freistellungszeit ebenso wie im Normalarbeitsverhältnis ein. Die Unwirksamkeit einer Kündigung, die gegen §§ 4 Abs. 1 S. 1, 13 Abs. 2 S. 1 TzBfG verstößt, hängt nicht von der Anwendbarkeit des KSchG ab und ist damit auch nicht an die materielle Ausschlussfrist des § 4 KSchG gebunden.
Auch eine außerordentliche Kündigung nach § 626 BGB ist während einer Freistellungsphase möglich, wenn aufgrund der Verletzung der weiterhin fortbestehenden Pflichten eine Fortsetzung des Vertragsverhältnisses unzumutbar ist.
Die verlängerten Kündigungsfristen des § 622 Abs. 2 BGB und Unkündbarkeitsvereinbarungen knüpfen allein an den rechtlichen Bestand des Arbeitsverhältnisses an. Tatsächliche, auch längere Unterbrechungen sind dabei unschädlich.

## § 16 Nebentätigkeitsgenehmigung

Ein freigestellter Arbeitnehmer wird häufig daran interessiert sein, eine Nebentätigkeit aufzunehmen. Ein Teilzeitarbeitnehmer hat unter den gleichen Voraussetzungen wie ein Vollzeitarbeitnehmer gegen seinen Arbeitgeber einen Anspruch auf Genehmigung einer Nebentätigkeit. Es darf insbesondere kein Widerstreit mit arbeitsvertraglichen Verpflichtungen auftreten[1]. Zudem ist die mögliche Beeinflussung der Unbefangenheit und die eventuelle Einschränkung der zukünftigen Einsetzbarkeit zu prüfen[2]. Die Nebentätigkeit darf den Arbeitnehmer nicht so sehr belasten, dass er sein anderes Arbeitsverhältnis nicht mehr vollumfänglich ausfüllen kann. Eine gesetzliche Belastungsgrenze ergibt sich insoweit aus dem ArbZG[3]. Einem Teilzeitarbeitnehmer darf die Nebentätigkeit aber, soweit keine anderen Gründe entgegenstehen, in der Regel nicht versagt werden, wenn seine Arbeitszeit aus dem Teilzeitarbeitsverhältnis und aus der Nebentätigkeit nicht die regelmäßige Arbeitszeit eines Vollzeitarbeitnehmers überschreitet[4]. Weiterhin ergibt sich aus dem Arbeitsvertrag die Verpflichtung des Arbeitnehmers, nicht während der Dauer des Arbeitsverhältnisses in Wettbewerb zum eigenen Arbeitgeber zu treten[5]. Um überprüfen zu können, ob die Belastungs- und Wettbewerbsgrenzen eingehalten werden, ist es erforderlich, dass dem Arbeitgeber die Nebentätigkeit angezeigt und diese von seiner Genehmigung abhängig gemacht wird[6]. Ist der oben genannte oder vertraglich vereinbarte Rahmen[7] aber eingehalten, so hat der Arbeitnehmer einen Anspruch auf diese Genehmigung. Ein völliges Verbot einer Nebentätigkeit ist wegen Art. 12 GG bzw. Art. 2 Abs. 1 GG verfassungskonform und geltungserhaltend dahingehend auszulegen, dass eine solche Nebentätigkeit erlaubt ist, welche die Interessen des Arbeitgebers nicht beeinträchtigt[8].

---

[1] MünchHdb ArbR/*Blomeyer* § 55 Rn. 4; Kasseler Handbuch/*Künzl* 2.1 Rn. 137; *Schaub* § 43 Rn. 4; AR-Blattei SD/*Wank* 1230 Rn. 22 ff.

[2] *Pfeifer* SAE 1999, 271, 291.

[3] MünchHdb ArbR/*Blomeyer* § 55 Rn. 14; *Holland* S. 119; AR-Blattei SD/*Wank* 1230 Rn. 40.

[4] *Pfeifer* SAE 1999, 271, 291.

[5] Kasseler Handbuch/*Künzl* 1.2 Rn. 137; *Schaub* § 43 Rn. 12.

[6] *BAG* DB 2002, 1507; MünchHdb ArbR/*Blomeyer* § 55 Rn. 8; *Schaub* § 43 Rn. 8; AR-Blattei SD/*Wank* 1230 Rn. 39.

[7] Vgl. hierzu MünchHdb ArbR/*Blomeyer* § 55 Rn. 26 ff.

[8] MünchHdb ArbR/*Blomeyer* § 55 Rn. 3; *Holland* S. 119 f; Kasseler Handbuch/*Künzl* 2.1 Rn. 138.

Ein Arbeitsverhältnis geht auch während der Freistellungsphase gemäß § 613 a BGB auf den Betriebserwerber über. Denn es handelt sich dabei ebenfalls um ein „bestehendes Arbeitsverhältnis“ i. S. d. § 613 a Abs. 1 S. 1 BGB[1]. Der Betriebserwerber sollte durch die Vereinbarung einer Freistellungsphase nicht einen Vorteil erhalten. Zum anderen würde der Sinn und Zweck des § 613 a BGB umgangen, wenn er sich lediglich auf aktive Arbeitsverhältnisse beziehen würde[2]. Denn der Betriebserwerber soll nach der gesetzgeberischen Intention in die Rolle des Betriebsveräußerers schlüpfen, der seinerseits ebenfalls an Arbeitsverhältnisse mit freigestellten Arbeitnehmern gebunden war[3].

[1] Vgl. hierzu AR-Blattei SD/*Hergenröder* 500.1 Rn. 248 ff.
[2] *Dikomey* S. 202 ff.
[3] AR-Blattei SD/*Hergenröder* 500.1 Rn. 48.

## § 18 Betriebsverfassungsrecht

### I. Anwendbarkeit des BetrVG

#### 1. Gleichbehandlung von Vollzeit- und Teilzeitarbeitnehmern

Grundsätzlich wird im BetrVG nicht zwischen Teilzeit- und Vollzeitarbeitnehmern unterschieden[1]. Auch Teilzeitarbeitnehmer sind daher Arbeitnehmer i. S. d. § 5 BetrVG[2]. Dies gilt ebenso für Teilzeitarbeitnehmer mit flexibler Arbeitszeit und für so genannte geringfügig Beschäftigte[3]. Eine anteilige Umrechnung von Teilzeitarbeitnehmern, wie beispielsweise im Bereich des Kündigungsschutzrechts[4], ist für das BetrVG nicht vorgesehen. Teilzeitarbeitnehmer zählen daher grundsätzlich in gleichem Umfang wie Vollzeitarbeitnehmer, wenn es um bestimmte Zahlengrenzen geht[5]. Bedeutung hat dies insbesondere für die Bestimmung der Betriebsgröße. Von ihr hängt unter anderem die Betriebsratsfähigkeit (§ 1 BetrVG), der Zeitpunkt der Betriebsratswahlen (§ 13 Abs. 2 Nr. 1 BetrVG), die Größe des Betriebsrats (§ 9 BetrVG), die Freistellung von Betriebsratsmitgliedern (§ 38 BetrVG) und die Bildung eines Wirtschaftsausschusses (§ 106 Abs. 1 BetrVG[6]) ab. Weiterhin ist die Betriebsgröße auch für die einzelnen Mitbestimmungsrechte von Bedeutung. So hängt es bei den §§ 99[7],

---

[1] TZA/*Buschmann* Vorbem. BetrVG; Mager/Winterfeld/Göbel/Seelmann/*Göbel* Rn. 257.

[2] GK- TzA/*Lipke* § 2 BeschFG Rn. 409; TK-BetrVG/*Löwisch* § 5 Rn. 4; *Schwerdtner* DB 1983, 2763, 2764; AR- Blattei/*Seiter* Teilzeitarbeit C IX 1 a.

[3] GK- TzA/*Danne* § 5 BeschFG Rn. 155; *Dikomey* S. 94; *Fitting/Kaiser/Heither/Engels* § 5 Rn. 152 ff; *Frölich* S. 172; *Galperin/Löwisch* § 5 Rn. 7; GK- TzA/*Lipke* § 2 BeschFG Rn. 409, 420; TK-BetrVG/*Löwisch* § 5 Rn. 4; GK- TzA/*Mikosch* § 4 BeschFG Rn. 137; *Sowka/Köster* S. 80; Däubler/Kittner/Klebe/*Trümner* § 5 Rn. 34; *Wlotzke* § 5 Anm. 2 c.

[4] § 23 Abs. 1 S. 3 KSchG, § 622 Abs. 5 S. 1 Nr. 2 BGB.

[5] TZA/*Buschmann* § 8 BetrVG Rn. 7; *Fitting/Kaiser/Heither/Engels* § 5 Rn. 150; *Goos* S. 35; GK-TzA/*Lipke* § 2 BeschFG Rn. 409; *Lipke* NZA 1990, 758, 759; *Rieble/Gutzeit* BB 1998, 638, 642; Däubler/Kittner/Klebe/*Trümner* § 5 Rn. 33; für eine pro- rata- Berücksichtigung der Teilzeitarbeitnehmer im BetrVG zur Vermeidung einer Majorisierung der Stammbelegschaft de lege ferenda: *Franzen* ZfA 2000, 285, 326.

[6] Hinsichtlich der Zahlengrenzen der §§ 106 Abs. 1 S. 1, 110 Abs. 1 BetrVG für eine Berücksichtigung eines Teilzeitarbeitsverhältnisses entsprechend seines zeitlichen Umfangs: *Babl* S. 165; a. A.: GK- TzA/*Lipke* § 2 BeschFG Rn. 443; AR- Blattei SD/*Mosler* 1560 Rn. 278.

[7] Nach *Babl* S. 164; *Löwisch* RdA 1984, 197, 207 dürfen zur Ermittlung der Arbeitnehmer des Betriebs für das Mitbestimmungsrecht nach § 99 BetrVG die Teilzeitarbeitnehmer nicht in vollem Umfang mitgezählt werden. Denn dies würde ein Hindernis für die Verbreitung der Teilzeitarbeit darstellen, obwohl in weitem Umfang schon das Überwachungsrecht nach § 80 BetrVG ausreichen würde. Außerdem beruhe die Grenze von 20 in der Regel beschäftigten Arbeitnehmern auf dem Gedanken, dass man kleineren Betrieben einen Personalaufwand, wie er aus § 99 BetrVG resultiert, nicht zumuten könne. Das müsse aber auch dann gelten, wenn sich die Belegschaft aus mehreren Teilzeitarbeitnehmern zusammensetze. A. A.: AR- Blattei SD/*Mosler* 1560 Rn. 278, nach dem Teilzeitarbeitnehmer im Bereich des § 99 BetrVG voll mitgezählt werden müssen.

111 ff[8] BetrVG von der Arbeitnehmerzahl ab, ob überhaupt ein Mitbestimmungsrecht besteht und im Fall des § 95 BetrVG[9] bestimmt sie, wie intensiv dieses Mitbestimmungsrecht ist[10].
Die zahlenmäßige Gleichstellung von Teilzeitarbeitnehmern mit Vollzeitarbeitnehmer bildet sicherlich ein Hemmnis für die Ausweitung der Teilzeitarbeit[11]. Dies muss jedoch im Interesse einer einheitlichen betriebsverfassungsrechtlichen Behandlung aller Arbeitnehmer hingenommen werden und ist hinsichtlich der Funktion der betrieblichen Mitbestimmung auch sachgerecht. Denn ein Teilzeitbeschäftigter verursacht für den Betriebsrat nicht proportional weniger Arbeit als ein Vollzeitbeschäftigter und ist auch nicht weniger schutzbedürftig im Hinblick auf seine kollektiven Interessen[12].
Problematisch ist, wie die Zahl der „in der Regel" beschäftigen Arbeitnehmer zu ermitteln ist. Diese Begrifflichkeit wird in vielen Normen des BetrVG verwendet, vgl. §§ 1, 9, 13 Abs. 2 Nr. 1, 38 Abs. 1, 99 Abs. 1, 106 Abs. 1, 110 Abs. 1 und 2, 111, 115, 116 BetrVG. Maßgeblich ist die für den Betrieb allgemein kennzeichnende Personenstärke[13]. Zum Teil wird insoweit vorgeschlagen, auf einen Referenzzeitraum abzustellen, der generell mit 12 Monaten, aber wegen § 13 Abs. 2 Nr. 1 BetrVG nicht länger als mit 24 Monaten anzusetzen sei[14]. Das BAG lehnt einen solchen Referenzzeitraum ab und ermittelt vielmehr die Regelbeschäftigtenzahl durch einen Rückblick und eine daraus resultierende Prognose[15].

---

[8] Hinsichtlich der §§ 111 ff BetrVG sollen nach *Babl* S. 165; *Löwisch* RdA 1984, 197, 208 Teilzeitarbeitnehmer nicht in vollem Umfang bei der Berechnung der erforderlichen Arbeitnehmerzahl berücksichtigt werden. **A. A.:** AR- Blattei SD/*Mosler* 1560 Rn. 278; GK- TzA/*Lipke* § 2 BeschFG Rn. 441.

[9] Für die Richtlinienaufstellung nach § 95 Abs. 2 BetrVG zählen die Teilzeitarbeitnehmer in vollem Umfang mit, vgl. *Babl* S.164 f; *Löwisch* RdA 1984, 197, 207; GK- TzA/*Lipke* § 2 BeschFG Rn. 443; AR- Blattei SD/*Mosler* 1560 Rn. 278. Denn Sinn und Zweck des § 95 Abs. 2 BetrVG ist es, die Personalpolitik transparent und kontrollierbar zu machen. Dieses Erfordernis besteht aber auch dann, wenn die Zahl von 1000 Arbeitnehmern unter anderem auch durch Teilzeitarbeitnehmer überschritten wird. Bei einer Arbeitnehmerzahl in dieser Größenordnung kommt es zu keinem erhöhten Verwaltungsaufwand, da ohnehin eine entsprechende Personalverwaltung vorhanden sein muss.

[10] TZA/*Buschmann* Vorbem. BetrVG; *Frölich* S. 171; Mager/Winterfeld/Göbel/Seelmann/*Göbel* Rn. 260, 262; *Goos* S. 36; *Rieble/Gutzeit* BB 1998, 638, 642 f weisen auf den Gedanken des § 21 Abs. 7 BErzGG hin, nach dem es ein Prinzip des Verbots der Doppelzählung in Vertretungsfällen gibt; hinsichtlich der Bedeutung der Zahl der Teilzeitkräfte für die Betriebsverfassung vgl. GK- TzA/*Lipke* § 2 BeschFG Rn. 413.

[11] Mager/Winterfeld/Göbel/Seelmann/*Göbel* Rn. 261; GK- TzA/*Lipke* § 2 BeschFG Rn. 414; de lege ferenda fordern *Babl* S. 163; *Löwisch* RdA 1984, 197, 207 eine Einschränkung der Freistellungen gemäß § 38 BetrVG bei einem hohen Anteil von Teilzeitkräften in der Belegschaft und eine Ausdehnung des § 37 Abs. 2 BetrVG; **a. A.:** AR- Blattei SD/*Mosler* 1560 Rn. 278.

[12] GK- TzA/*Lipke* § 2 BeschFG Rn. 414; *Löwisch* RdA 1984, 197, 206 f; AR- Blattei SD/*Mosler* 1560 Rn. 278; *Rieble/Gutzeit* BB 1998, 638, 642; AR- Blattei/*Seiter* Teilzeitarbeit C IX 1 a; **a. A.:** *Babl* S. 163.

[13] *BAGE* 42, 1, 8; *BAG* DB 1992, 48; MünchHdb ArbR/*Joost* § 304 Rn. 103; GK- BetrVG/*Kraft* § 1 Rn. 66.

[14] *Rieble/Gutzeit* BB 1998, 638, 642.

[15] *BAGE* 42, 1, 8; *BAG* DB 1992, 48; so auch MünchHdb ArbR/*Joost* § 304 Rn. 103.

2. Arbeitnehmereigenschaft

Im BetrVG wird teilweise auf die Arbeitnehmereigenschaft[16] und teilweise auf die Betriebszugehörigkeit[17] abgestellt.
Personell gilt das Betriebsverfassungsgesetz für Arbeitnehmer i. S. d. § 5 BetrVG[18]. Für die Arbeitnehmereigenschaft kommt es nach dem BetrVG nicht auf die Länge der Arbeitszeit, sondern vielmehr auf die Eigenschaft als Arbeiter oder Angestellter an, vgl. § 5 BetrVG[19]. Zwar wird in der Literatur zum Teil angenommen, zur Begründung der Arbeitnehmereigenschaft müsse eine tägliche Mindestarbeitszeit erbracht werden[20]. Für eine solche Annahme besteht aber keine gesetzliche Grundlage[21]. Eine bestimmte tägliche, wöchentliche oder monatliche Mindestarbeitszeit ist nicht erforderlich[22], da keine dem § 14 Abs. 2 BPersVG vergleichbare Regelung existiert[23]. Die in § 5 Abs. 2, 3 BetrVG erfolgte Aufzählung, die Personengruppen nennt, welche nicht in die Anwendbarkeit des BetrVG einbezogen sein sollen, ist als abschließend zu betrachten. Da hier aber keine Teilzeitarbeitnehmer aufgeführt sind, obwohl deren besondere Stellung schon vor Schaffung des BetrVG erkannt und erörtert wurde, ist davon auszugehen, dass Teilzeitarbeitnehmer nicht aus dem Geltungsbereich des BetrVG ausgenommen sein und unter den Begriff der Arbeitnehmer subsumiert werden sollten[24]. Es ist für die Bestimmung der Arbeitnehmereigenschaft die allgemeine arbeitsrechtliche Definition maßgeblich[25], nach welcher derjenige Arbeitnehmer ist, der aufgrund eines Arbeitsvertrages im Dienste eines anderen zur Leistung fremdbestimmter Arbeit verpflichtet ist[26]. Entscheidend ist also die persönliche Abhängigkeit und die Weisungsgebundenheit. Weisungsgebunden ist ein Arbeitnehmer, der hinsichtlich Zeit und Dauer, Art und Weise, sowie dem Ort seiner Arbeitsleistung fremdbestimmt ist[27].

---

[16] Vgl. beispielsweise §§ 7, 24 Nr. 3, 42, 61, 81 ff BetrVG; § 3 Abs. 1 SprAuG.
[17] Vgl. beispielsweise §§ 8, 24 Nr. 4 BetrVG; § 3 Abs. 2 SprAuG.
[18] *Frölich* S. 171.
[19] *Babl* S. 159; TZA/*Buschmann* § 8 BetrVG Rn. 1.
[20] *Lipke* NZA 1990, 758, 759.
[21] TZA/*Buschmann* § 8 BetrVG Rn. 4; GK- TzA/*Lipke* § 2 BeschFG Rn. 409; *Meyer* S. 152; Däubler/Kittner/Klebe/*Trümner* § 5 Rn. 31.
[22] So aber wohl de lege ferenda *Wank* RdA 1985, 1, 11; gegen eine derartige Mindestarbeitszeit: *Danne* S. 91; GK- TzA/*Danne* § 5 BeschFG Rn. 153; *Goos* S. 35; Hess/Schlochauer/Glaubitz/*Hess* § 5 Rn. 7; GK- BetrVG/*Kraft* § 5 Rn. 34 ff; GK- TzA/*Lipke* § 2 BeschFG Rn. 408; *Meyer* S. 152; *Richardi* § 5 Rn. 55.
[23] *Danne* S. 91; *Meyer* S. 152.
[24] *Danne* S. 91; GK- TzA/*Danne* § 5 BeschFG Rn. 153.
[25] TZA/*Buschmann* § 8 BetrVG Rn. 1; *Danne* S. 91; ErfK/*Eisemann* § 5 BetrVG Rn. 2; *Fitting/Kaiser/Heither/Engels* § 5 Rn. 15; *Frölich* S. 171; Hess/Schlochauer/Glaubitz/*Hess* § 5 Rn. 3; GK- TzA/*Lipke* § 2 BeschFG Rn. 408; *Lipke* NZA 1990, 758, 759; AR- Blattei/*Seiter* Teilzeitarbeit C IX 1 a; **a. A.:** Däubler/Kittner/Klebe/*Trümner* § 5 Rn. 7 ff, der die Eingliederung in die Arbeitsorganisation genügen lässt.
[26] TZA/*Buschmann* § 8 BetrVG Rn. 1; ErfK/*Eisemann* § 5 BetrVG Rn. 2; *Fitting/Kaiser/Heither/Engels* § 5 Rn. 16; *Galperin/Löwisch* § 5 Rn. 4; GK- BetrVG/*Kraft* § 5 Rn. 9; *Meyer* S. 152; *Sowka/Köster* S. 79; *Stege/Weinspach* § 5 Rn. 1; *Wlotzke* § 5 Anm. 2a.
[27] TZA/*Buschmnn* § 8 BetrVG Rn. 2; *Lipke* NZA 1990, 758, 759.

Es kommt insoweit nicht auf die Dauer und den Umfang der Arbeitszeit an[28]. Diese Definition der Arbeitnehmereigenschaft muss aber dem ständig stattfindenden Formenwandel angepasst werden. So ist auch derjenige Arbeitnehmer, der derartige Spezialkenntnisse besitzt, dass Anweisungen durch andere Personen nicht denkbar sind[29]. Die Selbstbestimmung über die eigene Arbeitszeit führt ebenfalls nicht dazu, dass die Arbeitnehmereigenschaft abgelehnt werden müsste[30]. Daher wird zum Teil eine sog. informationelle Fremdbestimmung in den Vordergrund der Arbeitnehmereigenschaft gestellt[31], um neue Sachverhalte erfassen und dennoch die übliche Definition erhalten zu können[32].

### 3. Betriebszugehörigkeit

Die Betriebszugehörigkeit wird ihrerseits durch die Einstellung i. S. d. BetrVG begründet.[33] Einstellung i. S. d. BetrVG kann sowohl der Abschluss eines Arbeitsvertrages, als auch die tatsächliche Beschäftigung durch die Arbeitsaufnahme sein. Nach der so genannten Kumulationstheorie des BAG muss der Arbeitnehmer sowohl in einem Arbeitsverhältnis zum Arbeitgeber als auch in einer tatsächlichen Beziehung zum Betrieb stehen[34].
Problematisch ist die Betriebszugehörigkeit in den Fällen, in denen der Arbeitnehmer über einen längeren Zeitraum tatsächlich nicht arbeitet. Er steht zwar weiterhin in einem Arbeitsverhältnis, es fehlt aber an der tatsächlichen Eingliederung in die betriebliche Arbeitsorganisation. Im Gegensatz zu der Eingliederung, die nicht schon mit Abschluss des Arbeitsverhältnisses vollzogen ist, endet die Betriebszugehörigkeit nicht erst mit der Beendigung des Arbeitsverhältnisses, sondern als actus contrarius schon mit der tatsächlichen Ausgliederung. Zu beachten ist aber, dass nicht jede Unterbrechung der Arbeitsleistung zum Verlust der Betriebszugehörigkeit führt. Dies ist für die Fälle des Urlaubs, der Kurzarbeit auf Null, der Beschäftigungsverbote nach dem MuSchG und der Krankheit anerkannt. Es kommt vielmehr darauf an, ob der Arbeitsplatz von dem Arbeitnehmer „besetzt“ ist, auch wenn er zeitweilig nicht darauf arbeitet. Maßgeblich ist also nicht das Ende der Beschäftigung als solches, sondern ob sich der Arbeitnehmer von seinem konkret zugewiesenen Arbeitsplatz dauerhaft löst. Denn

---

[28] *Fitting/Kaiser/Heither/Engels* § 5 Rn. 90; *Frölich* S. 171; *Galperin/Löwisch* § 5 Rn. 7; Hess/Schlochauer/Glaubitz/*Hess* § 5 Rn. 7; GK- BetrVG/*Kraft* § 5 Rn. 34, 35; GK- TzA/*Lipke* § 2 BeschFG Rn. 408 f; *Oetker* AuR 1991, 359, 362; *Stege/Weinspach* § 5 Rn. 1; Däubler/Kittner/Klebe/*Trümner* § 5 Rn. 31.
[29] TZA/*Buschmann* § 8 BetrVG Rn. 2; *Linnenkohl/Kilz/Rauschenberg/Reh* AuR 1991, 203, 204.
[30] TZA/*Buschmann* § 8 BetrVG Rn. 2; *Linnenkohl/Kilz/Rauschenberg/Reh* AuR 1991, 203, 204; Däubler/Kittner/Klebe/*Trümner* § 5 Rn. 10.
[31] *Linnenkohl/Kilz/Rauschenberg/Reh* AuR 1991, 203, 206.
[32] TZA/*Buschmann* § 8 BetrVG Rn. 2.
[33] MünchHdb ArbR/*von Hoyningen-Huene* § 299 Rn. 38; *Natzel* NZA 1998, 1262, 1264; *Rieble/Gutzeit* BB 1998, 638, 639.
[34] *BAG* BB 1997, 2116; MünchHdb ArbR/*von Hoyningen-Huene* § 299 Rn. 38; *Rieble/Gutzeit* BB 1998, 638, 639; a. A.: *Natzel* NZA 1998, 1262, 1264, der lediglich auf die tatsächliche Unterstellung des Arbeitnehmers unter das Weisungsrecht des Arbeitgebers abstellt.

bei sicherer Rückkehr an den Arbeitsplatz kann nicht von einer Ausgliederung gesprochen werden[35]. Nach teilweise vertretener Auffassung wird nach dem Gedanken des § 13 Abs. 1 S. 2 BPersVG eine lediglich vorübergehende Ausgliederung angenommen, wenn weniger als sechs Monate bis zur Wiederkehr des Arbeitnehmers auf seinen Arbeitsplatz verstreichen[36]. Entscheidend ist jedenfalls aber, ob die Wiederaufnahme der Arbeit durch den Arbeitnehmer und damit dessen Wiedereingliederung mit Sicherheit erwartet werden kann[37]. Es kommt dagegen nicht darauf an, ob ein Bedürfnis nach Mitbestimmung besteht. Denn ein Mitbestimmungsrecht ist die Folge der Betriebszugehörigkeit. Wollte man das Bedürfnis nach Mitbestimmung zu einer Voraussetzung für die Betriebszugehörigkeit machen, so würde man sich in einen juristischen Zirkelschluss begeben[38].

## II. Aktives Wahlrecht

Problematisch ist, ob dem Arbeitnehmer in der Freistellungsphase ein aktives Wahlrecht nach § 7 BetrVG zusteht. Die Voraussetzungen des § 7 BetrVG müssen zur Zeit der Stimmabgabe vorliegen[39].
Teilweise wird als Voraussetzung der aktiven Wahlberechtigung unter Hinweis auf den Wortlaut des § 7 BetrVG lediglich auf die Arbeitnehmereigenschaft abgestellt[40]. Als Arbeitnehmer werde derjenige definiert, der in einem privatrechtlichen Vertrag mit einem anderen steht, sich zur Leistung von Diensten verpflichtet hat und in persönlicher Hinsicht abhängig ist[41]. Diese Definition zeige, dass es nicht darauf ankomme, ob der Arbeitnehmer tatsächlich in eine Arbeitsorganisation eingebunden sei[42]. Nicht entscheidend sei die regelmäßige Dauer, der Umfang der Arbeitsleistung[43] sowie die Sozialversicherungspflicht[44] Es sei nicht erforderlich, dass der Arbeitnehmer überhaupt schon einmal in dem Arbeitsverhältnis gearbeitet habe, denn maßgeblich sei der Bestand des Arbeitsverhältnisses[45]. Es komme also nicht auf die Lage der Arbeits- und

---

[35] *Rieble/Gutzeit* BB 1998, 638, 639, 640.
[36] GK- BetrVG/*Kreutz* § 7 Rn. 22.
[37] *Rieble/Gutzeit* BB 1998, 638, 641: aus diesem Grund ist der Altersteilzeiter, der nicht mehr in den Betrieb zurückkehren wird, nicht betriebsangehörig.
[38] *Rieble/Gutzeit* BB 1998, 638, 641.
[39] GK- BetVG/*Kreutz* § 7 Rn. 13; *Richardi/Thüsing* § 7 Rn. 20; Hess/Schlochauer/Glaubitz/*Schlochauer* § 7 Rn. 6; *Stege/Weinspach* § 7 Rn. 14.
[40] *Zeuner* RdA 1975, 84, 88.
[41] *Danne* S. 91; *Natzel* NZA 1998, 1262, 1265; **a. A.:** *Wank* RdA 1985, 1, 8, der den Arbeitnehmerbegriff aus Sinn und Zweck des § 7 BetrVG ermitteln will.
[42] *Holland* S. 56; *Menten* S. 130; *Natzel* NZA 1998, 1262, 1265.
[43] GK- TzA/*Danne* § 5 BeschFG Rn. 154; ErfK/*Eisemann* § 7 BetrVG Rn. 2; MünchHdb ArbR/*Joost* § 304 Rn. 35; Mager/Winterfeld/Göbel/Seelmann/*Göbel* Rn. 258; *Holland* S. 56; *Meyer* S. 153; *Richardi/Thüsing* § 7 Rn. 32; Hess/Schlochauer/Glaubitz/*Schlochauer* § 7 Rn. 17.
[44] ErfK/*Eisemann* § 7 BetrVG Rn. 2; *Fitting/Kaiser/Heither/Engels* § 5 Rn. 95; MünchHdb ArbR/*Joost* § 304 Rn. 35; GK- TzA/*Lipke* § 2 BeschFG Rn. 416; *Richardi/Thüsing* § 7 Rn. 32; **so aber:** *Galperin/Löwisch* § 7 Rn. 9.
[45] *Frölich* S. 172; *Lipke* NZA 1990, 758, 760; *Meyer* S. 153; GK- TzA/*Mikosch* § 4 BeschFG Rn. 138.

Freizeitperioden an[46]. Auch in der Freistellungsphase bestehe daher eine aktive Wahlberechtigung[47].
Nach anderer Ansicht ist die Betriebszugehörigkeit eine weitere Voraussetzung des aktiven Wahlrechts nach § 7 BetrVG. Dies ergibt sich aus einer Zusammenschau der §§ 1, 7, 8 BetrVG und aus der nunmehrigen Änderung des Wortlauts des § 7 BetrVG[48]. Unter denjenigen, die das Erfordernis der Betriebszugehörigkeit bejahen, ist jedoch streitig, wie diese zu bestimmen ist. Nach einer Ansicht kommt es darauf an, dass ein durch Arbeitsvertrag begründetes Arbeitsverhältnis gerade zum Betriebsinhaber besteht. Auf eine tatsächliche Arbeitsleistung soll es insoweit nicht ankommen[49]. Nach anderer Ansicht muss eine tatsächliche Beziehung des Arbeitnehmers zum Betrieb bestehen[50]. Nach wiederum anderer und herrschender Ansicht muss sowohl ein Arbeitsverhältnis, also eine arbeitsrechtliche Beziehung zum Betriebsinhaber als auch eine tatsächliche Beziehung zum Betrieb vorhanden sein[51]. Das Arbeitsverhältnis muss somit letztlich in Vollzug gesetzt worden sein[52].
Betriebszugehörigkeit i. S. d. § 7 BetrVG ist dabei jedoch nicht identisch mit Beschäftigung im Betrieb. Erforderlich ist, dass der Arbeitnehmer überhaupt für den Betrieb arbeitet und somit zur Erfüllung des Betriebszwecks beiträgt[53]. Die für die Betriebszugehörigkeit notwendige Eingliederung in die Betriebsorganisation erfolgt durch die Einstellung, die weder mit dem Abschluss des Arbeitsvertrags noch mit der tatsächlichen Arbeitsaufnahme im Betrieb gleichzusetzen ist. Sie liegt vielmehr in der Übertragung des Arbeitsbereichs, mit dem ein Arbeitsauftrag innerhalb der Arbeitsorganisation eines Unternehmens erfüllt wird. Das bedeutet in der Regel, dass dem Arbeitnehmer eine weisungsgebundene Tätigkeit zugeteilt wird, die der Verwirklichung des arbeitstechnischen Zwecks des Betriebs zu dienen bestimmt ist[54]. Maßgeblich ist insoweit der Zeitpunkt, zu dem der Arbeitnehmer dem Arbeitgeber zur Verfügung stehen soll[55]. Ein Arbeitnehmer, der nach vollzogener Arbeitsphase in die Freistellungsphase wechselt, ist weiterhin als betriebszugehörig zu betrachten. Dieser verfolgt den Betriebszweck nämlich ebenso mit, wenn er vorübergehend von seiner Arbeitspflicht befreit ist. Selbst bei vorübergehender Suspendierung der beiderseitigen Hauptleistungspflichten bleibt der Arbeitnehmer dem Betrieb in tatsächlicher wie in rechtlicher Hin-

---

[46] GK- TzA/*Danne* § 5 BeschFG Rn. 154.
[47] *Danne* S. 91; GK- TzA/*Danne* § 5 BeschFG Rn. 154; *Holland* S. 56; *Löwisch* RdA 1984, 197, 206.
[48] *BAGE* 61, 7, 12; 69, 286, 295; GK- BetrVG/*Kreutz* § 7 Rn. 11; TK-BetrVG/*Löwisch* § 7 Rn. 7; *Oetker* AuR 1991, 359, 361.
[49] Hess/Schlochauer/Glaubitz/*Schlochauer* § 7 Rn. 3, 5.
[50] *LAG Frankfurt* BB 1985, 2173; MünchHdb ArbR/*Joost* § 304s Rn. 49; *Säcker*, Quack-FS, S. 421, 425; *Säcker/Joost* S. 21, 39 ff; *Zeuner* Hilger/Stumpf-FS, S. 771, 774; *Richardi/Thüsing* § 7 Rn. 5, wenn die Eingliederung mehr als 3 Monate beträgt; Däuber/Kittner/Klebe/*Schneider* § 7 Rn. 57.
[51] *BAGE* 61, 7, 13; 69, 286, 295; 72, 12, 20; ErfK/*Eisemann* § 7 BetrVG Rn. 2; *Fitting/Kaiser/Heither/Engels* § 7 Rn. 16; *Oetker* AuR 1991, 359, 363; *Richardi/Thüsing* § 7 Rn. 5; *Stege/Weinspach* § 7 Rn. 2.
[52] GK- BetrVG/*Kreutz* § 8 Rn. 31; Däubler/Kittner/Klebe/*Schneider* § 7 Rn. 10.
[53] *Richardi/Thüsing* § 7 Rn. 6, 7.
[54] ErfK/*Eisemann* § 7 BetrVG Rn. 2; *Fitting/Kaiser/Heither/Engels* § 7 Rn. 16; *Richardi/Thüsing* § 7 Rn. 13.
[55] *Richardi/Thüsing* § 7 Rn. 31.

sicht zugehörig[56]. Liegt am Beginn eines Arbeitsverhältnisses eine Freistellungsphase und hat der Arbeitnehmer bislang noch nicht aktiv gearbeitet, ist aber eine Zuordnung zum Betrieb beabsichtigt und abzusehen, so muss nach meinem Dafürhalten die Betriebszugehörigkeit des Arbeitnehmers ebenfalls bejaht werden[57]. Denn es kann keinen Unterschied machen, ob nach der vertraglichen Vereinbarung die Freistellungsphase vor oder während der Arbeitsphasen gelagert ist. Teilweise wird auf die Intention der Freistellungszeit abgestellt. Soll durch sie lediglich das Vertragsverhältnis gesichert werden, so bestünde keine Betriebszugehörigkeit mehr. Soll darüber hinaus aber auch noch der bisherige Arbeitsbereich erhalten bleiben, so bliebe die Betriebszugehörigkeit und damit das aktive Wahlrecht unberührt[58]. Letzteres wird bei flexiblen Teilzeitarbeitsverhältnissen in der Regel der Fall sein.
Für eine aktive Wahlberechtigung des freigestellten Arbeitnehmers spricht auch, dass der Gesetzgeber in § 13 Abs. 1 S. 2 BPersVG eine Regelung getroffen hat, nach der ein Arbeitnehmer, der länger als 6 Monate unter Wegfall der Bezüge beurlaubt ist, kein aktives Wahlrecht mehr haben soll. Dies spricht dafür, dass sich der Gesetzgeber der Problematik bewusst war und all denjenigen ein aktives Wahlrecht zubilligen wollte, die unter Fortzahlung des Entgelts von der Arbeitsverpflichtung freigestellt sind[59]. Es kann dabei aber keinen Unterschied machen, ob eine kontinuierliche oder eine diskontinuierliche Vergütung erfolgt. Entscheidend ist vielmehr, dass nach dem Willen der Arbeitsvertragsparteien das Arbeitsverhältnis samt der betriebsverfassungsrechtlichen Position aufrecht erhalten bleiben soll. Dies ist bei einer Freistellung in der Regel der Fall[60]. Es kommt also für die Beurteilung der Betriebszugehörigkeit nicht auf den Umfang und die Dauer der Beschäftigung an[61]. Teilzeitbeschäftigte, die am Wahltag somit nicht tätig sind, sind dennoch betriebszugehörig und haben damit auch in der Freistellungsphase ein Stimmrecht in vollem Umfang[62].
Die Stimme eines Teilzeitarbeitnehmers zählt bei der Wahl ebenso viel wie diejenige eines Vollzeitarbeitnehmers[63]. Die Belegschaft eines Betriebs bedarf nämlich einer organisierten Interessenvertretung auch dann, wenn es sich dabei teilweise um Teilzeitarbeitnehmer handelt. Denn Grundgedanke der Betriebsverfassung ist es, alle Arbeitnehmer, unabhängig von dem Umfang ihrer Tätigkeit, gleich zu behandeln[64]. Teilzeitarbeitnehmer haben daher ein gleichwertiges Stimmrecht wie Vollzeitarbeitnehmer. Ansonsten wären jedenfalls Bedenken hinsichtlich einer mittelbaren Diskriminierung von Frauen oder einer direkten Diskriminierung von Teilzeitbeschäftigten ange-

[56] GK- BetrVG/*Kreutz* § 7 Rn. 22.
[57] In diesem Sinne wohl auch Däubler/Kittner/Klebe/*Schneider* § 8 Rn. 16.
[58] *Richardi/Thüsing* § 7 Rn. 43.
[59] *Dikomey* S. 189; *Natzel* NZA 1998, 1262, 1265.
[60] *Dikomey* S. 187.
[61] *BAGE* 69, 286, 295; GK- BetrVG/*Kreutz* § 7 Rn. 24; *Stege/Weinspach* § 7 Rn. 3.
[62] *Holland* S. 56; GK- BetrVG/*Kreutz* § 7 Rn. 25; a. A.: *Galperin/Löwisch* § 7 Rn. 9.
[63] *Lipke* NZA 1990, 758, 759; *Oetker* AuR 1991, 359, 365; a. A.: *Wank* RdA 1985, 1, 11ff, der allenfalls bei einer Unterrepräsentierung der Teilzeitarbeitnehmer ein volles Stimmrecht zubilligt, nicht jedoch bei einer Überrepräsentation der Teilzeitarbeitnehmer, da ansonsten der Grundsatz der Wahlgleichheit beeinträchtigt wäre; *Zeuner* RdA 1975, 84, 88 mit der Begründung, dass Teilzeitarbeitnehmer ansonsten überrepräsentiert wären.
[64] *Löwisch* RdA 1984, 197, 206.

bracht[65]. Des Weiteren würde die Gefahr der Aufspaltung in eine Stamm- und eine Randbelegschaft bestehen[66]. Auch der Grundsatz der formalen Wahlgerechtigkeit wäre beeinträchtigt[67]. Zudem hat der freigestellte Arbeitnehmer ebenfalls ein schutzwürdiges Interesse, an der Zusammensetzung des Betriebsrats mitzuwirken[68]. Denn auch er kann – im Hinblick auf die Dauer der Amtszeit des Betriebsrats - hinsichtlich der durch den Betriebsrat ausgeübten Mitbestimmungsrechte betroffen sein, sodass er durch seine Wahl auf die Entscheidungsbildung im Betriebsrat Einfluss nehmen können muss[69]. Das Bedürfnis an einer Interessenvertretung im Betrieb ist für einen Teilzeitarbeitnehmer wie für einen Vollzeitarbeitnehmer im Wesentlichen dasselbe[70].
Das Wahlrecht besteht auch an einem arbeitsfreien Tag oder in einer Freistellungsphase[71] und kann vom Arbeitnehmer ausgeübt werden. So ist er in die Wählerliste gemäß § 2 WahlO aufzunehmen und ihm ist Gelegenheit zu geben, seine Stimme gem. § 26 WahlO schriftlich abzugeben[72]. Problematisch ist, ob dem Arbeitnehmer in diesem Fall eine Vergütung für die Zeit der Ausübung seines Wahlrechts zusteht. Nach dem eindeutigen Wortlaut des § 20 Abs. 3 S. 2 BetrVG darf der Arbeitgeber die Vergütung dann nicht mindern, wenn durch die Ausübung des Wahlrechts Arbeitszeit ausfällt. Davon kann aber nicht die Rede sein, wenn der Arbeitnehmer ohnehin arbeitsfrei hatte[73]. § 20 Abs. 3 S. 2 BetrVG verhindert nur eine Minderung der Vergütung infolge Arbeitszeitversäumnis. Ohne Arbeitsausfall kann es aber nicht zu einer Vergütungsminderung kommen. Eine Regelung, die besagt, dass die Zeit der Wahlausübung wie Arbeitszeit zu vergüten ist, kennt das geltende Recht darüber hinaus nicht[74].

### III. Passives Wahlrecht

Hinsichtlich des passiven Wahlrechts stellt § 8 BetrVG auf die Wahlberechtigung und die Angehörigkeit zum Betrieb von mindestens sechs Monaten ab.
Zwar wird vereinzelt vertreten, dass lediglich der rechtliche Bestand des Arbeitsverhältnisses und nicht die tatsächliche Arbeitsaufnahme im Betrieb maßgeblich sein soll[75].
Nach anderer, wohl herrschender, Ansicht kommt es dagegen nach dem eindeutigen Wortlaut des § 8 Abs. 1 BetrVG nicht allein auf das Bestehen eines Arbeitsvertrages,

---

[65] *Fitting/Kaiser/Heither/Engels* § 5 Rn. 150, § 7 Rn. 24; *Richardi/Thüsing* § 7 Rn. 32.
[66] *Fitting/Kaiser/Heither/Engels* § 5 Rn. 150; *Lipke* NZA 1990, 758, 759.
[67] *BAGE* 69, 286, 298.
[68] *Dikomey* S. 189.
[69] *Fitting/Kaiser/Heither/Engels* § 5 Rn. 151; MünchHdb ArbR/*Joost* § 304 Rn. 68; *Natzel* NZA 1998, 1262, 1265.
[70] *Babl* S. 160.
[71] *Fitting/Kaiser/Heither/Engels* § 7 Rn. 27; *Frölich* S. 173; GK- TzA/*Lipke* § 2 BeschFG Rn. 418; *Lipke* NZA 1990, 758, 759; *Richardi/Thüsing* § 7 Rn. 34.
[72] *BAGE* 69, 286, 296; *Babl* S. 163; *Dikomey* S. 189; *Lipke* NZA 1990, 758, 759.
[73] *Frölich* S. 173; GK- BetrVG/*Kreutz* § 20 Rn. 56.
[74] *Frölich* S. 173; *Stege/Weinspach* § 20 Rn. 13a; **a. A.:** *Wlotzke* § 20 Anm. 3b, der § 37 Abs. 3 BetrVG entsprechend anwenden will.
[75] *Natzel* NZA 1998, 1262, 1265.

sondern auch auf die tatsächliche Betriebszugehörigkeit an[76]. Das bloße rechtliche Bestehen eines Arbeitsvertrags reicht nicht aus, wenn der Arbeitnehmer bislang noch nie im Betrieb tätig geworden ist[77]. Denn um das Betriebsratsamt sinnvoll ausüben zu können, muss der zu wählende Arbeitnehmer einen Einblick in und einen Überblick über die betrieblichen Verhältnisse gewonnen haben[78]. Es ist dafür eine Arbeitsleistung in faktischer Hinsicht von gewissem Umfang erforderlich[79]. Die in § 8 BetrVG vorgesehene 6- Monats- Frist der Betriebszugehörigkeit muss zur Zeit der Wahl erfüllt sein[80].

Teilweise wird vertreten, dass der Ablauf der 6- Monats- Frist des § 8 BetrVG so lange gehemmt sei, bis ein Teilzeitarbeitnehmer mindestens die Hälfte der Arbeitszeit eines Vollzeitarbeitnehmers in dem 6- Monats- Zeitraum abgeleistet habe. Denn erst dann hätte er den erforderlichen Einblick in die betrieblichen Verhältnisse und würde sich zur Wahrnehmung des Betriebsratsamtes eignen[81]. Auch in § 14 Abs. 2 S. 1 BPersVG sei geregelt, dass erst bei Überschreiten einer gewissen Arbeitsstundengrenze ein passives Wahlrecht bestehe[82]. Dagegen spricht jedoch schon der eindeutige Wortlaut des § 8 BetrVG, der die Wartezeit weder von der täglichen oder wöchentlichen Arbeitszeit, noch von Vollzeitarbeit abhängig macht. Insbesondere ist dies auch nicht deshalb geboten, weil sich der Teilzeitarbeitnehmer länger einarbeiten müsste als ein Vollzeitarbeitnehmer[83]. Daher ist auch die Ansicht abzulehnen, die aus Gründen der Rechtsklarheit und Rechtssicherheit jede tatsächliche Arbeitsunterbrechung, unabhängig von ihrer Dauer als Hemmung der Frist des § 8 Abs. 1 S. 1 BetrVG ansehen will[84]. Die Wartezeit des § 8 Abs. 1 BetrVG verlängert sich somit nicht deshalb oder wird gehemmt, wenn ein Arbeitnehmer in verringertem Umfang tätig ist[85].

Tatsächliche Arbeitsunterbrechungen, die nur einen relativ kurzen Zeitraum andauern, wie beispielsweise bei einer Erkrankung, einem Urlaub oder den arbeitsfreien Tagen

---

[76] *Babl* S. 161; GK- TzA/*Danne* § 5 BeschFG Rn. 155; *Dikomey* S. 94; *Frölich* S. 172; GK-BetrVG/*Kreutz* § 8 Rn. 31; GK- TzA/*Lipke* § 2 BeschFG Rn. 420; *Menten* S. 58; Hess/Schlochauer/Glaubitz/*Schlochauer* § 8 Rn. 15.

[77] ErfK/*Eisemann* § 8 BetrVG Rn. 4; *Frölich* S. 172; GK- TzA/*Lipke* § 2 BeschFG Rn. 420; *Sowka/Köster* S. 80.

[78] *Danne* S. 92; GK- TzA/*Danne* § 5 BeschFG Rn. 155; *Dikomey* S. 94; ErfK/*Eisemann* § 8 BetrVG Rn. 4; *Frölich* S. 172; *Galperin/Löwisch* § 8 Rn. 6; MünchHdb ArbR/*Joost* § 304 Rn. 87; GK-BetrVG/*Kreutz* § 8 Rn. 23; GK- TzA/*Lipke* § 2 BeschFG Rn. 420; *Lipke* NZA 1990, 758, 760; TK-BetrVG/*Löwisch* § 8 Rn. 3; *Richardi/Thüsing* § 8 Rn. 19; Hess/Schlochauer/Glaubitz/*Schlochauer* § 8 Rn. 15; AR- Blattei/*Seiter* Teilzeitarbeit C IX 3 b; *Sowka/Köster* S. 80; *Stege/Weinspach* § 8 Rn. 6.

[79] *Menten* S. 58, 132.

[80] *Fitting/Kaiser/Heither/Engels* § 8 Rn. 32; GK- BetrVG/*Kreutz* § 8 Rn. 24; *Richardi/Thüsing* § 8 Rn. 17; *Stege/Weinspach* § 8 Rn. 4.

[81] GK- TzA/*Lipke* § 2 BeschFG Rn. 420; *Lipke* NZA 1990, 758, 760.

[82] *Sowka/Köster* S. 81.

[83] AR- Blattei- SD/*Mosler* 1560 Rn. 275; *Richardi/Thüsing* § 8 Rn. 22; Däubler/Kittner/Klebe/*Schneider* § 8 Rn. 4.

[84] *Dikomey* S. 95, 98; *Frölich* S. 172; MünchHdb ArbR/*Joost* § 304 Rn. 93, 94; GK- BetrVG/*Kreutz* § 8 Rn. 35; GK- TzA/*Mikosch* § 4 BeschFG Rn. 138.

[85] *Fitting/Kaiser/Heither/Engels* § 8 Rn. 34; *Meyer* S. 155; Däubler/Kittner/Klebe/*Schneider* § 8 Rn. 14; AR- Blattei/*Seiter* Teilzeitarbeit C IX 3 b; bei KAPOVAZ- Arbeitnehmern will *Babl* S. 162 die 6- Monats- Frist in eine Tagesfrist umwandeln, um zu einem sachgerechten Ergebnis zu kommen.

eines Teilzeitbeschäftigten schaden der 6- Monats- Frist des § 8 BetrVG nicht[86]. Unterbrechungen in der tatsächlichen Beschäftigung stehen der Wählbarkeit und damit der Erfüllung der 6-Monats-Frist des § 8 Abs. 1 BetrVG vielmehr nur dann entgegen, wenn die Zeit der Unterbrechung im Vergleich zu derjenigen der aktiven Tätigkeit erheblich ins Gewicht fällt[87]. Wie lange eine für die Wählbarkeit schädliche Arbeitsunterbrechung sein muss, wird unterschiedlich beantwortet. So wird auf mehr als drei Monate[88], zwei Monate[89] oder mehr als sechs Wochen[90] abgestellt. Entscheidend dürften jedoch die Umstände des Einzelfalls sein[91]. Es kommt darauf an, ob der Arbeitnehmer trotz der Arbeitsunterbrechung in tatsächlicher Hinsicht die ihm obliegenden Mitbestimmungs- und Mitwirkungsrechte sinnvoll ausüben kann, weil ihm die Gesamtstruktur des Betriebes vertraut ist[92]. Insoweit müssen sämtliche Einzelfallumstände Berücksichtigung finden, zu denen in nicht unerheblichem Maße auch die Betriebsgröße als solche zu zählen ist[93].
Für den Bereich der KAPOVAZ wird vertreten, dass der Arbeitgeber den Arbeitnehmer nach billigem Ermessen so abzurufen habe, dass keine längeren Unterbrechungen entstehen. Sollte dies dennoch einmal der Fall sein, so dürften diese Unterbrechungen nicht bei der Berechnung der Frist des § 8 BetrVG mit einbezogen werden[94]. Meines Erachtens würde auf diese Weise unzulässigermaßen auf das Individualarbeitsverhältnis eingewirkt werden. Es würde die Arbeitsvertragsparteien unzumutbar belasten, wenn ein Arbeitsverhältnis, das primär nach betrieblichen Bedürfnissen ausgerichtet ist, sich nach betriebsverfassungsrechtlichen Bedürfnissen richten müsste. Auch bei einem Blockarbeitsverhältnis käme niemand auf die Idee, zur Erfüllung der 6- Monats- Frist ein durchgängiges Arbeitsverhältnis zu fordern. Ein derartiger Vorschlag entspricht nicht dem Willen der Arbeitsvertragsparteien.

Ist allerdings die Frist des § 8 BetrVG einmal abgelaufen, dann besitzt der Arbeitnehmer für die Zukunft und somit auch in der Freistellungsphase ein passives Wahlrecht, soweit die Voraussetzung der Betriebszugehörigkeit weiterhin erfüllt ist[95].

---

[86] *Danne* S. 92; GK- TzA/*Danne* § 5 BeschFG Rn. 155; *Fitting/Kaiser/Heither/Engels* § 8 Rn. 44; *Frölich* S. 172; *Galperin/Löwisch* § 8 Rn. 8; *von Hoyningen-Huene* NJW 1981, 713, 720; *Richardi/Thüsing* § 8 Rn. 23; Hess/Schlochauer/Glaubitz/*Schlochauer* § 8 Rn. 25; *Sowka/Köster* S. 80; *Stege/Weinspach* § 8 Rn. 6; *Wlotzke* § 8 Anm. 2.
[87] *Babl* S. 161; GK- TzA/*Danne* § 5 BeschFG Rn. 155; *Fitting/Kaiser/Heither/Engels* § 8 Rn. 45; *Frölich* S. 172; *Galperin/Löwisch* § 8 Rn. 8; *von Hoyningen-Huene* NJW 1981, 713, 720; TK-BetrVG/*Löwisch* § 8 Rn. 5; GK- TzA/*Mikosch* § 4 BeschFG Rn. 138; *Richardi/Thüsing* § 8 Rn. 23; Hess/Schlochauer/Glaubitz/*Schlochauer* § 8 Rn. 25; *Stege/Weinspach* § 8 Rn. 6.
[88] *von Hoyningen-Huene* NJW 1981, 713, 720.
[89] *Frölich* S. 172; *Galperin/Löwisch* § 8 Rn. 8; TK-BetrVG/*Löwisch* § 8 Rn. 5; GK- TzA/*Mikosch* § 4 BeschFG Rn. 138; *Richardi/Thüsing* § 8 Rn. 23; *Wlotzke* § 8 Anm. 2.
[90] Hess/Schlochauer/Glaubitz/*Schlochauer* § 8 Rn. 26.
[91] *Menten* S. 136.
[92] *Menten* S. 133.
[93] *Menten* S. 135.
[94] *Meyer* S. 155.
[95] *Dikomey* S. 186.

IV. Ausübung des Betriebsratsamts

1. Gleichstellung der teilzeitbeschäftigten Betriebsratsmitglieder

Hinsichtlich der Tätigkeit als Betriebsratsmitglied gelten für Teilzeitbeschäftigte die allgemeinen Grundsätze. Teilzeitbeschäftigte haben die gleichen Rechte und Pflichten wie alle anderen Betriebsratsmitglieder[96]. Ein teilzeitbeschäftigtes Betriebsratsmitglied kann daher ebenso zum Vorsitzenden, Stellvertreter oder Gesamtbetriebsratsmitglied gewählt oder freigestellt werden[97]. Es erfolgt keine Umrechnung aufgrund der Teilzeittätigkeit, sodass ein Teilzeitarbeitnehmer als Betriebsratsmitglied ein gleichwertiges Stimm- und Informationsrecht hat[98].

2. Fortbestehen des Betriebsratsamts während der Freistellungsphase

Auch während der Freistellungsphase bleibt das Betriebsratsamt grundsätzlich erhalten. In § 24 BetrVG sind nämlich die Gründe aufgezählt, die zu einem Erlöschen der Mitgliedschaft im Betriebsrat führen, wozu nicht der Eintritt einer Freistellungsphase zu zählen ist[99]. Eine Beendigung des Arbeitsverhältnisses tritt durch die Freistellungsphase nicht ein, § 24 Nr. 3 BetrVG. Insbesondere ist auch in der Vereinbarung der Arbeitsvertragsparteien über eine Freistellung, sei es zu Beginn oder im Laufe des Arbeitsverhältnisses, keine konkludente Niederlegung des Betriebsratsamtes durch den Arbeitnehmer zu sehen. Eine derartige Niederlegung muss aus Gründen der Rechtsklarheit ausdrücklich, unbedingt und eindeutig erfolgen[100]. Im Übrigen muss sie gegenüber allen Mitgliedern des Betriebsrats, nicht gegenüber dem Arbeitgeber ausgesprochen werden[101].
Der Arbeitnehmer kann während der Freistellungszeit sein Betriebsratsamt auch weiterhin ausüben. Dagegen spricht nicht, dass er, da nicht aktiv arbeitend, nicht konkret als Arbeitnehmer von seiner Betriebsratstätigkeit betroffen ist. Denn der Gesetzgeber sieht selbst durch die Freistellungsregelungen in § 38 BetrVG diese Möglichkeit vor[102]. Es liegt auch kein zeitweiliger Verhinderungsgrund i. S. d. § 25 Abs. 1 S. 2

[96] TZA/*Buschmann* § 37 BetrVG Rn. 1; *Frölich* S. 174; GK- TzA/*Lipke* § 2 BeschFG Rn. 422; *Lipke* NZA 1990, 758, 760; AR- Blattei- SD/*Mosler* 1560 Rn. 279.
[97] TZA/*Buschmann* § 37 BetrVG Rn. 1.
[98] TZA/*Buschmann* § 37 BetrVG Rn. 1; GK- TzA/*Lipke* § 2 BeschFG Rn. 422.
[99] Zu beachten ist, dass die Aufzählung in § 24 BetrVG nicht als abschließend zu betrachten ist. Das Betriebsratsamt erlischt zum Beispiel auch durch Tod des Betriebsratsmitglieds oder durch Verlust der Wählbarkeit wegen Übertritts des Arbeitnehmers in den Kreis der leitenden Angestellten, vgl. *Fitting/Kaiser/Heither/Engels* § 24 Rn. 2; *Galperin/Löwisch* § 24 Rn. 1; *Richardi/Thüsing* § 24 Rn. 7.
[100] *Dikomey* S. 180; *Fitting/Kaiser/Heither/Engels* § 24 Rn. 10; *Natzel* NZA 1998, 1262, 1263.
[101] *Fitting/Kaiser/Heither/Engels* § 24 Rn. 10; *Galperin/Löwisch* § 24 Rn. 9; MünchHdb ArbR/*Joost* § 304 Rn. 24; *Richardi/Thüsing* § 24 Rn. 8; *Stege/Weinspach* § 24 Rn. 3.
[102] *Dikomey* S. 181 f.

BetrVG vor. Einen solchen nimmt man an, wenn das Betriebsratsmitglied aus tatsächlichen oder rechtlichen Gründen daran gehindert ist, sein Betriebsratsamt auszuüben[103]. Grundsätzlich ist diese Voraussetzung bei einem ruhenden Arbeitsverhältnis erfüllt[104]. Eine bloße Unterbrechung der Beschäftigung führt dagegen – je nach dem konkreten Einzelfall – nicht dazu, dass das Betriebsratsmitglied an der Ausübung seiner Tätigkeit gehindert ist[105]. Ein zeitweiliger Verhinderungsgrund i. S. d. § 25 Abs. 1 S. 2 BetrVG soll während des Erziehungsurlaubs, Krankheit, Wehrdienst oder sonstiger betriebsbedingter Abwesenheit vorliegen. Denn in diesen Fällen geht man davon aus, dass das Betriebsratsmitglied sein Amt nicht mit der erforderlichen Effektivität ausüben kann. Im Fall der Freistellung aufgrund schon erfüllter oder noch anstehender Arbeitspflichten ist das Betriebsratsmitglied jedoch nicht durch anderweitige Verpflichtungen oder Umstände an der Wahrnehmung seines Betriebsratsamtes gehindert, sodass die Vorschrift des § 25 Abs. 1 S. 2 BetrVG nicht eingreift[106]. Der Arbeitnehmer kann jedoch die weitere Ausübung des Betriebsratsamtes während der Freistellungszeit ablehnen, sodass dann ein Ersatzmitglied nachrückt. Denn wenn er nach § 24 Abs. 1 Nr. 2 BetrVG sogar die Möglichkeit zur Niederlegung seines Amtes hätte, muss er auch die weitere Ausübung des Betriebsratsamtes für die Freistellungszeit ablehnen können, argumentum a maiore ad minus[107].

### 3. § 37 Abs. 2 BetrVG

Auch für Teilzeitarbeitnehmer gilt der Grundsatz des unentgeltlichen Ehrenamtes, § 37 Abs. 1 BetrVG. Seine Pflichten als Betriebsratsmitglied muss der Teilzeitarbeitnehmer nicht in seiner Freizeit erfüllen. Für ihn gilt ebenso § 37 Abs. 2 BetrVG, der den Grundsatz statuiert, dass die Betriebsratstätigkeit während der Arbeitszeit stattzufinden hat[108]. Das gilt auch bei einem KAPOVAZ- Arbeitnehmer, sodass dieser grundsätzlich seine Betriebsratsaufgaben in der Zeit bewältigen muss, in der er zur Arbeit eingeteilt worden ist[109]. Nach dem in § 37 Abs. 2 BetrVG angeordneten Lohnausfallprinzip kommt es hinsichtlich der vom Arbeitgeber zu zahlenden Vergütung darauf an, was das Betriebsratsmitglied bei hypothetischer Betrachtungsweise verdient hätte, wenn es keine Betriebsratstätigkeit ausgeübt hätte[110]. Ist diese Feststellung wegen der flexiblen

---

[103] ErfK/*Eisemann* § 25 BetrVG Rn. 4; *Fitting/Kaiser/Heither/Engels* § 25 Rn. 17; *Galperin/Löwisch* § 25 Rn. 11, 12; MünchHdb ArbR/*Joost* § 304 Rn. 43; *Natzel* NZA 1998, 1262, 1266; Richardi/*Thüsing* § 25 Rn. 6; *Stege/Weinspach* § 25 Rn. 4.

[104] ErfK/*Eisemann* § 24 BetrVG Rn. 6; *Galperin/Löwisch* § 24 Rn. 22; Richardi/*Thüsing* § 25 Rn. 8.

[105] *Galperin/Löwisch* § 24 Rn. 23.

[106] *Natzel* NZA 1998, 1262, 1266; MünchHdb ArbR/*Joost* § 305 Rn. 27 geht davon aus, dass das Betriebsratsamt generell erhalten bleibt, wenn auch die Wählbarkeit weiterhin fortbesteht.

[107] *Dikomey* S. 183.

[108] Däubler/Kittner/Klebe/*Blanke/Wedde* § 37 Rn. 10; TZA/*Buschmann* § 37 BetrVG Rn. 2; MünchHdb ArbR/*Joost* § 308 Rn. 4; *Lipke* NZA 1990, 758, 760; GK- BetrVG/*Wiese* § 37 Rn. 17, 67.

[109] *Lipke* NZA 1990, 758, 761; GK- TzA/*Mikosch* § 4 BeschFG Rn. 141.

[110] Däubler/Kittner/Klebe/*Blanke/Wedde* § 37 Rn. 48; ErfK/*Eisemann* § 37 BetrVG Rn. 8; *Fitting/Kaiser/Heither/Engels* § 37 Rn. 57 ff; *Galperin/Löwisch* § 37 Rn. 35; Hess/Schlochauer/Glaubitz/*Glaubitz* § 37 Rn. 43; *Richardi/Thüsing* § 37 Rn. 31; *Sowka/Köster* S. 81;

Arbeitszeit problematisch, so wird man einen Durchschnittsverdienst heranziehen[111] oder auf den Lohn eines vergleichbaren Arbeitnehmers zurückgreifen müssen[112]. Steht fest, dass der Arbeitnehmer zur Zeit der Ausübung des Betriebsratsamts nicht gearbeitet hätte, so ist eine Arbeitsbefreiung nach § 37 Abs. 2 BetrVG mangels einer Arbeitsverpflichtung nicht möglich. Es wird bei flexiblen Teilzeitarbeitsmodellen und insbesondere während den Freistellungsphasen allerdings häufig der Fall des § 37 Abs. 3 BetrVG auftreten und die Betriebsratstätigkeit aus betriebsbedingten Gründen außerhalb der persönlichen Arbeitszeit durchgeführt werden[113]. Zwar besteht eine Verpflichtung des Betriebsratsvorsitzenden, den Zeitpunkt der Betriebsratssitzungen so zu terminieren, dass sie in die Arbeitszeit der Mehrzahl der Betriebsratsmitglieder fallen[114]. Für alle Mitglieder wird dies aber gerade in Betrieben, in denen flexible Teilzeitarbeitsmodelle praktiziert werden, nicht gelingen[115].

### 4. § 37 Abs. 3 BetrVG

Ein Ausgleichsanspruch nach § 37 Abs. 3 BetrVG besteht dann, wenn die Betriebsratstätigkeit aus betriebsbedingten Gründen außerhalb der Arbeitszeit durchgeführt werden muss. Von einem betriebsbedingten Grund in diesem Sinne spricht man, wenn bestimmte Gegebenheiten und Sachzwänge innerhalb der Betriebssphäre zur Verlagerung von Betriebsratsarbeit in die Freizeit nötigen[116]. Maßgeblich sind in diesem Zusammenhang insbesondere die Eigenart des Betriebs, die Gestaltung des Arbeitsablaufs und die Beschäftigungslage[117]. Nach einer in der Literatur vertretenen Meinung soll bei einer arbeitsvertraglich vereinbarten, länger andauernden Freistellung von der Arbeit kein betriebsbedingter Grund, sondern ein solcher, der in der Person des Ar-

---

*Stege/Weinspach* § 37 Rn. 12; GK- BetrVG/*Wiese* § 37 Rn. 2; *Wlotzke* § 37 Anm. 2; **kritisch** zum Begriff des Lohnausfallprinzips: MünchHdb ArbR/*Joost* § 308 Rn. 24, der den Begriff des Lohnweiterzahlungsanspruchs bevorzugt.

[111] Däubler/Kittner/Klebe/*Blanke/Wedde* § 37 Rn. 49; *Galperin/Löwisch* § 37 Rn. 35; Hess/Schlochauer/Glaubitz/*Glaubitz* § 37 Rn. 44; *Wlotzke* § 37 Anm. 2.

[112] Däubler/Kittner/Klebe/*Blanke/Wedde* § 37 Rn. 49; Hess/Schlochauer/Glaubitz/*Glaubitz* § 37 Rn. 44.

[113] Däubler/Kittner/Klebe/*Blanke/Wedde* § 37 Rn. 61; TZA/*Buschmann* § 37 BetrVG Rn. 2; ErfK/*Eisemann* § 37 BetrVG Rn. 10; *Fitting/Kaiser/Heither/Engels* § 37 Rn. 92; *Galperin/Löwisch* § 37 Rn. 43; Hess/Schlochauer/Glaubitz/*Glaubitz* § 37 Rn. 56; MünchHdb ArbR/*Joost* § 308 Rn. 34; *Richardi/Thüsing* § 37 Rn. 42; *Stege/Weinspach* § 37 Rn. 22; GK- BetrVG/*Wiese* § 37 Rn. 82.

[114] Hess/Schlochauer/Glaubitz/*Glaubitz* § 37 Rn. 54; *Sowka/Köster* S. 81; GK- BetrVG/*Wiese* § 37 Rn. 74; **kritisch:** Däubler/Kittner/Klebe/*Blanke/Wedde* § 37 Rn. 58a.

[115] Däubler/Kittner/Klebe/*Blanke/Wedde* § 37 Rn. 58a; Hess/Schlochauer/Glaubitz/*Glaubitz* § 37 Rn. 54; *Sowka/Köster* S. 81; *Wlotzke* § 37 Anm. 3a.

[116] *Bengelsdorf* NZA 1989, 905, 907; Däubler/Kittner/Klebe/*Blanke/Wedde* § 37 Rn. 58; ErfK/*Eisemann* § 37 BetrVG Rn. 10; *Fitting/Kaiser/Heither/Engels* § 37 Rn. 79; *Galperin/Löwisch* § 37 Rn. 41; Hess/Schlochauer/Glaubitz/*Glaubitz* § 37 Rn. 57; MünchHdb ArbR/*Joost* § 308 Rn. 35; *Stege/Weinspach* § 37 Rn. 23; *Wlotzke* § 37 Anm. 3a.

[117] *Bengelsdorf* NZA 1989, 905, 907; Däubler/Kittner/Klebe/*Blanke/Wedde* § 37 Rn. 58; ErfK/*Eisemann* § 37 BetrVG Rn. 10; *Fitting/Kaiser/Heither/Engels* § 37 Rn. 79; *Richardi/Thüsing* § 37 Rn. 43; GK- BetrVG/*Wiese* § 37 Rn. 73.

beitnehmers und in seinem Vertragsverhältnis begründet sei, vorliegen. Für einen solchen Grund gewähre der Gesetzgeber jedoch keinen Freizeitausgleich nach § 37 Abs. 3 BetrVG. Dies würde auch der in § 38 BetrVG zum Ausdruck gekommenen gesetzgeberischen Entscheidung zuwider laufen, nach der erst ab einer bestimmten Arbeitnehmerzahl im Betrieb ein Betriebsratsmitglied von der Arbeit freizustellen sei. Ein Freizeitausgleich bzw. eine Bezahlung wie Mehrarbeit nach § 37 Abs. 3 BetrVG für in einer Freistellungsphase ausgeübte Betriebsratstätigkeit würde aber einer Freistellung ähnlich wie § 38 BetrVG gleich kommen[118]. Diese Ansicht verkennt jedoch, dass (flexible) Teilzeitarbeitsmodelle mit ihrer Einführung Teil der betrieblichen Organisation werden und somit zur Sphäre des Betriebs gehören[119]. Ein betriebsbedingter Grund wird allgemein dahingehend definiert, dass die Betriebsratstätigkeit außerhalb der persönlichen Arbeitszeit stattfindet. Die persönliche Arbeitszeit wird aber immer arbeitsvertraglich vereinbart sein. Daraus einen nicht betriebsbedingten, sondern gar personenbedingten Grund zu konstruieren, würde zu einer völligen Aushöhlung des § 37 Abs. 3 BetrVG führen. Arbeitnehmer, die sich in einem flexiblen Teilzeitarbeitsmodell befinden anders zu behandeln als sonstige Arbeitnehmer, würde eine Ungleichbehandlung darstellen, die durch nichts gerechtfertigt wäre. Betriebsbedingt ist der Grund also, wenn aufgrund der Schaffung von Teilzeitarbeitsplätzen das teilzeitbeschäftigte Betriebsratsmitglied gezwungen ist, seine Betriebsratstätigkeit außerhalb seiner persönlichen Arbeitszeit wahrzunehmen oder wenn Sitzungen des Betriebsrats oder seiner Ausschüsse außerhalb der persönlichen, aber innerhalb der betriebsüblichen Arbeitszeit stattfinden[120]. Insoweit sind keine allzu großen Anforderungen zu stellen[121]. Der betriebsbedingte Grund i. S. d. § 37 Abs. 3 BetrVG ergibt sich durch die Schaffung von flexiblen Teilzeitarbeitsplätzen schon aus der betrieblichen Struktur[122]. Für solchermaßen in der arbeitsfreien Zeit durchgeführte Betriebsratsaufgaben hat der Arbeitnehmer einen Anspruch auf Freizeitausgleich. Einem Arbeitnehmer in einem Gleitzeitarbeitsmodell wird die Zeit erforderlicher Betriebsratstätigkeit auch außerhalb der Kernzeiten gutgeschrieben. Denn ansonsten wäre dieses Betriebsratsmitglied gegenüber anderen in ungerechtfertigter Weise benachteiligt[123].

Hat der Arbeitnehmer gem. § 37 Abs. 3 BetrVG einen Anspruch auf Freizeitausgleich, bedeutet dies nicht, dass sein Arbeitsdeputat in dieser Höhe erfüllt ist. Er kann insbesondere einer Einteilung zur Arbeit nicht den Anspruch auf Freizeitausgleich entgegen halten oder gar der Arbeit fernbleiben. Das gilt auch, wenn das Arbeitsdeputat des Bezugszeitraums durch die Heranziehung zur Arbeit ausgeschöpft wird. Denn nach § 37 Abs. 3 BetrVG steht dem Arbeitgeber ein Monat für den Freizeitausgleich zur Verfügung[124]. Im Übrigen muss sich der Arbeitgeber im Interesse der betrieblichen Ordnung

[118] *Dikomey* S. 182.
[119] ErfK/*Eisemann* § 37 BetVG Rn. 10; *Fitting/Kaiser/Heither/Engels* § 37 Rn. 81.
[120] TZA/*Buschmann* § 37 BetrVG Rn. 2; *Lipke* NZA 1990, 758, 761.
[121] GK- TzA/*Mikosch* § 4 BeschFG Rn. 141.
[122] *Sowka/Köster* S. 82.
[123] Hess/Schlochauer/Glaubitz/*Glaubitz* § 37 Rn. 40a.
[124] ErfK/*Eisemann* § 37 BetrVG Rn. 11; *Galperin/Löwisch* § 37 Rn. 47; Hess/Schlochauer/Glaubitz/*Glaubitz* § 37 Rn. 67; MünchHdb ArbR/*Joost* § 308 Rn. 44; GK-TzA/*Mikosch* § 4 BeschFG Rn. 141; *Richardi/Thüsing* § 37 Rn. 55; **a. A.:** *Fit-*

darauf verlassen können, dass ein Arbeitnehmer sich nicht eigenmächtig selbst von der Arbeit befreit[125].
Ist bei einem teilzeitbeschäftigten Betriebsratsmitglied ein Freizeitausgleich i. S. d. § 37 Abs. 3 BetrVG aus betriebsbedingten Gründen nicht möglich, so hat es gemäß § 37 Abs. 3 S. 3 BetrVG einen Anspruch auf Zahlung einer Mehrarbeitsvergütung, die sich grundsätzlich nach den vertraglich vereinbarten Regelungen richtet[126]. Ein betriebsbedingter Grund ist in diesem Zusammenhang ein solcher, der aus objektiven Gründen eines ordnungsgemäßen Betriebsablaufs auch nur eine vorübergehende Abwesenheit des Betriebsratsmitglieds von seinem Arbeitsplatz als nicht vertretbar erscheinen lässt[127]. Ein betriebsbedingter Grund in diesem Sinne kann insbesondere bei Teilzeitarbeit vorliegen, wenn von vornherein feststeht, dass der Freizeitausgleich nicht in der Arbeitszeit des Betriebsratsmitglieds verwirklicht werden kann, weil dieses vollumfänglich ausgelastet ist[128]. Zu beachten ist allerdings, dass sich die Vergütung nach § 37 Abs. 3 S. 3 BetrVG bis zur Erreichung der Arbeitszeit eines Vollzeitbeschäftigten nach dem regelmäßigen Entgelt und erst dann nach einer Überstunden- bzw. Mehrarbeitsvergütung richtet[129]. Denn ansonsten läge eine nach § 78 S. 2 BetrVG unzulässige Begünstigung der teilzeitbeschäftigten Betriebsratsmitglieder vor[130].

### 5. Schulungs- und Bildungsveranstaltungen

Hinsichtlich der Teilnahme an Schulungs- und Bildungsveranstaltungen i. S. d. § 37 Abs. 6, 7 BetrVG hat sich das in der Vergangenheit diskutierte Problem, ob ein Vergütungsanspruch eines Teilzeitarbeitnehmers besteht, der in seiner freien Zeit an einer Schulungs- oder Bildungsveranstaltung teilnimmt, durch die Gesetzesänderung des § 37 Abs. 6 BetrVG, der nunmehr auf § 37 Abs. 3 BetrVG verweist, erledigt. Danach hat

---

*ting/Kaiser/Heither/Engels* § 37 Rn. 96 für den Fall, dass offensichtlich keinerlei Gründe der Freizeitgewährung entgegen stehen.

[125] *Galperin/Löwisch* § 37 Rn. 47; GK- BetrVG/*Wiese* § 37 Rn. 89; **a. A.:** Däubler/Kittner/Klebe/*Blanke/Wedde* § 37 Rn. 66.

[126] Däubler/Kittner/Klebe/*Blanke/Wedde* § 37 Rn. 71; *Fitting/Kaiser/Heither/Engels* § 37 Rn. 112; *Galperin/Löwisch* § 37 Rn. 52; Hess/Schlochauer/Glaubitz/*Glaubitz* § 37 Rn. 74; MünchHdb ArbR/*Joost* § 308 Rn. 48; *Wlotzke* § 37 Anm. 3b.

[127] *Fitting/Kaiser/Heither/Engels* § 37 Rn. 106; **a. A.:** *Galperin/Löwisch* § 37 Rn. 51; MünchHdb ArbR/*Joost* § 308 Rn. 47; *Stege/Weinspach* § 37 Rn. 25, die unter einem betriebsbedingten Grund i. S. d. § 37 Abs. 3 S. 3 BetrVG das Gleiche wie unter einem solchen i. S. d. § 37 Abs. 3 S. 1 BetrVG, verstehen.

[128] *LAG Düsseldorf* LAGE § 37 BetrVG 1972 Nr. 41, S. 12 ff; GK- BetrVG/*Wiese* § 37 Rn. 95.

[129] *BAG* DB 1985, 1346; *Danne* S. 74; ErfK/*Eisemann* § 37 BetrVG Rn. 11; *Fitting/Kaiser/Heither/Engels* § 37 Rn. 111; *Frölich* S. 173; Hess/Schlochauer/Glaubitz/*Glaubitz* § 37 Rn. 74; *Hanau* ZIP 2001, 1981, 1983; MünchHdb ArbR/*Joost* § 308 Rn. 48; GK- TzA/*Lipke* § 2 BeschFG Rn. 422; *Lipke* NZA 1990, 758, 761; *Richardi/Thüsing* § 37 Rn. 59; AR- Blattei/*Seiter* Teilzeitarbeit C III 2 b; *Stege/Weinspach* § 37 Rn. 25; GK- BetrVG/*Wiese* § 37 Rn. 99; *Wlotzke* § 37 Anm. 3b; **a. A.:** *Galperin/Löwisch* § 37 Rn. 52.

[130] ErfK/*Eisemann* § 37 BetrVG Rn. 11; Hess/Schlochauer/Glaubitz/*Glaubitz* § 37 Rn. 74; *Richardi/Thüsing* § 37 Rn. 59; GK- BetrVG/*Wiese* § 37 Rn. 99; **kritisch:** *Sowka/Köster* S. 82, die auf eine mögliche Geschlechterdiskriminierung hinweisen.

der Arbeitnehmer auch für in seiner Freizeit wahrgenommene Schulungen einen Anspruch auf Freizeitausgleich bzw. auf Vergütung[131].

V. Betriebsversammlungen

In § 44 BetrVG ist der Zeitpunkt, zu dem Betriebsversammlungen stattzufinden haben und die Folge für die Vergütung der Arbeitnehmer geregelt. Unter Arbeitszeit i. S. d. § 44 BetrVG ist nach herrschender Meinung nicht die individuelle, sondern die betriebliche Arbeitszeit zu verstehen[132]. Denn gerade in größeren Betrieben wird es so gut wie nie vorkommen, dass sämtliche Arbeitnehmer übereinstimmende Arbeitszeiten haben. Der Regeltatbestand des § 44 BetrVG würde dann nur in den seltensten Fällen eingreifen[133]. Haben also einzelne Teilzeitarbeitnehmer Arbeitszeiten, die mit denen des wesentlichen Teils der Belegschaft nicht übereinstimmen, so besteht kein zwingender Grund i. S. d. § 44 BetrVG zur Verlegung der Betriebsversammlung[134]. Es besteht jedoch eine Verpflichtung des Betriebsrats, die Betriebsversammlung so zu terminieren, dass möglichst viele der Arbeitnehmer während ihrer Arbeitszeit an der Betriebsversammlung teilnehmen können[135]. Bei einem gleitenden Arbeitszeitsystem soll die Betriebsversammlung daher in die Kernarbeitszeit gelegt werden[136]. In mehrschichtigen Betrieben ist eine Betriebsversammlung so zu legen, dass alle Schichten gleichmäßig von der Betriebsversammlung betroffen sind. Dies wird jedoch lediglich in Zwei- Schicht- Betrieben praktizierbar sein[137]. Im Übrigen sind Teilversammlungen nach § 42 Abs. 1 S. 3 BetrVG abzuhalten[138]. Können diese jedoch aus betriebsbedingten Gründen nicht durchgeführt werden oder sind dennoch Arbeitnehmer vorhanden,

[131] Zur alten Rechtslage vgl. *Meyer* S. 157; GK- TzA/*Mikosch* § 4 BeschFG Rn. 142; *Pfeifer* SAE 1999, 271, 280; *Sowka/Köster* S. 82 f.

[132] *BAGE* 54, 325, 327; Däubler/Kittner/Klebe/*Berg* § 44 Rn. 5; *Danne* S. 93; GK- TzA/*Danne* § 5 BeschFG Rn. 157; *Fitting/Kaiser/Heither/Engels* § 44 Rn. 8; *Frölich* S. 176; *Galperin/Löwisch* § 44 Rn. 4; MünchHdb ArbR/*Joost* § 312 Rn. 18; *Lipke* NZA 1990, 758, 762; *Meyer* S. 158; *Richardi/Annuß* § 44 Rn. 4; *Stege/Weinspach* §§ 42 – 46 Rn. 25; **a. A.:** GK- BetrVG/*Fabricius* § 44 Rn. 3; Hess/Schlochauer/Glaubitz/*Glaubitz* § 44 Rn. 4, der in Rn. 37 für den Bereich des § 44 Abs. 1 S. 3 BetrVG jedoch auf die betriebliche Arbeitszeit abstellt.

[133] *Meyer* S 158.

[134] *Fitting/Kaiser/Heither/Engels* § 44 Rn. 17; *Lipke* NZA 1990, 758, 762; AR- Blattei- SD/*Mosler* 1560 Rn. 285; *Richardi/Annuß* § 44 Rn. 7; *Stege/Weinspach* §§ 42 – 46 Rn. 30.

[135] *Galperin/Löwisch* § 44 Rn. 4; Hess/Schlochauer/Glaubitz/*Glaubitz* § 44 Rn. 8; MünchHdb ArbR/*Joost* § 312 Rn. 18; *Lipke* NZA 1990, 758, 762.

[136] Däubler/Kittner/Klebe/*Berg* § 44 Rn. 4; ErfK/*Eisemann* § 44 BetrVG Rn. 3; GK- BetrVG/*Fabricius* § 44 Rn. 19; *Fitting/Kaiser/Heither/Engels* § 44 Rn. 8; *Galperin/Löwisch* § 44 Rn. 8; Hess/Schlochauer/Glaubitz/*Glaubitz* § 44 Rn. 7; MünchHdb ArbR/*Joost* § 312 Rn. 18; *Richardi/Annuß* § 44 Rn. 4; *Stege/Weinspach* §§ 42- 46 Rn. 27; *Wlotzke* § 44 Anm. 2.

[137] ErfK/*Eisemann* § 44 BetrVG Rn. 3; *Fitting/Kaiser/Heither/Engels* § 44 Rn. 11; Hess/Schlochauer/Glaubitz/*Glaubitz* § 44 Rn. 16; MünchHdb ArbR/*Joost* § 312 Rn. 18; *Wlotzke* § 44 Anm. 2a; **kritisch:** *Galperin/Löwisch* § 44 Rn. 19.

[138] GK- BetrVG/*Fabricius* § 44 Rn. 10; Hess/Schlochauer/Glaubitz/*Glaubitz* § 44 Rn. 16a; *Wlotzke* § 44 Anm. 2a.

die auch zu den Zeiten der Teilversammlung nicht beschäftigt sind[139], steht dem Betriebsrat nach richtiger Ansicht ein Ermessensspielraum zu, ob er eine Voll- oder Teilversammlung einberufen will[140].

Der Teilzeitarbeitnehmer ist berechtigt, an der Betriebsversammlung teilzunehmen, unabhängig davon, ob diese an einem Arbeitstag oder an einem arbeitsfreien Tag stattfindet[141]. Denn die betriebsverfassungsrechtlichen Rechte des einzelnen Arbeitnehmers dürfen nicht durch die Teilzeitarbeit beeinträchtigt werden[142]. Wurde der Arbeitnehmer schon zur Arbeit eingeteilt, so kann er wählen, ob er an der Betriebsversammlung teilnimmt oder seiner Arbeit nachkommt. Der Arbeitgeber darf jedenfalls nicht auf die Arbeitsleistung zu der betreffenden Zeit bestehen[143].

Gesetzlich nicht geregelt ist der Fall, dass die Betriebsversammlung innerhalb der betrieblichen, aber außerhalb der individuellen Arbeitszeit stattfindet[144]. Teilweise wird in der Literatur für § 44 Abs. 1 S. 2 BetrVG das Lohnausfallprinzip vertreten, sodass Voraussetzung für einen Vergütungsanspruch des Arbeitnehmers ein Entgeltzahlungsanspruch wäre, auf den der Arbeitnehmer auch dann einen Anspruch hätte, wenn er an der Betriebsversammlung nicht teilgenommen hätte[145]. Denn durch die Teilnahme an der Betriebsversammlung solle der Arbeitnehmer keine zusätzliche Einnahmequelle erhalten[146]. Nach der Ansicht des BAG und der in der Literatur herrschenden Meinung stellt § 44 Abs. 1 S. 2 BetrVG einen eigenständigen und vom Lohnausfallprinzip unabhängigen Vergütungsanspruch für die Zeit der Teilnahme an einer Betriebsversammlung dar[147]. Es kommt also nicht darauf an, ob der Arbeitnehmer durch die Betriebsversammlung Arbeitszeit versäumt[148], sodass auch dann ein Vergütungsanspruch besteht, wenn die Betriebsversammlung außerhalb der individuellen Arbeitszeit des Arbeitnehmers stattfindet[149].

---

[139] GK- BetrVG/*Fabricius* § 44 Rn. 14, 18.

[140] Däubler/Kittner/Klebe/*Berg* § 44 Rn. 10, 11; *Fitting/Kaiser/Heither/Engels* § 44 Rn. 19; MünchHdb ArbR/*Joost* § 312 Rn. 20; *Richardi/Annuß* § 44 Rn. 13.

[141] *Frölich* S. 175; *Holland* S. 57; MünchHdb ArbR/*Joost* § 312 Rn. 30; GK- TzA/*Mikosch* § 4 BeschFG Rn. 139.

[142] GK- TzA/*Lipke* § 2 BeschFG Rn. 423; GK- TzA/*Mikosch* § 4 BeschFG Rn. 139.

[143] *Frölich* S. 175; GK- TzA/*Mikosch* § 4 BeschFG Rn. 139.

[144] *Meyer* S. 158.

[145] Hess/Schlochauer/Glaubitz/*Glaubitz* § 44 Rn. 23; *Stege/Weinspach* §§ 42 – 46 Rn. 49 a ff.

[146] Hess/Schlochauer/Glaubitz/*Glaubitz* § 44 Rn. 23.

[147] *BAGE* 54, 314, 319, 321; 333, 339; Däubler/Kittner/Klebe/*Berg* § 44 Rn. 13; ErfK/*Eisemann* § 44 BetrVG Rn. 8; GK- BetrVG/*Fabricius* § 44 Rn. 56 ff; *Fitting/Kaiser/Heither/Engels* § 44 Rn. 26; *Frölich* S. 175; MünchHdb ArbR/*Joost* § 312 Rn. 85; GK- TzA/*Lipke* § 2 BeschFG Rn. 424; *Lipke* NZA 1990, 758, 762; *Richardi/Annuß* § 44 Rn. 27; *Wlotzke* § 44 Anm. 3a.

[148] *Frölich* S. 175; GK- TzA/*Lipke* § 2 BeschFG Rn. 424; *Lipke* NZA 1990, 758, 763; anders im Fall des § 44 Abs. 2 S. 2 BetrVG, vgl. Däubler/Kittner/Klebe/*Berg* § 44 Rn. 27; ErfK/*Eisemann* § 44 BetrVG Rn. 10; GK- BetrVG/*Fabricius* § 44 Rn. 82; *Fitting/Kaiser/Heither/Engels* § 44 Rn. 26; *Galperin/Löwisch* § 44 Rn. 23, 30; *Wlotzke* § 44 Anm. 3b; **einschränkend:** *Richardi/Annuß* § 44 Rn. 46.

[149] *BAGE* 54, 314, 319; 325, 332; 333, 339; *Danne* S. 93; GK- TzA/*Danne* § 5 BeschFG Rn. 157; *Fitting/Kaiser/Heither/Engels* § 44 Rn. 26; *Frölich* S. 175; *Galperin/Löwisch* § 44 Rn. 20; *Holland* S. 57; GK- TzA/*Lipke* § 2 BeschFG Rn. 424; *Lipke* NZA 1990, 758, 763; GK- TzA/*Mikosch* § 4 BeschFG Rn. 140; *Richardi/Annuß* § 44 Rn. 27; *Wlotzke* § 44 Anm. 3a.

Unstreitig besteht jedoch kein Anspruch auf Mehrarbeitszuschläge. Dies ergibt sich schon aus einem Vergleich mit § 37 Abs. 3 BetrVG[150]. Etwas anderes gilt nur dann, wenn der Arbeitnehmer während der Betriebsversammlung Mehrarbeit geleistet hätte[151].

Problematisch ist, ob dem Arbeitnehmer, der innerhalb der betrieblichen, aber außerhalb der individuellen Arbeitszeit zu der Betriebsversammlung kommt, ein Fahrtkostenerstattungsanspruch zusteht. Ein solcher Anspruch wird nach verbreiteter Meinung in analoger Anwendung des § 44 Abs. 1 S. 3 BetrVG bejaht[152]. Denn durch die Wahrnehmung betriebsverfassungsrechtlicher Rechte und Pflichten soll nach dem Willen des Gesetzgebers dem Arbeitnehmer kein Nachteil entstehen, insbesondere nicht in finanzieller Hinsicht[153]. Der Arbeitnehmer muss sich aber auf seinen Fahrtkostenersatzanspruch seine ersparten Aufwendungen anrechnen lassen. So entstehen bei einem KAPOVAZ- Arbeitnehmer, wenn die Betriebsversammlung länger als drei Stunden dauert, in der Regel keine zusätzlichen Kosten, die zu ersetzen wären, § 12 Abs. 1 S. 4 TzBfG[154].

Ein weiteres Problem besteht darin, ob die Zeit der Teilnahme an der Betriebsversammlung auf das Arbeitsdeputat anzurechnen ist. Wenn die Betriebsversammlung während der individuellen Arbeitszeit stattfindet, wird der Arbeitnehmer gem. § 44 Abs. 1 S. 1 BetrVG von seiner Arbeit unter Anrechnung auf das Arbeitsdeputat befreit[155]. Wenn die Betriebsversammlung außerhalb der betrieblichen Arbeitszeit stattfindet, dann wird dem Arbeitnehmer zwar die Zeit der Teilnahme wie Arbeitszeit vergütet. Eine Anrechnung auf das Arbeitsdeputat erfolgt aber, ebenso wie bei Vollzeitarbeitnehmern, nicht, es sei denn, dass vertraglich etwas anderes vereinbart ist[156]. Das gleiche gilt für Versammlungen i. S. d. § 44 Abs. 2 BetrVG[157]. Für Betriebsversammlungen innerhalb der betrieblichen, aber außerhalb der individuellen Arbeitszeit fehlt es wiederum an einer gesetzlichen Regelung. Primär ist eine vertragliche Vereinbarung maßgeblich[158]. Ist eine solche nicht vorhanden, so wird aufgrund einer Abwä-

---

150 *BAGE* 54, 314, 321; 325, 330; 333, 338; ErfK/*Eisemann* § 44 BetrVG Rn. 11; GK-BetrVG/*Fabricius* § 44 Rn. 75; *Fitting/Kaiser/Heither/Engels* § 44 Rn. 33; Hess/Schlochauer/Glaubitz/*Glaubitz* § 44 Rn. 31; *Richardi/Annuß* § 44 Rn. 38; *Sowka/Köster* S. 83; *Stege/Weinspach* §§ 42 – 46 Rn. 50; **a. A.**: Däubler/Kittner/Klebe/*Berg* § 44 Rn. 15.

151 ErfK/*Eisemann* § 44 BetrVG Rn. 11; GK- BetrVG/*Fabricius* § 44 Rn. 75; *Fitting/Kaiser/Heither/Engels* § 44 Rn. 33; Hess/Schlochauer/Glaubitz/*Glaubitz* § 44 Rn. 31; MünchHdb ArbR/*Joost* § 312 Rn. 96; *Stege/Weinspach* §§ 42 – 46 Rn. 50; **a. A.**: *Richardi/Annuß* § 44 Rn. 38.

152 *BAGE* 54, 314, 324; ErfK/*Eisemann* § 44 BetrVG Rn. 13; GK- BetrVG/*Fabricius* § 44 Rn. 77; *Fitting/Kaiser/Heither/Engels* § 44 Rn. 39; *Galperin/Löwisch* § 44 Rn. 32; Hess/Schlochauer/Glaubitz/*Glaubitz* § 44 Rn. 37a; MünchHdb ArbR/*Joost* § 312 Rn. 100; *Lipke* NZA 1990, 758, 763; *Meyer* S. 158; GK- TzA/*Mikosch* § 4 Rn. 140; *Richardi/Annuß* § 44 Rn. 41; *Stege/Weinspach* §§ 42 – 46 Rn. 51; *Wlotzke* § 44 Anm. 3a.

153 *BAGE* 54, 314, 324; *Danne* S. 93; *Fitting/Kaiser/Heither/Engels* § 44 Rn. 24, 28; MünchHdb ArbR/*Joost* § 312 Rn. 100; GK- TzA/*Lipke* § 2 BeschFG Rn. 423; *Meyer* S. 158.

154 *Meyer* S. 159; GK- TzA/*Mikosch* § 4 BeschFG Rn. 140.

155 *Lipke* NZA 1990, 758, 763; *Meyer* S. 159.

156 *Lipke* NZA 1990, 758, 763; *Meyer* S. 160; so wohl auch *Frölich* S. 176, der aber nicht sauber zwischen individueller und betrieblicher Arbeitszeit trennt; **a. A.**: GK- TzA/*Mikosch* § 4 Rn. 140.

157 *Meyer* S. 160.

158 *Meyer* S. 161; GK- TzA/*Mikosch* § 4 BeschFG Rn. 140, der von einer grundsätzlichen Anrechnungspflicht ausgeht.

gung zwischen Arbeitgeber- und Arbeitnehmerinteressen vertreten, dass die Teilnahmezeit auf das Arbeitsdeputat anzurechnen sei, wenn die tägliche Arbeitszeit geringer, als die Zeit der Betriebsversammlung sei[159]. Nach anderer Ansicht muss ausgehend vom Regelfall des § 44 Abs. 1 S. 1 BetrVG – bezahlte Freistellung von der Arbeit unter Anrechnung auf das Arbeitsdeputat – eine vergleichbare Lage herbeigeführt werden. Dies ist aber nur durch eine Anrechnung auf das Arbeitsdeputat erreichbar[160].
Die Zeit der Teilnahme an einer Betriebsversammlung zählt jedenfalls in arbeitszeitrechtlicher Hinsicht nicht als Arbeitszeit und wird deshalb bei der Ermittlung der höchstzulässigen Arbeitszeit nicht mit einberechnet[161]. Denn nach dem eindeutigen Wortlaut des § 44 Abs. 1 S. 2 BetrVG ist dem Arbeitnehmer die Zeit der Teilnahme wie Arbeitszeit zu vergüten, nicht jedoch als Arbeitszeit zu betrachten[162].

## VI. Betriebsvereinbarungen

Gemäß § 77 Abs. 4 BetrVG gelten Betriebsvereinbarungen auch für freigestellte Arbeitnehmer unmittelbar und zwingend. Denn der Arbeitnehmer soll durch die Freistellung weder besser noch schlechter gestellt werden. Das Arbeitsverhältnis ist, abgesehen von den gegenseitigen Hauptleistungspflichten, wie ein aktives Arbeitsverhältnis zu behandeln[163].

## VII. Zusammenfassung

Teilzeitarbeitnehmer zählen im Rahmen des BetrVG ebenso wie Vollzeitarbeitnehmer und erhöhen somit die Betriebsgröße. Sie stellen – da die allgemeine arbeitsrechtliche Definition maßgeblich ist – Arbeitnehmer i. S. d. § 5 BetrVG dar, ohne dass eine Mindestarbeitszeit erforderlich wäre. Die Betriebszugehörigkeit begründet sich durch die Einstellung, die nach der Kumulationstheorie des BAG sowohl in einem Arbeitsverhältnis als auch in einer tatsächlichen Beziehung zum Betrieb besteht. Bei längeren Freistellungszeiten kommt es für die Frage, ob eine Ausgliederung stattgefunden hat, darauf an, ob der Arbeitnehmer an seinen Arbeitsplatz zurückkehren wird. Steht dies – wie bei flexiblen Teilzeitarbeitsverhältnissen in aller Regel der Fall – fest, so ist auch der freigestellte Arbeitnehmer weiterhin betriebszugehörig.
Das aktive Wahlrecht nach § 7 BetrVG setzt zum einen die Arbeitnehmereigenschaft und zum anderen die Betriebszugehörigkeit voraus. Das bedeutet jedoch nicht, dass

---

159 *Meyer* S. 160.
160 *Lipke* NZA 1990, 758, 763; GK- TzA/*Mikosch* § 4 BeschFG Rn. 140.
161 Hess/Schlochauer/Glaubitz/*Glaubitz* § 44 Rn. 36; *Sowka/Köster* S. 83.
162 *BAGE* 54, 314, 321; 325, 330; 333, 338; *Fitting/Kaiser/Heither/Engels* § 44 Rn. 32; *Galperin/Löwisch* § 44 Rn. 29; Hess/Schlochauer/Glaubitz/*Glaubitz* § 44 Rn. 36.
163 *Dikomey* S. 194 ff, die näher auf einen Vergleich mit den Ruhestandsverhältnissen und der diesbezüglichen Geltung von Betriebsvereinbarungen eingeht.

der Arbeitnehmer am Wahltag tatsächlich im Betrieb arbeiten muss. Es reicht vielmehr aus, wenn weiterhin der arbeitstechnische Zweck des Betriebs verwirklicht wird. Das ist jedoch auch in einer Freistellungsphase der Fall, unabhängig davon, ob diese vor oder nach einer Arbeitsperiode liegt und ob diese vergütet wird oder nicht. Die Stimme eines (freigestellten) Teilzeitarbeitnehmers zählt in gleichem Maße wie diejenige eines Vollzeitarbeitnehmers, da ein Teilzeitarbeitnehmer ein gleichwertiges Bedürfnis an einer Interessenvertretung im Betrieb hat.
Für das passive Wahlrecht stellt § 8 BetrVG auf die Wahlberechtigung und auf die Betriebszugehörigkeit von mindestens 6 Monaten ab. Diese 6- Monats- Frist soll dem Arbeitnehmer Einblicke in die betrieblichen Verhältnisse ermöglichen. Daher verlängert sie sich nicht, wenn der Arbeitnehmer lediglich in vermindertem Umfang tätig ist. Liegen jedoch in dieser 6- Monats- Frist längere Unterbrechungen, die es nicht mehr gewährleisten, dass der Arbeitnehmer die notwendigen Einblicke gewinnt, so müssen diese berücksichtigt werden. Bezüglich der Länge der relevanten Arbeitsunterbrechungen ist auf die konkreten Einzelfallumstände abzustellen. Nach Ablauf der 6-Monats- Frist kommt es für die Wählbarkeit nicht mehr darauf an, ob sich der Arbeitnehmer in einer Arbeits- oder Freistellungsphase befindet.
Ein teilzeitbeschäftigtes Betriebsratsmitglied hat die gleichen Rechte und Pflichten, insbesondere gleichwertige Stimm- und Informationsrechte wie andere Betriebsratsmitglieder. Während einer Freistellungsphase bleibt das Betriebsratsamt weiterhin bestehen und kann ausgeübt werden. Insbesondere ein Vergleich mit der Vorschrift des § 38 BetrVG ergibt, dass es unschädlich ist, wenn das Betriebsratsmitglied von seiner Betriebsratstätigkeit selbst nicht betroffen ist.
Grundsätzlich ist die Betriebsratstätigkeit während der Arbeitszeit zu erbringen, § 37 Abs. 2 BetrVG. Dies wird bei flexibler Teilzeitarbeit aber häufig aus betriebsbedingten Gründen nicht möglich sein, sodass diese außerhalb der persönlichen Arbeitszeit erfolgt. Grundsätzlich ist nach § 37 Abs. 3 BetrVG ein Freizeitausgleich vorzunehmen, der jedoch nicht vom Arbeitnehmer eigenmächtig herbeigeführt werden darf. Ergibt sich jedoch, dass der Freizeitausgleich nicht während der Arbeitszeit stattfinden kann, so hat der Arbeitnehmer nach § 37 Abs. 3 S. 3 BetrVG einen Anspruch auf Mehrarbeitsvergütung, die sich allerdings bis zum Erreichen der Arbeitszeitgrenze eines Vollzeitarbeitnehmers nach dem regelmäßigen Entgelt richtet, da ansonsten eine nach § 78 S. 2 BetrVG unzulässige Begünstigung vorgenommen werden würde.
Betriebsversammlungen sollen nach der gesetzlichen Wertung des § 44 BetrVG zu Zeiten stattfinden, zu denen die Mehrheit der Arbeitnehmer eines Betriebes tätig ist. Arbeitnehmer, die während einer angesetzten Betriebsversammlung nicht zur Arbeit verpflichtet sind, dürfen dennoch an der Betriebsversammlung teilnehmen und ihre betriebsverfassungsrechtlichen Rechte wahrnehmen. Aus dem im § 44 Abs. 1 S. 2 BetrVG dargestellten eigenständigen Vergütungsanspruch für die Zeit der Teilnahme an einer Betriebsversammlung folgt, dass auch ein freigestellter Arbeitnehmer einen Zahlungsanspruch hat. Nach § 44 Abs. 1 S. 3 BetrVG analog besteht des Weiteren ein Fahrtkostenersatzanspruch und, um eine Gleichstellung mit den aktiv tätigen Arbeitnehmern zu erreichen, muss eine Anrechnung auf das Arbeitsdeputat stattfinden.

Betriebsvereinbarungen – unabhängig davon, ob diese vor oder in der Freistellungszeit abgeschlossen wurden – gelten ebenfalls für freigestellte Arbeitnehmer unmittelbar und zwingend, § 77 Abs. 4 BetrVG.

## § 19 Tarifvertragsrecht

Tarifverträge, die während der Freistellungsphase abgeschlossen werden, gelten auch für die freigestellten Arbeitnehmer. Denn ein Tarifvertrag bezieht sich gemäß §§ 1 Abs. 1, 4 Abs. 1 TVG auf ein „Arbeitsverhältnis" also auf einen rechtlich bestehenden Vertrag, nicht aber zwangsläufig auf ein Arbeitsverhältnis, in dem gearbeitet und Lohn gezahlt wird[1]. Teilzeitarbeitnehmer können daher sämtliche Rechte aus dem Tarifvertrag in Anspruch nehmen, wenn sie die tatbestandlichen Voraussetzungen erfüllen[2].

---

[1] *Dikomey* S. 201.
[2] *Danne* S. 108.

Hinsichtlich der für die Unternehmensmitbestimmung erforderlichen Arbeitnehmerzahl kommt es nach dem BAG auf die Zahl der ständig besetzten Arbeitsplätze und somit auf die Größe und wirtschaftliche Bedeutung eines Unternehmens an[1]. Dagegen spricht jedoch, dass nach dem Wortlaut der Mitbestimmungsgesetze nicht auf Arbeitsplätze, sondern auf die Zahl der Arbeitnehmer abzustellen ist. Nur diese Auslegung lässt sich mit den Zielen der Unternehmensmitbestimmung in Einklang bringen. Denn Sinn und Zweck der Unternehmensmitbestimmung ist es, die Arbeitnehmer am Willensbildungsprozess im Unternehmen zur Verbesserung ihres sozialen und rechtlichen Schutzes zu beteiligen[2]. Ab einer bestimmten Arbeitnehmerzahl, auch wenn es sich dabei um Teilzeitarbeitnehmer handelt, wird zwangsläufig die Verwaltung bürokratisch und anonym, sodass die Teilhabe der Arbeitnehmer an den entsprechenden Entscheidungen geboten ist[3]. Sinn und Zweck der Mitbestimmung greifen somit auch ein, wenn die Unternehmensgröße durch Teilzeitarbeitnehmer erreicht wird[4]. Daher sind Teilzeitarbeitnehmer im gleichen Verhältnis wie Vollzeitarbeitnehmer zu zählen[5]. Dies kann durchaus dazu führen, dass die praktische Umsetzung von flexibler Teilzeitarbeit erschwert wird. Teilweise wird daher de lege ferenda vertreten, Teilzeitarbeitnehmer nicht in vollem Umfang, sondern entsprechend ihres Arbeitszeitumfangs zu berücksichtigen[6].

Der freigestellte Arbeitnehmer verliert nicht sein *aktives Wahlrecht* für den Aufsichtsrat. Dies ergibt sich aus dem klaren Wortlaut der §§ 18, 10 Abs. 2 MitbestG, die lediglich auf die Arbeitnehmereigenschaft abstellen[7].

Auch das *passive Wahlrecht* wird gemäß §§ 7 Abs. 3, 10 Abs. 3 MitbestG während der Freistellung bestehen bleiben[8]. Insoweit kann auf die Ausführungen zu § 8 BetrVG Bezug genommen werden.

Das *Aufsichtsratsamt* erlischt des Weiteren nicht mit dem Übergang in die Freistellungsphase. Denn § 24 Abs. 1 MitbestG stellt insoweit auf die Wählbarkeit ab, die in der Regel bestehen bleiben wird[9].

---

[1] *BAG* AP Nr. 1 zu § 77 BetrVG 1952.

[2] *Fitting/Kaiser/Heither/Engels* § 76 BetrVG 1952 Rn. 10; Schaub/*Koch* § 260 Rn. 3; *Hanau/Ulmer* § 3 Rn. 16; GK- TzA/*Lipke* § 2 BeschFG Rn. 448; zu den Zielen der Unternehmensmitbestimmung vgl. *Fitting/Wlotzke/Wißmann* Vorb. Rn. 1 ff; *Hanau/Ulmer* Einl. Rn. 1 ff.

[3] GK- TzA/*Lipke* § 2 BeschFG Rn. 448; *Löwisch* RdA 1984, 197, 209.

[4] Schaub/*Koch* § 260 Rn. 3; GK- TzA/*Lipke* § 2 BeschFG Rn. 448.

[5] *Fitting/Kaiser/Heither/Engels* § 76 BetrVG 1952 Rn. 10; *Fitting/Wlotzke/Wißmann* § 3 Rn. 7; *Hoffmann/Lehmann/Weinmann* § 1 Rn. 28; GK- TzA/*Lipke* § 2 BeschFG Rn. 448; *Raiser* § 3 Rn. 7; **einschränkend** hinsichtlich geringfügig Beschäftigter: *Hanau/Ulmer* § 3 Rn. 16; **a. A.:** AR-Blattei/*Seiter* Teilzeitarbeit C IX 5.

[6] *Babl* S. 166; *Löwisch* RdA 1984, 197, 209.

[7] *Natzel* NZA 1998, 1262, 1266.

[8] *von Hoyningen-Huene* NJW 1981, 713, 720; *Natzel* NZA 1998, 1262, 1266.

[9] *Natzel* NZA 1998, 1262, 1266.

# Teil IV: Ergebnisse und Ausblick

## § 21 Zusammenfassung

### I. Zusammenfassung der wichtigsten Ergebnisse

1. Von der klassischen Halbtagesarbeit ausgehend, haben sich eine Vielzahl von flexiblen Formen der Teilzeitarbeit entwickelt, die allerdings immer noch primär von Frauen ausgeübt werden. Für die flexiblen Teilzeitarbeitsmodelle existieren – abgesehen von den Regelungen des TzBfG – kaum gesetzliche Normen, welche diese Rechtsverhältnisse ordnen würden. Insoweit muss auf allgemeine Rechtsgrundsätze zurück gegriffen werden.

2. Zur Dienstleistung Verpflichtete in einem flexiblen Teilzeitarbeitsverhältnis können in der Regel unter den allgemeinen Arbeitnehmerbegriff subsumiert werden, sodass auch diese Arbeitnehmer im Rechtssinne darstellen. Denn selbst bei größtmöglicher Flexibilisierung wird ein weisungsgebundenes Handeln des zur Dienstleistung Verpflichteten vorliegen.

3. Da Teilzeitarbeit überwiegend von Frauen ausgeübt wird, muss bei der Lösung von Einzelproblemen eine besondere Beachtung der Grundsätze der Gleichbehandlung von Mann und Frau erfolgen. Solche Regelungen finden sich – in unterschiedlicher Ausgestaltung und Reichweite – im europäischen Recht, im Grundgesetz und auf einfachrechtlicher Ebene. Speziell für den Bereich der Teilzeitarbeit verbietet § 4 TzBfG eine Schlechterstellung von Teilzeitarbeitnehmern gegenüber vergleichbaren Vollzeitarbeitnehmern.

4. Teilzeitarbeitnehmer unterfallen sowohl nach dem Wortlaut als auch nach dem Sinn und Zweck den Vorschriften des ArbZG und sind somit an dessen Beschränkungen gebunden. Andererseits wird aufgrund der Regelung des § 3 S. 2 ArbZG die Durchführung von flexiblen (Teilzeit-) Arbeitsverhältnissen geradezu erst ermöglicht und gefördert.

5. Teilzeitarbeitnehmer haben, auch in einem flexiblen Arbeitsverhältnis, grundsätzlich in gleichem Umfang wie ein Vollzeitarbeitnehmer Anspruch auf Erholungsurlaub. Sie können insbesondere nicht auf die ohnehin arbeitsfreie Zeit verwiesen werden. Es muss allerdings eine Anrechnung der arbeitsfreien Zeiten – je nach Arbeitszeitmodell – stattfinden, um eine Gleichbehandlung zu erzielen. Entgegen

teilweise in der Literatur vertretener Meinung ist jedoch eine stundenweise Berechnung des Urlaubs nicht möglich, da § 3 Abs. 1 BUrlG ausdrücklich eine Gewährung des Urlaubs in Tagen vorsieht.

6. Für den Bereich der Entgeltfortzahlung im Krankheitsfall stellt sich bei flexiblen Teilzeitarbeitsmodellen vorrangig das Problem des Nachweises der Monokausalität zwischen Krankheit und Arbeitsausfall. Eine strikte Anwendung der allgemeinen Beweislastregeln würde den Arbeitnehmer in aller Regel unzumutbar benachteiligen. Soweit keine konkreten Feststellungen aufgrund des Arbeitsverhältnisses möglich sind, wird daher das Abstellen auf die Praktizierung in der Vergangenheit bzw. auf ein Durchschnittsprinzip am sachgerechtesten sein.

7. Die Entgeltfortzahlung an Feiertagen ist unabdingbar festgelegt, sodass der Arbeitgeber zur Vermeidung der Entgeltfortzahlungspflicht keine Umgehungshandlungen vornehmen darf. Der Ausfall der Arbeit beruht daher schon dann monokausal auf dem Feiertag, wenn der Arbeitnehmer an dem Feiertag grundsätzlich gearbeitet hätte. Im Übrigen muss zur Feststellung der Monokausalität auf Umstände abgestellt werden, die zu einem Ergebnis führen, das der hypothetischen Kausalität am meisten entspricht.

8. Die Vorschrift des § 615 BGB greift auch bei flexibler Teilzeitarbeit uneingeschränkt ein, wenn die Arbeitspflicht des Arbeitnehmers bereits konkretisiert ist. Solange noch keine Festlegung der Arbeitszeit stattgefunden hat, kann der Arbeitgeber jedoch – wie es dem Wesen flexibler Teilzeitarbeitsmodelle entspricht – die Arbeitspflicht des Arbeitnehmers für solche Zeiten festlegen, zu denen er auch wieder Arbeit zur Verfügung hat.

9. Die Voraussetzungen des § 616 BGB werden in einem flexiblen Teilzeitarbeitsverhältnis eher selten auftreten. Denn der Arbeitnehmer kann außerberufliche Verpflichtungen leichter als ein Vollzeitarbeitnehmer außerhalb seiner Arbeitszeit wahrnehmen, wozu er im Übrigen auch verpflichtet ist. Sind persönliche Verhinderungsgründe des Arbeitnehmers im Sinne des § 616 BGB schon vor der Einteilung des Arbeitnehmers zur Arbeit bekannt, besteht für den Arbeitgeber die Möglichkeit, von einer beabsichtigten Einteilung abzusehen. Ist die Arbeitszeit aber einmal festgelegt, so greift die Vorschrift des § 616 BGB uneingeschränkt ein.

10. An Brauchtumstagen oder Vorfeiertagen gewährt der Arbeitgeber häufig ab 12 Uhr den Arbeitnehmern eine Freistellung. Arbeitnehmer, die lediglich bis 12 Uhr arbeiten, kommen nicht in den Genuss der Freistellung, da ansonsten der Leistungszweck verfehlt würde.

Auch Teilzeitarbeitnehmerinnen haben gemäß § 7 MuSchG einen Anspruch auf Freistellung zum Stillen ihres Kindes. Insoweit kommt allerdings die Treuepflicht der Arbeitnehmerin in besonderem Maße zum Tragen als diese häufig in der Lage sein wird, das Stillen in die arbeitsfreie Zeit zu legen.

11. Hinsichtlich der rechtlichen Qualifikation einer Freistellungsphase muss zwischen den Formen diskontinuierlicher und kontinuierlicher Bezahlung unterschieden werden. Bei diskontinuierlicher Bezahlung stellt sich die Freistellungsphase als ruhendes Arbeitsverhältnis dar, während bei kontinuierlicher Bezahlung ein gewöhnliches Arbeitsverhältnis vorliegt, bei dem lediglich nur noch die Leistung der Arbeitgeberseite aussteht.

12. In der Freistellungszeit besteht für den Arbeitnehmer in der Regel ein (anteiliger) Anspruch auf eine vom Arbeitgeber gewährte Leistung. Denn die insoweit maßgeblichen Leistungszwecke – Belohnung der Betriebstreue bzw. Entgelt für geleistete Arbeit – werden meist auch bei einem freigestellten Arbeitnehmer eingreifen.

13. Teilzeitarbeitnehmerinnen unterfallen auch in der Freistellungsphase dem MuSchG. Ein Anspruch auf Mutterschaftsgeld besteht jedoch nur, wenn die Schutzfrist des § 3 Abs. 2 MuSchG in eine Arbeitsperiode fällt, denn ansonsten fehlt es schon an der Kausalität zwischen Beschäftigungsverbot und Arbeitsausfall. Nach § 2 Abs. 1 BErzGG schadet eine Arbeitstätigkeit bis zu 30 Stunden pro Woche dem Anspruch auf Erziehungsgeld nicht. Darunter kann allerdings nicht eine Beschäftigung subsumiert werden, die als Blockarbeitszeit phasenweise als Vollzeittätigkeit praktiziert wird, da ansonsten die Erziehungstätigkeit beeinträchtigt wäre.

14. In der Freistellungsphase kann eine Kündigung aus denselben Gründen wie in einem Normalarbeitsverhältnis erfolgen. Besonderheiten ergeben sich insoweit nicht. Für die Anwendbarkeit des KSchG ist hinsichtlich der 6- Monats- Frist des § 1 KSchG allerdings eine Verlängerung erforderlich, wenn der Arbeitgeber wegen längerer Freistellungszeiten den Arbeitnehmer nicht in ausreichendem Maße auf seine Geeignetheit für den Arbeitsplatz überprüfen kann. Eine Sozialauswahl nach § 1 Abs. 3 KSchG findet grundsätzlich zwischen Vollzeit- und Teilzeitarbeitnehmern nicht statt, da es insoweit schon an der Vergleichbarkeit fehlen wird.

15. Freigestellte Teilzeitarbeitnehmer haben unter den gleichen Voraussetzungen wie Vollzeitarbeitnehmer einen Anspruch auf Erteilung einer Nebentätigkeitsgenehmigung.

16. Auch ein Arbeitsverhältnis in einer Freistellungsphase geht gemäß § 613 a Abs. 1 S. 1 BGB auf den Betriebserwerber über, da dieser in die Rolle des ursprünglichen Betriebsinhabers schlüpfen soll.

17. Teilzeitarbeitnehmer werden im Rahmen des BetrVG in gleichem Maße gezählt wie Vollzeitarbeitnehmer. Es kommt auch nicht darauf an, ob sich der Arbeitnehmer gerade in einer Freistellungsphase befindet. Lediglich für die Wählbarkeit zum Amt eines Betriebsratsmitglieds muss der Arbeitnehmer gemäß § 8 BetrVG tatsächlich eine bestimmte Mindestarbeitszeit im Betrieb tätig gewesen sein. Dieses Erfordernis besteht im Interesse des Betriebs sowie der Belegschaft und stellt keine ungerechtfertigte Schlechterstellung von Teilzeitarbeitnehmern dar.

18. Tarifverträge, die während einer Freistellungszeit abgeschlossen wurden, gelten gemäß §§ 1 Abs. 1, 4 Abs. 1 TVG unmittelbar und zwingend.

19. Die Arbeitnehmerzahl, die zur Anwendung der Gesetze der Unternehmensmitbestimmung führt, errechnet sich unabhängig von der Anzahl der regelmäßig geleisteten Arbeitsstunden. Denn die Verwaltung wird ab einer bestimmten Arbeitnehmerzahl unübersichtlich, sodass eine Mitbestimmung der Arbeitnehmer geboten ist.

## II. Resümee

Es wurden in dieser Arbeit eine Vielzahl von Einzelproblemen behandelt. Es stellt sich nunmehr die Frage, ob aus dem Ganzen ein übergeordneter Schluss, quasi eine ratio zu ziehen ist.
Die Ausführungen haben gezeigt, dass ein Arbeitsverhältnis trotz länger dauernden Unterbrechungen nach dem Parteiwillen weiterhin bestehen bleiben soll. Besondere Auslegungsregeln werden nicht erforderlich, sondern es können grundsätzlich die allgemeinen Regeln für flexible Teilzeitarbeitsverhältnisse Anwendung finden. Besonders berücksichtigt werden müssen jedoch, gerade im Hinblick auf das Verbot der Geschlechterdiskriminierung, gleichheitsrechtliche Vorgaben des europäischen und des nationalen Rechts. Auch diese Grundsätze gelten nicht anders als in einem Normalarbeitsverhältnis, werden aber in einem Teilzeitarbeitsverhältnis häufiger tangiert und erfordern oftmals sogar eine besondere Berücksichtigung. Es stellen sich in einem flexiblen Teilzeitarbeitsverhältnis Probleme, die sich in einem Normalarbeitsverhältnis überhaupt nicht ergeben. Dennoch können diese Probleme mit den allgemeinen Regeln gelöst werden, indem sie in einem ganzheitlichen Licht unter Berücksichtigung gesellschaftlicher, privater und betrieblicher Belange betrachtetet werden. Die Interessen zwischen Arbeitgeber und Arbeitnehmer, zwischen den einzelnen Arbeitnehmern und

zwischen den Arbeitgebern ein und desselben Arbeitnehmers müssen in besonderer Weise abgewogen werden und zu einem gerechten Ausgleich geführt werden. Diese Abwägung ist in einem Normalarbeitsverhältnis schon durch die gesetzlichen Regelungen vorgegeben und erfordert keine weiteren Überlegungen. Im Teilzeitarbeitsverhältnis, für das in den wichtigen Punkten schon gar keine gesetzliche Regelung besteht, muss anhand der allgemeinen Grundsätze eine mit dem übrigen Gesetzesrecht in Einklang zu bringende Lösung gefunden werden.
Die Entwicklung des Arbeitsrechts in der Praxis wird weitergehen und es werden sich immer neue Problemfelder zeigen. Unter Berücksichtigung der Grundlagen des Arbeitsrechts werden sich jedoch bereits viele Fragestellungen lösen lassen. Im Übrigen und zur Förderung der Rechtssicherheit ist das Tätigwerden des Gesetzgebers gefragt.

## Literaturverzeichnis

**Adamski, Bernhard**: Prakisches Arbeitszeitmanagement, 1998, Datakontext Fachverlag GmbH, Frechen

**Adomeit, Klaus**: Anmerkung zu BAG, Urteil vom 13.3.1987, 7 AZR 724/85, SAE 1988, 74

**Kommentar zum Grundgesetz für die Bundesrepublik Deutschland**, Reihe Alternativkommentare, 3. Auflage, 2001, Hermann Luchterhand Verlag, Neuwied, Kriftel (abgekürzt: AK- GG/Verfasser)

**Anzinger, Rudolf**: Das Arbeitszeitgesetz, Festschrift für Otfried Wlotzke zum 70. Geburtstag, S. 427 ff, 1996, C. H. Beck Verlag, München

**Arbeitskreis Arbeitsrecht der Bundesarbeitsgemeinschaft und der Landesarbeitsgemeinschaften und –verbände**: Der Urlaub; Schriftenreihe der Bundesarbeitsgemeinschaft der Mittel- und Großbetriebe des Einzelhandels e. V., Köln, 1980

**Arndt, Gabriele**: Teilzeitarbeit, NZA Beilage 3/1989, 8

**Babl, Monika**: Die arbeits- und sozialrechtlichen Fragen bei ausgewählten Formen flexibler Arbeitszeit, Diss., 1988, Hartung- Gorre Verlag

**Backmeister, Thomas/Trittin, Wolfgang**: Kündigungsschutzgesetz mit Nebengesetzen, 2000, Verlag Franz Vahlen, München

**Bader, Peter/Bram, Rainer/Dörner, Hans-Jürgen/Wenzel, Leonhard**: Kündigungsschutzgesetz, 33. Ergänzungslieferung Juni 1998, Hermann Luchterhand Verlag, Neuwied

**Badura, Peter**: Arbeit als Beruf (Art. 12 Abs. 1 GG), in: Festschrift für Wilhelm Herschel zum 85. Geburtstag, S. 21ff, Herausgeber: Peter Hanau, Gerhard Müller, Herbert Wiedemann, Otfried Wlotzke, 1982, C. H. Beck Verlag, München

**Baeck, Ulrich/Deutsch, Markus**: Arbeitszeitgesetz, 1999, C. H. Beck Verlag, München

**Bäcker, Gerhard/Stolz-Willig, Brigitte**: Betriebliche Maßnahmen zur Unterstützung pflegender Arbeitnehmerinnen und Arbeitnehmer, 1997, Verlag W. Kohlhammer, Stuttgart, Berlin, Köln

**Ballerstedt, Kurt**: Probleme einer Dogmatik des Arbeitsrechts, RdA 1976, 5

**Bauer, Jobst-Hubertus**: Sozialauswahl bei Teilzeitbeschäftigung, BB 1999, 1162

**Bauer, Jobst-Hubertus/Lingemann, Stefan**: Probleme der Entgeltfortzahlung nach neuem Recht, BB 1996, Beilage 17, 8

**Becker, Friedrich/ Danne, Harald/ Lang, Walter/ Lipke, Gert- Albert/ Mikosch, Ernst/ Steinwedel, Ulrich**: Gemeinschaftskommentar zum Teilzeitarbeitsrecht (GK-TzA), 1987, Hermann Luchterhand Verlag, Neuwied und Darmstadt

**Beckerle, Klaus**: Urlaubsanspruch und Erholungsbedürfnis, RdA 1985, 352

**Bellgardt, Peter**: Gewerkschaftliche Positionen zur Flexibilisierung der Arbeitszeit, BB 1986, 1704

**Bengelsdorf, Peter**: Befristung des gesetzlichen Urlaubsanspruchs und Mutterschaftsurlaub, NZA 1985, 613

**Bengelsdorf, Peter**: Urlaubsdauer und Urlaubsvergütung bei ungleichmäßigerVerteilung der Arbeitszeit, DB 1988, 1161

**Bengelsdorf, Peter**: Freizeitausgleich für teilzeitbeschäftigte Betriebsratsmitglieder, NZA 1989, 905

**Bergmann, Christine**: Arbeitszeitpolitik – ein Mittel auch zur Bekämpfung der Arbeitslosigkeit, AuA 1996, 1

**Berliner Kommentar zum Grundgesetz**, Herausgeber: Heinrich Friauf, Wolfram Höfling, Stand: 5. Ergänzungslieferung, Juni 2002, Erich Schmidt Verlag, Berlin

**Bertelsmann, Klaus/ Rust, Ursula**: Arbeits- und sozialrechtliche Nachteile bei Teilzeitarbeit, RdA 1985, 146

**Beuthien, Volker/Wehler, Thomas**: Stellung und Schutz der freien Mitarbeiter im Arbeitsrecht, RdA 1978, 2

**Bobrowski, Paul/Gaul, Dieter**: Das Arbeitsrecht im Betrieb, Band I, 8. Auflage, 1986, Verlag Recht und Wirtschaft, Heidelberg

**Boecken, Winfried**: Probleme der Entgeltfortzahlung im Krankheitsfall, NZA 1999, 673

**Brunz, Michael**: Die neuen tariflichen Arbeitszeitbestimmungen für die Metallindustrie in der Rechtsprechung, NZA 1986, Beilage 2, S. 3

**Buchner, Herbert**: Urlaub und Rechtsmißbrauch – Fehlentwicklung der Rechtsprechung, DB 1982, 1823

**Buchner, Herbert**: Die vergütungsrechtlichen Konsequenzen des tarifvertraglichen Freischichtenmodells der Metallindustrie, BB 1988, 1245

**Bulla, Gustav Adolf/Buchner, Herbert**: Mutterschutzgesetz, 5. Auflage, 1981, C. H. Beck Verlag, München

**Busch, Mathias**: Urlaubsdauer und –vergütung bei Änderungen der vertraglich geschuldeten Arbeitszeitdauer, NZA 1996, 1246

**Busch, Mathias**: Aus für die Arbeit auf Abruf?, NZA 2001, 593

**Buschmann, Rudolf**: Europäischer Gerichtshof zur Diskriminierung von teilzeitbeschäftigten Frauen, AiB 1986, 153

**Buschmann, Rudolf**: Was ist Arbeitszeit?, in Festschrift für Peter Hanau, Arbeitsrecht und Sozialpartnerschaft, S. 197 ff, 1999, Verlag Dr. Otto Schmidt, Köln

**Buschmann, Rudolf**: Gemeine Marktwirtschaft, AuR 1996, 285

**Buschmann, Rudolf/ Dieball, Heike/ Stevens- Bartol, Eckart:** TZA, Das Recht der Teilzeitarbeit, Kommentar für die Praxis, 2. Aufl., 2001, Bund Verlag, Köln

**Colneric, Ninon**: Neue Entscheidungen des EuGH zur Gleichbehandlung von Männern und Frauen, EuZW 1991, 75

**Danne, Harald Theodor**: Das Job- Sharing, 1986, Hermann Luchterhand Verlag, Neuwied und Darmstadt

**Danne, Harald**: Urlaubsdauer bei unterschiedlicher Tagesarbeitszeit, DB 1990, 1996

**Däubler, Wolfgang**: Erläuterung zu EuGH , Urteil vom 30.11.1993 – C-189/91 -, AiB 1994, 191

**Däubler, Wolfgang**: Das Arbeitsrecht 2, Leitfaden für Arbeitnehmer, 11. Auflage, 1998, Rowohlt Taschenbuch Verlag, Hamburg

**Däubler, Wolfgang**: Das geplante Teilzeit- und Befristungsgesetz, ZIP 2000, 1961

**Däubler, Wolfgang**: Das neue Teilzeit- und Befristungsgesetz, ZIP 2001, 217

**Däubler, Wolfgang/Kittner, Michael/Klebe, Thomas**: BetrVG, Betriebsverfassungsgesetz mit Wahlordnung, 8. Auflage, 2002, Bund Verlag, Frankfurt am Main

**Degenhart, Christoph**: Die allgemeine Handlungsfreiheit, JuS 1990, 161

**Deister, Wilhelm**: Handbuch des Urlaubsrechts: Der Erholungsurlaub nach dem Bundesurlaubsgesetz und den Sonderbestimmungen für besonders geschützte Personengruppen, 10. Auflage, 1996, Klages Verlag, Hannover

**Dersch, Hermann / Neumann, Dirk**: Bundesurlaubsgesetz, 8. Auflage, 1997, C. H. Beck Verlag, München

**Dikomey, Christa**: Das ruhende Arbeitsverhältnis, Diss., 1990, Schriften zum Wirtschafts-, Arbeits- und Sozialrecht Band 46

**Diller, Martin**: Krankfeiern seit 1.6.1994 schwieriger?, NJW 1994, 1690

**Dreier, Horst**: Grundgesetz, Band I, Art. 1 – 19, 1996, J. C. B. Mohr (Paul Siebeck) Verlag, Tübingen

**Düttmann, Joachim/Hinrichs, Werner/Kehrmann, Karl/Oberhofer, Hermann**: Kommentierung des „Beschäftigungsförderungs"gesetzes, AiB 1985, 67

**Ehlers, Dirk**: Die Verfassungsmäßigkeit der Neuregelung des Nebentätigkeitsrechts der Beamten in Nordrhein- Westfalen, DVBl 1985, 879

**Erasmy, Walter**: Ausgewählte Rechtsfragen zum neuen Arbeitszeitrecht (I), NZA 1994, 1105

**Erfurter Kommentar zum Arbeitsrecht**, 3. Auflage, 2003, C. H. Beck Verlag, München (zitiert: ErfK/Bearbeiter)

**Erman, Walter**: Bürgerliches Gesetzbuch, Band I, 10. Auflage, 2000, Aschendorff Verlag, Münster

**Ewald, Uwe/Gussone, Max**: Anmerkung zu Arbeitsgericht Hamburg vom 2.5.1984 – 6 Ca 691/83 – AiB 1984, 139

**Fabricius, Fritz/Kraft, Alfons/Wiese, Günther/Kreutz, Peter/Oetker, Hartmut/Thiele, Wolfgang**: Gemeinschaftskommentar zum Betriebsverfassungsgesetz, 6. Auflage, 1998, Luchterhand Verlag, Neuwied, Kriftel

**Färber, Peter**: Die Übertragung des Urlaubsanspruchs und seine Abgeltung, DB 1984, 1826

**Färber, Peter/Klischan, Thomas M.**: Lohnzahlung an Feiertagen, 1985, C.H. Beck Verlag, München

**Faßhauer, Jochen**: Rechtsfragen zur unbezahlten Freistellung, NZA 1986, 453

**Feichtinger, Peter:** Lohn- und Gehaltsfortzahlung im Krankheitsfalle, 1989, Forkel Verlag, Wiesbaden

**Feichtinger, Peter**: Anzeige- und Nachweispflichten bei Arbeitsunfähigkeit, Arbeitsrecht-Blattei Systematische Darstellungen 1000.2, 105. Lieferung, September 2002, C. F. Müller Verlag

**Feichtinger, Peter**: Entgeltfortzahlung im Krankheitsfall, Arbeitsrecht-Blattei Systematische Darstellungen 1000.3, 105. Lieferung, September 2002, C. F. Müller Verlag

**Fels, Gerhard/Heinze, Rolf G./Pfarr, Heide/Streeck, Wolfgang**: Arbeitszeitpolitik, Bericht der Benchmarking Gruppe des Bündnisses für Arbeit, Ausbildung und Wettbewerbsfähigkeit, in Bundesvereinigung der Deutschen Arbeitgeberverbände, März 2000

**Fiebig, Stefan/Gallner, Inken/Pfeiffer, Gerhard**: Kündigungsschutzgesetz, Handkommentar, 2000, Nomos-Verlag, Baden-Baden (abgekürzt: HaKo/Bearbeiter)

**Fitting, Karl/Kaiser, Heinrich/Heither, Friedrich/Engels, Gerd/ Schmidt, Ingrid**: Betriebsverfassungsgesetz, 21. Auflage, 2002, Verlag Franz Vahlen, München

**Fitting, Karl/Wlotzke, Otfried/Wißmann, Hellmut**: Mitbestimmungsgesetz, 2. Auflage, 1978, Verlag Franz Vahlen

**Förderreuther, Rainer**: Innovative Handlungsspielräume, Teilzeit und Karriere müssen sich nicht ausschließen, in: PersF 1997, 42

**Franke, Dietmar**: Haben Ferienbeschäftigte Anspruch auf Erholungsurlaub?, DB 1982, 1324

**Franke, Dietmar**: Rechtsmißbräuchliches Urlaubsverlangen bei geringfügiger Arbeitsleistung, BB 1983, 1036

**Franzen, Martin**: Reformbedarf beim Betriebs- und Arbeitnehmerbegriff des Betriebsverfassungsgesetzes?, ZfA 2000, 285

**Freitag, Peter**: Über die Freiwilligkeit freiwilliger Leistungen, NZA 2002, 294

**Frey, Helmut**: Neues Arbeitsrecht, 3. Ergänzungslieferung, Februar 1990, C. H. Beck Verlag, München

**Fröhlich, Armin**: Rechtsfragen bei Arbeitsverhältnissen mit kapazitätsorientierter variabler Arbeitszeit, Diss., 1990

**Galperin, Hans/Löwisch, Manfred**: Kommentar zum Betriebsverfassungsgesetz

Band I: Organisation der Betriebsverfassung (§§ 1 – 73 und Wahlordnung)
Band II: Regelung der Mitbestimmung (§§ 74 – 132)
6. Auflage, 1982, Verlagsgesellschaft Recht und Wirtschaft, Heidelberg

**Gast, Wolfgang**: Der Faktor Zeit und das Arbeitsrecht, Festschrift für Günther Wiese, S. 121 ff;1998, Luchterhand Verlag, Neuwied, Kriftel

**Gemeinschaftskommentar zum Kündigungsschutzgesetz und zu sonstigen kündigungsrechtlichen Vorschriften**, 6. Auflage, 2002, Hermann Luchterhand Verlag, Neuwied, Kriftel (zitiert KR/Bearbeiter)

**Geyer, Karl Heinrich / Knorr, Gerhard / Krasney, Otto Ernst**: Entgeltfortzahlung – Krankengeld – Mutterschaftsgeld, 7. Auflage, 1996, Stand: März 2002; Erich Schmidt Verlag, Berlin

**Göbel, Johannes**: Flexible Teilzeitarbeit - gesetzliche Bestimmungen, Der Arbeitgeber 1987, 865

**Gola, Peter**: Teilzeitarbeit und Arbeitsplatzteilung nach dem Beschäftigungsförderungsgesetz, BlStSozArbR 1985, 257

**Gola, Peter**: Krankenkontrolle, Datenschutz und Mitbestimmung, BB 1995, 2318

**Gola, Peter**: Entgeltfortzahlungsgesetz, 2. Auflage, 1998, Datakontext-Fachverlag, Frechen

**Goos, Wolfgang**: Teilzeitarbeit und ihre Sonderformen, 1985, Heider Verlag, Bergisch-Gladbach

**Gotthardt, Michael/Greiner, Stefan**: Leistungsbefreiung bei Krankheit des Arbeitnehmers nach § 275 Abs. 1 oder 3 BGB, DB 2002, 2106

**Grobys, Marcel**: Auswirkungen einer nachträglichen Arbeitszeitreduzierung auf das Arbeitsentgelt und andere Vertragsbestandteile, DB 2001, 758

**Gröninger, Karl/Thomas, Werner**: Mutterschutzgesetz, Stand: Ergänzung Juni 2000, Hermann Luchterhand Verlag, Neuwied, Frankfurt

**Großkommentar zum Kündigungsrecht**: 2000, C. H. Beck Verlag, München (zitiert: APS/Bearbeiter)

**Gumpert, Jobst**: Die Urlaubsvergütung bei Teilbeschäftigung, BB 1956, 375

**Gumpert, Jobst**: Anrechnung von anderweitigem Erwerb des Arbeitnehmers während des Kündigungsschutzprozesses, BB 1964, 1300

**Gutmann, Joachim** (Hrsg.): Flexibilisierung der Arbeit, Chancen und Modelle für eine Mobilisierung der Arbeitsgesellschaft, 1997, Schäffer- Poeschel Verlag, Stuttgart

**Hahn, Klaus-Günther**: Kündigungsschutz für nicht Schutzbedürftige?, DB 1988, 1015

**Hanau, Peter**: Befristung und Abrufarbeit nach dem Beschäftigungsförderungsgesetz 1985, RdA 1987, 25

**Hanau, Peter**: Ergänzende Hinweise zur Neuregelung der Entgeltfortzahlung im Krankheitsfall, RdA 1997, 205

**Hanau, Peter**: Probleme der Neuregelung der Betriebsverfassung, ZIP 2001, 1981

**Hanau, Peter**: Offene Fragen zum Teilzeitgesetz, NZA 2001, 1168

**Hanau, Peter/Kramer, Michael**: Zweifel an der Arbeitsunfähigkeit, DB 1995, 94

**Hanau, Peter/Preis, Ulrich**: Zur mittelbaren Diskriminierung wegen des Geschlechts, ZfA 1988, 177

**Hanau, Peter/Ulmer, Peter**: Mitbestimmungsgesetz, 1981, C. H. Beck Verlag, München

**Heidelberger Kommentar zum Kündigungsschutzgesetz**: 4. Auflage, 2001, C. F. Müller Verlag, Heidelberg (zitiert: HK-KSchG/Bearbeiter)

**Heilmann, Joachim**: Kommentar zum Mutterschutzgesetz (MuSchG), 1984, Nomos Verlag, Baden- Baden

**Heinze, Meinhard**: Flexible Arbeitszeitmodelle, NZA 1997, 681 ff

**Heise, Dietmar/Lessenich, Holger M./Merten, Philip W.**: Das neue Arbeitsrecht auf einen Blick, 1997, Rudolf Haufe Verlag, Freiburg i. Br.

**Heither, Friedrich H.**: Das Erlöschen des Urlaubsanspruchs durch Zeitablauf, AuR 1968, 165

**Helml, Ewald**: Kommentar zum Entgeltfortzahlungsgesetz, 1995, Verlag Recht und Wirtschaft, Heidelberg

**Henssler, Martin**: Arbeitsrecht und Schuldrechtsreform, RdA 2002, 129

**Hergenröder, Curt Wolfgang**: Betriebsinhaberwechsel I, Arbeitsrechts- Blattei, Systematische Darstellungen, 105. Lfg., September 2002, C. F. Müller Verlag

**Hergenröder, Curt Wolfgang**: Anmerkung zu EuGH, Urteil vom 3.10.2000, Rs. C-303/98, RdA 2001, 346

**Hergenröder, Curt Wolfgang**: Kündigung und Kündigungsschutz im Lichte der Verfassung, ZfA 2002, 355

**Herschel, Wilhelm**: Erkrankung während unbezahlten Sonderurlaubs, DB 1981, 2431

**Herschel, Wilhelm/Steinmann, Georg/Löwisch, Manfred**: Kommentar zum Kündigungsschutzgesetz, 6. Auflage, 1984, Verlagsgesellschaft Recht und Wirtschaft, Heidelberg (zitiert: Herschel/Löwisch)

**Hess, Harald/Schlochauer, Ursula/Glaubitz, Werner**: Kommentar zum Betriebsverfassungsgesetz, 5. Auflage, 1997, Luchterhand, Neuwied Kriftel, Berlin

**Hönsch, Ronald**: Erziehungs- und Kindergeldrecht, 2. Auflage, 1991, Hermann Luchterhand Verlag, Neuwied, Frankfurt/M., Berlin

**Hoffman, Dietrich/Lehmann, Jürgen/Weinmann, Heinz**: Mitbestimmungsgesetz, 1978

**Hofmann, Paul**: Fristenprobleme bei der Fortsetzungserkrankung, in: Festschrift für Marie-Luise Hilger und Hermann Stumpf, S. 343 ff, 1983, C. H. Beck Verlag, München

**Hohmeister, Frank**: Ist die Urlaubsvergütung pfändbar?, BB 1995, 2110

**Holland, Jürgen**: Teilzeitarbeit, 3. Auflage, 1992, Deutscher Taschenbuch Verlag, München

**Von Hoyningen-Huene, Gerrick**: Die unbezahlte Freistellung von Arbeit, NJW 1981, 713

**Von Hoyningen- Huene, Gerrick**: Rechtliche Gestaltungsmöglichkeiten beim Job-Sharing- Arbeitsverhältnis, BB 1982, 1240

**Von Hoyningen-Huene, Gerrick**: Das neue Beschäftigungsförderungsgesetz 1985, NJW 1985, 1801

**Von Hoyningen-Huene, Gerrick**: Die Einführung und Anwendung flexibler Arbeitszeiten im Betrieb, NZA 1985, 5

**Von Hoyningen-Huene, Gerrick/ Linck, Rüdiger**: Kündigungsschutzgesetz, 13. Auflage, 2002, Verlag C. H. Beck, München

**Hromadka, Wolfgang**: Arbeitszeitrecht im Umbruch, 1988, Schäffer Verlag, Stuttgart

**Hromadka, Wolfgang**: Tarifdispositives Recht und Tarifautonomie, „KAPOVAZ“ per Tarifvertrag?, in: Arbeitsrecht in der Bewährung, Festschrift für Otto Rudolf Kissel zum 65. Geburtstag, C. H. Beck Verlag, 1994

**Hromadka, Wolfgang**: Die Arbeitszeit richtet sich nach der Aufgabe, Festschrift für Peter Hanau, Arbeitsrecht und Sozialpartnerschaft, S. 211 ff, 1999, Verlag Dr. Otto Schmidt, Köln

**Hromadka, Wolfgang**: Das neue Teilzeit- und Befristungsgesetz, NJW 2001, 400

**Ihlenfeld, Harald/Kleb, Karl- Heinz**: Teilzeitarbeit und befristete Arbeitsverträge, 2001, Walhalla Verlag, Regenburg, Berlin

**Isele, Hellmut Georg**: Arbeitszeitrechtliche Besonderheiten der Teilzeitarbeit, RdA 1964, 201

**Isenhardt, Udo**: Individualrechtliche Flexibilisierung von Arbeitsbedingungen, Festschrift für Peter Hanau, Arbeitsrecht und Sozialpartnerschaft, S. 221 ff, 1999, Verlag Dr. Otto Schmidt, Köln

**Jarass, Hans D.**: Das allgemeine Persönlichkeitsrecht im Grundgesetz, NJW 1989, 857

**Jarass, Hans D./Pieroth, Bodo**: Grundgesetz für die Bundesrepublik Deutschland, 5. Auflage, 2000, C. H. Beck Verlag, München

**Joost, Detlev**: Arbeitnehmerbegriff, Scheinselbständigkeit und Weisungsrecht, Festschrift für Günther Wiese, S. 191 ff, 1998, Luchterhand Verlag, Neuwied, Kriftel

**Joussen, Jacob**: Arbeitsrecht und Schuldrechtsreform, NZA 2001, 745

**Junker, Abbo**: Brennpunkte des Arbeitszeitgesetzes, ZfA 1998, 105

**Kaiser, Heinrich/Dunkl, Hans/Hold, Dieter/Kleinsorge, Georg**: Entgeltfortzahlungsgesetz, 4. Auflage, 1997, Jehle Rehm, München

**Kasseler Handbuch zum Arbeitsrecht**, Herausgeber: Wolfgang Leinemann, 2. Auflage, 2000, Luchterhand Verlag GmbH, Neuwied, Kriftel, Berlin

**Kempen, Otto Ernst / Zachert, Ulrich**: Tarifvertragsgesetz, Kommentar für die Praxis, 3. Auflage, 1997, Bund- Verlag, Köln

**Kirsten, Mathias**: Anforderungen an die Rechtfertigung einer mittelbaren Diskriminierung wegen des Geschlechts, RdA 1990, 282

**Kittner, Michael/Däubler, Wolfgang/Zwanziger, Bertram**: Kündigungsschutzrecht, 5. Auflage, 2001, Bund Verlag, Köln

**Kittner, Michael/Trittin, Wolfgang**: Kündigungsschutzrecht, Kommentar für die Praxis, 2. Auflage, 1993, Bund Verlag, Köln

**Kittner, Michael/Zwanziger, Bertram**: Arbeitsrecht, 2001, Bund- Verlag, Frankfurt am Main

**Klein, Martina**: Gewerkschaften und Teilzeitarbeit in Deutschland, 1995, Nomos Verlag, Baden-Baden

**Klevemann, Joachim**: Die Mitbestimmungsrechte des Betriebsrats bei der „Flexibilisierung" der Arbeitszeit, AiB 1984, 90

**Klevemann, Joachim**: Der KAPOVAZ- Arbeitsvertrag – Zur Unbilligkeit arbeitsanfallorientierter Vertragsgestaltungen, AiB 1986, 103

**Klevemann, Joachim**: Der KAPOVAZ-Arbeitsvertrag – Zur Unbilligkeit arbeitsanfallorientierter Vertragsgestaltungen, AiA 1986, 103

**Klevemann, Joachim**: Zum Leistungsbestimmungsrecht des Arbeitgebers nach Art. 1 § 4 BeschFG, AuR 1987, 292 ff

**Klevemann, Joachim**: Umfang der Arbeitszeit bei KAPOVAZ, AiB 1987, 204

**Klevemann, Joachim**: Der Schutz der Zeitsouveränität von Arbeitnehmern mit variablen, am betrieblichen Arbeitsanfall ausgerichteten Arbeitszeiten durch die Ankündigungsfrist des Art. 1 § 4 Abs. 2 BeschFG 1985, DB 1987, 2096

**Kliemt, Michael**: Der neue Teilzeitanspruch, NZA 2001, 63

**Klischan, Thomas M.**: Feiertagsvergütung nach dem Feiertagslohnzahlungsgesetz, DB 1987, 331

**Kocher, Eva**: Vom Diskriminierungsverbot zum „Mainstreaming", Anforderungen an eine Gleichstellungspolitik für die Privatwirtschaft, RdA 2002, 167

**Kothe, Wolfhard**: Kontinuität und Bewegung im Urlaubsrecht, BB 1984, 609

**Kraft, Alfons**: Fragen zur betriebsverfassungsrechtlichen Stellung von Leiharbeitnehmern, in: Festschrift für Klemens Pleyer zum 65. Geburtstag, S. 383 ff, Herausgeber: Paul Hofmann, Ulrich Meyer-Cording, Herbert Wiedemann, 1986, Carl Heymanns Verlag, Köln, Berlin, Bonn, München

**Kramer, Michael**: Die Vorlage der Arbeitsunfähigkeitsbescheinigung, BB 1996, 1662

**Krasshöfer, Horst- Dieter**: Der Anspruch des Arbeitnehmers auf Urlaub, AuA 1995, 299

**Künzl, Reinhard**: Befristung des Urlaubsanspruchs, BB 1991, 1630

**Kunz, Jürgen/ Kunz, Petra**: Freie-Mitarbeiter-Verträge als Alternative zur Festanstellung? - Arbeits-, steuer- und sozialversicherungsrechtliche Folgen einer falschen Handhabung -, DB 1993, 326

**Kuppel, Martina**: Diskriminierung in der betrieblichen Altersversorgung, BB 2000, 2150

**Langmaack, Sabine**: Teilzeitarbeit und Arbeitszeitflexibilisierung, 1996, Erich Schmidt Verlag, Berlin

**Larenz, Karl**: Lehrbuch des Schuldrechts, Zweiter Band, Besonderer Teil, 1. Halbband, 13. Auflage, C. H. Beck Verlag, München

**Leibholz, Gerhard/Rinck, Hans- Justus/Hesselberger, Dieter**: Grundgesetz für die Bundesrepublik Deutschland, Kommentar an Hand der Rechtsprechung des Bundesverfassungsgerichts, Band I, 7. Auflage, 39. Ergängungslieferung, Juli 2001, Verlag Dr. Otto Schmidt, Köln

**Leinemann, Wolfgang**: Der Urlaubsanspruch nach dem Bundesurlaubsgesetz, DB 1983, 989

**Leinemann, Wolfgang**: Die neue Rechtsprechung des Bundesarbeitsgerichts zum Urlaubsrecht, NZA 1985, 137

**Leinemann, Wolfgang**: Gesetzliches und tarifliches Urlaubsrecht, AuR 1987, 193

**Leinemann, Wolfgang**: Urlaubsentgelt und Freischichtenmodell, BB 1990, 201

**Leinemann, Wolfgang**: Reformversuche und Reformbedarf im Urlaubsrecht, in Arbeitsgesetzgebung und Arbeitsrechtsprechung, Festschrift zum 70. Geburtstag von Eugen Stahlhacke, Hermann Luchterhand Verlag, Neuwied, Kriftel, Berlin, 1995

**Leinemann, Wolfgang / Linck, Rüdiger**: Urlaubsrecht, 2. Auflage, 2001, Verlag Franz Vahlen, München

**Leinemann, Wolfgang / Lipke, Gert- Albert**: Betriebsübergang und Urlaubsanspruch, DB 1988, 1217

**Lepke, Achim**: Pflichtverletzungen des Arbeitnehmers bei Krankheit als Kündigungsgrund, NZA 1995, 1084

**Letsch, Astrid/Göckler, Rainer**: Flexible Arbeitszeitmodelle - ein Überblick, AuB 1998, 321

**Lieb, Manfred**: Beschäftigung auf Produktionsdauer – selbständige oder unselbständige Tätigkeit?, RdA 1977, 210

**Lindemann, Achim/ Simon, Oliver**: Neue Regelungen zur Teilzeitarbeit, BB 2001, 146

**Lindena, Bodo**: Teilzeitarbeit gewinnt Bedeutung, Die Bank 1995, 324

**Link, Peter/Fink, Martin**: Was der Arbeitgeber beachten muß, AuA 2001, 59

**Link, Peter/Fink, Martin**: Ende der unternehmerischen Entscheidungsfreiheit?, AuA 2001, 155

**Linnenkohl, Karl**: Begriff und Bedeutung der „Arbeitszeitflexibilisierung", BB 1985, 1920

**Linnenkohl, Karl/Kilz, Gerhard/Rauschenberg, Hans-Jürgen/Reh, Dirk A.**: Der Begriff des Arbeitnehmers und die „informationelle Abhängigkeit", AuR 1991, 203

**Linnenkohl, Karl/ Rauschenberg, Hans- Jürgen**: Arbeitszeitflexibilisierung, 140 Unternehmen und ihre Modelle, 3. Auflage, 1996, Verlag Recht und Wirtschaft GmbH, Heidelberg

**Lipke, Gert- Albert**: Betriebsverfassungsrechtliche Probleme der Teilzeitarbeit, NZA 1990, 758

**Lipke, Gert- Albert**: Individualrechtliche Grundprobleme der Teilzeitarbeit, AuR 1991, 76

**Löwisch, Manfred**: Arbeits- und sozialrechtliche Hemmnisse einer weiteren Flexibilisierung der Arbeitszeit, RdA 1984, 197

**Löwisch, Manfred**: Das Beschäftigungsförderungsgesetz 1985, BB 1985, 1200

**Löwisch, Manfred**: Taschenkommentar zum Betriebsverfassungsgesetz, 4. Auflage, 1996, Verlag Recht und Wirtschaft, Heidelberg (zitiert: TK- BetrVG/Bearbeiter)

**Löwisch, Manfred / Schüren, Peter**: Aktuelle arbeitsrechtliche Fragen von Teilzeitarbeit und kürzerer Arbeitszeit, BB 1984, 925

**Lorenz, Martin**: Beschäftigungsförderungsgesetz: Teilzeitarbeit, Sozialplan und die sozialversicherungsrechtlichen Regelungen, NZA 1985, 473

**Lorenz, Martin/Schwedes, Rolf**: Das Beschäftigungsförderungsgesetz, DB 1985, 1077

**Lubnow, Michael**: Die Rechtsprechung zur Gleichbehandlung von Teilzeitbeschäftigten in der betrieblichen Altersversorgung, BB 1992, 1204

**Mager, Ernst-Günther/Winterfeld, Rosemarie/Göbel, Johannes/Seelmann, Andreas**: Beschäftigungsförderungsgesetz 1985, 1985, Wirtschaftsverlag Bachem, Köln

**Malzahn, Marion**: Kapazitätsorientierte variable Arbeitszeiten und Arbeitnehmergrundrechte, AuR 1985, 137

**Malzahn, Marion**: Das Beschäftigungsförderungsgesetz und kapazitätsorientierte variable Arbeitszeiten, AuR 1985, 386

**Von Mangoldt, Hermann/Klein, Friedrich/Starck, Christian**: Das Bonner Grundgesetz, Band 1: Präambel, Art. 1 bis 19, 4. Auflage, 1999, Verlag Franz Vahlen, München

**Marburger, Horst**: Die Ansprüche auf Entgeltfortzahlung und auf Krankengeld in Zusammenhang mit einem Urlaub des Arbeitnehmers, BB 1978, 104

**Marhold, Franz/Beckers, Markus**: Gleichbehandlung im Arbeitsverhältnis I, Arbeitsrecht- Blattei, Systematische Darstellungen 800.1, 105. Lfg., September 2002, C. F. Müller Verlag

**Marienhagen, Rolf / Künzl, Reinhard**: Entgeltfortzahlungsgesetz, Stand: Mai 2002, Luchterhand Verlag, Neuwied, Kriftel, Berlin

**Marschner, Andreas**: Teilzeitarbeit und Sozialversicherung, Arbeitsrecht- Blattei, Systematische Darstellungen, 1560.1, 105. Lieferung, Stand September 2002, C. F. Müller Verlag

**Maunz, Theodor/Dürig, Günter**: Grundgesetz, Band I, Art. 1 – 10, Band II, Art. 12 – 20, 39. Ergänzungslieferung, Juli 2001, C. H. Beck Verlag, München

**Von Maydell, Bernd**: Die arbeitsrechtliche Lohnsicherung im Krankheitsfall, DB 1973, Beil. 15, S. 1

**Meinel, Gernod/Heyn, Judith/Herms, Sascha**: Teilzeit- und Befristungsgesetz, 2002, C. H. Beck Verlag, München

**Meisel, Peter G.**: Anmerkung zu BAG vom 16.3.1972 – 5 AZR 357/71 – SAE 1972, 262

**Meisel, Peter G.**: Gemeinsame Anmerkung zu den Entscheidungen des 8. Senats des BAG vom 15.11.1990 – 8 AZR 283/99 – und vom 6.12.1990 – 6 AZR 159/89 -, SAE 1991, 370

**Meisel, Peter G./Sowka, Hans- Harald**: Mutterschutz und Erziehungsurlaub, 4. Auflage, 1995, Verlag Franz Vahlen GmbH, München

**Mente, Edith**: Neue Rahmenbedingungen für die Flexibilisierung der Arbeitszeit durch das ArbZG, Diss., 1. Aufl. 1998, Shaker Verlag, Aachen

**Menten, Wilhelm**: Der unbezahlte Sonderurlaub, Diss., 1. Aufl. 1965

**Meyer, Hans- Jürgen**: Kapazitätsorientierte variable Arbeitszeit (KAPOVAZ), Diss., 1989, Hermann Luchterhand Verlag, Neuwied und Frankfurt/Main

**Mosler, Rudolf**: Teilzeitarbeit, Arbeitsrechts- Blattei, Systematische Darstellungen, 1560, 105. Lfg., September 2002, C. F. Müller Verlag

**Müller, Eugen/Berenz, Claus**: Gesetz über die Zahlung des Arbeitsentgelts an Feiertagen und im Krankheitsfall, 2. Auflage, 1997, Heider Verlag, Bergisch-Gladbach

**Von Münch, Ingo/Kunig, Philip**: Grundgesetz- Kommentar, Band 1 (Präambel bis Art. 19), 5. Auflage, 2000, C. H. Beck Verlag, München

**Münchener Handbuch zum Arbeitsrecht**

Band 1, Individualarbeitsrecht I
Band 2, Individualarbeitsrecht II
Band 3, Kollektives Arbeitsrecht
2. Auflage, 2000
Ergänzungsband Individualarbeitsrecht, 2. Auflage, 2001
Herausgeber: Reinhard Richardi, Otfried Wlotzke, C. H. Beck Verlag, München

**Münchener Kommentar zum Bürgerlichen Gesetzbuch**

Band 1, Allgemeiner Teil, §§ 1 – 240, 4. Auflage, 2001

Band 2, Schuldrecht, Allgemeiner Teil, §§ 241 – 432, FernabsG, 4. Auflage, 2001
Band 4, Schuldrecht, Besonderer Teil II (§§ 607 – 704), 3. Auflage, 1997
C.H. Beck Verlag, München

**Natzel, Benno**: Bundesurlaubsrecht, 4. Auflage, 1988, Rheinisch- Bergische Druckerei- und Verlagsgesellschaft mbH, Düsseldorf

**Natzel, Ivo**: Der teizeitbeschäftigte Arbeitnehmer in der Freistellung, NZA 1998, 1262

**Neumann, Dirk**: Urlaubsrecht, 11. Auflage, 1995, C. H. Beck Verlag, München

**Neumann, Dirk/ Biebl, Josef**: Arbeitszeitgesetz, 13. Auflage, 2001, C. H. Beck Verlag, München

**Nikisch, Arthur**: Arbeitsrecht, I. Band, Allgemeine Lehren und Arbeitsvertragsrecht, 3. Auflage, 1961, J. C. B. Mohr (Paul Siebeck), Tübingen

**Nicolai, Andrea**: Die Entwicklung der höchstrichterlichen Rechtsprechung im Arbeitsrecht im Jahre 1998, ZfA 1999, 617

**Oetker, Hartmut**: Betriebszugehörigkeit und gelockerte Betriebsbeziehung, AuR 1991, 359

**Ottow, Christoph**: Lohnfortzahlung nach ruhendem Arbeitsverhältnis: Berücksichtigung der vorherigen Krankheitsdauer, DB 1981, 1042

**Palandt, Otto**: Bürgerliches Gesetzbuch, 61. Auflage, 2002, C.H.Beck Verlag, München

**von Pappenheim, Jörg Rabe**: Feiertagsbezahlung bei tariflicher Arbeitszeitverkürzung, DB 1986, 2599

**Papier, Hans- Jürgen**: Art. 12 GG – Freiheit des Berufs und Grundrecht der Arbeit, DVBl 1984, 801

**Peterek, Rainer**: Gemeinsame Anmerkung zu den Urteilen des BAG vom 23.12.1971 – 1 AZR 217/71 – und 10.2.1972 – 5 AZR 330/71 – SAE 1972, 221

**Pfarr, Heide**: Gleichbehandlung von Männern und Frauen im Arbeitsverhältnis, Arbeitsrecht- Blattei, Systematische Darstellungen 800.2, 105. Lfg., September 2002, C. F. Müller Verlag

**Pfeifer, Karl Heinz**: Die Teilzeitarbeit in der Rechtsprechung des Bundesarbeitsgerichts, Das Arbeitsrecht der Gegenwart 1992, 139

**Pfeifer, Karl Heinz**: Die Teilzeitbeschäftigung in der neueren Rechtsprechung des Bundesarbeitsgerichts, ZfA 1999, 271 ff

**Plüm, Joachim**: Urlaubsgewährung und Schuldnerverzug, NZA 1988, 716

**Preis, Ulrich**: Arbeitsrecht, 1999, Verlag Dr. Otto Schmidt, Köln

**Preis, Ulrich/Gotthardt, Michael**: Neuregelung der Teilzeitarbeit und befristeten Arbeitsverhältnissen, DB 2000, 2065

**Projahn, Horst D./ Roesling, Rolf**: Flexible Arbeitszeiten – Chancen für betriebliche Gestalungsmöglichkeiten, Festschrift für Dieter Stege, Arbeitsrecht aus Arbeitgebersicht, S. 130 ff, 1997, Deutscher Instituts- Verlag, Köln

**Pulte, Peter**: Kapazitätsorientierte variable Arbeitszeit (KAPOVAZ), Heidelberger Musterverträge, Heft 68, 1987, Verlag Recht und Wirtschaft, Heidelberg

**Raiser, Thomas**: Mitbestimmungsgesetz, 4. Auflage, 2002, De Gruyter Verlag, Berlin

**Reichold, Hermann**: Zeitsouveränität im Arbeitsverhältnis: Strukturen und Konsequenzen, NZA 1998, 393 ff

**Reichold, Hermann**: Mitbestimmung trotz Arbeitszeitsouveränität? Zur Anpassung des Betriebsverfassungsrechts an die Postmoderne, Festschrift für Günther Wiese, S. 407 ff, 1998, Luchterhand Verlag, Neuwied, Kriftel

**Das Bürgerliche Gesetzbuch mit besonderer Berücksichtigung der Rechtsprechung des Reichsgerichts und des Bundesgerichtshofes**, Band II, Teil 3/1, §§ 611 – 620, 12. Auflage, 1997, Walter de Gruyter Verlag, Berlin, New York (zitiert: RGRK/Bearbeiter)

**Reinecke, Gerhard**: Der Anspruch auf Entgeltfortzahlung beim Zusammentreffen mehrerer Verhinderungsgründe, DB 1991, 1168

**Reinfelder, Waldemar/Zwanziger, Bertram**: Teilzeitarbeit und betriebsbedingte Kündigung, DB 1996, 677

**Reuter, Dieter**: Arbeitsrechtliche Aspekte neuer Arbeitszeitstrukturen, RdA 1981, 201

**Richardi, Reinhard**: Die tarif- und betriebsverfassungsrechtliche Bedeutung der tarifvertraglichen Arbeitszeitregelung in der Metallindustrie, NZA 1984, 387

**Richardi, Reinhard**: Das Gleichbehandlungsgebot für Teilzeitarbeit und seine Auswirkung auf Entgeltregelungen, NZA 1992, 625

**Richardi, Reinhard**: Betriebsverfassungsgesetz, 8. Auflage, 2002, C.H.Beck Verlag, München

**Richardi, Reinhard/ Annuß, Georg**: Gesetzliche Neuregelung von Teilzeitarbeit und Befristung, BB 2001, 2201

**Rieble, Volker/ Gutzeit, Martin**: Das Altersteilzeitgesetz (ATzG) 1996 und seine betriebsverfassungsrechtlichen Implikationen, BB 1998, 638 ff

**Ring, Gerhard**: Gesetz über Teilzeitarbeit und befristete Arbeitsvertäge, 2001, Deutscher Anwaltverlag, Bonn

**Roggendorff, Peter**: Arbeitszeitgesetz, 1994, Rehm Verlag, München

**Rolfs, Christian**: Das neue Recht der Teilzeitarbeit, RdA 2001, 129

**Rolfs, Christian**: Teilzeit- und Befristungsgesetz, 2002, C. H. Beck Verlag, München

**Rosenfelder, Ulrich**: Der arbeitsrechtliche Status des freien Mitarbeiters, 1982, Duncker und Humblot Verlag, Berlin

**Rosenfelder, Ulrich**: Das neue Beschäftigungsförderungsgesetz, 1985, Verlag Franz Rehm, München

**Rudolf, Eva**: Bandbreitenregelungen, NZA 2002, 1012

**Rühle, Hans Gottlob**: Die Sozialauswahl bei Arbeitnehmern mit unterschiedlicher Arbeitszeit, DB 1994, 834

**Sachs, Michael**: Grundgesetz, Kommentar, 1996, C. H. Beck Verlag

**Säcker, Franz Jürgen**: Arbeitnehmerüberlassung im Konzern und Betriebsorganisation, in: Festschrift für Karlheinz Quack zum 65. Geburtstag am 3. Januar 1991, S. 421 ff, Herausgeber: Harm Peter Westermann, Wolfgang Rosemer, Walter de Gruyter Verlag, Berlin, New York, 1991

**Säcker, Franz Jürgen/Joost, Detlev**: Betriebszugehörigkeit als Rechtsproblem im Betriebsverfassungs- und Mitbestimmungsrecht, Peter Hanstein Verlag Königstein/Ts., 1980

**Schaub, Günter**: Arbeitsrechts- Handbuch, 10. Auflage, 2002, C. H. Beck Verlag, München

**Schelp, Günther/ Herbst, Fritz**: Bundesurlaubsgesetz, 1963, Verlag Franz Vahlen, Berlin und Frankfurt a. M.

**Schleef, Andreas**: Flexible Arbeitszeit, NZA 1985, Beilage 3, S. 22

**Schliemann, Harald**: Neues und Bekanntes im Entgeltfortzahlungsgesetz, AuR 1994, 317

**Schmidt, Marlene**: Die neue EG- Richtlinie zur Teilzeitarbeit, NZA 1998, 576

**Schmidt- Bleibtreu, Bruno/Klein, Franz**: Kommentar zum Grundgesetz, 8 Auflage, 1995, Luchterhand Verlag, Neuwied, Kriftel Berlin

**Schmitt, Jochem**: Entgeltfortzahlungsgesetz, 4. Auflage, 1999, C. H. Beck Verlag, München

**Schmitt, Jochem**: Entgeltfortzahlung im Krankheitsfall an Teilzeitkräfte, in: Festschrift für Wolfgang Gitter, 1995, Verlag Chmielorz, Wiesbaden

**Scholz, Rupert**: Die Berufsfreiheit als Grundlage und Grenze arbeitsrechtlicher Regelungssysteme, ZfA 1981, 265

**Schudlich, Edwin**: Die Abkehr vom Normalarbeitstag – Entwicklung der Arbeitszeiten in der Industrie der Bundesrepublik seit 1945 -, 1987, Campus Verlag, Frankfurt, New York

**Schulte-Mimberg, Udo/Sabel, Hans-Jürgen**: Rechtsprechung zur Entgeltfortzahlung im Krankheitsfalle, 3. Auflage, 1991, Asgard-Verlag, Sankt Augustin

**Schüren, Peter**: Grundformen flexibler Arbeitszeitgestaltung und ihre Steuerungssysteme, in: Festschrift für Wolfgang Gitter, 1995

**Schüren, Peter**: Gleitzeitsysteme – Inhaltsschranken der Zeitsouveränität, AuR 1996, 381

**Schüren, Peter**: Abrufarbeit mit variabler Arbeitszeit oder: Was steht eigentlich in § 4 I BeschFG?, NZA 1996, 1306

**Schüren Peter**: Arbeitszeitflexibilisierung und Sozialversicherungsrecht, BB 1984, 1235

**Schüren, Peter/Kirsten, Mathias**: Anmerkung zu BAG, Urteil vom 22.8.1990 – 5 AZR 543/89 (LAG Düsseldorf – 16 Sa 734/89), SAE 1991, 116

**Schwedes, Rolf**: Arbeitsrechtliche Gesetzgebung zum Ende der 12. Legislaturperiode, in: Festschrift zum 70. Geburtstag von Eugen Stahlhacke, 1995, Luchterhand Verlag

**Schwedes, Rolf**: Das Arbeitsrechtliche Beschäftigungsförderungsgesetz, BB 1996, Beilage 17, 2

**Schwerdtner, Peter**: Die Reichweite der Mitbestimmungsrechte nach § 87 Abs. 1 Nr. 2, 3 BetrVG bei Teilzeitbeschäftigten mit variabler Arbeitszeit, DB 1983, 2763

**Schwerdtner, Peter**: Beschäftigungsförderungsgesetz, Tarifautonomie und Betriebsverfassung, NZA 1985, 577

**Seifert, Karl- Heinz/Hömig, Dieter**: Grundgesetz für die Bundesrepublik Deutschland, 6. Auflage, 1999, Nomos Verlag, Baden- Baden

**Seiter, Hugo**: Teilzeitarbeit, Arbeitsrecht- Blattei, alte Reihe, Stand: Mai 1970, Forkel- Verlag

**Seiter, Hugo**: Die Entwicklung der Rechtsprechung des Bundesarbeitsgerichts im Jahr 1969, ZfA 1970, 355

**Siebel, Wilhelm**: Die Auswirkungen von Arbeitszeitverkürzungen und ungleichmäßiger Arbeitszeitverteilung auf Wochenfeiertage und Urlaub sowie auf deren Bezahlung, BB 1987, 2222

**Sieg, Karl**: Einige Sonderprobleme der Entgeltfortzahlung nach neuem Recht, BB 1996, Beilage 17, 18

**Söllner, Alfred**: Grundriß des Arbeitsrechts, 12. Auflage, 1998, Verlag Franz Vahlen, München

**Soergel, Hs. Th.**: Bürgerliches Gesetzbuch

Band 1, Allgemeiner Teil (§§ 104 – 240),13. Auflage, 1999
Band 4/1, Schuldrecht III/1 (§§ 516 – 651), 12. Auflage, 1997
W. Kohlhammer Verlag, Stuttgart, Berlin, Köln, Mainz

**Sowka, Hans- Harald**: Die Übertragung von Erholungsurlaub auf die Zeit nach Beendigung des Erziehungsurlaubs, NZA 1989, 497

**Sowka, Hans- Harald**: Mittelbare Frauendiskriminierung – ausgewählte Probleme, DB 1992, 2030

**Sowka, Hans-Harald**: Teilzeitarbeit – ausgewählte Rechtsprobleme, DB 1994, 1873

**Sowka, Hans- Harald**: Der Erziehungsurlaub nach neuem Recht – Rechtslage ab 1.1.2001, NZA 2000, 1185

**Sowka, Hans- Harald**: Vom Erziehungsurlaub zur Elternzeit, BB 2001, 935

**Sowka, Hans- Harald/Köster, Hans- Wilhelm**: Teilzeitarbeit und geringfügige Beschäftigung, 1993, C. H. Beck Verlag, München

**Stahlhacke, Eugen / Bachmann, Bernward / Bleistein, Franzjosef / Berscheid, Ernst- Dieter**: Gemeinschaftskommentar zum Bundesurlaubsgesetz (GK- BUrlG), 5. Auflage, 1992, Luchterhand Verlag, Neuwied, Berlin, Kriftel

**Von Staudinger, J.**: Kommentar zum Bürgerlichen Gesetzbuch mit Einführungsgesetz und Nebengesetzen
Erstes Buch, Allgemeiner Teil, §§ 134 – 163, 13. Auflage, 1996
Zweites Buch, Recht der Schuldverhältnisse, §§ 611 – 615
Zweites Buch, Recht der Schuldverhältnisse, §§ 616 – 619
13. Auflage, 1999
Sellier de Gruyter Verlag, Berlin

**Von Stebut, Dietrich**: Rechtsfolgen von Arbeitszeitüberschreitungen NZA 1987, 257

**Stege, Dieter/Weinspach, F. K.**: Betriebsverfassungsgesetz, 8. Auflage, 1999, Deutscher Institutsverlag, Köln

**Steinwedel, Ulrich**: Neuere Teilzeitarbeitsformen im Recht der Krankenversicherung, Wege zur Sozialversicherung 1986, 69

**Stevens- Bartol, Eckart**: Probleme der „KAPOVAZ" – Anmerkungen zu Art. 1 § 4 des Beschäftigungsförderungsgesetzes, AiB 1985, 122

**Ströfer, Joachim**: Zur Lohnfortzahlung bei Krankheit im unbezahlten Sonderurlaub, DB 1984, 2406

**Tautphäus, Arno**: Das Urlaubsrecht, in: Weis, Manfred/Gagel, Alexander (Hrsg.); Handbuch des Urlaubsrechts, § 13 B, Nomos Verlag, Baden-Baden, Stand 5/91

**Thüsing, Gregor**: Das Verbot der Diskriminierung wegen Teilzeit und Befristung nach § 4 TzBfG, ZfA 2002, 249

**Timmesfeld, Andrea/ Preuß, Brigitte**; Offen für Veränderungen, in: PersF 1997, 422

**Trieschmann, Günther**: Urlaubsanspruch bei Teilbeschäftigung, BB 1956, 372

**Trieschmann, Günther**: Anmerkung zu BAG vom 17.11.1977 – 5 AZR 599/76 – AP Nr. 8 zu § 9 BUrlG

**Veit, Barbara**: Der Anspruch auf Lohnfortzahlung für krankheitsbedingte Fehltage und auf Freizeitausgleich nach dem „Freischichtenmodell", NZA 1990, 249

**Van Venrooy, Gerd J.**: Anmerkung zu BAG vom 22.6.1988 – 5 AZR 526/87 – SAE 1989, 106

**Viethen, Hans Peter**: Das neue Recht der Teilzeitarbeit, NZA 2001, Sonderbeilage, S. 3

**Vossen, Reinhard**: Entgeltfortzahlung bei Krankheit und an Feiertagen, 1997, Luchterhand Verlag, Neuwied, Kriftel, Berlin

**Waldeyer, Wolfgang**: Die Lohnfortzahlung beim Zusammentreffen von Krankheit und Schechtwetter, DB 1972, 6794/92 (LAG Köln – 1 Sa 937/91), SAE 1994, 195

**Wank, Rolf**: Anmerkung zum Bundesarbeitsgericht Urteil vom 26.5.1993 – 5 AZR 18, SAE 1994, 195

**Wank, Rolf**: Die Teilzeitbeschäftigung im Arbeitsrecht, RdA 1985, 1

**Wank, Rolf**: Nebentätigkeit des Arbeitnehmers, Arbeitsrechts- Blattei, Systematische Darstellungen, 1230, 105. Lfg., September 2002, C. F. Müller Verlag

**Weber, Christoph**: Das aufgespaltene Arbeitsverhältnis, Diss., Duncker und Humblot Verlag, Berlin, 1992

**Weber, Hansjörg**: Die Entwicklung des arbeitsrechtlichen Schrifttums im Jahre 1983, ZfA 1984, 197

**Weiler, Karl- Heinz/ Rath, Rolf**: Der Urlaub nach Ausspruch einer Kündigung, NZA 1987, 337

**Widera, Bernd**: Zu den Möglichkeiten und Grenzen der Urlaubsübertragung, DB 1988, 756

**Wiedemann, Herbert/Stumpf, Hermann**: Tarifvertragsgesetz, 5. Auflage, 1977, C.H.Beck Verlag, München

**Winderlich, Ute**: Der Urlaubszweck, AuR 1989, 300

**Winterfeld, Rosemarie**: Anmerkung zu BAG vom 10.5.1989 – 6 AZR 660/87 – SAE 1989, 256

**Wlotzke, Otfried**: Zum arbeitsrechtlichen Teil des Regierungsentwurfs eines Beschäftigungsförderungsgesetzes 1985 – Ein Bericht -, NZA 1984, 217

**Wlotzke, Otfried**: Betriebsverfassungsgesetz, 2. Auflage, 1992, C. H. Beck Verlag, München

**Worzalla, Michael**: Die Anzeige- und Nachweispflicht nach § 5 I EFZG, NZA 1996, 61

**Zachert, Ulrich**: Die Zerstörung des Normalarbeitsverhältnisses, AuR 1988, 129

**Zeuner, Albrecht**: Überlegungen zum Begriff des Arbeitnehmers und zum Anwendungsbereich arbeitsrechtlicher Regeln, RdA 1975, 84

**Zeuner, Albrecht**: Zur Bestimmung des für die Rechte nach § 102 BetrVG zuständigen Betriebsrates bei aufgespaltener Arbeitgeberstellung im Konzern, in: Festschrift für Marie Luise Hilger und Hermann Stumpf, S. 771 ff, Herausgeber: Thomas Dieterich, Franz Gamillscheg, Herbert Wiedemann, C. H. Beck Verlag, München, 1983

**Ziepke**: Kommentar zum Manteltarifvertrag für die Arbeiter, Angestellten und Auszubildenden in der Eisen-, Metall-, Elektro- und Zentralheizungsindustrie Nordrhein-Westfalens vom 29.02.1988, 3. Auflage, 1988, Rheinisch- Bergische Druckerei- und Verlagsgesellschaft mbH, Düsseldorf

**Zietsch, Udo**: Zur Frage der Lohnfortzahlung im Krankheitsfall beim Job-Sharing, NZA 1997, 526

**Zmarzlik, Johannes**: Erziehungsgeld und Erziehungsurlaub, AuR 1986, 103

**Zmarzlik, Johannes/Anzinger, Rudolf**: Kommentar zum Arbeitszeitgesetz, 1995, Verlag Recht und Wirtschaft, Heidelberg

**Zmarzlik, Johannes/Zipperer, Manfred/Viethen, Peter**: Mutterschutzgesetz, Mutterschaftsleistungen, Bundeserziehungsgeldgesetz, 7. Auflage, 1994, Carl Heymanns Verlag, Köln, Berlin, Bonn, München

**Zöllner, Wolfgang / Loritz, Karl- Georg**: Arbeitsrecht, 5. Auflage, 1998, C. H. Beck Verlag, München

**Ohne Namen:** Arbeit teilen, Dokumentation: DGB- Anforderungen an eine sozialverträgliche Teilzeitinitiative, in: Soziale Sicherheit 1995, 14

FSC
www.fsc.org
MIX
Papier | Fördert
gute Waldnutzung
FSC® C083411

Kolibri 360 GmbH
Ferdinand-Jühlke-Straße 7
99095 Erfurt, Deutschland
produktsicherheit@kolibri360.de

Druck:
CPI Druckdienstleistungen GmbH
im Auftrag der
Kolibri 360 GmbH
Ferdinand-Jühlke-Str. 7
99095 Erfurt